국회
프락치사건의
재발견 I

그레고리 헨더슨의 한국정치담론 1
회오리정치와 미국의 대한책임론

김정기 지음

한울
아카데미

이 도서의 국립중앙도서관 출판시도서목록(CIP)은 e-CIP홈페이지(http://www.nl.go.kr/ecip)에서 이용하실 수 있습니다. (CIP제어번호 : CIP2008002714)

그레고리와 마이어 헨더슨 부처 영전에 바칩니다.

일러두기

1. 이 책이 인용하는 그레고리 헨더슨의 주저 『Korea: The Politics of the Vortex』(하버드대 출판부, 1968)는 『회오리의 한국 정치』라고 부른다. 한국어 번역본이 『소용돌이의 한국 정치』(한울, 2000)라고 제목을 붙였지만 헨더슨이 책을 출판한 지 20년 뒤인 1988년에 전면 수정한 원고에서 그가 말하는 vortex가 "물의 소용돌이(water vortex)"가 아니고 "회오리 폭풍(tornado)"이라고 분명하게 밝힌 것을 전거로 했다.
2. 이 책이 인용하는 헨더슨 책과 자료의 전거에 관해 다음과 같은 인용 표기를 사용한다. 1) 영어 원본 『Korea: The Politics of the Vortex』(1968): 『회오리의 한국 정치』(1968); 2) 지은이가 소장한 1988년 미출판 전면 수정판: Henderson, 1988년 수정판; 3) 2000년 한국어판: 『소용돌이의 한국 정치』(2000); 4) 1973년 일본어판: 『조선의 정치 사회』(1973). 그 밖에 하버드대학 하버드-옌칭 도서관이 소장한 "Henderson Papers"는 "헨더슨 문집"으로, 헨더슨 부인이 지은이에게 넘겨준 국회프락치사건 관계 자료는 "헨더슨 프락치사건 자료"로 표기한다.
3. 이 책은 문헌과 자료에 엄격하게 의존하고 있으나 때에 따라서 정황 증거나 문헌 자료를 근거로 추론하여 구성한 사례가 더러 있으며 대화체로 다시 구성한 부분도 있다.
4. 번역한 단어 또는 문절이 의미가 미묘하거나 애매한 경우 원의를 이해하는 데 도움을 주기 위해 원어를 병기한다.
5. 인용문 중에 지은이가 덧붙여 설명하는 경우는 대괄호[ ]로 묶었다.
6. 참고문헌은 제2권에 수록했다.

프롤로그

국회프락치사건은 1948년 8월 15일 대한민국 정부 수립이 선포된 지 1년도 못 되어 터진 의문에 싸인 사건이다. 그해 5·10 총선을 통해 성립된 국회는 7월 17일 헌법을 만들어 선포하고 대통령제 아래 초대 대통령으로 이승만, 부통령으로 이시영을 선출하는가 하면 국무총리로 이범석을 인준했다. 따라서 국회는 행정부를 탄생시킨 문자 그대로의 어머니인 셈이다. 그런데 1년도 지나지 않은 1949년 여름, 기형적으로 커진 자식이 어미에게 발길질을 가해 반신불수로 만든 상상하기 힘든 사건이 터졌다. 이승만 정권은 자기를 낳아준 국회, 곧 자신이 태어난 아기집을 기능적으로 파괴한 행위를 저지른 셈이었다.

이러한 은유가 다소 지나치다고 생각하는 독자가 있을지도 모르지만 과연 이승만 정권이 5·10 총선에서 정당하게 당선된 국회의원 15명을 '남로당 프락치'라고 마구잡이로 구속하고 가혹한 고문을 자행한 행위에 대해 이보다 더 생생하고 적절한 표현법이 있을까. 구속된 국회의원의 수는 우리의 주인공 그레고리 헨더슨(Gregory Henderson)이 말한 대로 당시 재석 국회의원 198명의 8%에 해당한다. 게다가, 5·10 총선을 감시하고 그것이 대외적으로 "유권자의 자유의사의 정당한 표현"이었다는 유엔 임시위원단의 권고에 따라 유엔은 국회가 수립한 정부를 "한국 내의 그러한 유일한 정부(the only such government in Korea)"라고 선언하지 않았던가.

국회프락치사건은 1949~1950년에 제헌국회 정국이라는 공간에서, 좀 더 정확하게 말하면 초대 대통령 이승만이 제헌국회를 힘으로 압도한 원시적인 권력 투쟁의 공간에서 일어난 사건이다. 대한민국 정부가 탄생한 지 벌써 60년이 흘렀고, 정부 탄생 후 일 년도 지나지 않은 시점에서 터진 이 사건은 1950년 6월 한국전쟁의 발발과 함께 전쟁의 분진(粉塵) 속으로 사라졌다. 그런 점에서 이 사건은 시공간적으로 묻힌 역사적 사건이 되었다.

이 사건은 1949년 5월 18일 제2회 국회가 열리기 직전 이문원(李文源) 의원을 비롯한 국회의원 3명이 구속된 것이 알려지면서 그 서막이 오르기 시작한다. 약 한 달 뒤인 6월 20일 제3회 국회가 폐회된 직후 김약수(金若水) 국회부의장 등 7명의 국회의원이 구속되고, 다시 8월에 들어 5명의 국회의원이 구속되었다. 이로써 구속된 의원은 15명에 이르렀는데, 이들의 혐의는 서울시경국장 김태선(金泰善)에 의하면 "국회의원이라는 지위를 과대히 평가하여 공공연히 남로당과 결탁하고, 대한민국 정부를 파괴하여 남한에 공산국을 세우려는 의도 아래, 그 수단과 방법을 가리지 않고 내외에서 악질적인 공산당의 지령하에 실천 행동을 감행했던 것"이라고 했다. 즉 이들은 남로당의 지령으로 국회 안에 세포조직을 만들고는 그 지령 아래 대한민국 전복 활동을 벌였다는 것이다.

이들 국회의원들의 수사는 헌병대가 맡은 뒤 검찰에 이첩되었는데, 오제도(吳制度) 검사는 국회의원 13명을 포함해 모두 15명을 국가보안법 위반죄로 기소했다. 주심 재판관인 사광욱(史光旭) 판사는 1950년 3월 14일 이들 전원에게 유죄 판결을 내리고 최고 10년에서 최하 3년까지 징역형을 선고했다. 그러나 국회의원 피고들이 이에 불복하여 항소심이 계류된 가운데 한국전쟁이 터졌고, 북한군이 서울을 점령한 뒤 이들은 서대문 형무소에서 풀려났다. 이들 중 서용길(徐容吉) 의원 한 사람을 제외하고 전원이 1950년 9월 28일 서울이 수복되기 전 북한으로 끌려간 뒤, 이 사건은 역사의 망각 속으로 버려지고 말았다.

헨더슨이 본 것처럼 이 사건이 이승만 정권이 저지른 '쿠데타'요 국회에 대한 '테러'라면 테러리스트인 사건의 주역들도, 이 테러의 희생자들도 역사의 분진 속으로 사라졌다. 그러나 사라진 양식은 사뭇 달랐다. 누구보다 이 사건의 사법 처리를 주도한 검사 오제도는 이승만 정권을 넘어 박정희 정권 시절까지 '반공검사'로서 이름을 날리다가 천수를 누렸지만, 이 사건의 희생자들인 13명의 제헌국회의원들은 헨더슨의 표현처럼 "사건 아닌 사건(non-event)", "역사 아닌 역사(non-history)"에 연루되어 "역사적 무명인간(歷史的 無名人間, historical un-persons)"으로 사라졌다.[1] 이들이

---

[1] 헨더슨은 1972년 4월 21일 컬럼비아대학에서 열린 '한국세미나(Korea Seminar)'의 주제 발표자로서 이 사건을 목격한 개인적인 소회에서 이런 표현을 사용했다. 이는 그가 이 세미나를 위해 준비한 「법제 발전과 의회민주주의: 1949년 프락치사건(Legal Development and Parliamentary Democracy: The 'Fraktsiya' Incident of 1949)」이라는 '예비적(preliminary)' 논문(44쪽) 외에 구두 발표용으로 작성한 논문 「1949년 프락치 사건: 한국의 법과 정치(The 1949 Praktsiya Incident: Law and Politics in the Republic of Korea)」에서 나온 표현이다.

사라진 것은 이승만 정권에 대항하던 소장파 세력의 몰락을 의미했고, 그것은 한국의 중도 정치와 의회주의에 어두운 그림자를 던지는 것이었다.

이들 13명의 국회의원 피고인들이 일심 재판에서 유죄 선고를 받고 항소 재판이 계류 중일 때 한국전쟁이 발발하면서 이들에게 씌워진 굴레의 혐의가 가려지지 않은 채 이 사건은 묻혀버리고 말았다. 부연하면 이들은 1950년 6월 한국전쟁 발발 3일 만에 북한 인민군이 서울을 휩쓴 뒤 서대문 형무소에서 풀려났고 한 명을 제외하고는 자의든 타의든 북으로 갔다. 이로써 이들이 국회 안 남로당 세포조직의 구성원임이 '증명'된 셈으로 치부되었다. 그 뒤 이 사건은 언론의 관심을 잃고 사회적 담론의 의제로서도 주목을 끌지 못했다. 다만 반공 드라마의 이야깃거리나 반공 캠페인의 도구로서 반공의식 교육의 신화를 창조하는 엄청난 힘을 발휘하면서 끈질긴 생명력을 보였을 뿐이다.

이 반공 신화는 아직까지 프락치라는 용어에 살아 있다. 남조선노동당(이하 남로당)이 1948년 말부터 1950년 초까지 프락치 활동을 강화한 것은 여러 가지 연구와 문헌이 말해주고 있다. 당시 남로당은 국회, 법조, 군, 교육 등 각계에 프락치를 심으려고 공작을 강화하고 수사 당국은 이를 '소탕'하기 위해 전력을 기울이고 있었다. 예컨대 검사 선우종원은 1949년 12월 서울지검 차장검사 김영재를 포함한 11명의 법조인을 법조프락치로서 "비장한 각오로 자가 숙청하기로" 결정했다고 밝히고 있다(선우종원, 1992: 117쪽). 1961년 5·16 군사 쿠데타로 권력을 잡은 박정희 장군이 이 시절 남로당 프락치로 여순 사건을 비롯한 여러 사건에 개입했다는 것도 잘 알려진 사실이다(이에 관해서는 제4장 3절 "박정희의 공산주의 전력 보고서" 참조).

문제는 프락치라는 용어의 원래 정의가 "비공산 조직 내에서 개혁을 위해 활동[공작]하는 공산주의자 그룹"(웹스터 대사전)이라고 되어 있지만 우리 사회에서는 그 용어가 지배 권력이 정적을 근거 없이 매도하는 정치적 모략어 또는 중상어로 굳게 자리 잡았다는 점이다. 그것은 애초 1949~1950년 소장파 국회의원들을 근거 없이 남로당 프락치로 조작한 사건에 기원을 두고 있다고 보인다.

그레고리 헨더슨, 프락치사건에 대한 소회를 말하다

헨더슨은 과연 역사 아닌 역사가 된 이 국회프락치사건에서 무엇을 찾으려 했을까? 헨더슨이 찾으려 했고 지은이가 다시 찾으려 한 역사의 실체는 무엇일까? 지은이는 헨더슨이 남긴 프락치사건 자료와 하버드-옌칭 도서관에 소장된 그의 문집을 두루 살핀 뒤 그 속에 한국 정치 담론이라는 거대한 산맥이 감춰져 있음을 발견했으며, 그 산맥이 한국 현대사에 감춰진 이야기로써 다시 구성해야 할 부분이라는 것도 깨달았다. 여기서 잠시 숨을 고르고 그 산에 오르기 전 산세를 먼저 보기 위해 헨더슨이 이 사건에 관해 말한 개인적인 소회를 들어보자. 이것은 그가 오래전 1972년 4월 21일 컬럼비아대학에서 열린 한국 세미나의 주제 발표자로서 '1949년 프락치사건'에 관한 발표 모두(冒頭)에서 한 이야기다.

> 나는 미 대사관 국회연락관으로서 국회에 관해 보고하는 일을 해야 하는 관계로 많은 의원들과 사귀었는데, 그중 내 자신과 나이가 비슷한 소장파 그룹과 자연히 친교를 갖게 되었습니다. 유명한 독립운동가인 김약수(당시 소장파 그룹의 리더) 의원에 대한 체포 영장이 발부되었지만 그가 오랫동안 일본 경찰의 눈을 피했던 경험으로 피신하자 내 집에 은신하고 있다는

소문이 나돌았던 것은 그런 연고에서였습니다. 이따금 나는 그가 내 집에 왔었다면 오죽 좋았을까 하고 생각하기도 했습니다. 나는 집에 커다란 금고를 갖고 있었기 때문에 그가 그곳에 안전하게 숨어 지낼 수 있었기 때문입니다. 나는 그들의 재판이 중요하다고 확신한 나머지 그것을 면밀히 지켜봤습니다. 당시 많은 사람이 이러한 느낌을 가졌는데, 한국인들보다 외국인들이 그러했다고 생각합니다. 한국인들은 사법 절차란 행정부 지배의 도구에 불과하다는 생각에 익숙해 있었고 정치가 사법을 압도하는 경우 보복이 뒤따를 것으로 생각한 것입니다.

그 뒤 일어난 한국전쟁으로 이 재판의 결과와 그 희생자들에 대한 기억은 묻혀버렸는데, 서울을 점령한 공산군이 그들을 풀어주고 그들이 북쪽으로 사라졌기 때문입니다. 그리하여 그들에게 혐의로 들씌워진 공산주의와의 관련이 확인된 셈이라고 생각하게 되었던 것입니다. 그 뒤 길고 긴 전쟁과 재건의 세월이 뒤따랐습니다. 어떤 인간들에 관한 최초의 편견과 당황은 점차 그리고 거의 무의식적으로 사회적 합의로 굳어지게 되었는데, 그것은 이 사건을 토론하지 말자는 것이었습니다. 그것은 다만 경직된 반공 문법의 틀에서만 이야깃거리가 될 뿐이었습니다. 한때 살아 있던 생물들이 "비잔틴 건축 양식처럼 굳어진 조형물(Byzantine icons)", 게다가 한국적인 조형물이 되었던 것입니다.

마지막으로 나는 그 당시 역사가 쓰일 때 내 자신이 느닷없이 이 "사건 아닌 사건(non-event)", "역사 아닌 역사(non-history)"를 목격한 증인이 된 것을 발견했습니다. 그리고 내가 알았던 국회의원들이 "역사적인 무명인간(historical un-persons)"이 되어 사라진 것을 알게 되었습니다(강조는 지은이).

나는 화들짝 놀랐습니다. 이 사건은 아마도 한국 국회와 국회가 대표했던 민주적 경험의 분기점이 될 것이었으며, 공산주의 신화와 그에 대처하는 방식에서 어떻게 통치할 것인가를 가름한 중대한 사건이었습니다. 이는 또한 친일 분자를 처벌하고 친일 문제를 중심으로 또는 이 문제에 대한 반대를 기축으로 구성하고자 했던 정치의 틀이 몇 년간의 노력 끝에 실패로 끝났음을 의미하는 것이었습니다.

오늘 우리가 토론해야 할 주제 가운데 하나는 한국 역사에서 이러한 사건 아닌 사건이 얼마나 많이 일어날 수 있는가 하는 것입니다. 정부의 과도한 중앙 집권, 반대 세력의 허약함과 위험, 말하는 것과 쓰는 것에 대한 정부의 통제가 이런 '사건 아닌 사건'과 '무명인간'이 창궐(猖獗)할 수 있는 일반적인 조건을 만들어낸다는 점입니다. 만일 여러분이 이러한 사건의 증인이 된다면, 여러분은 역사에 관해 숙고하게 되며 잔존하는 공식적인 문서가 필수적인 진실을 얼마나 감추고 있는가에 대해 생각하게 될 것입니다(헨더슨 문집, 상자 4호, "법에 관한 발표" 중 컬럼비아대학 세미나 발표문, "1949년 프락치사건: 한국의 법과 정치", 1972년 4월 21일).

헨더슨이 던진 위의 화두에서 그가 구상한 한국 정치 담론의 윤곽을 그려볼 수 있다. 그는 국회프락치사건을 역사에 생기지 말았어야 할 사건으로 보면서, 이러한 '사건 아닌 사건'과 '역사 아닌 역사'가 왜 일어난 것인지, 그리고 '역사적 무명인간'으로 사라진 정치적 희생자들이 생겨날 수 있었던 한국적 토양의 조건은 무엇이었는지 성찰하고자 한 것이다. 그는 잠정적으로 '과도한 중앙 집권,' '반대 세력의 허약함,' '언론 통제'를 이러한 조건으로 들고 있다. 그는 이 사건을 제헌 정국의 민주적 경험이 단명으로 끝나고 이승만 독재 체제가 들어서는 분기점으로 규정하고 덧붙여 이 사건을 계기로 친일 잔재 청산이 물거품이 되고 반공 신화가 양산되었다고 주장한다.

마지막으로 헨더슨(Henderson, 1991)은 그가 죽기 얼마 전 쓴 논문(사후 발표)에서 국회프락치사건은 독재 정권이 반대당을 때려잡기 위해 이용한 정치 재판의 전형을 보여준 사건이라면서, 이 나쁜 정치 유산이 이승만 정권부터 시작되어 박정희 군사 정권을 지나 전두환 신군부 정권 현재 (1988년)까지 계속되고 있다고 지적한다.[2] 헨더슨은 1988년 10월 느닷없이 찾아온 사고로 영영 눈을 감았기 때문에 그 바로 전해인 1987년 6월 학생과 시민들이 쟁취한 '6월 민주 항쟁'이 한국 정치 발전에 미친 결과를 충분히 음미하지는 못했을 것이다. 즉 그는 그 민주 항쟁의 결과 프락치사건과 같은 정치 재판이 더 이상 발붙일 곳이 없어진 사태의 극적인 진전은 예견하지 못했을 것이다. 그러나 그가 이 사건을 조명하여 거두려고 했던 정치 담론이 한국 민주화 운동이라는 결실에 밑알이 되었음은 틀림없다. 게다가 헨더슨의 한국 정치 담론은 한국 민주 정치의 성숙을 위해 여전히 약발이 다하지 않은 처방이라고 믿어진다.

돌이켜 보건대 국회프락치사건은 한국의 의회주의가 뿌리내리기도 전에 죽음의 길로 들어선 갈림길이었다. 그 막다른 길로 들어선 신생 공화국의 의회주의는 1952년 여름 부산 정치파동이라는 낭떠러지에 이르러 비

---

[2] 그는 이 정치 재판의 주요 유형으로 1952년 부산 정치파동과 관련된 국회의원들의 자의적인 체포와 정치 재판, 언론인이자 정치인인 정국은(鄭國殷) 사건(1952~1954), 김창용 살해에 관련된 강문봉(姜文奉) 사건(1955~1957), 전 농림부 장관이자 국회부의장인 조봉암(曺奉岩) 사건(1958~1959, 일명 '진보당 사건'), 박정희 쿠데타 정권 시절 이른바 인민혁명당 사건에 연루된 윤길중(尹吉重)-이동화(李東華) 사건(1962), 같은 시절 '반혁명 사건'에 연루된 박임항(朴林恒)-김동화(金東華) 사건(1963), 동베를린 간첩단 사건(1967), 김철(金哲) 통일사회당 위원장 반공법 위반 사건(1971), 이른바 '인혁당 재건위 사건'(1974), 마지막으로 신군부 쿠데타 세력이 자행한 광주 시민 학살 사건과 관련된 이른바 '김대중 내란 음모 사건'(1980~1981)을 열거한다.

명을 지르고 추락하고 말았던 것이다. 그것은 한국 현대사에 남은 깊은 주름살이었다.

책의 구성

이 책은 1949~1950년 일어난 국회프락치사건을 주제로 삼아 한국 현대 정치사의 한 편모(片貌)를 그린 소묘(素描)라고 볼 수 있다. 이 현대사의 편모는 1945년 9월 미국이 한반도 남부를 점령하면서 시작된 미국의 관여 부분을 말한다. 미국의 관여는 미 군정 3년, 대한민국 탄생, 한국전쟁 등 한국 현대사를 가르는 중대한 고비마다 광범하고, 명료하고, 어떤 의미에서 치열한 것이었다. 우리가 주제로 삼은 국회프락치사건도 미국의 관여로부터 벗어날 수 없었던 중대한 정치 사건이었다. 이 사건이 일어났던 당시 헨더슨은 미 대사관 정치과 소속 국회연락관으로서 사건을 직접 목격했으며 또한 치열하게 관여했다.

이 책은 한마디로 한국 현대사에서 미국의 관여 부분과 해방 뒤 전개된 '회오리 정치'의 파행을 헨더슨의 관점에서 재구성한 한국 정치 담론이다. 원래 지은이는 한 권으로 담으려 했지만 여러 가지 생각 끝에 두 권으로 구성한다.

제1권은 1952년 여름에 일어난 부산 정치파동에 초점을 맞추되 헨더슨이 40년간 '한국 여행'에서 만난 주요 사건 또는 국면을 다뤘다. 그것은 넓은 틀에서 헨더슨이 모델화한 회오리 정치의 검은 얼굴이 다르게 나타난 모습들이다. 1949~1950년의 국회프락치사건이 남한의 의회주의를 반신불수로 만든 제도권의 테러라면, 부산 정치파동은 신음하는 의회주의의 남아 있는 생명을 간단히 베어버린, 제도의 옷마저 벗어버린 벌거숭이의 테러였다. 따라서 국회프락치사건이 한국 의회주의가 몰락의 길로 들어서는 음산한 입구라면 부산 정치파동은 그 종말의 비명과 함께 떨어진 낭떠러지다. 독자들은 제1권에서 그 비명을 먼저 들은 뒤 안쓰러움과 격정의 분노를 삭이면서 제2권이 본격적으로 다루는 국회프락치사건의 정치적 의미를 좀 더 차분히 음미할 수 있을 것이다.

따라서 제1권은 헨더슨의 40년 한국 여행을 시계열상 역순으로 추적한 이야기다. 그가 1949~1950년 만난 국회프락치사건을 남겨놓고, 먼저 1958~1963년 격동의 여정에서 조우했던 사건과, 그 뒤 소중히 쌓아 왔던 국무부 경력을 포기하고 한국학 연구자의 길로 여정의 방향을 전환한 뒤 행동하는 지식인으로 포효했던 행적을 살펴보고자 한다. 그 다음 제2권에서 우리가 남겨놓은 국회프락치사건으로 되돌아오고자 한다. 이는 지은이가 아주 편의적으로 구성한 이야기 배열로서, 독자들을 먼저 헨더슨의 회오리 여행에 동반하고 마지막에 회오리가 시작된 원점으로 안내하겠다는 의도를 담고 있다.

헨더슨이 한평생 계속한 한국 여행은 한국의 빛과 그늘에 대한 그의 애증을 담고 있으며, 그것이 그가 쌓은 개인 지성사이기도 하다. 제1장과 제2장은 지은이가 헨더슨과 인연을 맺은 경위와 함께 그가 한평생 중단 없이 계속한 한국 여행을 다뤘다. 뒤이어 제3장~제5장은 외교관, 학자, 한반도 전문가, 칼럼니스트로서, 한가한 서생(書生)이 아닌 행동하는 지식인으로서 산 헨더슨의 치열한 삶을 담고자 했다. 따라서 이 부분은 일종의 평전(評傳)을 겸했다고 보아도 좋을 것이다. 지은이가 그의 평전을 담는 이유는 독자들이 이 부분을 읽을 때 그의 정치 담론을 좀 더 의미 있게 이해할 수 있다고 보았기 때문이다.

제1권에서 무게 중심을 둔 부산 정치파동(제6장)은 '제2의 국회프락치사건'이다. 제1의 국회프락치사건이 터진 지 3년 만에 임시 수도 부산에서 터진 부산 정치파동은 이른바 '국제공산당 음모 사건' 등 이승만 정권이 가한 국회에 대한 정치 테러라는 점에서 제1의 프락치사건의 복사판과 같다. 제1권은 헨더슨의 한국 정치 담론 I(제7장)을 담고 있는데, 그것은 미국이 한국에 관여한 '책임(committment)'을 헨더슨의 관점에서 정리한 것이다.

제2권은 이 책이 주제로 삼은 국회프락치사건을 본격적으로 다뤘다. 제8장과 제9장은 이 사건의 성격 및 배경과 함께, 이 사건의 정치적 특성과 고문 수사의 행태 등을 다뤘다. 지은이는 취재하는 과정에서 사건이 일어난 당시 헨더슨과 짝을 이뤄 이 사건을 직접 목격하고 공판 진행을 기록한 김우식(金禹植, 87세) 씨를 도쿄에서 두 번에 걸쳐 만날 수 있었다. 김우식은 헨더슨과 함께 미 대사관 정치과 소속으로 국회를 담당한 한국인 직원이었다. 그는 국회프락치사건 재판을 참관한 드문 증인일 뿐만 아니라 그 자신이 공산당 프락치로 체포되어 갖은 고초를 겪은 끝에 한국전쟁 발발 40여 시간 전에 극적으로 풀려난 사람이다. 그의 증언은 국회프락치사건의 수수께끼를 풀 수 있는 실마리를 담고 있기에 제9장 "국회프락치사건 터지다"에 수록했다.

제10장과 제11장은 국회프락치사건 재판의 실상을 담고, 헨더슨과 당시 ECA/대사관 법률고문 프랭켈 박사가 이 재판에 관여하여 변호한 이야기를 수록한다. 프락치사건 공판의 실상은 국내외 연구가 다루지 못한 내용이다. 이는 헨더슨이 두 한국인 직원에게 의뢰해 공판정에서 진행된 재판의 모든 과정을 '한 마디 한 마디' 적어 국무부로 보낸 기록에 전거를 두고 있다. 또한 프랭켈 박사가 작성한 장문의 법률보고서도 아직 국내 연구가 다루지 못한 부분이다. 이 공판 기록과 법률보고서는 별도의 자료

집으로 구성했다.

제2권은 마지막으로 헨더슨의 한국 정치 담론 II(제12장)를 담고 있는데, 이는 헨더슨이 1968년 발표한 『회오리의 한국 정치』에서 모델화한 '회오리 정치(vortex politics)'를 넘어 그가 구상한 피안(彼岸)의 정치 이상을 구성한 것이다. 그것은 한마디로 중간 지대의 정치 합작이라고 할 수 있다. 그것은 정치 응집력을 결여한 한국 사회가 극우와 극좌라는 극한 지대를 넘어 중간 지대에서 정치 응집력을 모으자는 호루라기 소리인 것이다.

감사의 말씀

지은이는 국회프락치사건 연구에 관한 개인적인 소회와 함께 많은 분에게 감사의 말씀을 드리고 싶다. 먼저 이 책의 제목을 '국회프락치사건의 재발견'이라고 단 취지부터 해명해보자. 이는 국내외 연구자들이 프락치사건 연구에서 발견한 진실의 업적을 어깨로 삼아, 그 위에 올라 좀 더 멀리 보자는 것이다. "만일 내가 더 이상을 보았다면 그것은 거인들의 어깨 위에 섬으로써"만 가능했다는 3세기 이상 전에 뉴턴 경이 한 말이 이 연구를 이끌었다는 점을 강조하고 싶다.

물론 이들 거인들의 앞줄에는 그레고리 헨더슨이 서 있다. 뒤에서 살펴보게 되는 바와 같이 그는 프락치사건에 관한 거의 모든 중요한 자료를 지은이에게 제공했을 뿐만 아니라 연구 동기와 중요한 연구 방향 및 관점을 제시해주었다. 그에 뒤이어 헨더슨과 생각을 같이하고 프락치사건의 연구에 참여하거나 협조한 이들이 서 있다. 즉 제임스 펠레(James Palais) 교수(2005년 작고), 에드워드 베이커(Edward Baker) 교수, 프랭크 볼드윈

(Frank Baldwin) 교수, 개리 레드야드(Gari Ledyard) 교수, 브루스 커밍스 (Bruce Cumings) 교수와 같은 이들이다.³ 물론 지은이가 이들의 어깨 위에 설 수는 없었지만 그 너머로 프락치사건의 모습을 엿볼 수는 있었다고 생각한다.

---

3 제임스 펠레 교수와 에드워드 베이커 교수는 1973년 헨더슨이 사회과학연구원의 지원을 받아 연구할 때와 프락치사건 재판의 공판 심리 영문 기록을 정리할 때 참여했으며, 특히 펠레는 1974년 공간(公刊)한 논문에서 국회프락치사건을 다루면서 "이러한 수단십 수 명의 국회의원 구속으로 이승만은 민선 국회의 위엄을 거의 완벽하게 짓밟고 의원들에 대한 기소를 부당하게 강요함으로써 법원의 성실성을 훼손했다"(Palais, 1974: 323쪽)고 쓰고 있다. 한편 베이커 교수는 1973년 헨더슨이 사회과학연구협의회 지원 신청서에 프락치사건을 가장 잘 아는 사람으로 지명한 세 명 중 한 사람이다. 그는 당시 하버드 법대 대학원 과정을 밟고 있었으며, 헨더슨에게서 한국 현대사 강의를 들으면서 프락치 사건 재판 기록을 정리하는 등 헨더슨의 연구를 도왔다. 베이커 교수는 한양대학교에서 연구차 서울에 머물던 중 2007년 6월 22일 지은이를 만나 프락치사건과 이와 관련된 문제에 관해 장시간 토론을 한 바 있다. 컬럼비아대학 레드야드 교수는 헨더슨이 1971년 사회과학연구원에 프락치사건 연구 지원을 신청했을 때 심사위원으로 연구 지원 승인에 참여했다. 그는 2007년 3월 28일 지은이에게 쓴 서한에서 헨더슨이 사회과학연구원 지원 아래 수행한 연구가 결실을 보지 못했다고 회고하면서, 헨더슨이 연구를 시작한 1972년은 박정희 대통령이 유신헌법을 선포한 해이기 때문에 "잘못된 해(wrong year)"에 연구가 출발한 것이 그 원인이 아닌가 생각한다고 말했다. 볼드윈 교수는 컬럼비아대학 동아연구소 소장으로 재임할 때, 헨더슨이 1972년 '한국 세미나'에 참석해 프락치사건에 관한 예비적 논문을 발표하도록 주선했다. 마지막으로 커밍스 교수는 그의 주저 『한국전쟁의 기원』에서 프락치사건을 자세히 다루면서 이 사건으로 국회가 행정부의 힘을 효과적으로 견제하는 기구가 되지 못하고 '보나파르티즘'을 막을 수 없게 되었다고 밝힌다(Cumings, 1990: 219쪽). 그는 또한 2007년 3월 28일 지은이에게 쓴 편지에서 그가 쓴 모든 저술을 자유로이 인용할 수 있도록 호의를 베풀었고, 미국 국립문서보관소가 소장한 1948~1950년 헨더슨의 국무부 문서 가운데 특히 "file 740.119 Control(Korea)"가 프락치사건 연구에 대단히 가치 있을 것이라는 의견을 주었다. 커밍스는 1970년대 컬럼비아대 역사학과에서 한국 현대사에 관한 박사학위 논문을 쓸 때 헨더슨에게 각별한 도움을 받은 것이 계기가 되어 그와 학문적인 교류를 계속한 사이다.

지은이는 국내 연구자의 성과물에도 커다란 도움을 받았다.[4] 이들 연구자들의 성과물 중 서중석(徐仲錫, 1996) 교수와 박명림(朴明林, 1996) 교수가 다룬 국회프락치사건 연구는 지은이의 생각에 적지 않은 자양분이 되었다. 특히 박명림이 1949년 여름에 일어난 일련의 사태를 이승만 정권이 자행한 "6월 공세"라고 부르면서(박명림, 1996: 425쪽) 국회프락치사건이 갖는 정치적 함의를 규명한 것은 인상적이다. 놀랍게도 이 젊은 소장학자는 1950년 11월 헨더슨이 쓴 장문의 '정치비망록(제7장 2절 "헨더슨의 정치 프로그램" 참조)'을 읽어 보았을 리가 만무함에도, 헨더슨이 김구 암살과 국회프락치사건을 이승만 정권이 자행한 '쿠데타'라고 특징짓는 것과 같은 맥락에서 "1949년 6월의 일련의 사태는 이승만 정권과 민국당이 연합한 하나의 쿠데타"라고 규정한다(같은 글: 452쪽). 박원순(朴元淳, 1989) 변호사는 이 사건을 법률가의 입장 및 사법 절차의 관점에서 증인 채택의 편파성과 증거 또는 증인 조작성을 신랄하게 캐묻고 있어 이 사건을 법적으로 접근하는 데 도움을 주었다.

지은이는 이 연구를 진행하면서 많은 이들의 협조와 격려에 큰 힘을 얻었음을 밝히고자 한다. 제일 먼저 마이어 헨더슨(Maia Henderson) 여사를 들고 싶다. 여사는 남편 헨더슨이 1988년 10월 돌연한 죽음을 맞은 뒤 지은이에게 헨더슨이 그때까지 정력적으로 모으고 연구하던 국회프락

---

[4] 여기서 거명한 서중석, 박명림, 박원순의 연구 외에도 도진순(都珍淳, 1997) 교수, 허종(許宗, 2003) 박사 등의 연구가 있으며, 특히 프락치사건의 피고인으로 남한에 남은 서용길(1989) 제헌국회의원도 그가 체험한 '사건의 진상'에 관한 글을 남겼다. 또한 사건의 수사를 주도하고 재판에 입회한 오제도(1982) 검사나 많은 사람들이 수사 당국의 입장을 판에 박은 듯 변호한 많은 글을 남겼다. 그 밖에 여러 가지 픽션류를 제외한 다큐멘터리류의 기록으로는 동아일보사가 펴낸 『비화—제1공화국』 "국회프락치사건"편(1975)이 있다.

치사건 관계 자료를 모두 넘겨주었다. 또한 2006년 10월 하버드-옌칭 도서관을 찾아 헨더슨 문집을 열람하기 위해 보스턴 근교 자택에 1주간 머물렀을 때, 여사는 지은이를 남편의 지기나 되는 듯 극진히 대했다. 그녀는 80대의 고령인데도 아침마다 따뜻한 커피와 토스트를 준비해주었고, 지은이와 함께 하버드 아서 새클러 박물관(Arthur M. Sackler Museum)에 가서 기증한 헨더슨 컬렉션 중 전시된 도자기를 함께 관람하기도 했다.

그렇듯 건강하고 예술가로서 위트를 잃지 않았던 헨더슨 부인이 지난 2007년 12월 14일 영면했다. 그것은 충격이고 슬픔이었다. 이제 이 미숙한 연구를 마감하고 여사에게 마침 결과를 보고하려 할 때 느닷없이 부음을 받다니! 만일 여사가 생전에 내 편지를 받았더라면 얼마나 기뻐했을까! 지은이는 이 미숙한 연구 결과를 헨더슨 부처 영전에 바치고자 한다.

지은이는 또한 헨더슨의 프락치사건 연구와 관련하여 많은 인사들을 만나 인터뷰했는데, 특히 도쿄에서 만난 김우식 선생과 정경모(鄭敬謨) 선생에게 감사드린다. 또한 지은이가 도쿄에 갈 적마다 자료수집에 큰 힘을 보태고, 격려와 제언을 아끼지 않으신 세케(成蹊)대학의 오쿠노 마사히로(奧野昌宏) 교수에게 감사를 드린다. 앞에서 밝혔듯이 김우식은 1948~1950년에 헨더슨과 함께 제헌국회를 담당한 한국인 직원으로 프락치사건 재판을 직접 참관한 드문 증인이며, 1950년 한국전쟁 직전 공산당 프락치로 몰려 체포당했다가 극적으로 풀려난 그의 체험이 바로 국회프락치사건에 중요한 함의를 던져주고 있다. 무엇보다도 프락치사건 재판을 참관하고 심리를 기록한 2명의 한국인 중 한 사람이라는 점에서 그의 증언은 귀중하다. 따라서 이 책의 구성은 그의 관찰과 기록에 큰 빚을 지고 있다.

정경모는 그의 저서(정경모, 1984; 2002)에서 프락치사건의 내막과 배경을 다뤘을 뿐만 아니라 헨더슨이 이 사건을 연구할 때 그와 의견을 교환한 사이다.

그 밖에 곽소진 선생(1948~1988년 미 대사관 문화부에 근무), 김환수 선생(1957~1997년에 미 대사관 문화부 근무), 김용성 선생(1955~1970년에 미 대사관 정치과 근무)에게 감사의 말씀을 드리고 싶다.

또한 지은이는 전 동아방송 이병준 피디에게도 감사의 말씀을 드린다. 그는 1970년대 유신 시대에 방송 드라마 작가 오재호가 쓴 『특별수사본부』가 다룬 "국회프락치사건"을 연출한 이로서 당시 이 인기 반공 드라마가 제작된 상황과 청취자에게 불러일으킨 반향을 회상해주었다.

마지막으로 그레고리 헨더슨이 구상하고 지은이가 추적하는 '한국 정치 담론'이란 무엇을 이르는 말인가? 그것은 헨더슨이 프락치사건이라는 렌즈를 통해 한국 정치의 병리를 들여다보고, 분석하며, 치유하고자 했던 처방전을 의미한다. 헨더슨이 프락치사건에 관한 예비적 논문이나 이 사건을 다루고자 한 연구 메모 등에서 '정치 담론'이란 말을 사용한 적은 없다. 그러나 그는 한국의 정치와 사법 영역에서 이 '극단적인 정치 사건'은 정치 권력이 사법 체제를 동원하는 통제 기제가 작동하고 있음을 보여주는 사례라고 지적한다. 따라서 지은이는 그가 이 단일 사건의 정밀한 분석을 통해 한국 정치의 병리를 치유하기 위한 담론[5]을 구상했다고 추정

---

[5] 헨더슨이 프락치사건을 다룬 '예비적' 논문이나 기타 발표문에서 '정치 담론(political discourse)'이란 말을 사용한 적은 없다. 지은이가 헨더슨이 더 오래 생존했더라면 완성했을 것으로 보는 논문이나 책을 "그레고리 헨더슨의 한국 정치 담론"이라고 표제를 단 이유는 그가 프락치사건이라는 렌즈를 통해 한국 정치의 병리를 분석·진단·처방할 수 있다고 생각했기 때문이다. 지은이는 정치 '담론'의 개념을 독일 현대 프랑크푸르트 학파를 대표하는 커뮤니케이션 이론가이며 사상가 위르겐 하버마스(Jürgen Habermas)가 개척한 '보편적 화용론(universal pragmatics)'에서 차용했다. 그는 현대 사회의 계층

한다.

결과적으로 이 책이 발견하고 구성하고자 하는 한국 정치 담론은 이 국회프락치사건의 숨겨진 진실을 파헤쳐 그 허구적 시나리오, 피고인들이 겪은 잔혹한 수사의 실상, 엉터리 재판 절차, 또는 피고인의 무고함 등을 밝히는 것을 목적으로 하는 것은 아니다. 이런 것들이 상당 부분 밝혀지더라도 그것은 프락치사건이 담은 정치적 함의를 오늘의 시점에서 해석하고 설명하려는 목적을 위한 자료로서 의미를 가지는 것이다. 결국 마지막 장에서 살피겠지만, 헨더슨이 국회프락치사건이라는 사례를 통해 조명하려는 한국 정치 담론은 한국 정치가 극복해야 할 회오리 정치라는 병리에 대한 분석·진단·처방을 오늘의 한국 정치의 틀에서 모색하자는 것이다.

마지막으로 한울출판사의 김종수 사장님께 감사의 말씀을 드리고 싶다. 한울은 헨더슨의 주저의 한국어본 『소용돌이의 한국 정치』(2000)를 처음 출판한 데 이어 이 책의 출판에 또다시 기꺼이 정성을 쏟았으며, 이 책이 햇빛을 보기까지 편집진이 기울인 세심한 노력이 큰 보탬이 되었음을 밝힌다.

그레고리 헨더슨 별세 20주기를 맞아
옷깃을 여미며, 김정기
2008년 8월

간 갈등 또는 억압된 계층의 해방을 푸는 대안으로서 담론(discourse)의 몫에 주목하면서 '이론적 담론(theoretic discourse)'과 '실제적 담론(practical discourse)', 그리고 더 높은 차원에서 '거시이론적 담론(metatheoretical discourse)' 또는 '거시윤리적 담론(metaethical discourse)'을 처방전으로 내놓고 있다[Habermas, "보편적 화용론이란 무엇인가?(What Is Universal Pragmatics?)" 참죄. 정치 행위를 커뮤니케이션으로 환원할 때, 프락치사건은 그 대칭 개념인 정권의 힘이 국회에 가한 '테러' 행위라고 진단한 헨더슨의 주장에서 이는 담론의 반명제를 의미한다. 따라서 프락치사건의 정치 담론은 한국 정치 병리의 담론적 처방전인 셈이다.

차례

프롤로그
    그레고리 헨더슨, 프락치사건 소회를 말하다 _ 9
    책의 구성 _ 13
    감사의 말씀 _ 16

제1부 그레고리 헨더슨의 한국 여행

제1장 국회프락치사건 재발견의 길
    1. 헨더슨은 누구인가? _ 31
    2. 지은이가 맺은 헨더슨과의 인연 _ 37
    3. 국회프락치사건 자료를 넘겨받다 _ 46
    4. 국회프락치사건의 역사적 복원과 재조명 _ 55

제2장 그레고리 헨더슨의 한국 여행
    1. 40년간의 한국 현대사 여행 _ 74
    2. 소년 헨더슨, 조선 도자기를 동경하다 _ 77
    3. 조지 매큔 박사와 만나다 _ 82

제2부 회오리 정치의 덫

제3장 회오리 정치를 참여 관찰하다: 대한민국 정부 수립부터 한국전쟁까지(1948~1950)
    1. 국회프락치사건을 노려보다 _ 93
    2. 이승만의 이원국가 통치 _ 97
    3. 헨더슨이 만난 한국전쟁 _ 102
    4. 정치 중간 지대의 상실 _ 109

제4장 회오리 정치의 유탄에 맞다: 이승만 정권 말기부터 5·16 쿠데타까지(1958~1963)
   1. 이영희 사건에 휘말린 헨더슨 _ 134
   2. 박정희의 공산주의 전력 보고서 _ 150
   3. 국무부를 떠나다 _ 161

제5장 유신 독재, 레지스탕스 그리고 헨더슨
   1. 헨더슨, 유신 독재와 맞서다 _ 168
   2. 한국 인권청문회 _ 182
   3. 도자기 사건에 휘말린 헨더슨 _ 206
   4. 광주 학살의 책임을 따지다 _ 222
   5. 국회프락치사건 연구에 몰두하다 _ 248

제3부 회오리 정치의 절정과 성찰

제6장 부산 정치파동: 제2의 국회프락치사건
   1. 부산 정치파동이란? _ 267
   2. 헨더슨과 라이트너 _ 271
   3. 무초 대사의 은밀한 내정 간여 _ 282
   4. 라이트너 대리대사가 도모한 간섭의 정치 _ 299
   5. 흔들리는 미국의 대한정책 _ 334
   6. 국제공산당 음모 사건 _ 368

제7장 헨더슨의 한국 정치 담론 I: 미국의 대한책임론
   1. '무대응'에서 '간섭'으로 _ 389
   2. 헨더슨의 정치 프로그램 _ 403
   3. 하지 군정의 실패 _ 410
   4. 미국의 철군 정책: 다리 없는 괴물 _ 451

5. 한국 분단과 과잉 군사화 _ 460
6. 소결 _ 468

제1권을 마치며 _ 471
부록: 그레고리 헨더슨 연보 _ 479
찾아보기: 인명 _ 487
찾아보기: 주제 _ 492

국회프락치사건의 재발견 II 차례

제4부 국회프락치사건의 회오리

제8장 국회프락치사건의 배경과 성격
1. 국회프락치사건의 배경: 미국의 대한정책 _ 14
2. 미 대사관의 태도 변화와 소장파의 몰락 _ 23
3. 대한정책의 실패: 실수인가? 기획공작인가? _ 40
4. 국회프락치사건의 성격: 정치 음모와 테러 _ 48
5. 대한정치공작대 사건: 절정에 이른 정치 음모극 _ 67

제9장 국회프락치사건 터지다
1. 모호한 남로당 7원칙 _ 90
2. 남로당의 소장파 의원 공작 _ 103
3. 김우식이 겪은 '작은 프락치사건' _ 109
4. 암호 문서의 수수께끼 _ 137
5. 가혹한 고문 수사 _ 160

제10장 정치 재판 열리다
1. 사광욱 판사의 공판 주재 _ 172
2. '준열한' 논고와 메아리 없는 변론 _ 198
3. 선고 공판 _ 208
4. 사회적 담론의 타락 _ 215

제5부 정치 재판에서 정치 합작으로

제11장 마녀 재판을 따진 두 외교관
1. 헨더슨의 프락치사건 연구 _ 229
2. 헨더슨 공판 기록과 프랭켈 법률보고서 _ 245
3. 검사의 유죄 입증 실패 _ 261

4. 국제법 위반 _ 279

5. 프랭켈-헨더슨 조의 막후 활동 _ 287

6. 보고서가 판결에 준 영향? _ 294

제12장 헨더슨의 한국 정치 담론 II: 중간 지대의 정치 합작

1. 회오리 정치의 모델론 _ 306

2. 회오리 정치의 고고학 _ 322

3. 회오리 정치의 현상학 _ 332

4. 중간 지대의 정치 합작 _ 345

5. 중간 지대의 정치 합작을 위한 모색 _ 350

6. 남북한 관계: 냉전의 동토를 넘어 화해의 지평으로 _ 357

7. 당면한 도전: 제왕적 대통령제 _ 363

에필로그 _ 371

참고문헌 _ 380

찾아보기: 인명 _ 395

찾아보기: 주제 _ 400

국회프락치사건 자료집 차례

국회프락치사건 재판 기록(영문): 미 국무부 외교 문서

1. 해제 _ 5

2. 헨더슨 국회프락치사건 공판 기록(영문) _ 16

3. 프랭켈 법률보고서(영문) _ 125

제1부

그레고리 헨더슨의 한국 여행

그레고리 헨더슨(1922~1988)은 한국 현대사의 중요 부문을 목격한 드문 증인이다. 그는 널리 알려진 대로 한국 정치에 관한 유명한 고전적 텍스트인 『회오리의 한국 정치』(1968)의 저자이다. 하버드대학 출판부에서 나온 이 책은 이미 한국 정치에 관한 세계적인 고전이 되었지만, 이 책이 널리 알려진 만큼 그레고리 헨더슨 개인에 관해서는 알려진 바가 없다. 그가 이 책에서 제시한 이론적 가설로서의 '회오리 정치(vortex politics)'는 한때 한국학계의 비상한 관심과 논란을 불러일으켰지만 뚜렷한 결론이나 평가 없이 조용히 사라졌다.

    이 책의 번역서는 이웃나라 일본에서는 원저가 나온 지 불과 4년만인 1973년 『조선의 정치사회』란 제목으로 출판되었지만, 한국에서는 한 세대 이상이 흐른 2000년 『소용돌이의 한국 정치』로 출판되었다. 이렇게 출판이 지연된 것은 박정희 정권의 적대감, 한국 출판계의 재정적 어려움 등이 겹친 결과겠지만, 다른 한편으로 한 진지한 외국 학자가 거둔 비교정치학 연구의 중요한 업적, 더구나 바로 한국 정치에 관한 연구 성과물에 우리 사회가 너무 무관심한 것은 아닌지 지은이를 비롯해 관계 전문가들이 자성해봄 직한 일이 아닐 수 없다.

    이 책이 다루는 주제는 1949~1950년 일어난 국회프락치사건이다. 이 사건은 바로 헨더슨이 한국 정치에 관해 구성한 회오리 정치 가설의 단면을 보여준다. 제1부는 이를 이해하기 위한 우회적 접근으로서 헨더슨이라는 인물을 살피고 아울러 국회프락치사건에 접근하는 방법론적인 전략을 다루고자 한다(제1장). 즉 헨더슨은 누구인가, 지은이는 그와 어떤 인연으로 이 연구에 착수하게 되었는가와 같은 문제를 다루고, 아울러 지은이가 구상한 이 연구의 방법론적인 전략을 제시함으로써 독자가 이 책과 소통할 접근로를 안내하고자 한다. 이어 헨더슨이 한평생 계속한 40년간의 한국 현대사 여행을 두루 살피고자 한다(제2장). 이 여행에서 중요한 점은 그가 1947~1948년에 국무부에 들어간 뒤 당시 캘리포니아대학에서 한국학 연구의 선구자이던 조지 매큔 교수의 지도 아래 한국의 언어와 역사를 집중적으로 익혔다는 점이다.

헨더슨의 어린 시절, 가족과 함께(앞줄 맨 오른쪽 소년이 헨더슨).

북한산 승가사(僧伽寺)에서 동료와 함께 운동을 하고 있는 헨더슨(아래). 그는 1948년 7월 중순 서울에 온 뒤 불교 사찰을 많이 찾았다(1948~1950년경 사진).

서울시 중구 정동에 있던 헨더슨의 관저.

제1장
국회프락치사건 재발견의 길

국회프락치사건은 1948년 5·10 총선으로 당선된 제헌국회의원 15명이 남로당의 프락치라는 죄목으로 체포된 사건이다. 당선된 국회의원의 8할이 체포되었다는 점만으로도 이 사건은 정치적으로 큰 의미를 지닌다. 이들은 국가보안법 위반 혐의로 체포되었지만 이들 거의가 이승만 경찰국가 체제에 저항하는 이른바 '소장파' 그룹에 속한 반대당이라는 점에서 그것은 정치권력이 반대당을 탄압한 정치 사건의 성격을 지닌다. 당시 프락치사건 재판을 지켜본 ECA 법률고문 에른스트 프랭켈(Ernst Fraenkel)[1] 박사는 이 사건을 분석하여 장문의 법률보고서를 작성했

---

1 브루스 커밍스는 에른스트 프랭켈 박사가 우리나라 해방 정국을 관찰한 드문 역사적 증인이라고 평가했다(Cumings, 1990: 860쪽, 주 80). 그는 하지 군정의 법률 자문관으로 참여하여 미 점령 기간 법적 토대를 마련하는 데 기여한 인물이다. 프랭켈은 미 군정이 끝난 뒤에도 ECA 법률고문으로 한국에 남아 국회프락치사건 재판에 관한 법률보고서를

는데, 그것은 다음과 같은 의미심장한 결론을 맺고 있다.

이 사건의 판결 결과는 이 나라에서 민주주의가 큰 틀에서 살아날 기회가 있는가, 또는 특별 비상조치로 제정된 국가보안법과 군정 법령 19호가 일당 독재국가의 설립을 위해 남용될 것인가를 판가름할 것이다(헨더슨 프락치 자료, 프랭켈 법률보고서, 드럼라이트가 국무부로, 외교 공문 별첨문 1호, 1950년 3월 22일).

프랭켈은 이 사건의 재판이 1950년 2월 10~13일 결심 공판을 마치고 판결이 임박한 시점에 작성한 보고서에서 이런 말을 했다. 결과적으로 그가 맺은 이 결론은 선지자의 예언이 되었다. 국가보안법은 그 뒤 이승만 경찰국가를 유지하는 '총칼'이 되어 공산당의 이름을 덧칠해 반대 정치 세력을 때려잡는 전가의 보도가 되었으며, 그 결과 이승만의 자유당, 박정희의 민주공화당, 전두환의 민주정의당이 지배하는 실질적인 일당 독재체제가 끈질기게 이어졌던 것이다.

지은이는 여기서 역사상 생겨나지 말았어야 할 이 사건, 즉 '역사 아닌 역사'가 된 이 사건을 복원하는 논리의 정당성을 생각하게 된다. 역사가 단순히 과거의 이야기가 아니라 카(E. H. Carr, 1961)가 말하듯 '현재와 과거와의 끊임없는 대화'라면 현재의 나는 과거의 이 사건과 어떠한 대화를 하고자 하는 것일까? 즉 나는 이 사건에서 무엇을 재발견하고자 하는가?

썼다(자료집, 3. "프랭켈 법률보고서" 참조). 프랭켈이라는 인물과 그의 법률보고서에 관해서는 제2권 제11장 2절 "헨더슨 공판 기록과 프랭켈 법률보고서"를 참조.

제1장이 다루는 '국회프락치사건 재발견의 길'은 지은이가 이 사건을 복원하고 재조명하게 된 경위를 기술한 것이다. 여기에는 물론 이 사건을 복원하고 재발견하고자 하는 지은이의 기본적인 생각을 담았다. 이는 헨더슨이 구상한 프락치사건의 정치 담론이 지향하는 목표지만, 이 장에서는 지은이가 정당성의 논리로서 해명해야 할 과제이기도 하다. 그러나 이에 앞서 인간 헨더슨의 삶과 그 프로필을 살펴본 뒤, 헨더슨이 프락치사건을 관찰하고 개입한 동기 및 경위와 함께 지은이가 프락치사건의 정치 담론을 쓰게 된 경위로 되돌아가 보자. 마지막으로는 프락치사건을 복원하고 재조명하는 취지를, 그 정당성의 논리를 오늘날 역사의 관점에서 정리하고자 한다.

1. 헨더슨은 누구인가?

먼저 그레고리 헨더슨(Gregory Henderson, 1922~1988)은 누구인가? 그는 널리 알려진 대로 한국 정치학의 고전적 텍스트인 『회오리의 한국 정치 (Korea: The Politics of the Vortex)』(1968)의 저자다. 이 책은 이미 한국 정치학의 세계적인 고전이 되었지만, 책과 연관되어 널리 알려진 그의 이름 못지않게 헨더슨은 한국의 문화·역사·정치와 깊고 폭넓은 인연을 쌓은 사람이다. 그는 자신의 이름을 한국어로 한대선(韓大善)이라 부르면서 차가운 지성으로 한국의 정치 및 문화를 분석하고 뜨거운 가슴으로 한국이라는 땅에 천착한 사람이다.

그는 일찍이 패신(Herbert Passin, 1963)이 말한 '르네상스 맨'에 속한다. 그는 무엇보다도 언어 능력이 탁월했다. 한국어는 물론 일본어를 통달했으며 독일어, 프랑스어도 입말로 구사할 수 있었다. 그뿐 아니라 라틴어와

보스턴 교외 웨스트 메드포드 록힐 스트리트 12번지 헨더슨 사저 정원에 서 있는 한대선(韓大善)이라고 새겨진 명패석

그리스어 고전을 읽을 수 있는 보기 드문 언어 능력자였다. 그는 이런 탁월한 언어 능력으로 무엇보다도 한국 정치의 황무지에 풍요한 정치 언어를 심으려 했다. 그는 1963년 국무부를 떠난 뒤 한국 정치 연구에 몰두하면서 한국전쟁 이래 한국의 정치 지형에서 중간 지대가 사라진 황무지를 보았고, 그 자리에 중간 지대의 정치 언어를 심으려 한 것이다. 그러나 척박한 정치 토양에서 그러한 정치 언어가 뿌리내리기란 힘들었다.

헨더슨은 다양한 전문 경력으로 인생을 맹렬하게 그리고 다채롭게 살다가 꽤 이른 나이인 66세에 세상을 떠났다. 2차 대전 중 미 해병대 일본어 통역장교로 참전한 뒤 외교관, 교수, 정치학자, 칼럼니스트, 도자기 수집가 겸 미술사학자, 그리고 무엇보다도 한반도 전문가로서 이름을 남겼다. 헨더슨은 일찍이 조선 도자기의 아름다움에 심취하여 소장하기 시작했는데, 그의 정제된 심미안은 남달랐다. 어쩌면 그보다 먼저 조선 도자기에 심취한 일본인 야나기 무네요시(柳宗悅)의 심미안에 버금간다고 말할 수 있겠다. 그는 1958년 주한 미 대사관 문정관으로 부임한 뒤, 그해 11월 멀고 먼 강진 땅 산자락을 밟고는 별무리처럼 뿌려진 고려청자 파편을 발견하고 감격했다. 옛 절터 만덕사(萬德寺) 근처의 추수된 조밭에 질펀하게 뿌려진 고려청자 파편들은 그에게는 가을밤 하늘에 보석처럼 반짝이는 별무리의 아름다움이었다. 그는 그 감격을 "검은 계곡의 이야기"로 삭였다(제5장 3절 "도자기 사건에 휘말린 헨더슨" 참조).

헨더슨은 미국의 양반 동네라고 부를 수 있는 동부 지역 보스턴에서 태어나고, 자라고, 그곳 명문 하버드대학에서 교육받은 전형적인 미국 엘리트다. 그러나 그는 서민의 소탈한 성격을 담은 사람이었다. 1948년 7월 중순 주한미국 대사관 부영사로 부임한 뒤 항상 열린 마음으로 한국인 각계각층과 사귄 서민적인 '마당발'이기도 했다. 그는 엘리트 미국인 청년이면서도 대사관의 다른 미국인과는 사뭇 다르게 한국인과 마음을 트고 사귀기를 좋아했다. 다음은 당시 주한 미 대사관의 한국인 직원 김우식이 그를 곁에서 보고 평가한 대목이다. 그는 1948~1950년 헨더슨과 함께 주한 미 대사관 정치과 소속으로 국회를 담당했던 인물로서, 헨더슨과 친구처럼 지내며 헨더슨의 의뢰로 프락치사건 재판을 참관하고 재판 심리를 기록한 한국인 직원 2명 중 한 사람이다. 그는 미발표 영문 자서전[2]에서 그가 본 헨더슨에 관해 다음과 같이 말한다.

[2] 김우식은 그가 영문으로 쓴 미발표 자서전 "The Autobiography of Kim Woo-sik" 중 "The Case of Communist Fraction in the National Assembly"에서 헨더슨과의 우정을 기록해놓고 있을 뿐만 아니라, 1949년 10월부터 국회프락치사건을 담당하게 되었다면서 이 사건의 재판을 참관한 그의 체험을 말하고 있다. 또한 이 회고록은 1942년 12월 8일 태평양전쟁이 터지기 2일 전 그가 독립운동 관련 사상범으로 일경에 체포되어 1945년 8월 15일 해방과 함께 풀려날 때까지의 투옥 생활도 다루고 있다. 그는 투옥

정치과에서 나는 그레고리 헨더슨이라는 이름의 외교관과 좋은 친구가 되었다. 내 생각에 그와의 우정은 내게 커다란 영향을 주었다. …… 그는 키가 훌쩍 크고 균형 잡힌 체격을 갖췄으며 나와는 동갑내기다. 우리는 체격이 너무 비슷해 그가 내게 준 옷 한 벌이 나에게 아주 잘 맞았다. 그는 정력적인 에너지의 사나이며, 외향적인 활동가며, 사교적인 사람이었다. 그는 항상 다른 사람들이 정치적으로 무엇을 생각하는지 알려고 하는 자세를 지녔는데, 그의 관료 상사들이 싫어한다는 부담을 무릅쓰면서 각계각층 사람들과 섞이기를 좋아했다. 이들은 정부 각료로부터, 대학교수, 논농사 짓는 농부에 이르는 광범한 계층의 사람들이었다. 그는 대사관의 다른 미국 사람들이 끼리끼리만 모이는 격리된 작은 폐쇄집단의 갇힌 벽 안의 생활을 몹시 싫어했다. 그는 칵테일파티보다는 막걸리와 김치와 함께 찌든 농부들과 어울리기를 좋아했다.

언어 선택에 대단히 신경을 쓰면서도 자신에 찬 타입이었으며, 뒤에 번복하는 사람이 아니었다. 나는 항상 그가 느릿하면서도 정제된 말을 할 때 듣기를 즐겼으며, 바리톤 같은 굵은 목소리는 듣는 이의 상상력을 북돋았고, 그의 눈길로부터 오는 강렬한 성실성은 그가 한 말의 정곡을 찔렀다. 나는 그의 세련되고 정제된 논리에 깊이 감명을 받게 된 나머지 나를 아는 누구라도 내가 쓰는 영어에서 그의 발음과 문체의 영향을 쉽게 알아챌 정도였다.

헨더슨은 대학생 시절 하버드대학에서 고전과 역사를 익히면서 일본어

생활 중 알게 된 공산주의자 한 사람과 친하게 되어 해방 뒤 그와 우연히 만나 접촉하게 되었는데, 그 때문에 한국전쟁 직전 경찰에 체포되고 만다. 그 이야기는 이 책 제2권 제9장 3절 "김우식이 겪은 '작은 프락치사건'"에서 자세히 다루고 있다.

를 배움으로써 한반도가 있는 동아시아에 다가온다. 일본이 진주만을 기습 공격하면서 태평양전쟁이 터졌을 때 그는 일본어 통역장교로서 참전하지만, 1947년 국무부에 들어간 뒤 일본보다는 한국을 전문 분야로 택하게 된다. 그런데 그는 여느 외교관과는 달리 한국학에 전문적인 관심을 갖게 된다. 여기에는 그가 1947~1948년 국무부의 주선으로 캘리포니아 버클리대학의 조지 매큔(George M. McCune) 교수로부터 한국어와 한국 역사를 배운 것이 계기가 되었다. 후에 헨더슨은 1963년 말 국무부를 나온 뒤 한국학을 두루 섭렵하여 그 자신이 한반도 문제 전문가로서 일가(一家)를 이루게 되었다.

헨더슨이 맺은 한국과의 본격적인 인연은 그가 1948년 7월 중순 26세의 젊은 나이로 미 대사관 부영사로 서울에 오면서 시작되었다. 그 후 그는 1948~1950년, 그리고 1958~1963년에 미 대사관 소속 외교관으로 7년 동안 격동의 한국 정치를 현장에서 목격한 드문 증인이 되었다. 이 기간에 헨더슨은 부영사, 국회연락관, 문정관, 대사 특별정치보좌관과 같은 다양한 자리를 거치면서 한국 정치 또는 한반도에 중대한 전환을 가져온 사건을 만났다.

헨더슨이 이 책의 소재가 된 국회프락치사건을 만난 것도 이 기간이다. 그는 1949년 5월 이 사건이 알려지기 시작하면서 여기에 비상한 관심을 보였다. 그가 미 대사관 정치과 소속 국회연락관으로서 이 사건에 관심을 갖는 것은 당연했지만, 뒤에서 살펴보듯 그의 관심은 남다른 것이었다. 이어 그는 김구 암살이라는 충격적인 뉴스를 접하고 장례식에도 참석한다. 물론 그는 서울에 온 지 불과 몇 달도 지나지 않아 여순 사건 등 남북 충돌 사건을 겪지만, 이 기간 겪은 최대의 사건은 단연 그가 부산의 부영사로 있을 때 발발한 한국전쟁이다.

1958년 봄 서울 미 대사관에 돌아온 뒤 그는 다시금 한국 정치의 중대한 전환기를 만나게 된다. 그는 1960년 4·19 학생혁명으로 이승만 정권이 붕괴하는 것을 보고 한국 민주주의의 밝은 미래를 점치지만, 장면 정권이 박정희 그룹이 감행한 군사 쿠데타 때문에 단명하며 쓰러지는 민주주의의 역전을 보게 된다. 이러한 격동기의 신생 대한민국에서 일어난 중대한 사건들은 뒤에 그가 학계에서 탐구하고 구축한 한국 '회오리' 정치 이론의 벽돌이 되었다고 보인다.

1963년 3월 이른바 '이영희 사건'을 빌미로 서울에서 추방당하는 수모를 겪은 뒤, 헨더슨은 그의 한국 전문 경력을 무시하는 관료적 타성에 실망한 나머지 국무부를 뛰쳐나온다. 이후 그는 1964년 초부터 하버드대학 국제문제연구소 연구원으로 있으면서 한반도 문제 전문가의 길을 성공적으로 개척한다. 그는 유명한 『회오리의 한국 정치』를 써내고는 일약 한국 문제 일급 전문가의 반열에 오르는 데 성공한다.

헨더슨이 프락치사건에 보인 관심은 대사관 재임 기간은 물론 그가 국무부를 나와 학계에 들어선 뒤에도 계속되었다. 이러한 학문적인 연구 관심은 1972년 사회과학연구협의회(Social Science Research Council)에 연구 프로젝트를 신청하는 데까지 이어져 연구 자금을 승인받기에 이르렀고, 그 뒤 컬럼비아대학 동아연구소가 주최한 '한국 세미나'의 발표 주제가 되기도 했다. 헨더슨이 추구한 프락치사건 연구는 뒤에서 다시 다루도록 하자.

마지막으로 헨더슨은 1988년 10월 느닷없이 찾아온 사신(死神)을 맞아 이른 나이인 66세에 세상을 떠나지만 죽기 직전까지 한국에 관한 집필을 멈추지 않았다. 가장 안타까운 일은 그가 1979년부터 하버드대학 출판부와의 계약 아래 『한미관계론(The United States and Korea)』을 집필하고 있었다는 사실이다. 만일 이 책이 완성되었더라면 우리는 그가 구상한 한국 정치 담론의 한 축을 보다 심오하고 선명하게 읽을 수 있었을 것이다 (제7장 "헨더슨의 한국 정치 담론 I" 참조). 또한 그는 『한국의 문명: 그 과거와 현재(Korean Civilization, Past and Present)』도 집필하고 있었지만 이것도 그의 죽음과 함께 책의 제목만 남고 말았다.

2. 지은이가 맺은 헨더슨과의 인연

지은이는 그레고리 헨더슨의 프락치사건 연구를 이어받아 어떻게 이 책을 쓰게 되었는가? 헨더슨과는 어떻게 인연을 맺게 되었나? 이는 독자들이 호기심을 가질 만한 사항이기에 몇 마디 해두자.

헨더슨을 처음 만나 사귄 기간은 그의 생애 말년에 속한다. 1986년 말부터 1988년 여름까지니 2년 정도로 비교적 짧은 기간이다. 그 짧은 기간의 만남이 이렇듯 긴 인연으로 이어질 줄은 나 자신도 몰랐다. 그가 1988년 10월 16일 홀연히 별세했을 때는 나이 66세로 지적으로 난숙한 경지에서 왕성한 저술 활동을 하고 있을 때였고, 나는 아직 48세의 젊은 대학교수 시절이었다. 그러던 내가 어느덧 66세가 되어 그가 생전에 정열적으로 연구하던 프락치사건 자료를 이어받아 이 책을 쓰고 있다. 그것은 기이한 인연의 연속처럼 느껴진다.

헨더슨과 사귄 기간은 짧지만 그의 이름을 처음 눈여겨본 것은 그보다 훨씬 전의 일이다. 그것은 1973년 컬럼비아대학 국제문제대학원과 신문대학원 수학 시절로 거슬러 올라간다. 나는 1973년 초 유신 체제의 군홧발 소리를 등 뒤로 들으면서 컬럼비아대 수학차 뉴욕에 도착했다. 그로부터 몇 달 뒤인 그해 5월 20일자 ≪뉴욕 타임스 매거진≫에서 그의 이름을 만났다. 나는 그때 ≪뉴욕 타임스≫ 일요판에 딸린 그 수백 쪽짜리 잡지에서 "한국은 아직 위험하다(There's Danger in Korea Still)"라는 제목으로 실린 장문의 기사를 감동적으로 읽은 바 있다. 그것은 미국의 진보적 자유주의의 지성이 묻어나는 긴 잡지 기사였다. 에드윈 라이샤워(Edwin Reishauer) 하버드대학 교수와 당시 터프트대학 플레처 법외교대학원 교수로 재직하고 있던 그레고리 헨더슨이 공동 명의로 쓴 이 기사는 박정희 군사 정권이 저지른 이른바 '10월 유신'을 맹렬히 규탄하고 있었다. 나는 유신 체제의 모순과 그 독재성이 가져올 역기능을 지적한 그들의 자유주의적 지성에 깊은 인상을 받았다. 게다가 이 기사는 한국과 한국인에 대한 깊은 애정을 담고 있었다. 그들은 그 기사의 한 대목에서 이렇게 쓰고 있다.

최근 박정희 쿠데타[1972년 선포된 10월 유신]의 충격은 통일의 희망과 함께 남한을 상대적으로 평온케 하고 있는 듯 보이나 압력이 치솟으리라는 점은 피할 수 없을 것이다. 끓는 주전자에 뚜껑을 닫으려는 시도는 어떤 후진적 농촌 사회에서는 성공할 수도 있겠지만 90%가 문맹을 벗어났으며 50%가 도시화된 한국에서는 어림없는 이야기다. 압력이 가중됨에 따라 압제도 가중될 것이다. 경찰의 체포는 더욱 자의적이며 은밀해질 것이다. 고문은 새 헌법[유신 헌법] 상황 아래서 너무 쉬워져 더욱 흔해질 것이며, 사실 고문이 더욱 많이 자행된다는 소문이 난무하고 있는 형편이다. 그 결과 반대 세력은 결집하고 국내적 불안은 더욱 커질 것이다(≪뉴욕 타임스 매거진≫, 1973년 5월 20일자).

나는 당시 30대 초를 갓 넘긴 젊은 저널리즘 수련자로서 특히 이 기사의 필자인 그레고리 헨더슨의 이름을 자유주의적 지성의 상징처럼 느꼈다. 이 기사는 모두에서 그가 유명한 『회오리의 한국 정치』의 지은이라고 소개하고 있었고, 다른 대목에서 "한국은 태국이나 파라과이와는 다르다. 한국인은 고도로 정치화된 유교적 환경에서 수백 년 동안 자치를 누려온 경험이 있는 민족이다"라고 말하고 있어 한국인들의 긍지를 북돋기도 한다. 또 다른 대목에서는 한국 언론에 관해 언급하면서 "그들은 고도로 발달한 신문과 기타 대중매체를 갖추고 있는데, 언론의 자유를 알고 있어 검열에 맹렬히 저항하고 있다"고 쓰고 있다. 그 이후 헨더슨의 이름은 뇌리에서 잊힐 수가 없었다.

헨더슨을 실제로 처음 만난 것은 그로부터 13년이 흐른 뒤로, 1986년 12월 4일 컬럼비아대학 신문대학원 부설 '갠닛미디어연구센터(Gannet Center for Media Studies)' 세미나실에서 열린 '컬럼비아대학 세미나 (Columbia University Seminar)'장에서였다. 나는 컬럼비아대학이 연중 1회 개최하는 대학 세미나에 주제 발표자로 초청받아 "자유 언론의 멸종 위험에 처한 한국 언론(Korean Journalism: An Endangered Species of the Free Press)"[3]이라는 주제로 한국 언론이 처한 당시 위기 상황을 이야기했다.

놀랍게도 그 자리에 헨더슨이 온 것이다. 나는 그 당시 그의 유명한 책을 알고 있었으며, 게다가 13년 전 ≪뉴욕 타임스 매거진≫ 기사를 기억하고 있었기에 약간 흥분하면서 그의 얼굴을 처음 대했다. 세미나

---

3 지은이가 '컬럼비아대학 세미나'에서 발표한 논문은 1980년 11월 계엄 상황 아래에서 자행된 언론 통폐합을 서술하고, 신군부 정권에 저항하는 800여 명의 언론인 추방에 이어 1986년 4월 18일 ≪한국일보≫ 기자들이 결의한 '언론 자유 선언'으로 촉발된 전국 기자들의 '선언 운동'을 다루고, 신군부 정권이 강압한 언론 통제는 결국 실패할 것이라고 내다봤다(Kim Jong-ki, 1986).

이후 열린 리셉션에서 헨더슨과 나는 자연히 전두환 신군부 정권이 자행한 언론 통폐합에 관해 이야기를 나누면서 일종의 공감대를 형성했다. 우리는 리셉션이 끝난 뒤 뉴욕 시 34번가에 있는 한국 식당을 찾아 소주잔도 기울였다. 헨더슨이 늦은 밤 뉴저지에 있는 친지 집으로 떠날 때 우리는 다시 만나자고 손을 잡았다. 그러나 귀국한 나는 이후 언론학 교수직과 보직 등으로 바쁜 나날을 보내기에 여념이 없어 그와의 접촉은 한동안 끊겨 있었다.

그와 다시 교류를 시작하게 된 것은 만학도로서 컬럼비아대학 정치학과 대학원에서 수학하기 위해 다시 뉴욕 시에 체재한 것이 계기가 되었다. 그것이 1987년 초부터다. 평소 알고 지내던 월간지 ≪신동아(新東亞)≫ 김종심(金種心) 부장의 의뢰로 보스턴에 살고 있는 헨더슨을 만나게 된 것이다. 뒤에서 살펴볼 것처럼 헨더슨은 당시 미 대사관 문정관으로 근무하던 시절 박정희 집단이 획책한 5·16 쿠데타를 겪는다. ≪신동아≫의 의도는 헨더슨을 만나 그가 체험한 5·16 비화를 캐달라는 것이었다. 이 기사가 내가 헨더슨과의 인터뷰를 통해 작성하여 ≪신동아≫ 1973년 5월호에 기고한 글이다(김정기, 1973, "케네디, 5·16 진압 건의를 묵살").

헨더슨을 만나기 위해 1987년 3월 보스턴에 갔을 때 그는 공항까지 나와 맞아주었으며, 나를 승용차에 태워 보스턴 근교 웨스트 메드포드에 있는 자신의 저택으로 데려갔다. 그때 그의 부인인 독일 베를린 태생의 마이어 헨더슨 여사도 처음 만났다. 그녀는 베를린 샬롯텐부르크 예술학교를 나온 재능 있는 조각가다. 헨더슨 부인은 서울 체재 때 고고학자 김원용(金元龍) 상을 조각하기도 했고 예수의 14계단 '고난의 길'을 조각한 적도 있는데, 특히 예수의 '고난의 길'은 지금도 서울 혜화동 가톨릭 성당

서울 혜화동 성 베네딕트 성당을 위해 예수 14계단 '고난의 길' 조각 작품을 완성하고 축하 파티에서 기뻐하는 헨더슨 부부(1961년 2월 14일).

문을 엄숙하게 장식하고 있다. 그날 밤 헨더슨 부부가 준비한 음식과 맥주를 즐기면서 그들과 격의 없는 대화를 나눴다.

나는 이틀 동안 그의 집에 묵으며 그의 서재에 빼꼭하게 쌓인 한국 관계 장서, 거실 곳곳에 놓인 조선 서화, 벽에 걸린 큰 불화, 김구 선생이 헨더슨에게 써 준 서예 족자, 조선 도자기 등을 보면서 그에 대해 더욱 많은 것을 알게 되었다. 게다가 그는 다음날 하루를 내어 미국 독립혁명의 요람지인 보스턴의 명소들을 구경시켜주는가 하면, 어린 시절 그가 자랐던 보스턴 시내 케임브리지 지역의 고향집까지 나를 데려가서 당시 90세나 된 어머니에게 직접 소개시켜주기도 했다. 그의 자상한 인간성이 돋보이는 부분이었다.

이후 컬럼비아대학 정치학과 대학원 박사과정에 등록한 뒤 뒤늦은 공부에 여념이 없는 중에도 1987년 여름 방학 중에 한국에서 온 아내와 함께 다시 헨더슨 댁을 찾아 이틀간 묵은 적이 있다. 넉넉지 못한 생활비 등을 아낄 겸 헨더슨의 집에 묵으면서 미국 독립혁명의 요람지를 아내에게 구경시켜주기 위해서였다. 헨더슨은 그때도 보스턴에 있는 미술관을 구경시켜주는 등 친절을 베풀었다.

그때 서울의 한 출판사가 그의 유명한 『회오리의 한국 정치』를 출판하기 위해 번역을 진행하고 있었고, 나는 그 사실을 알게 되었다. 1980년에 들어선 전두환 군사 독재 체제가 노태우 정권(1988~1992)으로 바뀌면서 헨더슨의 책에 대한 적대감이 누그러진 사정이 있을 터였다. 헨더슨이 프락치사건 연구를 위해 1987년 7월 말 서울을 방문한 적이 있는데, 그때 ≪동아일보≫ 전 논설위원 손세일(孫世一) 씨가 경영하던 '청계출판사'와 출판 교섭이 이뤄져 성사된 듯했다. 그러나 뒤에 보게 되듯이 그때 그 책의 한국어판 출판은 이뤄지지 않았다.

헨더슨 사저 거실에서 지은이와 함께 담소하는 헨더슨(1987년 7월 12일).

나는 1988년 3월 컬럼비아대학 박사과정을 겨우 마치고 귀국한 뒤, 그와 몇 차례 편지를 주고받았으며, 그가 그해 10월 16일 돌연히 별세하기까지 그와 주고받은 편지를 아직 네 통 간직하고 있다. 그것은 다 그의 책의 한국어판 출판에 관한 것이었는데, 당시 제대로 진척되지 않던 번역과 출판에 관한 그의 조바심을 담고 있다. 그 편지글에는 그가 그의 책의 한국어판 출판을 얼마나 간절히 원했는지가 묻어난다. 헨더슨은 그때 책이 출간된 지 20년 만에 처음으로 1개 장을 추가하는 등 전면적인 개정을 했다. 이 개정판 원고가 출판되었더라면 그것은 『회오리의 한국 정치』 제2판이 되었을 것이다. 나는 그가 1988년 전면 개정한 원문 원고를 귀중히 소장하고 있는데, 이 책에서 부분적으로 인용한다. 모쪼록 이 개정판이 한국어 번역본에 다시 반영되어야 할 것으로 기대한다.

그는 내게 보낸 편지에 이렇게 쓰고 있다. "왜 그것[출판사 사장의 교통사고]이 번역을 지연시킵니까? 상식적으로 납득이 안 됩니다"(내가 그의 부탁을 받고 출판사에 번역이 지연되는 이유를 알아본 결과 손세일 씨가 교통사고를 당해 입원하는 등의 사정 때문에 지연되었다는 말을 듣고 그대로 전한 편지에 대한 답장). 그것이 그가 죽기 110일 전이었다. 죽기 53일 전 쓴 편지에서 그는 책 출판의 지연에 더욱 조바심을 보인다. "도대체 '소용돌이'의 한국어판은 어디쯤 가고 있는 겁니까? 언제인가요? 나는 늙어가고 불안합니다."

그때 출판이 왜 그렇게 진척이 안 되었는지 지금도 의문이지만 내가 할 수 있는 일은 별로 없었다. 그에게 참아보라고 권하면서 당신의 책이 어려운 문어체여서 번역하는 데 시간이 들지 않겠느냐고 위로하는 것이 고작이었다. 나는 그가 1988년 9월 23일에 쓴, 저 세상 사람이 되기 전의 마지막 편지를 받았다. 날짜를 헤아려보니 그가 죽기 23일 전 쓴 편지였다. 특히 그는 이 편지에서 나나 곽소진(헨더슨이 대사관 문정관으로 일하던 시절 같이 일한 한국인 직원) 씨가 번역 결과를 점검해달라고 했다. 그리고 그는 특히 내게 "당신은 [수정판 원고에서] 몇 가지 사소한 오류를 발견할 수도 있다"면서 "나는 최선을 다했지만 최근 사태에 관해 이곳으로 걸러져 오는 정보가 모두 완벽하게 정확하지는 않을 것"이니 그런 오류를 고쳐달라고 당부했다. 그는 또한 책의 표지는 원어판의 그것대로 태극 문양의 음양이 어우러진 소용돌이 모습을 담았으면 한다는 소망을 표시했다.

그러나 헨더슨은 그해 10월 16일 자기 집 지붕에 올라가 드리워진 나무의 가지치기를 하다가 떨어져 입은 충격으로 돌연히 죽음을 맞는다. 그런

THE KOREA HERALD, SUNDAY, OCTOBER 30, 1988

Guest Column

Death of a Koreanologist

— By Kim Jong-ki —

The death of Gregory Henderson, one of the foremost American scholars of Korean affairs, has broken our hearts.

What has made us even more heart-broken was that he succumbed at this very time that democracy in south Korea that is obviously his lifetime dream, emerges, although at a slow pace on the horizons after a long tunnel of dark years.

Many Koreans know him by name. But I guess few Koreans know exactly what he has been. I doubt any contemporary foreigners of his have been so deeply involved in Korea both by heart and intellect as Henderson. He was a rare foreigner who had personally run the whole gamut of those turbulent, dark years in south Korea since he first came to Korea at age 26 in July 1948.

Ever since he witnessed, sitting behind Syngman Rhee in the compound of the then Capitol, the historic Aug. 15, 1948, ceremony establishing Korean independence, Henderson could not afford to miss every major event that has been taking place around Korea. In the process, he was emotionally and intellectually involved in the post-liberation history of Korea. He has reached the pinnacle of scholarship about Korean affairs not through detachment and aloof observation but through active participation and energetic personal involvement.

Henderson developed his own perspective that has been incorporated into himself, reflecting everything of his — his theories, criticisms, reviews, comments, expert presentation at U.S. congressional hearings, innumerable letters to the editor, and even a few passing words about Korea. I doubt anyone can match his. A simple fact that appears to be trivial or irrelevant and often ignored suddenly leaps into importance when we take a close look at it through his perspective.

I have a special reason to feel tearful about his death. He wanted his world-renowned book, "Korea: The Politics of the Vortex," to be translated into Korean and a local publishing company's project for the book's enlarged Korean edition has been well underway. For Henderson, the project was so important that he took toil in revising and enlarging the first edition at length for the first time some 20 years after the book was first published in 1968.

He was so dying to see the book's Korean edition getting off the press in time. Henderson as a man who knew Korea and its culture by heart had every reason to see the Korean-language edition. Perhaps he could not afford to be comfortable with the Japanese-language edition of his book that has long been published in Tokyo.

Seeing the work of translation going at a snail's pace, he impatiently said in a letter to me: "Why on earth should it (a traffic

Gregory Henderson shows a classical Korean book in the study of his Rock Hill house in West Meford on the outskirts of Boston in the summer of 1987.

accident involving the publisher) delay the translation? Doesn't make sense." That was about 110 days before his death. He died Oct. 16 as a result of injuries suffered from a fall. In a letter written 53 days before his death, the 66-year-old man, still in good health, sounded like somewhat prophetic of his death. "Where are we going in Vortex's 2nd Korean edition? When? I am getting old and anxious."

Acting as a middleman between him and the Korean publishing company, I urged him to exercise some more patience. After all, isn't it more important, the good-quality translation of a highly-sophisticated styled book like yours? He agreed. In his last letter to me written only 23 days before his death, he poised himself and said:

"I am relieved to hear that 90 percent of the book has been translated. On the one hand that is wonderful. On the other hand, coming so soon after hearing that so little had been translated, one cannot but think it somewhat too much of a wonder. Is the translation not going first too slow, too fast? Who has done this and at what cost in quality?"

I can easily imagine how excited and joyful he would have been to hold the Korean edition book with his hands. But all of a sudden he passed away, bringing with him the unknown future of Korea at its crossroads.

The writer is a professor of mass communication at Hankuk University of Foreign Studies. — Ed.

데 출판사 측은 다시 출판을 미뤘고 헨더슨의 한국어판 책에 관한 일은 다시 모든 사람의 기억 속에서 잊혀갔다.[4]

3. 국회프락치사건 자료를 넘겨받다

헨더슨이 1949~1950년에 일어난 국회프락치사건을 연구하고 있다는 사실은 알고 있었지만 그것을 알게 된 것이 어느 시점인지는 정확히 기억나지 않는다. 아마도 ≪신동아≫ 인터뷰 건으로 그의 집에 이틀 동안 묵었을 때였을 것으로 짐작한다. 그때는 그 사건에 그다지 주목하지 않았는데, 그것은 내가 연구하는 주제가 일본 정치였기에 그럴 여유가 없었기 때문이었다. 또한 프락치사건이 제헌국회에서 일어난 것이 중대한 일임은 알았지만 그 사건의 정치적 의미와 내막은 막연하여 내게 큰 관심의 대상은 되지 못했다.

처음으로 프락치사건에 주목하게 된 것은 1987년 10월 어느 날 헨더슨이 낡은 한국어 책 한 권을 건넨 것이 계기가 되었다. 그는 그 책에 등장하는 '반민자', 곧 친일 부역자의 명단을 매큔-라이샤워 법에 따라 영문으로

---

4 헨더슨의 저서가 『소용돌이의 한국 정치』(박행웅·이종삼 역, 한울, 2000)라는 제목의 한국어판으로 나오기까지는 다시 13년을 기다려야 했다. 1968년 하버드대학 출판사에서 간행된 원저 『Korea: the Politics of the Vortex』는 1973년 일본어판이 『朝鮮の政治社会: 渦巻型構造分析』(鈴木沙雄·大塚喬重 옮김)라는 제목으로 발행되었다. 한국어판의 경우, 헨더슨이 1988년 별세하기 전 한국어판을 위해 손수 1개 장을 추가했는데, 이를 부분적으로 반영한 신판이 2000년 도서출판 한울에 의해 처음으로 출간된 것이다. 이는 원저가 출간된 지 32년 만의 일이다. 이렇게 출판이 지연된 것은 길고 긴 군사 정권 시절 헨더슨이 금기 인물로 여겨진 데다 한국의 어려운 출판 여건에 연유한다(김정기, 한국어판 추천사, 헨더슨, 2000: 18쪽)고 생각한다.

바꾸고, 내용을 요약해달라는 부탁을 했다. 그 책이 1949년에 출간된
『반민자죄상기(反民者罪狀記)』(고원섭 편, 백엽문화사, 2000)였다. 헨더슨에
의하면 그 책은 미국 국회도서관에 한 권밖에 없다고 했다(그러나 그 책은
우리나라 국립중앙도서관에도 있다). 나는 그때 뉴욕 시 퀸스 군에 살고
있었는데, 그가 보스턴으로 가는 길에 케네디 공항까지 나가 그 책을
건네받았다.

나는 컬럼비아대학에서 뒤늦은 공부로 바쁜 와중에도 그 책에 한자로
쓰여진 수많은 친일 분자의 이름을 영문으로 바꾸고, 그 책이 네 가지
범주로 분류한 친일분자들의 행적을 요약해 주었다.5 뒤에 살펴보겠지만
헨더슨이 『반민자죄상기』에 주목한 이유는 프락치사건에 연루된 많은
'소장파' 의원들이 1948년 9월 반민족행위처벌법(반민법)을 제정하는 등
친일파 청산에 앞장서서 활약한 데 대한 보복으로 프락치사건이 꾸며졌다
고 생각했기 때문이다.

그러나 그 뒤 나는 그 일을 곧 잊어버렸다. 컬럼비아대학 박사과정이
요구하는 의무 수강을 하고, 논문 등 과제물을 준비하고, 종합 시험을
치르는 등 번거로운 절차를 마쳐야 하는 바람에 그 일은 뇌리에서 떠나
있었다. 1988년 3월 뉴욕에서 귀국한 뒤에도 그동안 밀려 있던 잡다한
신상에 관한 일 처리, 강의와 논문 등 과제 이행, 전후 일본정치에 관한

---

5 2006년 10월 하버드-옌칭 도서관이 소장하고 있는 헨더슨 문집을 열람했을 때 상자
1호에 당시 지은이가 써준 『반민자죄상기』에 관한 영문 기록이 포함되어 있음을 발견할
수 있었다. '친일 문제(collaboration issue)'로 분류된 이 기록에는 '저자 미상'이라고 쓰여
있었다. 모두 4쪽으로 된 이 영문 기록은 친일분자들을 네 범주로 나누고 특히 "반민특위
활동과 프락치사건 간의 관계"에서 상관성이 있을 수 있는 사례로서 이종영(≪대동신문≫
발행인), 노덕술('수도청의 지보적 존재'), 시인 모윤숙을 들고 있다. 헨더슨 문집, 상자
1호, "'친일 문제'에 관한 영문 기록".

학위 논문 준비 등으로 나는 바쁜 시간을 보내고 있었다.

그러다가 프락치사건에 눈을 돌린 것은 헨더슨이 1988년 10월 16일 졸지에 별세한 뒤였다. 그때 미 대사관의 김환수 공보관으로부터 헨더슨의 죽음을 전해 듣고 안타까운 마음으로 영자지 ≪코리아 헤럴드≫(1988년 10월 30일자)에 '초청칼럼(guest column)'으로 부고 기사를 쓴 일이 있다. 그 뒤 곧 프락치사건에 생각이 이르렀다. 도대체 헨더슨이 생전에 그렇게 몰두하던 프락치사건 연구는 어떻게 되었는가? 그가 연구 결과를 공적인 학술지에 발표했다는 소식을 들은 일이 없는데, 무덤에 갖고 가지 않았다면 그 연구의 행방은 어찌되었는가?[그러나 그 뒤 알았지만 헨더슨은 죽기 직전 이 사건을 인권의 측면에서 소상히 다룬 논문(Henderson, 1991)을 『한국의 인권: 그 역사적 및 정책적 의미』(Shaw, 1991)라는 책에 기고했다]. 만일 헨더슨의 연구가 그대로 방치되어 먼지 속으로 사라진다면 안타까운 일이 아닌가?

나는 궁금증을 풀기 위해 헨더슨 여사에게 물었다. 여사의 대답은 내가 예상한 대로였다. 즉 헨더슨이 생전에 연구하던 모든 자료가 그의 서재에 아직 그대로 남아 있다는 것이었다. 여사는 내게 의외의 제안을 했다. 내가 원한다면, 또 헨더슨의 연구를 계속 이어가겠다면 연구 자료를 가져가달라는 것이었다. 그리고 여사는 다만 헨더슨이 육필로 쓴 원고만은 복사를 해서 가져가야 한다고 덧붙였다. 나는 1992년 5월 보스턴의 헨더슨 자택에 가서 육필 자료를 복사했고, 이어 헨더슨 부인이 나머지 자료를 커다란 봉투 네 개에 넣어 6월 초에 내게 보냈다.

헨더슨이 모은 프락치사건 자료의 '짐'을 풀어본 것은 내가 2006년 교수직 정년을 맞은 다음이었다. 물론 그전에도 잠시 풀어보기는 했지만 그 짐의 내용물이 복잡하고 방대한 것에 놀라 다시 묶어놓곤 했다. 그러

의견 문화일보 1998년 9월 18일 금요일

'한국인의 영원한 친구' 헨더슨씨

〈한국외국어대부총장·
신문방송학〉

지난 여름 엄청난 수재를 당한 후 가을로 접어들어 秋夕(추석)을 앞두니 한국의 영원한 친구인 한 외국인이 생각난다. 그가 88년 10월 홀연히 타계한 미국인 그레고리 헨더슨이다. 올해는 헨더슨이 세상을 떠난지 10주기가 될 뿐만 아니라 그가 생전에 그토록 바랐던 한국의 민주적 정치발전이 50년만의 여야간 정권교체로 새로운 전기를 맞았다.

이와 관련, 그에 대한 내 所懷(소회)는 네 가지이다. 헨더슨은 26세의 젊은 외교관으로 한국 땅에 첫발을 디딘 후 ▲외국인으로서 처음으로 한국학을 체계적으로 섭렵한 학자인가 하면 ▲한국 고미술을 전문적으로 평가할 줄 아는 전문가이자 질펀히 애호한 수집가이며 ▲한국의 민주적 정치발전을 위해 온몸으로 뛴 참여 운동가였다. ▲그밖에 나는 그의 말년에 개인적 우정을 누렸던 관계에서 남다른 追慕(추모)의 정을 느낀다.

한국학 체계적 연구 개척자

헨더슨이 한국학과 인연을 맺은 것은 55년으로 거슬러 올라간다. 당시 국무부 부속 외교훈련원의 동아시아지역을 담당했던 그는 한국에 관해서는 교재가 없어 스스로 마련하지 않으면 안되었는데, 그래서 나온 것이 미국 의회도서관의 양기백씨와 함께 펴낸 '한국유교의 약사'이다. 그것은 영어로 쓴 최초의 한국학 논문으로 자리매김되었다. 곧이어 그는 '丁茶山(정다산)연구'를 발표, 서방세계에 한국학을 소개한 개척자로서 자리를 굳혔다.

그러나 뭐니뭐니 해도 헨더슨이 한국학 연구자로서 이름을 떨치게 된 것은 그가 미국 국무부를 뛰쳐나온 후 하버드대학 국제문제연구원으로 있으면서 '한국—소용돌이의 정치'라는 勞作(노작)을 써내고부터다. 그가 참여·관찰을 통해 개척한 틀로 한국 정치를 분석한 이 책은 이미 정치학계에는 세계적 고전이 되었다. 헨더슨이 타계하기 얼마전 상당한 부분을 수정·보완하여 한국어판을 내리던 참에 그가 세상을 떠나 안타까운 마음을 금할 길 없다.

둘째로 헨더슨은 한국의 전통예술을 가슴으로 사랑한 전문수집가다. 그가 한국에 근무하던 기간, 특히 도자기 수집에 열을 올렸다. 그는 유신독재와 싸우다가 이른바 '도자기사건'에 휘말렸지만 내가 알기로는 그는 결코 불법적이거나 장사를 목적으로 수집한 적이 없었다.

87년 10월 내가 보스턴 교외 메드퍼드에 있는 그의 집을 방문했을 때 80년 경 일본 '아사카와 콜렉션'에서 약 1천점이 이르는 옛 자기 파편류를 사왔다고 자랑하던 모습이 떠오른다. 이는 1930년대 남북한 陶窯地(도요지)가 아직 남아 있을 당시 아사카와씨가 수집한 자기 파편류라는 것이다. 이 자기 파편류는 상업적 가치는 없지만 출토 도요지별로 분류되어 있어 고려 및 조선 도자기 연구에 귀중한 자료라고 그는 설명했다.

군사정권 인권침해 규탄도

다음으로 헨더슨은 한국의 민주적 정치발전을 위해 전문적 식견을 아끼지 않았으며, 말년에는 朴正熙(박정희) 유신독재에 대해 몸으로 싸운 '레지스탕스' 운동가였다. 그런 점에서 길고 긴 민주 투쟁의 역정 끝에 도달한 金大中(김대중)정부는 그에게도 한 점의 빛을 졌다고 말하지 않을 수 없다.

헨더슨은 김대중납치사건이 있은 얼마 후부터 박정희정권이 자행한 고문 등 반인륜적 인권 침해를 규탄하는 캠페인을 벌였다. 73년 12월10일, 그는 한 편지에서 서울대 법대 최종길 교수의 '자살'에 대해 반인륜적 고문사라고 규탄하면서 언론의 침묵에 대해 히틀러 말년의 언론통제와 유사하다고 쓰고 있다.

나는 그가 타계하기 직전에 보낸 3통의 편지를 받은 일이 있다. 그것은 모두 그의 노작 '소용돌이의 정치' 제2판의 한국어 출판에 관한 것이었다. 그가 숨지기 불과 29일 전에 쓴 편지에서 책표지의 디자인을 원판과 같이 陰陽(음양)이 어우러진 태극모양으로 해달라고 하여 결과적으로 유언이 되고 말았다. 그는 끝내 한국 어판을 보지 못하고 자기집 지붕에 드리워진 나뭇가지를 剪枝(전지)하다가 떨어져 그만 숨을 거뒀다. 그때가 66세였으니 한창 활동할 나이였다.

나는 그가 숨진 뒤 마이아 헨더슨 여사로부터 사과상자 한 개 분의 자료를 건네받은 적이 있는데 그것은 그가 숨지기 직전까지 정력적으로 연구하던 1948년의 '푸락치사건'이다. 나는 간접적으로 자료 수집에 도와준 일이 있지만 그가 그렇게 많은 자료를 수집한 줄은 몰랐다.

언젠가 책으로 정리해야겠다고 마음을 먹었을 뿐, 아직 그대로 책장에 보관되어 있으니 고인에 대해 최송한 마음을 뿌리칠 수 없다. 10월16일, 그의 10週忌(주기)에 그를 기억하는 몇 사람이 모여 소박한 추모모임이라도 가졌으면 한다.

포럼 FORUM

1998년 헨더슨의 타계 10주기를 맞아 지은이가 일간지에 기고한 글.

나 짐을 풀고 내용물을 자세히 검토한 결과 나는 이 연구의 이면에 헨더슨이 구상한 한국 정치 담론이 잠재해 있음을 알게 되었다. 그리고 그 헨더슨 자료 묶음이 그의 정치사상과 이론을 엮는 또 다른 방대한 자료와 연결되어 있다는 것도 알게 되었다. 그것이 1992년 헨더슨 부인이 하버드-엔칭 도서관에 기증한 9개 상자 분량의 '헨더슨 문집(Henderson Papers)'이다. 이 문집을 조사하지 않고서 헨더슨이 구상한 정치 담론의 참모습을 붙잡기란 쉽지 않을 것으로 생각했다. 그 뒤 나는 헨더슨이 보낸 40년간의 한국 여행을 동반하게 되었다. 그것은 감춰진 한국 현대사로의 여행이었다.

제1장 국회프락치사건 재발견의 길 | 49

헨더슨 문집에 관한 이야기는 잠시 뒤로 미루고 먼저 헨더슨이 추적해 수집한 프락치사건 자료를 일별해보자. 한마디로 이 자료집은 국회프락치사건에 관련된 거의 모든 중요한 자료가 망라된 것이라고 할 수 있다. 여기에는 무엇보다도 국내 연구가 사용한 적이 없는 프락치사건의 모든 공판 기록(이하 "헨더슨 공판 기록")과 당시 미 대사관/ECA 법률고문인 에른스트 프랭켈 박사가 이 재판을 평가한 법률분석보고서(이하 "프랭켈 법률보고서")가 담겨 있다. 또한 헨더슨 자신이 1972년 세미나 발표를 위해 쓴 프락치사건에 관한 '임시적' 논문과 프락치사건 연구 계획안이 담겨 있다.

헨더슨 공판 기록은 1949년 11월 17일 프락치사건 재판의 첫 공판부터 1950년 2월 4일까지 판사가 주재한 공판 진행의 모든 기록을 포함한다. 특히 여기에는 1950년 2월 10일, 11일, 13일 열린 결심 공판의 모든 기록이 포함되는데, 즉 검사의 논고, 변호사의 변론, 피고인의 최후 진술이 담겨 있다. 그러나 같은 해 3월 14일 열린 언도 공판에서 판사가 낭독한 판결문은 담겨 있지 않다. 그런데 "헨더슨 프락치사건 자료"에는 1970년대 ≪다리≫지가 발굴하여 연재한 판결문이 담겨 있다.

오제도 검사가 자신이 쓴 글에서 말했듯이 현재까지 프락치사건 재판에 관한 자료 중 프락치사건 공식 기록은 한국전쟁 중에 없어진 상태다(오제도, 1982: 397쪽). 그러나 헌병대 수사 기록, 검사의 기소와 논고, 판사의 판결문은 간접적인 형태로 남아 있다. 따라서 이 헨더슨 공판 기록은 프락치사건 재판 자료의 빈 공백을 메워주는 가장 중요한 자료가 아닐 수 없다.

이 헨더슨 공판 기록에 관해 몇 마디 첨언해두자. 헨더슨은 이 재판의 공판이 열릴 당시 미 대사관 정치과 소속 국회연락관으로 있으면서 공판이 열릴 때마다 한국인 직원 두 명을 공판정에 보내 판사와 피고인, 검사와 피고인, 변호인과 피고인 간의 신문과 답변을 한 마디 한 마디 모두 적게 했다. 이 공판 기록은 헨더슨이 1970년대 초 프락치사건을 연구할 당시까지 이 형사 사건 재판 기록이 유일하게 완전한 형태로 남아 있던 것이다. 현재까지 프락치사건에 관한 국내 연구가 주로 헌병대나 검사의 수사 기록, 또는 논고나 판결을 근거로 삼아 신뢰성 여부를 중심으로 이뤄졌다는 것을 감안할 때, 이 자료는 이 사건을 새로운 시각에서 접근하는 길을 터준다고 할 수 있다.

또한 프랭켈 법률보고서는 당시 ECA/대사관 법률고문으로 있던 에른스트 프랭켈 박사가 법률 전문가의 안목에서 프락치사건 재판의 문제점을 조목조목 법률적으로 짚은 논문이라는 점에서 중요하다. 뒤에서 살피겠지만 그는 이 재판의 문제점을 법률적으로 면밀히 분석하는 가운데서도 그 정치적 의미를 민주 정치 발전이라는 관점에서 해석한다. 헨더슨이 1972년 4월 컬럼비아대학 '한국 세미나(Korea Seminar)'에서 발표한 '1949년 프락치사건(The 'Fraktsya' Incident of 1949)'도 큰 주제가 '법제 발전과 의회민주주의(Legal Development and Parliamentary Democracy)'라는 점에서 헨더슨도 이 사건을 한국 정치 발전이라는 틀에서 보고 있었음을 알 수 있다. 헨더슨 공판 기록과 프랭켈 법률보고서는 제2권 제11장에서 다시 자세히 살필 것이다.

마지막으로 이 자료에는 헨더슨이 1972년 여름 서울에 와서 프락치사건 관련자들과 인터뷰한 육필 원고가 다량 포함되어 있다. 여기에는 당시까지 생존해 있던 프락치사건 피고인 서용길을 비롯해 프락치사건을 주도한 검사 오제도, 주심판사 사광욱 등이 포함된다(제11장 1절 "헨더슨의 국회프락치사건 연구" 참조).

하버드-옌칭 도서관 조사를 마치고 돌아오기 전날 보스턴 부두 바닷가재 식당에서 지은이와 저녁 식사를 함께하는 헨더슨 부인(2006년 10월 19일).

다음으로 하버드-옌칭 도서관에 보관된 헨더슨 문집은 헨더슨이 일평생 쌓아 올린 개인적 지성사를 들여다볼 수 있는 창문이다. 나는 2007년 10월 이 문집을 살피고자 하버드-옌칭 도서관을 찾았다. 나는 도서관 측의 배려로 도서관 창고에 보관된 아홉 상자 분량의 헨더슨 문집을 열람실에서 두루 살필 수 있었지만, 내가 머문 일주일 동안 모든 자료를 꼼꼼하게 챙긴다는 것은 애당초 불가능한 일이었다.

그러나 지은이는 헨더슨이 구상한 프락치사건의 정치 담론을 들여다볼 수 있는 몇 가지 중요한 문건을 발견할 수 있었다. 특히 헨더슨이 한국에서의 임무를 마치고 독일의 새 임지로 가기 직전인 1950년 11월 30일에 쓴 장문의 비망록은 그중 하나이다. "한국에서의 미국의 정치적 목적에 관한 비망록(A Memorandum Concerning United States Political Objectives in Korea)"(이하 '헨더슨 정치비망록')이라는 제목을 단 이 문서는 총 60쪽에 달하는데, 당시 28세의 젊은 미국 외교관이 거의 2년간 미국 대사관 정치과에 근무하면서 관찰한 한국 정치에 관한 심층보고서다. 그는 여기에서 국회연락관으로서 '지근거리에서(at close quarters)' 관찰한 남한 정치의 현실, 정치 문제, 그 정치 문제의 해결 방안을 미국의 대한(對韓)정책의 입장에서 진지하게 분석하며 모색하고 있다.

헨더슨은 이 비망록에서 미국이 달성하려는 정책 목표는 기본적으로 한국이 공산주의로 넘어가는 것을 막고 친미적 민주주의 정부를 세우는 것이라고 미국 외교관으로서의 자신의 견해를 밝히면서, 그러나 민주주의 정부를 세운다는 목표 면에서 미국의 대한정책은 실패했다고 적고 있다. 특히 그는 프락치사건을 예로 제시하면서 그것이 의회주의에 대한 '쿠데타'라고 지적하며 이 쿠데타를 방치한 미국의 '무대응(inaction)'을 비판한다. 헨더슨이 이 비망록에서 강조한 것은 미국이 '간섭'을 강화해 이승만 독재를 견제하지 않는 한 한국 민주주의의 장래는 암울하다는 것이다.

나는 또한 헨더슨 문집에서 그가 한국의 정치·문화·역사에 관해 수많은 발표 및 미발표 논문을 남겼음을 발견했다. 이들 논문은 한국의 정치 현실과 정치 문화, 한국의 인권 문제, 남북한 관계, 북한 방문기, 미국의 대한정책 등 주요 주제에 관해 그가 어떻게 생각하고 있는지 들여다볼 수 있는 창문이다. 이 문집에는 헨더슨이 1981년 8월 8~22일간 북한을 방문한 경험을 쓴 장문의 방문기가 들어 있다. 여기에는 프락치사건 일심 재판 뒤 북으로 간 국회의원 중 한 사람과 극적으로 상봉한 이야기가 나온다. 그는 강원도 정선 출신 최태규(崔泰奎)인데, 헨더슨은 그를 통해 프락치사건에 관련된 국회의원들이 북한으로 오게 된 경위와 북한에서 그들의 생활상 등을 듣게 된다. 이에 관해서는 이 책의 에필로그에서

하버드-옌칭 도서관에서 헨더슨 문집을 조사하는 지은이(2006년 10월 17일).

다시 다룰 것이다.

그 밖에 나는 헨더슨이 주고받은 수많은 서한을 통해 그의 내밀한 생각을 들여다볼 수 있었다. 예컨대 그는 1963년 3월 말 이른바 '이영희 사건'을 빌미로 서울에서 추방당하는 수모를 겪고 결국 그해 말 국무부에서 뛰쳐나오는데, 여기에는 현재까지 알려지지 않았던 배경적 원인이 자리 잡고 있었다. 바로 헨더슨이 당시 군사 정권 연장을 둘러싸고 기본적으로 버거(Samuel Burger) 대사와 생각을 달리하고 있어 대사가 자신의 정치보좌관을 몰아냈다는 사실, 곧 한국과 같은 작은 나라를 전공으로 하는 전문 외교관을 인정하지 않는 관료적 타성이 그를 서울로부터 그리고 국무부로부터 몰아냈다는 사실이다. 그리고 가장 중요한 것으로, 그를 몰아낸 국무부의 관료적 타성이 대한정책의 속성과 밀접하게 관련되어 있다는 것에 헨더슨은 분을 삭이지 못하고 있었다(이에 관해서는 제4장

1절 "이영희 사건에 휘말린 헨더슨" 참조).

4. 국회프락치사건의 역사적 복원과 재조명

국회프락치사건은 1949~1950년 제헌국회 시절 일어난 사건이다. 사건이 일어난 지 반세기 이상 흘렀고, 내가 헨더슨 부인으로부터 프락치사건 자료를 넘겨받은 뒤 15년(2008년 현재)이 흘렀다. 이 까마득한 사건에 켜켜이 쌓인 먼지를 털고 이 시점에 다시 복원해 조명할 필요가 있을까? 나는 서슴없이 '그렇다'라고 대답한다. 이러한 대답에 도달하고 이어 연구에 착수하기까지 너무 오랜 세월을 보내고, 수많은 생각의 쳇바퀴를 돌렸으며, 적지 않은 고민을 한 뒤 결론을 내렸다고 자위한다.

나의 고민은 세 가지로 집약된다. 첫째는 한국 현대 정치사의 역사적 흐름에서 이 사건이 주는 메시지가 오늘의 우리에게 어떤 교훈을 줄 수 있도록 재해석 또는 재구성될 수 있을까 하는 의문이다. 둘째는 헨더슨이 연구한 자료를 이어받은 이상 그의 정치사상의 큰 틀에서 이 사건의 이야기를 의미 있게 구성해야 한다는 영 자신 없는 문제였다. 이 두 가지 문제를 푸는 작업은 헨더슨이 구상한 정치 담론으로서의 국회프락치사건 이야기로 집약된다. 그런데 지은이는 그가 남긴 저서, 논문, 자료를 두루 살피고 나서 그가 구성하려는 한국 정치 담론의 주제는 결국 한국 민주주의가 실패한, 또는 성공할 수도 있었을 조건은 무엇인가로 귀착된다는 결론을 얻을 수 있었다. 결국 나는 이 작업이 능력에 부치고 방대하고 난해하지만 이에 착수하는 모험을 저지르고야 말았다. 그것은 다소 편의주의적 발상에 의존한 것이었다. 즉 내가 고민한 이 질문에 대해 대답을 할 수 있는 쪽은 내가 아니라 결국 독자와 전문가의 비평이 아니겠는가.

그러나 마지막으로 부딪힌 문제는 쉽게 풀기 어려운 것이었다. 그것은 국회프락치사건에 접근하는 방법론에 관한 문제이기도 했다. 헨더슨은 프락치사건에 관한 방대한 자료와 논문을 남겼으나 이 사건에 접근하는 방법론에 관해서는 침묵하고 있다. 그는 1971년 말 미국 사회과학연구협의회(SSRC)에 연구 지원을 위한 제안서(Project Description)를 제출했지만 "나는 이 흥미를 끄는 기간1948년 8월 15일~1950년 6월 25일을 기억하는 목격 증인"이며 이 기간의 역사 이야기로 약 200쪽의 책을 구상한다고 말하고 있을 뿐이다. 사실 헨더슨은 세련된 방법론에 천착한 연구자는 아니다. 오히려 그는 진지한 문화인류학자가 흔히 그러하듯, 직관적 통찰력으로 현지의 정치 문화를 참여 관찰하는 방법을 통해 빛나는 연구 성과를 거둔 전문가다. 따라서 그는 국회프락치사건의 경우에도 연구를 위해 정교한 방법론을 제시하기보다는 은유적으로 연구 방향을 암시하고 있다.

내 연구의 결과는 "더 이상 존재하지 않는 한국에 대한 하나의 섬세한 작은 이야기(one detailed vignette of a Korea that no longer exists)"가 될 것이다. 저자는 한국의 그 진정한 역사가 실질적으로 몹시 왜곡되고 의도적으로 짓눌린 것을 목도했다. 저자는 [국회프락치사건의] 행위자와 그들의 행위를 변호하거나 비난하기보다는 기록을 완전하고 진실하게 만들기를 희망하고, 이것이 이 연구의 강렬한 동기다(헨더슨 프락치사건 자료, "사회과학연구협의회 지원신청서" 중 '의도한 책의 제안서', 1971년 11월 29일).

결국 헨더슨은 지은이에게 어려운 숙제를 부과한 셈이다. 이 문제에 관해 지은이는 전 세기 말 막스 베버(Max Weber)가 "만일 역사가 연대기 수준을 넘어서야 한다면 역사가는 (사건이 발생하지 않았을 경우) 그 대신 일어날 수 있는 사태 발전을 반드시 명기해야 한다"(Weber, 1906, Ringer, 1997: 69쪽 재인용)고 설파한 말에 유의하면서 그가 구성한 '이념형(ideal type)'의 방법론을 원용하고자 한다.

국회프락치사건은 제헌국회 공간에서 1949~1950년 사이에 발생한 역사적 사건이지만, 그 사건의 발생을 결정론적으로 볼 것이 아니라 선행 조건이 없다면 후행 결과는 달라졌을 것이라는 목표지향적으로 해석하는 관점에서 출발하고자 한다. 만일 이 사건이 발생하지 않았다면, 그 결과 소장파가 정치적으로 살아남을 수 있었다면, 그 뒤 1952년 제2의 국회프락치사건이 일어나지 않았다면, 우리나라 의회주의가 그리는 궤적(軌跡)은 얼마나 달라졌을까? 그것은 이념형으로 상정할 수 있는 '합리적 구성물(rational construction)'이 될 것이다.

방법론적 전략

이런 연구 전략은 국회프락치사건에 접근하는 길을 터놓았을 뿐 그 원인이 되는 조건과 후행 결과를 구성하는 방법론은 지은이인 내가 고스란히 져야 하는 무거운 짐으로 남아 있다. 어깨가 무거움을 느끼면서 먼저 국회프락치사건에 접근하는 방법론적인 전략에 관해 몇 마디 일러두고자 한다. 이는 독자들이 헨더슨의 한국 정치 담론을 이해하는 데 도움이 되리라고 생각하기 때문이다. 무릇 역사적 사건이 일어나는 데 작용한 선행 변인은 수없이 많을 수 있다. 역사적 사건으로서 국회프락치사건도 예외가 아니다. 이 사건은 직접적으로는 소장파 국회의원들이 벌인 주한미군 철군 운동 등 '지나친' 행동이나 이에 대한 이승만 정권의 지나친 경찰국가적 행태, 또는 그 행동과 행태의 조합이 선행 변인으로 작용한 결과라고 범용(凡庸)의 방법론적 인과관계의 틀을 구성할 수 있다.

이러한 인과관계에 의하면, 선행 변인이 없었다면 국회프락치사건은 발생하지 않았을 것이라는 결정론적인 사고가 도출된다. 그러나 지은이는 이러한 인과관계가 '역사적으로 의미 있는' 또 다른 인과관계의 병존 가능성을 배제해서는 안 된다는 점에 유의하고자 한다. 이런 맥락에서 또 다른 대안적 인과관계의 선행 조건, 또는 중대 변인으로 당시 미국의 대한정책과 이를 대행하는 현지 행위자(주한 미 대사관)의 행동에 주목하고자 한다. 바꿔 말하면 한미 관계에서 미국의 개입을 중대 변인으로 보자는 것이다.

역사적으로 한 사건이 일어나는 데는 수많은 선행 조건이 따른다. 즉 수많은 선행 조건이 결합하여 한 사건을 만드는 것이다. 1949년 여름에 터진 국회프락치사건의 경우도 마찬가지다. 당시 합법 정당으로 등록된 남로당과 그 공작원들이 소장파 국회의원들을 상대로 벌인 은밀한 프락치 공작도 분명 있었을 것이다. 소장파 의원들이 이승만 행정부를 상대로 벌인 예산 투쟁, 각료 부정행위 색출 운동, 더 나아가 내각 총 퇴진 운동도 있었다. 게다가 그들은 이승만 정권이 사활을 걸다시피 반대한 외군 철수 운동을 벌였다. 또한 소장파 의원들은 친일파와 친일 경찰에 대한 강력한 탄핵 캠페인을 전개했다(이에 대해 이승만 정권은 6·6 반민특위 습격을 조종해 이를 무력화시켰다). 우리는 이런 수많은 선행 조건들이 전체적인 원인을 구성해 국회프락치사건이라는 결과가 나왔다고 말할 수 있다.

여기서 질문을 던져보자. 이 수많은 선행 조건을 복원하여 국회프락치사건의 결과가 나왔다고 결정론적으로 기술하는 것이 역사 연구가 짊어져야 할 주요 임무인가? 그것도 전혀 의미가 없지는 않을 것이다. 수많은 선행 사건을 철저히 원형대로 복원할 수 있다면 이 사건을 둘러싼 진실을 밝힐 수 있기 때문이다. 그러나 그것은 원천적으로 불가능한 일이다. 알려진 선행 조건도 그렇지만 알려지지 않은 선행 조건도 있을 수 있기 때문이다. 예컨대 알려진 선행 조건 가운데 남로당 공작원들이 소장파 국회의원들을 상대로 벌인 공작의 실상이나 성격은 검찰이 주장하는 기소 사실과 이를 부인하는 피고인들의 반박 증언이 존재할 뿐 그 진실을 알 수 없다. 역사 연구가 정황적 증거를 제시할 수 있다고 해도 여전히 진실을 둘러싼 의문이 풀리는 것은 아니다. 그런 의미에서 제2권 제8~10장에서 시도한 국회프락치사건 복원은 제한적일 수밖에 없을 것이다. 보다 중요한 과제는 이 재판을 어떻게 해석하고 설명하느냐 하는 것이다. 따라서 이 책이 전반적으로 다루는 주제는 국회프락치사건에 관한 사실보다는 그 해석과 설명이며, 그 중심에는 이 사건에 보인 미국의 대응이 자리 잡고 있다.

이런 맥락에서 프락치사건에 대해 미국의 개입을 중대 변인으로 보는 연구 설계를 세웠다. 이 연구 설계는 미국의 개입이 원인이 되어 생길 수 있는 결과를 이념형으로 구성하고 실제 일어난 결과와 비교한다는 방법론적인 전략을 기초로 한다. 이 경우 미국의 개입을 국회프락치사건에 '충분한 인과성'을 갖는 변인으로 본다는 것이다. 부연하면 미국의 개입 여부가 이 사건을 일으키거나 일어나지 않게 할 '객관적 개연성(客觀的 蓋然性: objective probability)'을 가졌다면 미국의 개입은 결과(국회프락치사건)의 '충분한(adequate)' 원인(미국의 개입)이 된다는 것이다(Ringer, 1997: 68쪽). 문제는 과연 지은이가 '올바른 합리성(right rationality)'을 잣대로 삼아 이념형을 구성하는 데 무리가 따르지 않았을까 하는 의문이다. 그러나 이것은 나의 주관적 판단에 대해 우리 사회의 공론이 판단할 문제다.

이념형을 구성함에서 1세기 전 막스 베버가 '인과적 분석(causal analysis)'을 고안하면서, 역사가는 역사적 사건의 연구에서 '반사실적 논리적 사유(反事實的 論理的 思惟: counterfactual reasoning)'를 주요 임무로 삼아야 한다는 권고에 주목했다. 베버는 어떤 역사적 사건을 일으킨 충분한 조건이 그 사건의 '원인'이라면, 그 원인이 없었다면 또는 수정되었다면 그 사건이 일어나지 않았거나 달라졌을 것이라는 '반사실적 논리적 사유'에 주목했다. 같은 맥락에서 국회프락치사건의 경우 내가 수행하는 '반사실적 논리적 사유'에서 만일 미국이 헨더슨이 말하듯 '무대응에서 간섭으로' 나왔더라면, 이 사건은 발생하지 않았을 것이며, 그 결과 한국 정치 지형은 달라졌을 것이라고 상상할 수 있을 것이다.

실제로 1952년 부산 정치파동의 경우 미 국무부 소속 역사 연구가 키퍼(Edward C. Keefer, 1991)는 미국이 선택할 수도 있었을 정책적 대안을 제시했는데, 그것은 '반사실적 논리적 사유'에 해당한다. 그는 이 사건을 다룬 논문에서 당시 미국이 실제 실행한 선택과 다른 정책적 선택을 했더라면 한국의 정치 지형이 달라졌을 것이라고 추측한다. 지은이의 의견으로는 그는 '올바른 합리성'을 기준으로 삼아 반사실적 사유를 수행한 것이다. 키퍼는 당시 트루먼 행정부가 이승만의 독재 체제 유지인가 또는 퇴출인가라는 두 가지 중 전자를 선택해 결국 한국 민주주의가 실패의 길로 들어섰다고 주장했다. 그러나 그는 만일 그때 트루먼 행정부가 이승만 대통령으로 하여금 국회의 반대자들과 권력을 나눠 가지게 하는 제3의 선택을 했다면 이승만의 완전한 독주와 '이에 따른 정치 기구로서의 국회의 소멸'을 막을 수 있었을 것이라고 내다봤다. 그는 남한이 민주주의 국가는 되지 못했더라도 1950년대에 걸쳐 적어도 "좀 더 대의적인 정부

(more representative government)가 되었을 것"(Keefer, 1991: 149쪽)이라고 말하고 있다(제6장 5절 "흔들리는 미국의 대한정책" 참조).

도대체 헨더슨은 왜 국회프락치사건에 그렇게 끈질기게 천착했을까? 그가 역사적 증인으로 목격했다고 밝힌 1948년 8월 15일 대한민국 정부 수립에서부터 한국전쟁이 발발한 1950년 6월 25일까지의 중대한 시기에는 수많은 대형 정치 사건이 일어났다. 사건이 한국 사회에 준 충격으로 말하면 1948년 10월에 발생한 여순 사건, 1949년 6월 김구 암살 사건, 같은 해의 6·6 반민특위 습격 사건이 더 중요할지도 모른다. 헨더슨이 이러한 사건들에 주목하지 않은 것은 아니지만 그는 국회프락치사건에 무게 중심을 두어 유별난 관심을 보였다. 그 이유는 무엇일까?

당시 헨더슨은 20대 중반을 갓 넘긴 '공화주의자적 정서(republican sentiments)'로 충만한 젊은 외교관이었다. 국회연락관으로서 그의 눈에 비친 국회프락치사건이야말로 제도권 안에서 발생한 최대의 정치 사건이었다. 그는 이 사건이 막 싹트는 의회주의 제도에 치명적인 상처를 입힌 것으로 보았다. 프랭켈 박사가 프락치사건 재판의 법률보고서에서 밝히듯 국회프락치사건이야말로 일당 독재 국가로 들어서는 갈림길이었던 것이다. 이런 맥락에서 볼 때 국회프락치사건이야말로 헨더슨이 모형화한 한국의 회오리 정치의 모습을 가장 생생하게 보여주는 전범인 것이다.

이러한 헨더슨의 관점을 읽게 되면, 국회프락치사건에 접근하는 지은이의 방법론적 구상은 훨씬 수월해진다. 국회프락치사건을 의회주의의 몰락을 상징하는 사건으로 보게 될 때, 그것은 이 사건을 목적론적으로 재구성할 수 있는 안내자가 될 뿐만 아니라 이 연구 주제에 상관성 있는 자료 또는 사건의 범위를 구획하는 경계선을 표시해준다. 지은이는 이러한 연구 주제의 상관성에서 특히 1952년 부산 정치파동의 이야기를 재구성할 수 있었다(제6장). 한국전쟁이 한참 벌어지는 와중에 벌어진 이 정치 사건을 두고 몇몇 주요 연구는 한국의 '헌정 위기(constitutional crisis)'(Keefer, 1991; Woodward, 2002)라고 묘사하고 있지만, 그것은 국회프락치사건이 갖는 정치적 의미의 맥락에서 한국 의회주의의 조종(弔鐘)을 의미했다.

그러한 맥락에서 국회프락치사건의 경우 헨더슨이 비판한 미국의 '무대응'(원인)이 없었더라면 또는 수정됐더라면, 한국 의회주의의 행보가 어떻게 달라졌을까 하는 문제에 천착하게 된다. 그것이 '반사실적인 사유'이며, 여기에서 이 사건이 주는 역사적 교훈을 모색할 수 있다고 생각하는 것이다. 이를 위해 미국의 대응에 초점을 맞추어 1948~1950년 사이에는 무초 대사를 비롯한 주한 미 대사관 지도부와 미 국무부 대한정책 전략가들의 행동, 그리고 1952년에는 라이트너 대리대사를 비롯해 무초 대사, 클라크 장군의 행동을 관찰의 대상으로 삼았다. 물론 여기에는 바로 우리의 주인공 헨더슨이 적극적으로 대응한 국회프락치사건 재판이 포함된다.

미국 개입과 한국의 사건

〈표 I-1〉은 지은이가 구성한 연구 설계에 따라 국회프락치사건에 관련하여 비교 관찰의 대상이 되는 선행 및 후행 사건을 연대기적으로 배열한 것이다. 이 수많은 사건 중 '미국의 개입'이 무대응인 경우 'x'로 표시하고, 대응인 경우 'o'로 표시로 했다. 이렇게 단순화의 모험을 무릅쓰고 미국의 개입을 양분법으로 표시한 것은 기본적으로 x의 경우가 반사실적 사유의 대상이 된다는 점을 분명하게 보여주기 위해서다. 그러나 o의 경우가 모두 반사실적 사유의 대상에서 배제되는 것은 아니다. 예컨대

〈표 I-1〉 미국의 개입과 한국의 사건 배열(1948~1952)

일자	실제 사건	미국의 개입(○ 또는 ×)
48. 5. 10	5·10 총선	○(적극 개입)
48. 8. 15	대한민국 정부 수립 선포	○(적극 개입)
48. 10	여순 사건	○(사후 적극 개입)
48. 11~49. 5	국회 소장과 외군 철군 운동	×
48. 12	국가보안법 통과	×
49. 1~5	남로당 프락치 활동 강화	×
49. 5. 17~18	이문원, 이구수, 최태규 체포	×
49. 6. 6	반민특위 습격	×
49. 6. 17	김약수 등 미군 고문단 설치 반대	×
49. 6. 21~25	김약수 등 의원 7명 체포	○(소극 개입)
49. 6. 26	김구 암살	×
49. 6. 29	미군 철군과 군사고문단 설치	○(적극 개입)
49. 8. 10~14	배중혁 등 의원 5명 체포	○(소극 개입에서 무대응으로)
49. 11. 17~50. 3. 14	프락치사건 재판	○(적극 개입: 헨더슨과 프랭켈)
49. 12	국가보안법 개정	○(적극 개입: 헨더슨과 프랭켈)
50. 3. 14	프락치사건 유죄 선고	×
50. 3~4	이승만 총선 연기 획책	○(적극 개입)
50. 5. 30	제2대 국회 총선	○(적극 개입)
50. 6. 25	한국전쟁 발발	○(사후 적극 개입)
51. 12	대한정치공작대 사건	○(적극 개입)
52. 5. 25~7	부산 정치파동-계엄 선포	○(적극 개입에서 소극 개입으로)
52. 5~6	국제공산당 음모	○(소극 개입)

출처: 지은이 구성

대응의 경우, 소극 개입이 무대응으로, 적극 개입에서 소극 개입으로, 또는 적극 개입에서 실행 보류로 표시한 사건은 반사실적 사유의 주요 대상이 된다. 미국의 소극 개입이 무대응으로, 적극 개입이 소극 개입으로 변질되지 않거나, 적극 개입이 실행 보류되지 않고 그대로 실행되었더라면 우리나라 정치 지형이 얼마나 달라졌을까 하는 문제에 관해 논리적으로 반추해볼 수 있다는 것이다. 또한 개입의 경우, 그 강도나 성격이 달랐더라면 결과는 어떻게 변했을까 하는 문제도 흥미로운 상상의 문을 열어준다. 예컨대 1946년 주한미군 철군의 경우 완전한 철군 대신 헨더슨이 지적한 대로 1개 전투여단이라도 남겼더라면 그것은 '인계철선(trip wire)'

으로서 한국전쟁을 억지하는 작용을 할 수 있었을까?

'미국의 개입'은 사실 추상성이 높은 개념이다. 개입은 영어로 표현하면 'involvement'이나 이는 폭넓게 '간여'(또는 '관여')를 의미한다. 무엇을 이르는 말인가? 여기에는 비교적 가벼운 비공식적인 외교적 항의부터 최후통첩과 같은 강력한 간섭 행위가 모두 포함된다. 예컨대 이승만 정권이 1949년 6월 21~25일간 국회부의장 김약수를 비롯해 7명의 국회의원을 체포하자 무초 대사는 이승만 대통령을 찾아가 한국의 대외 이미지를 망칠 것이라고 항의했다. 하지만 그것은 소극 개입으로 이승만이 크게 신경 쓸 필요가 없는 가벼운 대응이었다. 그러나 1950년 초 이승만이 1950년 5월 예정된 총선의 연기를 획책하자 국무부는 강경하게 대응했다. 당시 이승만은 제헌국회 임기의 종료를 앞두고 총선에서 자신의 정치적 입지가 불리할 것이라고 내다본 나머지 11월로 총선을 연기하고자 했던 것이다. 그러나 이때 국무부는 단호했다. 4월 3일 딘 러스크 국무차관보는 장면 대사를 불러 일종의 최후통첩을 보냈다. 즉 러스크는 "미국의 경제원조는 민주적 제도의 존재와 발전에 근거하고 있다"는 것을 장 대사가 상기하기 바라며, 따라서 "5월 총선이 연기되어서는 안 된다"고 경고한 것이다. 이는 이승만이 따를 수밖에 없는 적극 개입이다(제2권 제8장 1절 "국회프락치사건의 배경: 미국의 대한정책" 참조). 결국 미국의 개입은 그 강도나 성격으로 기술되어야 할 부분이다.

〈그림 I-1〉은 반사실적인 사유를 수행하여 구성한 이념형 사건과 실제 사건의 행보를 보여준다. 이 그림에서 표시한 (A-A')와 (B-B')는 인과관계에 있는 원인과 결과를 대표하는 기호다. 즉 (A-A')은 미국의 개입을, (B-B')는 한국 의회주의의 흥망을 의미한다. 그리고 (A-B) 점선은 이념형에서 규정한 대로 행위자가 행동했다면 일어날 것이라고 상정한 이념형

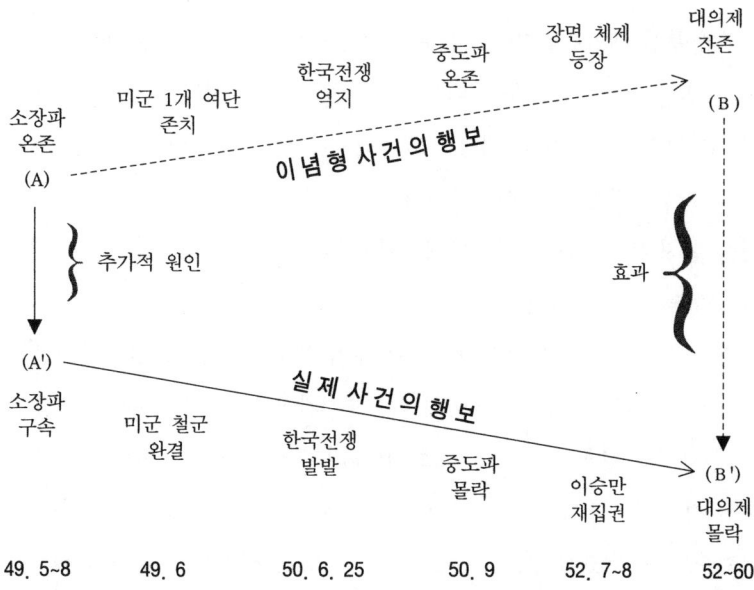

〈그림 I-1〉 한국 정치 지형의 지속과 변화: 이념형 사건과 실제 사건의 행보

* 출처: 막스 베버의 이념형 행위와 실제 행위 진행 행보 비교(Ringer, 1997: 115쪽)를 재구성

사건의 진행 행보를 보여주는 반면, (A'-B')는 실제 일어난 사건의 진행 행보를 보여준다. 이념형 (A-B) 구성이 중요한 것은 그것이 실제 사건의 행보와 이념형 사건의 행보를 비교할 수 있게 해주고, 그러한 결과로부터의 이탈 (B-B')이 원인 (A)와 원인 (A') 간의 차이로 인해 발생했다고 해석할 수 있기 때문이다.

〈그림 I-1〉은 1949~1950년 국회프락치사건을 기점으로 벌어진 주요 사건의 이념형과 실제 사건의 진행 경과를 보여준다. 다시 말해서 이 그림은 미국의 개입이 국회 소장파, 미군 철수, 장면 추대 운동, 부산 정치파동 등 일련의 사건에 끼칠 수 있는 결과(이념형)와 실제 사건이 어떻게 경과했는지를 보여준다. 1952년 여름에 발생한 부산 정치파동의 경우 라이트너 대리대사가 도모한 강경개입안은 미 8군 사령관 밴플리트 장군이 부산 계엄령을 기정사실로 인정하는 바람에 아무런 효과를 발휘하지 못했다. 마찬가지로 무초 대사가 6월 6일 부산에 귀임한 뒤 이승만에게 계엄령 해제와 국회의원 석방을 요청했으나 이번에는 클라크 유엔사령관이 동조하지 않은 결과 이승만에게 아무런 영향을 끼치지 못했다. 오히려 이들 현지 미군 사령관의 행동은 이승만의 태도를 더욱 강경하게 하는 역효과를 내고 말았다.

결과적으로 사건은 국회의원들이 대거 체포된 가운데 '발췌개헌안'이 통과되는 의식을 치른 뒤 한국의 의회주의가 몰락의 길로 들어서는 방향으로 귀결되었다. 우리는 라이트너 대리대사나 무초 대사의 이승만에 대한 강경개입안 (A)가 현지 미국 군부에 의해 (A')로 변질되어 한국의 의회주의가 잔존 (B)에서 몰락 (B')로 변형된 것이라고 역사적 사건을 해석하고 설명할 수 있게 된다.

요컨대 지은이는 이러한 줌렌즈를 통해 국회프락치사건과 관련된 주요 사상(事象) 또는 사건을 광범위하게 관찰해보고자 한다. 즉 어떤 때는 렌즈를 줌인하여 관련된 개인의 행동을 세밀하게 조명하며, 다른 때는 줌아웃하여 정책으로서 행동들이 모인 범위를 포착하며, 또 다른 경우에는 한껏 줌아웃하여 관련된 먼 지평을 살피고자 한다. 그리고 관찰한 결과에 바탕하여 사유한 '올바른 합리성'을 잣대로 그것을 해석하고 설명하고자 한다.

담론 시대의 국회프락치사건

지은이가 까마득히 잊힌 이 사건을 복원하려는 것은 원형대로 재현하여 그 실상을 보여주자는 것이 아니다. 이 사건은 실질적으로 조작되었다는 의심이 짙고, 국회의원 피고인들이 가혹한 고문 수사를 받았으며, 변호인 측이 요청한 증인이나 증거의 검증도 없이 피고인의 '자백'에만 의존해 유죄 선고를 내리는 등 문명사회에서 지켜지는 최소한의 사법 절차 기준도 무시한 원시적 성격의 '형사 사건'이다. 그런 의미에서 그것은 사법 사건이라기보다는 정치 사건이다. 따라서 이 사건에 감춰진 진실을 파헤쳐 피고인들의 명예를 회복하는 일도 의미가 있을 것이지만(최근 인혁당 재건위 사건의 진실이 밝혀진 것처럼), 이 사건의 총체적인 정치적 맥락의 해석과 설명에 무게 중심을 두고자 한다.

만일 지은이가 1990년대 민주화 전환기에 이 연구에 착수했더라면 국회프락치사건의 진실 찾기를 최우선 과제를 삼았을지도 모른다. 그러나 우리는 어느덧 사실과 진실이 혼동된 채 역사의 시계침이 담론의 시대를 가리키고 있는 것을 보고 있다. 우리는 이미 '사실'이 신성시되던 '위대한 사실의 시대(great age for facts)'(Carr, 1961: 8쪽)를 껑충 넘어 진실의 의미에 대한 진지한 성찰도 없이 담론의 시대에 살고 있다.[6] 우리들은 공산당 혐의만 있으면 그 조작된 '혐의 사실에 유죄를 선고(guilty by suspicion)'하는 행태에 익숙해 있었고, 이에 춤을 춘 언론도, 이 빨갱이 마녀 사냥 기술에 현혹되어 의식이 마비당한 대중도 누에고치 속의 애벌레처럼 최면의식 속에서 안락하게 살아왔다. 국가보안법에 걸린 사람이라면 국회프락치사건에 얽힌 국회의원들의 경우처럼 검사가 공소 '사실'을 낭독하는

---

[6] 19세기 위대한 사실의 시대에 풍미하던 사실주의가 한국 신문윤리강령의 기본 원칙으로 자리 잡은 배경에 대해서는 김정기, 「한국언론윤리강령의 비역사적 공리주의: 그 혈통의 내력과 족보의 이야기」, ≪언론문화연구≫ 제10집, 서강대학교 언론문화연구소, 1993a를 참조.

것으로 사실상 유죄로 치부되는 사회적 최면 상태 속에서 편안히 살아온 것이다.

물리학자들은 수세기 동안 연소(燃燒)과정을 플로지스톤(phlogiston)이라는 가상 물질로 설명해왔다. 석탄같이 연소하기 쉬운 물질은 플로지스톤의 함량이 많으며 무쇠같이 불붙기 어려운 물질은 플로지스톤 함량이 아주 적다는 것이었다. 이런 설명은 미국 독립혁명이 성취된 18세기 말, 칼 쉴(Karl Sheele)등 과학자들이 물질의 연소가 플로지스톤 함량 여부에 달린 것이 아니라 산소라는 가스가 화학적 반응을 일으킨 결과라는 사실을 실험으로 입증할 때까지 버텨왔다.

과거 반세기 동안 우리 사회에서 '빨갱이'는 집권 세력에게 국가에 재앙을 가져다주는 사회적 플로지스톤이었다. 물론 어느 사회든 국가 안보를 파괴하고 사회생활을 깨뜨리는 불순 세력이 전혀 없지는 않을 것이므로 물리적 플로지스톤의 경우처럼 전혀 엉뚱한 설명은 아닐 것이다. 게다가 우리나라는 분단국가이며 골육상쟁의 전쟁을 치른 나라가 아닌가. 공산당을 때려잡는 것이 나라의 안보를 위해 정한 국시가 아닌가. 그것은 또한 '자유 민주주의'를 지키는 길이었다.

그러나 그것은 양날의 칼이었다. 이승만 대통령 시절부터 반세기 동안 집권 세력은 흔히 반대 세력을 국가에 재앙을 불러들이는 '빨갱이'들이라고 설명해온 것이다. 저들이 사회를 방화하는 사회적 플로지스톤이라는 것이다. 그것은 사회적 최면 의식 속에 그대로 받아들여졌다. 우리 사회를 지배하는 과잉된 폐쇄 구조가 다른 설명을 용납하지 않았던 것이다. 헨더슨이 국회프락치사건을 통해 구성하려는 한국 정치 담론은 어떤 의미에서 더 높은 차원에서 다른 대안적 설명의 틀을 우리에게 제시하려는 메시지인 것이다.

다시 말하지만 우리는 사실과 진실을 혼동한 최면 의식을 청산하지 못한 채 담론의 시대에 살고 있다. 1995년 한국의 언론 3단체는 사실 보도를 신성시하는 관행을 넘어 진실 보도를 추구한다는 신문 윤리를 제정하고 이를 지킨다는 선서까지 했지만 사실과 진실을 혼동하는 잠재의식에서 깨어났다는 증거는 없다.[7]

그렇다고 시대를 거스를 수는 없지 않은가. 또 지나간 최면 의식에만 탓을 돌리는 것은 너무 한가한 정담이 아닐까. 지은이는 이러한 맥락에서 프락치사건에 관련된 실상을 파헤쳐 진실을 '발견'하는 것을 목적으로 하기보다는 그 진실이 담은 담론을 오늘의 역사에서 '재발견(해석)'하고자 한다. 즉 이 사건이 오늘을 사는 우리에게 던지는 정치적 함의가 무엇인지 그 담론적 의미를 재발견하려는 것이다.

그렇다면 국회프락치사건의 담론적 의미를 재발견하고자 할 때 취하는 관점은 무엇인가? 카(E. H. Carr)는 "역사란 현재와 과거와의 끊임없는 대화"라고 했으며 푸코(Michel Foucault, 1977)는 한발 더 나아가 "모든 역사는 과거의 역사가 아닌 오늘의 역사"라고 규정했다. 문제는 우리가 사는 오늘이다. 즉 프락치사건은 오늘을 사는 우리에게 무엇을 의미하는가? 이 사건에 과거의 역사로의 회귀 대신 오늘의 역사로의 복원이 이루어진다면 그것은 우리에게 어떤 의미를 갖는가?

헨더슨이 볼 때 국회프락치사건은 한국 정치의 병리를 일으킨 원인균 그 자체였고, 반세기 이상 우리의 생각을 지배한 이념적 세계관을 상징하는 심벌이었다. 그러나 그것은 과거의 심벌이지 오늘의 심벌은 아니다.

---

[7] 언론 보도에서 사실과 진실의 문제에 관해서는 김정기, 「신문윤리강령/개정신문윤리강령의 원칙과 의미/정확성에 더해 진실성 원칙 천명」, ≪신문과 방송≫, 1996년 5월호 참조.

그런데도 우리는 아직 이 악성 병균과 이 사악한 심벌을 장사지내고 장송곡을 부르는 데 주저하고 있다. 그 대신 우리는 과거로의 회귀를 꿈꾸는 기득권 세력과 새로운 '담론적 기조(discursive formation)'[8](Foucault, 1970)를 찾으려고 몸부림치는 세대 간의 끊임없는 투쟁을 보고 있다. 반세기 이상 우리 생각을 이념적으로 옥죄어온 국가보안법의 존폐 또는 개정 여부를 둘러싼 논쟁이 그 좋은 예이다. 이를 둘러싸고 여야 간에, 시민 그룹 간에, 또는 대중 매체 간에 치열한 논쟁이 전개되고 있는 것이 오늘의 현상인 것이다.

중간 지대의 정치 합작

마지막으로 헨더슨의 한국 정치 담론이 전하려는 메시지의 핵심은 무엇일까? 그것은 한마디로 '중간 지대의 정치 합작(政治合作)'이라고 할 수 있다(제2권 제12장 "헨더슨의 한국 정치 담론 II: 중간 지대의 정치 합작" 참조). 정치 합작이란 해방 공간에서의 '좌우 합작'처럼 성향이 다른 정치 세력들이 협동하는 것이다. 지금은 김일성의 극좌 세력이 한반도에 공산 전체주의 정권을 세우려 했던 시절도, 남한의 이승만 반공 세력이 극우 체제의 통일 정권을 세우려 했던 시절도 지나갔다. 그것은 극한 지대에서 자기와 다른 모든 정치 세력을 배제하는 것을 특징으로 하는 체제였다. 그러나

---

8 후기 구조주의를 신봉하는 푸코는 한 시대를 풍미하는 세계관을 '담론적 기조' 또는 '에피템(episteme)'이라고 부르면서 모든 저작자는 이 담론적 기조를 표현하는 대행자에 불과하다고 주장한다. 이렇게 볼 때 프락치사건은 반공 신화를 상징하는 담론적 기조이고, 모든 반공 드라마 또는 다큐멘터리물은 이 담론적 기조를 표현하는 메시지이며, 저작자들은 이를 표현하는 수족에 불과하다. 에피템은 사전적 의미로는 어떤 시대에서 한 사회의 학문적 지식의 총체를 말한다. 미셸 푸코, 『지식의 고고학(Archaeology of Knowledge)』, 1970 참조.

우리는 아직 우리 몸속에서 극한 지대의 대결 정치라는 체질을 청산했는 지를 물어야 한다. 그리고 이제는 다시 대결 정치를 중간 지대의 관용 정치로 옮겨와야 하지 않느냐고 가슴을 치고 절규해야 할 때가 아닌가?

결국 헨더슨의 한국 정치 담론이 전하는 메시지는 극좌와 극우 세력을 배제한 온건 중도 세력들이 중간 지대에서 한군데로 모이자는 호루라기 소리로 귀결된다. 이들 세력(정당)들이 정치의 중간 지대에서 때로는 격렬하게, 때로는 온건하게 토론을 통해 타협하고 수렴하여 회오리 정치의 폭풍을 잠재우자는 것이다. 이런 과정을 통해 이들 정치 세력이 중간 지대의 응집력을 높여간다면 이것이 한국 정치가 도달해야 할 이상향일 것이다. 지은이가 구성하고자 하는 헨더슨의 한국 정치 담론은 그의 관점으로부터 벗어나지 않는 영역을 지키려 했다. 물론 지은이는 그의 어깨에 서서 조금 더 멀리 보고자 했는데, 그 원근법이 엉뚱한 곳에 착시(錯視)케 하지는 않았는지 두려운 마음 금할 길이 없다.

제2장
그레고리 헨더슨의 한국 여행

그레고리 헨더슨이 구상한 한국 정치 담론은 긴 우회도로를 거쳐야 접근이 용이하다. 우회도로를 거치면서, 그가 어린 시절부터 동아시아에 대한 호기심을 갖게 된 배경, 태평양전쟁에 참전한 뒤 한국 주재 외교관이 되어 한국과 인연을 맺게 된 이야기부터 들어보자. 헨더슨은 1948년 7월 중순 서울 미 대사관 3등서기관으로 부임한 뒤 국회연락관으로서 무엇보다도 1949~1950년에 국회프락치사건을 면밀히 지켜보면서 격동의 한국 정치를 현장에서 보게 된다. 그가 참여·관찰한 한국 현대사의 중대 국면은 1948년 대한민국 탄생과 제헌국회 정국, 여순 사건, 김구 암살, 한국전쟁, 4·19 학생혁명과 5·16 군사 쿠데타와 같은 중대 사건을 모두 포함한다.

헨더슨은 이러한 격동의 한국 정치를 현장에서 목격한 냉정한 참여관찰자이기도 했지만, 그 이상으로 열정적인 참여까지 보여주었다. 후자의 자세는 한미 관계라는 특수성을 감안하더라도 미국 외교관이라는 그의 지위와 어울리지 않았을지도 모른다. 그 결과 그는 1963년 '기피 인물'로 찍혀 야반에 서울을 쫓겨나는 수모를 겪었다.

제2장은 그가 어떤 경위로 한국과 인연을 맺어 긴 '한국 여행'을 하게 되었는지를 뒤돌아본 뒤, 1948년부터 1950년까지, 곧 대한민국 정부 탄생에서부터 한국전쟁 발발까지 그가 대사관 국회연락관으로서 회오리의 한국 정치를 관찰한 이야기를 꾸려보고자 한다. 이 기간 헨더슨은 무엇보다도 이 책의 주제인 국회프락치사건과 만난다.

다음으로 헨더슨이 1958년 7월 다시 서울에 온 뒤 대사관 문정관 또는 대사 정치보좌관이 되어 관찰하고 개입한 회오리 정치의 이야기를 쓰고자 한다. 이 이야기는 그가 이승만 정권의 말기 증상을 보고, 이어서 4·19 학생혁명과 장면 정권의 탄생을 지켜본 뒤 한국 민주주의에 밝은 희망을 가졌다가 그 희망이 5·16 군사 쿠데타로 물거품처럼 사라진 민주주의의 역전에 관한 것이며 그 민주주의의 역전을 반전시키려는 그의 행동에 관한 이야기이기도 하다.

마지막으로 헨더슨은 1963년 말 그가 소중하게 가꾸어온 외교관 경력을 그만둔 뒤 한반도 전문가의 길을 걷는다. 여기에는 그가 국회프락치사건 연구에 정열을 쏟은 이야기도 포함된다. 이제 잠시 그가 한국 현장에서 겪은 일을 일별해보자.

헨더슨은 해방 공간을 거쳐 1948년 8월 15일 옛 중앙청 광장에서 거행된 대한민국 정부 수립 기념식에 참석하여 공교롭게도 이승만 대통령 바로 뒷좌석에 앉아 대한민국 정부 탄생을 목격했다. 그는 그때 단상에서 이승만의 기념 연설에 이어 맥아더 사령관의 축하 연설도 들었다.

이때 그는 예상치 못한 해프닝을 겪는데, 이승만이 옆 자리 헨더슨의 손을 잡고 맥아더에게 소개하는 장면을 연출한 것이다. 그때 사진기자들이 이 장면을 놓치지 않고 찍었다. 이 사진의 경우 뒤에 살펴보겠지만 한국전쟁의 뒷얘깃거리가 되었다. 한국전쟁 때 북한군이 서울을 점령하고 반도호텔에 있던 미 대사관에서 이 사진을 떼어가 선전 자료로 이용한 것이다. 헨더슨이 관련된 한국전쟁의 뒷얘기는 또 있다. 북한 정보원들이 반도호텔 미 대사관을 뒤지다가 헨더슨이 1949년 7월에 쓴 메모도 가져가 선전 자료로 이용하게 된 것이다. 그것은 38선에서 남북한군 간의 충돌에 관한 이야기를 담고 있었는데, 이 헨더슨 메모가 엉뚱하게도 한국전쟁의 발발이 남한군의 선제공격으로 촉발되었다는 북한 측 주장의 증거로 둔갑하게 된다(제3장 3절 "헨더슨이 만난 한국전쟁" 참조).

이 기간 헨더슨은 주한 미 대사관 정치과 소속 국회연락관으로서 제헌 국회를 중심으로 전개된 초기 한국의 '회오리' 정치를 현장에서 목격했다. 그는 1949년 6월 6일 반민특위에 대한 경찰의 습격 사건을 목격했을 뿐만 아니라 국회프락치사건을 현장에서 지켜보았으며 김구 암살의 충격적인 뉴스를 접하고는 장례식에도 참석한다. 그뿐 아니라 그는 1950년 발발한 한국전쟁을 부산에서 겪었고, 4·19 학생혁명에 이은 이승만 정권의 몰락, 단명으로 끝난 장면 정권, 5·16 군사 쿠데타를 몸소 체험했다. 그가 체험한 이러한 중대 정치 사건들은 헨더슨이 구성한 거시 정치 담론의 밑거름이 되었다.

1. 40년간의 한국 현대사 여행

이제 헨더슨의 프로필을 좀 더 가까이 다가서서 보자.

헨더슨이 한국을 두루 살피고 섭렵한 기간은 41년간의 긴 여행으로 기술할 수 있다. 이 여행은 역사 기행, 여론 탐지 잠행, 문화 여행, 연구 여행을 두루 포함한다. 예컨대 그는 1958년 여름 주한 미 대사관 문정관으로 다시 서울에 온 뒤, 그해 11월 전남 강진을 방문해 정다산(丁茶山)이 오래 귀양살이를 하면서 『목민심서(牧民心書)』를 비롯한 『여유당전서(與猶堂全書)』를 써낸 다산 초당을 답사한다. 그는 또한 전국을 여행하면서 마을 정자 같은 곳에서 잠을 자고, 심지어는 거지들과도 대화를 나누면서 한국인의 여론을 조사했다. 그와 같은 현지 조사는 뒤에서 살펴보게 될 1950년 11월 말의 정치비망록을 뒷받침한다. 그의 문화 여행은 서울 대사관 문정관 시절(1958~1962) 수많은 한국인 교수, 문인, 예술가, 학생들의 미국 연수와 유학을 주선하는 형태로 이뤄지는데, 그는 이 과정에서 한국의 문화와 깊고 진하게 만났다. 마지막으로 그의 연구 여행은 주로 그가 1963년 말 국무부를 떠난 뒤 한국 정치, 분단 문제, 미국의 대한정책을 다루는 것으로 마감된다.

여기서는 여행 준비 기간을 포함해 네 기간으로 나누어 기술한다. 그것은 헨더슨이 (1) 1947년 한국 여행에 발을 들여놓기 전 여행 준비 기간, (2) 1947년 국무부 직원으로 한국어를 비롯한 한국학 연수를 받고 실제 서울에 외교관으로 처음 발을 들여놓은 뒤 한국에서 일한 기간(1947~1950), (3) 국무부 본부에서 극동 문제 연구 책임자로서 한국어와 한국 역사를 두루 살핀 기간(1955~1957)과 이어서 다시 한국에 와서 중대한 격동기에 외교관으로 활동한 기간(1958~1963), (4) 국무부를 사직하고 한국학 연구와 인권 운동을 비롯한 저술 등 연구와 행동을 전개한 기간(1964~1988)으로 구분된다.

먼저 제1기 준비 기간은 헨더슨이 한국에 발을 들이기 전, 어린 시절부터 일본의 진주만 기습 공격으로 미 해병대에 참여하여 어떻게 한국에 관해 호기심을 갖고 관심을 발전시켰는지에 관한 이야기다.

제2기는 그가 1947년 국무부 직원이 되어 한국어 연수를 받고 처음 미 대사관 3등서기관으로 부임한 1948년 7월부터 1951년 초 독일로 전보될 때까지의 기간을 포함한다. 이 기간 헨더슨은 26세의 젊고 호기심 어린 푸른 눈으로 이승만 정권을 중심으로 전개된 '회오리'의 한국 정치를 관찰한다. 이때 그는 제헌국회 정국을 목격했을 뿐만 아니라 여순 사건, 김구 암살 사건, 무엇보다도 이 책에서 다루려는 국회프락치 사건을 목도했다. 또한 그는 부산에서 한국전쟁을 겪으며, 이데올로기 전쟁의 무모함과 잔인함을 체험했다.

제3기는 그가 워싱턴 국무부 본부에서 3년간(1955~1958)의 한국 관계 임무를 끝내고 1958년 7월 다시 서울 미 대사관으로 부임하여 서울에서 일한 기간이다. 그는 문정관과 대사 특별정치보좌관으로서 이승만 정권 말기 정치의 병리적 증상을 목격하는가 하면 4·19 학생혁명, 단명으로 끝난 장면 정권, 5·16 군사 쿠데타를 만난다. 이 기간 헨더슨은 이른바 '이영희 사건'에 휘말려 1963년 3월 한국에서 실질적으로 추방되는 수모를 겪었다.

마지막으로 제4기는 그가 1963년 말 국무부를 떠나 학문의 세계에 발을 들여놓은 뒤부터 1988년 타계할 때까지다. 그는 이 기간 행동하는 지식인, 대학교수, 한국 정치 및 한반도 문제 전문가로서 학구적인 연구 활동과 함께 생애에서 가장 치열하고 전투적인 삶을 살았다. 그는 이 기간 (1964~1965)에 하버드 국제문제연구소가 개최한 하버드-MIT 공동 정치 발전 심포지엄에 정기적으로 참석하여 정치 발전 이론을 익히고 1968년 그의 유명한 『회오리의 한국 정치』를 저술해냈으며, 무엇보다도 이 책의 주제인 국회프락치사건을 정력적으로 연구했다.

　헨더슨이 섭렵한 길고 긴 한국 여행은 진지하고, 다채롭고, 경우에 따라서는 치열하고 전투적인 '연구와 행동 여행'이라고 표현할 수 있다. 이제 헨더슨의 한국 여행을 분기별로 자세히 살펴보자.

2. 소년 헨더슨, 조선 도자기를 동경하다

먼저 그가 한국 여행을 마음먹게 된 동기와 그것을 유발시킨 일들을 살펴보자. 헨더슨의 한국 여행은 동아시아 예술에 대한 호기심에서 그 싹이 트기 시작한다. 헨더슨은 1922년 철도 회사 부사장인 아버지 헨더슨과 어머니 그레고리 사이에서 태어난 뒤 상당히 유복한 가정에서 자라며 어린 시절부터 동양적인 것에 대한 호기심과 동경을 키워나갔다.

　그렇게 된 데는 가정적인 배경이 자리 잡고 있다. 그의 외고조부이기도 한 보스턴 출신 무역상 조셉 헬리어 테이어(Joseph Hellyer Thayer)는 1830년대 중국 무역으로 재산을 모은 사람인데, 헨더슨의 집 거실 벽난로 위에는 그가 중국에서 가져온 화려한 장미 문양의 벽 접시가 항상 걸려 있었다. 헨더슨은 어린 시절부터 동양 도자기의 미학이 스며 있는 집 분위기 속에서 지낸 것이다. 또한 어린 시절 사귄 한 동무의 집에서 처음으로 조선 도자기를 만나게 되는데, 그 친구의 아버지가 바로 조선 도자기의 미를 발견한 하버드대학의 랭던 워너(Langdon Warner) 교수였다. 워너는 조선 도자기의 아름다움에 심취한 야나기 무네요시(柳宗悅)와 교우를 맺고 조선 도자기와 민예를 숭상한 사람이었다.

　어린 헨더슨이 자주 놀러 가곤 했던 워너 집에도 벽 접시가 걸려 있었는데, 그 접시에는 게와 목련이 희한한 짝을 이룬 조선 도자기의 문양이 그려져 있었다. 그는 그것이 그에게 어떤 신비스러운 친근감을 느끼게 했다고 회상한다(Henderson, 1986a: 8쪽).

어린 헨더슨은 멀고 먼 아시아를 여행하며 동양의 예술미를 먼저 본 이 선각자들의 낭만적인 모험 생활과 심미안에 한없는 동경심을 갖게 되었다. 1936년 일본은 하버드대학 창립 300주년 기념식을 맞아 미술전을 열었다. 당시 14세의 소년 헨더슨은 신비한 미로 가득한 이 미술전을 보고 가슴이 설레었다고 한다. 이 시점부터 헨더슨은 막연하게나마 현란한 아시아 세계에 호기심을 갖게 된다.

그러나 헨더슨이 아시아에 눈을 돌린 결정적인 계기는 일본이 저지른 진주만 기습 공격이다. 진주만에서의 폭발음은 미국의 수많은 젊은 눈을 일본으로 쏠리게 했는데, 이때 당시 하버드대학 2학년생이던 헨더슨의 눈에서는 파시스트 일본에 대한 증오의 빛이 발하게 된다. 당시 하버드대학에서 역사와 고전을 공부하고 있었던 헨더슨은 이 사건을 계기로 일본어를 공부하기 시작했다. 그는 당시 일본어를 배우며 파시스트 일본을 응징하겠다는 생각으로 가슴이 벅찼다고 회상한다(같은 글: 같은 쪽). 그때 헨더슨에게 일본어를 가르친 선생은 뒤에 그가 학문의 세계에서 다시 만나게 되는 하버드대학의 유명한 라이샤워 교수다.

조선인 '포로'를 위한 탄원

그 뒤 1944년 봄 헨더슨은 미 해병대 소위로 임관하여 일본어 통역관으로 사이판 전투에 참여하게 된다. 여기서 그는 '아주 낯선' 사람들과 만나게 되고 '꿈도 꾸지 못했던' 이상한 언어를 듣게 되는데, 이것이 그가 한국과 인연을 맺는 최초의 계기였다. 그들은 포로수용소에서 일본군 포로와 섞여 있던 조선 사람들로서 사이판의 가라판 일본 해군기지에 징용된 한국인 노동자들이었다. 그들은 말끝마다 '마리아(말이야)'라는 소리를 내서 헨더슨은 처음에는 그들이 가톨릭교의 어떤 의식을 하는 줄로 생각했다고 한다(같은 글: 같은 쪽).

헨더슨은 일본군 포로와는 왠지 거리가 멀게 느껴지고 말하고 싶지 않았지만 이들 한국인은 달랐다고 한다. 헨더슨은 이들 조선인 '포로' 중 그가 가깝게 사귄 한 사람이 평안도 안주 출신의 젊은 사과 과수원 농부로 '한초 상'이라고 불렀다고 회상한다. 헨더슨은 특히 그의 매력적인 웃음에 반하게 되고, 자연히 그의 동료들과 사귀면서 그들에게 감춰진 일본군 군용식을 찾게 하는 '특권'을 주었다고 한다. 헨더슨은 그들이 찾아낸 오렌지 캔과 기타 '사치품'들을 그에게 주는 '관용'을 보였다고 감탄하고 있다. 이때 헨더슨에게는 또 한 사람의 조선인이 인상적이었는데, 그는 국민학교 교사 출신이었다고 한다. 그는 일본군의 야간 공격을 감시하는 일을 하다가 어느 날 해병장교에게 끌려와 헨더슨이 담당하는 포로수용소에 들어왔다고 했다. 조선인 포로는 전선에 동원되는 것이 엄격히 금지되었는데 이를 어겼다는 것이다. 당시 조선인 '포로'들은 사이판 지리에 밝고 일본군의 심리를 잘 알고 있기 때문에 일본군의 야간 공격을 감시하는 일에 적격이어서 은밀히 이 목적에 동원되었지만 군율이 그것을 금지하고 있다는 것이 문제였다.

헨더슨은 이때 이들 조선인 노동자들에 대한 미군의 처우가 부당하다고 생각했다. 그는 신참 소위라는 낮은 지위를 아랑곳하지 않고 공식적으로 탄원서를 냈다. 이들 조선인은 군인이 아니고 노동자들이며, 게다가 카이로 선언은 조선인들이 노예 상태로부터 해방되고 독립되어야 한다고 하지 않았는가? 즉 미군은 일본군 포로와 한국인 노동자를 구별해서 처우해야 한다는 것이다. 헨더슨은 이런 취지의 메모를 써서 군 본부에 공식적

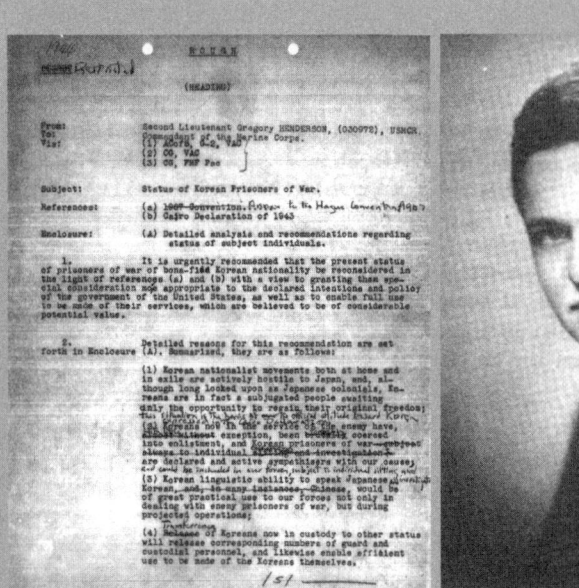
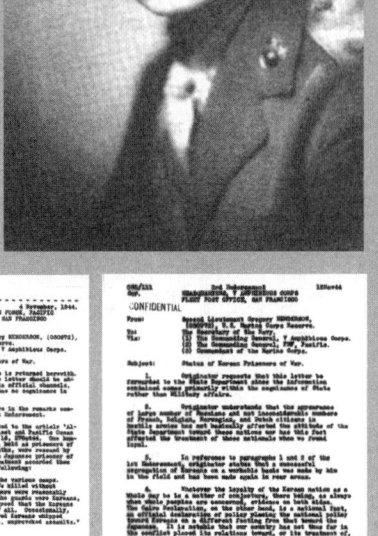

해병 소위 헨더슨(오른쪽 위)과 그가 조선인 노동자를 일본군 포로와 구별하여 처우해야 한다고 진정한 문서. 왼쪽 위가 1944년 10월 5일 헨더슨의 진정서. 아래는 이 진정서에 동의한다는 동료 장교의 추천서다(헨더슨 문집, 상자 1호, "조선인 포로에 관한 해병대 문서").

으로 탄원을 했다. 그 다음날 헨더슨 소위는 한 선임 소위로부터 부사령관인 해병 준장이 그 탄원을 취소하라고 했다는 말을 전해 들었다. 그 이유인즉 그 부사령관과 다른 고위 장교들이 1930년대 북중국 전투에서 한국인들이 일본군을 위해 '더러운(dirty)' 짓을 한 것을 목격했기 때문이라고 했다.

그러나 헨더슨은 탄원을 취소하지 않았다. 그렇다고 그 탄원이 군 사회에서 먹혀들 것이라고 기대하지도 않았다. 헨더슨은 그 탄원서의 사본을 사촌형이자 당시 하버드대학 총장이던 제임스 코난트(James B. Conant)에게 내 그것을 국무부 극동문제담당관실의 새 실장이 된 조지프 그류(Joseph Grew) 대사에게 전해달라고 부탁했다고 한다(같은 글: 9쪽). 그러나 그 탄원은 어떠한 반응도 이끌어내지 못했다. 그것은 그 뒤 그가 한국 문제 전문가가 되어 제시한 권고와 의견이 메아리 없는 외침으로 끝났던 수없이 많은 사례를 생각하게 한다. 그러나 이들 조선인 징용 노동자들을 위한 헨더슨의 탄원은 그가 한국 또는 한국인에 관해 관심을 쏟은 첫 번째 공식적인 기록으로 남게 되었다.[9]

---

[9] 헨더슨은 해병 소위 시절 이들 조선인 징용 노동자를 카이로 선언의 정신에 따라 일본군 포로와 구별해야 한다고 진정을 냈지만 해병대 사령관이 거부한 것에 관해, 점령 초기 미군 사령관들은 한국인을 일본군의 협력자로 보고 적대시하는 감정을 지녔었다고 하면서 그의 저서 『회오리의 한국 정치』(1968)에서 하지 사령관이 인천 상륙 첫날 한국인이란 "일본인과 같은 족속의 고양이들"이라고 했다는 소문이 뜬소문만은 아닐 것이라고 짐작한다. 그는 이어 "더욱 놀라운 것은 그때나 그 이후에나 그 문제에 관한 한 어떤 미국인 비평가나 지식인도 점령지역과 해방지역의 문제가 어떻게 다른지 구별하지 못한 것 같다"고 쓰고 있다(Henderson, 1968: 416쪽).

3. 조지 매큔 박사와 만나다

헨더슨이 처음에 진주만 기습을 자행한 파시스트 일본을 응징하기 위해 일본어를 배우고 일본어 통역관으로 사이판 전투에 참여했다면, 그는 종전 뒤 들어간 국무부에서 일본 담당 외교관이 되었어야 했을 것이다. 그러나 그는 1947년 국무부에 들어간 뒤 정작 일본을 포기하고 한국으로 오게 되었다. 여기에는 다음과 같은 사정이 있다.

그는 사이판 포로수용소에서 조선인 노동자들을 만난 뒤 더 이상 조선인들을 만나지 못했다. 1945년 초 티니안에서도, 이워에서도 일본군 포로를 만났을 뿐 조선인은 만나지 못했다. 일본 점령 초기 사세보에서 조선인 노동자들을 몇 사람 만났지만 그냥 지나치는 정도였다. 그를 한국으로 끌어들인 것은 조선인 노동자들이 아니라 맥아더 연합군 최고 사령관이었다. 젊은 통역장교 헨더슨은 맥아더 사령관의 리무진이 도쿄 거리를 지날 때 모든 사람들이 엎드려 절을 하는 것을 보고 저것은 '푸른 눈의 쇼군(Shogun)'이 아닌가 하며 화가 치밀어 올랐다. 헨더슨은 당시 '쇼군'이 된 맥아더의 모습을 보고 '공화주의자적 정서'가 끓어올랐다고 회상한다(Henderson, 1986a: 8쪽). 이런 이유로 1947년 국무부에 들어갔을 때 그는 일본말이 통하는 '다음 임지'로 보내달라고 했다. 그곳이 바로 한국이었다.

그리하여 헨더슨은 1948년 7월 중순 서울 대사관 3등서기관 부영사로 부임하게 되며, 여느 외교관과 달리 한국학에 눈을 뜨고 한반도 전문가가 되었다. 여기에는 두 가지 요인이 작용했다고 보인다. 하나는 그가 서울로 떠나기 전 1947~1948년에 한국어 스승으로 만난 조지 매큔 박사이며, 다른 하나는 1955~1957년에 국무부 외교연구소 극동 연구 책임자로서 한국학과 한국 문화를 전문적으로 살핀 경험이다.

조지 매큔 박사는 헨더슨에게 큰 스승이었다. 그는 헨더슨에게 한국학에 대한 눈을 뜨게 하고, 한반도 지형을 둘러싼 국제 권력 정치의 역학과 한국의 역사를 가르쳐주었다. 헨더슨은 조지 매큔이 그에게 '크나큰 영감을 준 분'이었다고 회상한다. 그가 1963년 말 국무부를 떠난 뒤 쓴 『회오리의 한국 정치』에는 초창기 미국 점령 정책의 잘못을 지적하는 매큔의 견해가 그대로 반영되어 있다. 매큔은 미국이 한반도 남부를 점령했을 당시 국무부 한국과를 맡은 자문관이었다. 실제로 헨더슨은 책의 곳곳에서 매큔 박사가 쓴 글이나 저서『오늘의 한국(Korea Today)』(1950)을 인용하고 있다. 특히 헨더슨이 자기 저서에서 다룬 일제 식민 통치와 해방 공간에서 미 군정의 실정에 대한 부분도 매큔의 영향을 받은 것으로 보인다.

한반도의 분단과 한국전쟁은 헨더슨에게는 줄곧 진지한 성찰의 주제다. 특히 한반도 분단에 대한 미국의 책임에 관한 한 헨더슨의 생각은 매큔의 관찰을 이어받은 것이며 이는 다시 브루스 커밍스로 이어지고 있다.[10] 이렇게 볼 때 헨더슨은 매큔이 일찍이 개척한 한국학의 맥을

---

[10] 브루스 커밍스는 한국 분단과 한국전쟁에 대한 미국의 책임을 유난히 강조한다는 점에서 헨더슨과 생각을 공유한다. 그는 직접 강단에서 헨더슨의 가르침을 받은 적은 없다. 그러나 커밍스가 컬럼비아대학 역사학과에서 박사 논문을 준비할 때 헨더슨은 커밍스의 간곡한 부탁에 응해 학문적 지도를 해주었다. 커밍스는 1970년 10월 11일자 편지에서, 1945~1946년 초기 해방 기간 한국 정치에 초점을 두어 박사 논문을 쓰고 싶다는 제안에 헨더슨이 여러 가지 조언을 해주고 격려를 해준 데 감사하고 있다. 헨더슨 문집, 상자 6호, "1970~1972 편지" 중 "브루스 커밍스의 편지"(1970년 10월 11일자), 헨더슨 답장(같은 해 10월 15일자), 커밍스 회답(같은 해 11월 16일자) 참조. 그 이래로 헨더슨과 커밍스는 학문적인 교류를 계속한다. 커밍스는 그의 저서『한국전쟁의 기원(The Origins of the Korean War)』1권(1981)과 2권(1990) 곳곳에서 헨더슨을 인용하는가 하면, 최근 그가 쓴『한국 현대사(Korea's Place in the Sun)』(1997; 2005)라는

계승하고 있다고 말할 수 있다.

여기서 잠시 헨더슨의 스승인 조지 매큔 교수의 프로필을 살펴보자. 그는 미국 북장로교 교육선교사인 아버지 조지 섀넌 매큔(George Shannon McCune)의 아들로 1908년 평안북도 선천에서 태어났는데, 일찍이 한국학에 심취하여 그것을 열정적으로 연구한 한국학의 선구자가 되었다. 그의 동생 섀넌 매큔도 역시 1913년 평북 선천에서 태어나 평양 외국인 고등학교를 다녔다. 그는 뒤에 미국에서 지리학을 연구한 학자가 되어 『한국의 유산(Korea's Heritage: A Regional and Social Geography)』(1956)과 『깨어진 고요의 나라 한국(Korea: Land of Broken Calm)』(1966)이란 전문서를 써냈다.

조지 매큔은 유년 시절을 평양에서 보내고 미국에 건너가 1930년 옥시덴탈대학에서 석사학위를 받은 뒤 다시 한국에 돌아와 평양 숭실대학에서 교편을 잡는다. 그 뒤 한국에 관한 연구 활동에 집중해 1941년 「조선의 중국 및 일본 관계(Korean Relations with China and Japan)」(1941)란 주제로 캘리포니아대학에서 박사학위를 취득했다. 매큔은 후에 박사 논문이 다룬 대일 관계를 다시 보충해 도쿠가와 막부 시절 조선 왕조가 일본에 파견한 조선 통신사의 역할을 중심으로 「도쿠가와 시절 한국과 일본의 외교사절 교환(The Exchange of Envoys between Korea and Japan)」이라는 논문을 써 ≪파 이스턴 쿼털리(The Far Eastern Quarterly)≫(vol. 5, issue 3, 1946년 5월)에 발표한 바 있다. 그는 이 논문이 참조한 주요 자료로 『통문관지(通文館志)』, 『증보문헌비고(增補文獻備考)』, 『증정교린지(增正

저서에서 헨더슨의 의견을 곳곳에 담고 있다. 이렇게 볼 때 맥큔이 개척한 한국학의 맥을 처음 헨더슨이, 다음에는 커밍스가 이어갔다고 말할 수 있다.

交隣志)』,『조선왕조실록(朝鮮王朝實錄)』,『조선사(朝鮮史)』를 밝히고 있어 한국학 분야의 선구자임을 잘 보여주고 있다. 무엇보다도 그는 사후 해방 뒤 미 군정을 다룬『오늘의 한국』(1950)이라는 귀중한 저서를 남겼다.

조지 매큔은 어렸을 때부터 병약하여 건강 문제로 시달려왔다. 그러나 그의 의지와 열정은 강인했다고 한다. 그가 부모의 격려와 보살핌으로 좌절을 이겨내고 마음에서 나오는 열정으로 몰두하고 심취한 분야가 한국과 한국학이다. 이런 연고로 그는 전쟁 중인 1942년 2월 이래 전략군무실(Office of Strategic Services), 경제전쟁청(Board of Economic Warfare), 국무부에서 연이어 근무하며 '한국 문제 일급 전문가'로서 인정을 받았다(Wilbur, 1951: 186쪽). 특히 그는 1944년 5월부터 1945년 10월 물러날 때까지 국무부 극동문제실 한국과를 책임진 한국 문제 전문가였다. 미 군정이 막 시작될 무렵 매큔이 병약하여 국무부를 떠나지 않을 수 없었던 것은 한국에는 크나큰 불행이었다. 하지 사령관이 한국 땅을 막 밟고 군정을 시행하던 초기에 이 한국 문제 일급 전문가의 자리가 빈 것이다.

'중도적인 한국'

이는 헨더슨이 1963년 박정희 군사 정권이 들어서는 중대한 시점에 국무부를 떠났던 사건을 연상케 한다(제4장 4절 "국무부를 떠나다" 참조). 그러나 헨더슨은 그의 스승 매큔의 미 군정에 대한 평가를 이어받을 수 있었다. 매큔은 병으로 어쩔 수 없이 국무부를 떠났지만 다소 건강을 회복한 뒤 한국 문제에 관해 일련의 중요한 논문을 써냈는데, 주로 미 군정의 정책 실패를 다루면서 정책 방향을 제시한 글이었다. 예컨대 매큔은 1946년 2월 13일자 ≪파 이스턴 서베이(The Far Eastern Survey)≫에 "한국의 점령 정치(Occupation Politics in Korea)"라는 글을 발표했는데,

여기서 그는 하지 군정이 초창기 일본인 통치자들을 자리에 그대로 두어 행정을 펴는 중대한 실책을 범했다고 지적했다. 이 글에서 그는 미국 정책이 여운형의 인민공화국이나 중경 임시정부를 인정하기를 거부했지만 온건 좌파 정권이 한국 문제에 대한 해법임을 시사하고 있다. 헨더슨은 1968년 발표한 『회오리의 한국 정치』 제5장 "혼돈의 문"에 이와 같은 매큔의 견해를 그대로 담고 있다(제7장 "헨더슨의 한국 정치 담론 I: 미국의 대한책임론" 참조).

매큔은 모교인 옥시덴탈대학의 교수가 되기도 했고, 뒤에 1946년 7월 캘리포니아대학 역사학과 교수가 되어 한국어 프로그램을 개발하는 등 정력적인 한국학 연구 활동을 벌였으나 안타깝게도 1948년 11월 나이 40세로 병사하고 말았다. 컬럼비아대학의 윌버(C. Martin Wilbur) 교수는 때 이른 그의 죽음을 애석해하면서 만일 그가 좀 더 오래 살았다면 미국에서 한국학 연구가 중국학이나 일본학 수준에 이르렀을 것이라고 평가한다(Wilbur, 1951).

매큔이 죽은 것은 헨더슨이 주한미국 대사관 부영사로 부임한 지 석 달 뒤의 일이다. 그런데 헨더슨은 다른 면에서 매큔 교수의 때 이른 죽음을 안타까워했다. 지은이가 1987년 3월 보스턴 교외 웨스트 메드포드에 있는 그의 집 거실에서 만났을 때 그는 매큔 교수에 관해 다음과 같이 회고했다.

그는 지식뿐만 아니라 지혜와 통찰력을 가진 분이었습니다. 그의 지식은 인격과 통합된 것이었는데, 그 깊이를 우리는 헤아릴 수가 없을 정도였습니다. 한국을 위한 그의 마음은 강인했지만 그의 건강이 따라가지 못한 것이 안타까웠습니다. 그는 자주 쉬면서 강의를 했는데, 목소리가 너무 작아 듣는 데 힘이 들 정도였습니다. 우리는 가끔 그의 병석까지 긴 여행을 해야 했습니다. 그는 '중도적인 한국(middle-of-the road Korea)'을 원했는데, 그 길은 한국의 통일을 보존했을지도 모릅니다. 아마 그가 살았다면 여운형과 함께 일했을 것이며 이승만과는 친구가 될 수 없었을 것입니다.

만약 하지 장군이 상륙한 뒤 매큔이 강인한 체력의 은혜를 입어 자기 생각을 밀고 갈 수 있었다면 한국의 운명이 어떻게 되었을까 하고 나는 혼자 생각할 때가 있습니다. 나는 아직도 그를 못 잊습니다. 그는 정말 잊지 못할 분입니다(김정기, 한국어판 추천사, 헨더슨, 2000: 19쪽).

헨더슨이 매큔 교수로부터 물려받은 '중도적인 한국'이라는 주제는 그가 바라본 한국 지형에서, 또는 한국 정치의 내적인 역학에서 미국의 대한정책이나 한국 정치가 도달해야 할 이상적인 목표가 되었다. 그의 학문 세계는 그것을 실천적인 학문의 연구 과제로 삼는다. 사실 지은이가 헨더슨의 한국 정치 담론으로 재구성한 "중간 지대의 정치 합작"(제2권 제12장 "헨더슨의 한국 정치 담론 II: 중간 지대의 정치 합작")은 매큔이 본 한국 정치의 이상향이기도 하다.

헨더슨이 여느 외교관과는 달리 한국학 전문가가 된 것은 1955년 국무부 본부 외교연구소 극동 문제 연구 책임자로 배속된 것이 계기가 되었다. 당시 그는 1955년 일본 교토문화원 원장으로 임무를 마쳤기 때문에 비교학적 관점에서 한국 문화를 관찰할 수 있었다. 그가 한국학과 한국 문화를 두루 살피고 이어 한국 데스크에 앉아 한국 문제를 분석한 기간은 1955~1958년의 3년이다. 이 기간에 그는 한국과 깊은 인연을 맺는다.

그가 극동 문제 연구 책임자가 되어 놀란 것은 일본과 중국에 비교하여 한국에 관한 영어 자료가 너무 빈약하다는 것이었다. 그는 매큔에게서 배운 한국의 역사와 문화에 관한 풍부한 자료가 필요하다는 것을 알고 있었지만 그것을 시급히 마련할 길이 막막하여 고민하고 있었다. 이를 어떻게 해결할 것인가. 그는 고심 끝에 자기 스스로 시도해보기로 했다. 이런 시도로 탄생된 첫 번째 논문이 「정다산: 한국 지성사의 한 연구(Chong Ta-san: A Study of Korea's Intellectual History)」로 ≪저널 오브 에이션 스터디스(Journal of Asian Studies)≫ 1957년 5월호(제16권 3호)에 실린다.

그는 이어서 미국 국회도서관 한국과 소속 양기백 씨와 함께 「한국 유교 약사(An Outline History of Korean Confucianism)」두 편을 써 같은 저널(1958년 11월 제18권 1호 및 1959년 2월 제18권 2호)에 싣는다.

헨더슨은 이 기간에 매큔의 학문을 이어받아 한국학에 관한 선구적인 영어 논문을 학술지에 발표한 것에 희열을 느꼈다고 회상한다. "그것은 내 안에 한국에 관해 쓰고자 하는 욕망을 만들었다. 출발하는 것은 쉬운 일이 아니지만 한번 얼음을 깨뜨리니 헤엄치고 싶은 마음이 솟구친다"(Henderson, 1986a: 10쪽).

헨더슨은 1958년 봄 서울에 왔을 때 이러한 정다산 연구의 인연으로 그해 11월 전남 강진에 가서 정다산이 11년간 귀양살이를 하면서 『여유당전서』를 써낸 다산초당을 답사한다. 그는 또한 다산초당을 굽어보는 만덕산 기슭 검은 계곡에 들어가 조밭 자락에 널려 있는 고려청자 파편들을 발견하고 감격한다. 그는 "검은 계곡 이야기(A Tale of the Black Valley)"라는 수필을 써서 그 감격을 삭이게 된다(제5장 3절 "도자기 사건에 휘말린 헨더슨" 참조).

제2부

회오리 정치의 덫

그레고리 헨더슨은 26세의 젊은 외교관으로 1948년 7월 중순 서울에 첫발을 디뎠다. 그는 반도호텔(지금 소공동 롯데호텔 자리)에 마련된 '특별대표부'(미국이 대한민국을 정식 국가로 승인한 1949년 1월 1일부터 '주한 미 대사관'이 되기 전 이름) 사무실에서 집무를 시작한다. 헨더슨은 그로부터 1950년 10월 한국을 떠날 때까지 2년 이상 한국의 회오리 정치를 체험하게 된다. 또한 그는 1958년 봄 다시 서울에 와 대사관 문정관으로서 회오리 정치를 관찰하고 거기에 휘말리기도 했다. "휘말리기도 했다"는 것은 그가 이 기간 박정희 군사 쿠데타에 반대하는 입장을 취하다가 '기피 인물'이 되어 서울을 떠나고 그 뒤 국무부 자체를 영구히 떠났기 때문이다.

제2부 "회오리 정치의 덫"은 3장으로 구성되는데, 두 기간에 헨더슨이 한국의 회오리 정치를 어떻게 만나 개입하게 되고 그 '덫'에 걸리게 되었는지, 그리고 그 회오리 정치에 맞서 어떻게 싸웠는지 기술한 이야기다.

제3장은 헨더슨이 특별대표부 정치과 소속의 국회연락관으로서 특히 국회프락치사건을 만난 이야기, 이승만 정권이 운영하는 이원국가 통치 체제의 일그러진 모습, 무엇보다 그가 만난 한국전쟁의 비극을 다뤘다. 이어 제4장은 그가 이른바 '이영희 사건'에 휘말려 야밤에 '범죄인'처럼 쫓겨나는 곤욕을 치르고 결국 1963년 말 국무부를 떠나게 된 사정을 엮은 이야기다. 이 부분에서 눈길을 끄는 점은 그가 국무부의 외교관 경력직을 포기한 것이 국무부의 관료주의와 함께 대한정책의 전통적인 성격에 격렬하게 반대했기 때문이라는 사실이다. 마지막으로 제5장은 헨더슨이 학계에 진입하여 한국 문제 전문가의 지위에서 박정희의 유신 독재 체제와, 뒤이어 들어선 전두환의 신군부 독재 체제와 맞서 싸운 이야기다.

제2부는 요컨대 헨더슨이 젊은 외교관으로서 회오리 정치의 단면인 국회프락치사건을 만나 유례없이 큰 관심을 보여 개입한 행동, 회오리 정치의 덫에 걸려 그만 외교 경력직을 포기하게 된 사정, 그러나 회오리 정치가 그의 정치 이론의 화두가 된 점, 마지막으로 그가 행동하는 지식인으로서 회오리 정치와 맞서 싸운 이야기다.

서울 안국동 미 대사관 구역 헨더슨 관저 서재에 빼곡히 쌓인 한국 관계 서적. 왼쪽부터 리차드 럿 신부, 칼 밀러, 헨더슨(문정관 시절, 1958~1963).

제3장
회오리 정치를 참여 관찰하다
대한민국 정부 수립부터 한국전쟁까지(1948~1950)

그레고리 헨더슨이 한국과 본격적인 인연을 맺기 시작한 것은 1948년 7월 중순 그가 서울 주한 미 대사관의 부영사로 부임하면서부터다. 그가 태어난 해가 1922년이니 아직 26세의 혈기 방장한 젊은 청년 때였다. 그의 젊은 눈에 비친 한국의 정국은 어떠했을까? 미 군정은 3년간 시행착오를 거듭한 끝에 그해 5월 10일 총선을 치르고 이어 친미 반공 정권을 세우는 데 성공했다. 그러나 이 친미 반공 정권으로 세워진 대한민국 정부가 과연 살아남을 수 있을지 그 앞날은 점치기가 어려웠다. 헨더슨은 바로 그런 시점에 한국 땅에 발을 들여놓은 것이다.

헨더슨은 그해 8월 15일 정부 수립 기념식전에 참석해 옛 중앙청 광장에 설치된 단상에 앉아 이승만 대통령의 기념사와 맥아더 장군의 축하 연설을 들었다. 맥아더는 드물게 도쿄에서 직접 날아와 이승만의 친미 반공 정권을 축복했다. 그러나 그 축복은 반쪽짜리 정부를 위한 것이라는 점에서 마냥 좋은 것만은 아니었다. 단상에는 단정(單政)에 반대한 김구와 김규식과 임시정부 요인들은 보이지 않았다.

식전에 참석한 누구도 그것을 불길한 징조로 보는 사람은 없는 듯했다. 그러나 그것은 불길한 징조였다. 헨더슨조차도 이 정권의 행보가 채 1~2년도 못 되어 무서운 '회오리' 속으로 빠질 것이라고는 생각하지 못했을 것이다. 그러나 김구가 그 뒤 일 년도 못 되어 암살되는가 하면, 김규식, 조소앙, 안재홍 등 중도파 지도자들도, 프락치사건 관련 소장파 국회의원들도 그 뒤 22개월 만에 터진 한국전쟁의 회오리 속으로 사라지게 되었다. 헨더슨이 그때 처음 눈여겨본 곳은 신생 대한민국의 제헌국회였다. 대사관 정치과 소속의 국회연락관으로 제헌국회를 담당하게 된 것이다. 그가 그때 특히 흥미를 가지고 관찰한 것은 이승만 행정부와 제헌국회 간에 벌어지는 줄다리기 싸움이었다. 그에게 그것은 민주주의 '실험'이었다. 그는 그것이 성공하기를 바랐지만 그 결과는 실패였다. 그는 여기에는 무엇보다도 미국의 책임이 무겁다고 믿는다.

그가 한국의 민주주의 실험이 실패하고 있다고 평가한 이면에는 무엇보다도 이승만 경찰국가 시스템의 독특한 운영 행태가 개입하고 있다. 그것은 한국 정치의 절반을 우익 청년단체들이 차지하고 있는 기이하고 괴상한 형태로 나타났다. 헨더슨은 이런 형태의 국가를 공식적 조직과 비공식적 조직으로 운영되는 '이원국가(dual state)'에 비유하고 있다(Henderson, 1968: 142쪽).

헨더슨은 국회연락관으로 제헌국회 안팎에서 벌어지는 연속적인 충격적인 사건에 접하게 되는데, 그것은 1948년 10월 여순 사건을 비롯해 1949년 5월 18일부터 드러나는 국회프락치사건, 6·6 반민특위 습격 사건, 김구 암살 사건 등이다. 물론 이 기간 그가 만난 최대의 사건은 1950년

6월 25일 새벽 북한군의 전면 공격으로 시작된 한국전쟁이다. 그는 당시 미 대사관 영사과 부산지점 책임자로 근무하면서 전쟁을 겪었다.

여기서는 헨더슨이 (1) 1949년 5월 국회프락치사건이 터지자 이 사건을 비상한 관심을 가지고 관찰한 이야기, (2) 그가 겪은 이승만 체제가 '이원국가' 형태로 운영되는 회오리 정치의 실상, 그리고 (3) 그가 경험한 한국전쟁에 관한 이야기를 살펴보고자 한다. 마지막으로 (4) 헨더슨은 한국전쟁의 결과 국토가 대부분 황폐화되었을 뿐만 아니라 정치의 중간 지대가 상실되었으며 이것이 한국 정치의 비극이라고 진단한다.

1. 국회프락치사건을 노려보다

1945년 9월 초 미국 사령관 하지(John Reed Hodge)와 함께 상륙한 직후 정치고문 베닝호프(Merrell H. Benninghoff)가 최초로 "남한은 불꽃 한 번에 폭발할 화약고"라고 묘사했지만 3년이 지나 남한 단독 정부가 설립된 뒤에도 남한 정국이 극도로 혼미한 가운데 정치 불안은 계속되었다. 헨더슨은 도착한 뒤 불과 석 달도 못 되어 여순 사건(1948년 10월)과 곧이어 전개된 살벌한 국가보안법 정국을 만나게 된다. 그는 소장파 의원들의 반대 속에서 통과되고 1948년 12월 1일 공포된 국가보안법을 관심을 갖고 지켜보았고, 1968년 저서에서 이렇게 쓰고 있다.

이 법안은 안보의 이름으로 공산주의를 불법화하고 공산주의자를 기소할 수 있게 한 것이지만, 행정부가 정적(政敵)을 제거하기 위해 사법부를 이용하는 것이 가능할 정도로 모호한 정의와 지령을 규정하고 있었다. 사법부는 권리의 수호자 또는 권력 균형을 바로잡는 기구로서가 아니라 행정부의 지배 도구로서 식민 통치 시절보다 더욱더 강력하게 동원되었다(Henderson, 1968: 163쪽).[1]

헨더슨은 그 뒤 1949년 국가보안법 체제 아래 전개되는 이승만의 반공 독재 현장을 보게 되는데, 그중에서도 그가 특별한 관심을 갖고 주목한 것이 국회프락치사건이다. 그가 왜 유독 이 사건에 유별난 관심을 집중한 동기는 그의 글의 맥락에서 짐작할 수 있다. 헨더슨은 대한민국을 탄생시킨 모태인 국회에 이승만의 경찰국가 권력이 거리낌 없이 '테러'를 가한 행동이 용인된다면 한국의 민주 정치의 앞날은 어둡다고 판단했을 것이다. 게다가 그는 국회를 담당하는 미 대사관의 국회연락관으로서 개인적으로 사귄 '소장파' 의원들이 이 사건에 연루되어 가혹한 고문 수사를 받았다는 것에 분통을 터뜨렸을 것이다. 그가 1951년 11월 30일 쓴 장문의 메모에서 국회프락치사건과 김구 암살 사건을 이승만 정권이 자행한 '쿠데타'요 국회에 대한 '테러'라고 표현한 데서 우리는 그의 들끓는 감정을 읽을 수 있다. 그는 다음과 같이 쓰고 있다.

우리는 잠재적인 민주 제도를 촉진하거나 보호했는가? 1949년 여름 전체 국회의원의 8%에 해당하는 14명이 체포되고 반대당 최고지도자 김구가 암살당한 것은 정부 또는 경찰이 저지른 분명한 '쿠데타'다. 국회는 이렇게

---

[1] 헨더슨이 1988년 전면 개정한 『회오리의 한국 정치』의 수정판 원고에서, 그는 이 국가보안법에 "다만 미국 대사관이 개입해 소급처벌법 조항은 포함되지 않았다"고 쓰고 있는데, 이는 1949년 12월 국가보안법 1차 개정에 의해 소급 처벌 조항으로 프락치사건 피고인들에게 사형제 등이 적용될 수 있게 되자 그와 프랭켈 법률고문이 개입해 소급 처벌 조항 등을 뺀 법사위 수정안이 통과된 것을 이르는 말이다. 이에 관해서는 이어지는 문절을 참조.

테러를 당하고 협박을 당하고 있다. 그 뒤의 재판에서도 법률고문[에른스트 프랭켈]이 전반적으로 분석한 바에 의하면 정부는 이들 국회의원에 대한 [유죄를 입증할] 증거도 제시하지 못했으며 최소한의 대륙법적 기준에 합치하는 재판 절차도 허용하지 않고 있다. 대사관이 관심을 표하기는 했지만 대사관도 유엔 한국위원단(UNCOK)도 테러 행위를 방지하거나 개선된 재판 절차의 필요성을 지적하는 효과적인 조치를 취하지 않았다.[2]

헨더슨이 프락치사건을 얼마나 중요시했는지는 1949년 11월 17일 열린 첫 공판 때부터 유례없이 큰 관심을 보인 데서도 알 수 있다. 그는 공판 때마다 대사관 정치과 한국인 직원 두 명을 보내 재판 심리의 전 과정을 기록하여 국무부에 보냈다. 헨더슨의 열성적인 관심은 그의 상사인 드럼라이트(Everett Drumright) 참사관이 거부감을 보일 정도였다고 한다.[3] 사실상 이 재판 심리 기록은 영문이긴 하지만 중요한 형사 사건

---

[2] 헨더슨은 한국에서의 임무를 마치고 독일 새 임지로 떠나기에 앞서 고향 매사추세츠 케임브리지 집에서 1950년 11월 30일 장문의 비망록을 쓴다. 그가 2년간 정치 분야에서 조사한 결과라고 칭한 이 "한국에서의 미국의 정치적 목적에 관한 비망록(A Memorandum Concerning United States Political Objectives in Korea)"은 미국이 과거는 물론 현재도 정책적 잘못을 범하고 있다고 지적하고 앞으로 한국 민주 정치의 발전을 위해 미국은 정치 프로그램을 마련하고 '간섭'을 강화하여 그것을 실행해야 할 것이라고 권고한다(헨더슨 문집, 상자 1호, "공식 서한 및 메모" 중 "한국에서 미국의 정치 목적에 관한 비망록", 1950년 11월 30일, 케임브리지 매사추세츠, 부영사 그레고리 헨더슨). 이 비망록은 프락치사건에 대해 미국이 취해야 하는 조치를 제안하며 기본적으로 '민주적이며 독립적인 한국'을 건설하기 위한 정책 권고를 담고 있어 제7장에서 자세히 살필 것이다.
[3] 헨더슨은 1985년 말부터 1986년 초까지 전 미 대사관 직원 유의상(柳宜相) 씨와 몇 차례 주고받은 서한 중 하나에서 그가 1949~1950년에 "프락치사건에 '과도한 주의(excessive attention)'를 기울여 그의 상관 드럼라이트가 좋아하지 않았다며, 드럼라이트는 워싱턴의 어느 누구도 그의 보고에 관심을 표하지 않는다고 생각했다"고 적은 대목이

재판 기록이 완전한 형태로 남아 있는 유일한 사례이기도 하다(자료집, 2. "헨더슨 국회프락치사건 공판 기록").

헨더슨이 보낸 프락치사건 공판 기록은 재판관의 편파적인 행태를 지적하면서, 주심 재판관이 변호인 측 증인의 채택을 거부하고 검사 측이 이 사건과 관계없으며 부적절하고 하찮은 증거들을 수없이 많이 제시하는 것을 허용했다고 쓰고 있다. 판사가 재판을 주재하는 자리에서 편견에 차고 주관적인 논평을 하기까지 했다는 것이다. 그런데도 헨더슨은 한국 정부가 여전히 "피고들을 반정부적인 전복 및 친공 활동과 관련시키지 못했으며 또 이들의 활동에 대해 어떠한 종류의 특별한 혐의도 씌우지 못했다"고 워싱턴에 보고했다(헨더슨이 애치슨에게, 1949년 11월 28일, 국무부 기록, 895.00/11-2849). 그러나 헨더슨의 보고가 워싱턴 대한정책 당국자의 진지한 주목을 끌었다는 기록은 보이지 않는다.

결론적으로 헨더슨이 미국의 젊은 외교관으로서 프락치사건을 주목하게 된 것은 이 사건이 신생 대한민국의 헌법적 모태인 국회가 민주주의의 요체인 행정부의 견제자로서 독자적으로 기능하는 것을 위협한다고 보았기 때문이었다. 그는 이 사건에 대해 '과도한 주의'를 기울인다는 말을 들을 정도로 큰 관심을 갖고 재판 과정을 한 마디 한 마디 모두 적어 국무부로 보냈으나 대한정책 결정자들의 관심을 불러일으키지는 못했다.

보인다(헨더슨 프락치사건 자료 중 헨더슨 서한, 1986년 1월 1일). 이들 서한은 방송 드라마 작가 오재호가 프락치사건 담당 검사인 오제도의 활약을 중심으로 쓴 『특별수사본부』가 그린 프락치사건의 내막에 관한 것이다. 유의상(87세)은 다석 유영모의 큰 아들로 현재 시카고에 거주하며 함석헌 선생의 『뜻으로 본 한국 역사』를 영문으로 번역했다(제목은 "Suffering Queen").

2. 이승만의 이원국가 통치

미 군정 기간 법무관을 지낸 프랭켈 박사는 신생 대한민국 체제의 근저에 두 정부가 있음을 꿰뚫어 보았다. 하나는 공식적이고 공개적인 것인 반면 다른 하나는 비공식적인 것, 곧 '그림자(shadow)' 조직체라고 불리며 더 효율적인 '국가 안의 국가(state-within-a state)'다.[4] 그가 말한 이 그림자 조직체는 당시 이승만 정권이 폭력 정치에 동원한 우익 청년단체들이다. 프랭켈은 그가 경험한 나치 정권을 분석한 책 『이원국가(The Dual State)』 (1941)를 발간한 바 있다. 그는 여기서 나치 정치 시스템은 기본적으로 두 개의 상이한 국가가 공존하는 체제로 운영된다는 독재 이론을 편다. 즉 나치즘에 위협당하지 않는 독일인에게는 자본주의 사회가 유지되는 '규범국가(normative state)'와, 나치 독일의 적으로 간주되는 사람들에게는 잔인한 폭력과 함께 법적인 규제를 가하는 '특권국가(prerogative state)'가 공존하는 체제가 나치의 정치 시스템이라는 것이다. 그는 이승만의 반공 정치 체제를 나치 체제와 유사한 것으로 비유하며 국가 안의 국가로서의 우익 청년단체를 말했던 것이다.

당시 프랭켈과 의기투합했던 헨더슨은 우익 청년단체를 동원한 이승만의 테러와 무법행위를 프랭켈의 생각인 이원국가론의 렌즈로 보게 된다. 그는 실제로 이승만 체제를 '이원국가'라고 부르면서(Henderson, 1968: 142쪽) 그가 주장하는 원자사회론을 펼치고 있다.

---

[4] 프랭켈은 당시 우익 단체들의 '자발적' 국방 모금의 정치적 유용이 문제되었을 때 이렇게 말하고는 이런 모금이 흔히 공갈과 테러를 이용해 행해진다고 지적했다. 국립문서보관소 895.00 file, box 5694, Ray to State, April 3, 1950. Bruce Cumings, 2002: 489쪽 및 861쪽, 주석 80, 재인용.

당시의 많은 외국 관찰자에게는 기이하게 보였지만, 이런 청년단체들은 거의 전형적으로 원자적 세력이 표출된 것으로 나타난 것이다. 그들은 여하한 집단생활이나 통합 생활은 체험해본 적이 없는 고향을 잃은 무직의 유랑(流浪) 대중으로 권력이 쉽게 동원할 수 있었다. 폭력과 혼란이 계속되는 한 그들은 테러와 무법 속에서 창궐했는데, 한국전쟁 뒤 사회가 안정을 되찾고서야 쇠퇴했다. 이런 여러 청년단체들은 불법적 자금에 의존했는데, 그들이 모금한 강제적 또는 '자발적' 기부금은 1949년 국가 세입의 거의 절반에 달했다. 그들 청년단체는 좀 더 발달된 정치 조직과 충성심의 결여를 대체하는 몫을 수행했으며, 한국 정치의 거의 절반이라고 할 수 있는 지하활동적 성격을 크게 강화함으로써 정치 시스템이 공식적 조직과 비공식적 조직으로 나뉘는 일종의 이원국가로 운영되게 되었다(같은 책: 141~142쪽).

프랭켈이 독재 이론으로 개척하고 헨더슨이 한국 정치에 적용한 이원국가론은 당시 이승만의 경찰국가 체제를 잘 설명하고 있는 듯 보인다. 헨더슨은 그의 저술에서 아예 "청년단체의 시대가 한국에 도래했다(An age of youth groups came to Korea)"고 쓰고 있다(같은 책: 140~142쪽). 처음 8·15 해방 직후에는 이들 청년단 정치가 좌익으로부터 시작되어 인민위원회의 하부 조직인 치안대가 생겨나 활동했지만, 1948년 여름 미 군정이 이들 좌익 청년단체들을 불법화한 뒤 이들은 지하로 숨어들었다. 그 뒤 우익 청년단체들이 맹위를 떨치기 시작했다. 그 선두에 선 것이 평안도에서 내려온 서북청년단으로, 제주 4·3 사건 때 죽창을 사용하여 무차별 민중 학살을 자행한 것으로 유명하다. 이승만이 거느린 대한독립청년단, 지청천의 휘하에 있는 대동청년단도 테러와 음습한 지하 정치활동에 가담했다. 이범석이 미 군정의 지원으로 거느린 민족청년단(족청)은 그중 가장 활발한 지하정치조직이었다.

이들 반공 청년단체는 좌익은 물론 중도파 인사들에 대한 반공 집회동원, 위력시위, 정치 테러, 암살 등을 일삼고 있었다. 대동청년단(대청), 청년조선총연맹(청총), 국민회청년단(국청), 대한독립청년단(독청), 서북청년회(서청) 등 5개가 특히 컸고 그 외에도 군소 단체 20여 개가 있었다고 한다(서중석, 1996: 259쪽). 그러나 이들 청년단체가 통일적으로 이승만을 지지한 것은 아니며, 불법적인 활동을 통제하고 경찰과 정부 기관과 유기적인 관련을 갖는 각종 단체를 정비할 필요가 있었다. 그렇게 정비 및 조직된 새로운 통합 단체가 대한독립청년단이다.

이 대한독립청년단은 이승만에 충성을 다짐함으로써 극우 반공체제 유지와 강화에 결정적인 힘을 보탰다. 그 외에 준군사조직으로 호국군, 미 군정이 5·10 선거를 대비해 만든 향보단(鄕保團), 민보단(民保團: 향보단이 해체되고 난 뒤 후신으로 생긴 경찰의 보조 단체), 학생들의 조직인 학도호국단 등이 있었다. 이 방대한 청년단체들은 경찰의 보조 조직으로서 준(準)경찰의 몫, 민중 동원과 돌격대의 몫, 준군사단체의 몫을 했다. 즉 국가 안의 국가로서 중대한 몫을 한 것이다. 이들 정부 외곽 단체들의 절정은 1949년 8월 정부 시책에 호응하고 공산주의를 분쇄할 주된 기관으로 설립된 국민회였다. 이 국민회는 사설 기구이면서도 민중 통제와 반공민의 동원과 같은 '국민 운동'을 수행한다고 되어 있는데, 실은 이승만을 총재로 모시고 이승만 권력의 수족 노릇을 하는 이승만의 사설 조직이었다. 서중석(1996)은 다음과 같이 말한다.

이승만 정부는 특이한 국가 체제를 운용하였다. 헌법과 법률에 정해진 국가 기구는 그것대로 있으면서, 대한민국 국적이 있는 18세 이상의 모든 남녀는 모두 국민회에 가입하여야 했다. 실제 꼭 그렇게 된 것은 아니었지만, 대한민국에 사는 사람은 국민이자 국민회 회원이었다. 또 성년 여성은 대한부인회에 가입하게 되어 있었고, 청년은 대한청년단에, 노동자는 대한노동총연맹(대한노총)에, 농민들은 대한농민총연맹(대한농총)에, 학생들은 학도호국단에 가입하여야 했다. 이것 말고 청년들은 또 민보단, 소방단, 그리고 의용단에 가입하게 되어 있었다(같은 책: 263쪽).

이는 말 그대로 프랭켈과 헨더슨이 관찰한 이승만식 이원국가 체제 운용이었다. 문제는 한국의 경우 이원국가 체제 아래 원자화된 청년단체들이 권력의 정상으로 몰리는 회오리 정치를 악화시킬 뿐만 아니라 극소수의 특권층을 제외하고는 서민 생활의 생존을 위협했다는 점이다. 각종 청년단체들의 행태는 정당과 정파들의 응집력을 중심으로 결집시키는 것이 아니라 권력의 정상을 향해 거대한 원뿔의 회오리를 만들 뿐이었다. 앞에서 헨더슨이 말한 대로 이들은 "집단생활이나 통합 생활은 체험해본 적이 없는 고향을 잃은 무직의 유랑민으로서 권력이 쉽게 동원할 수 있는 대중"이 되었던 것이다.

이들 청년단체들은 테러와 무법행위를 일삼고 각종 기부금을 강제로 갹출해 당시 서민들은 생존 그 자체를 위협받았다. 그 고초는 1949년 하반기부터 1950년 한국전쟁이 일어나기까지 극심했다. 극우 반공의 국가보안법 체제가 확립되어감에 따라 언론이 제구실을 제약받고 있는 처지에서도 국회는 서민들이 겪는 고초에 관해 일정한 공론장의 몫을 하고 있었다. 당시 국회의원들의 발언을 보면 서민들이 겪은 고초가 잘 나타나 있다.[5] 특히 박해극(朴海克) 의원은 당시 민중이 겪는 고초를 "첫째 기부,

둘째 공출, 셋째 고문이올시다"(『국회 속기록』 제5회 25호, 1949년 10월 27일)라고 말하여 정곡을 찌르는가 하면, 다음과 같이 기부금 징수 상황을 말하고 있다.

현금을 받아가는 것이 대한부인회비, 대한청년단비, 대한청년단작업비, 민보단비, 지서수리비, 지서방야비(支署防夜費), 비상경비, 본도(本道)비상사태대책위원회 기본보도(基本報道)비상대책비, 국방협회비, 발란비, 소방협의회비, 사회교육협회비, 가축할(家畜割)가축보건비, 축우공제(畜牛共濟)특별가축비, 농회비, 후생협회비, 수구비(水救費), 순사가 혹 사망에 경(經)하는 비용, 그 다음에는 국세가 정하는 국세의 비용이 가옥세, 차량세, 면세(面稅), 기타 10여 점, 또 그다음에 현물로 받아가는 것이 원공출수량(元供出數量)을 내야 합니다.

그 공출 수량를 뺏긴 뒤에는 군용 곡량이라고 하고 보리하고 나락을 받아갑니다. 소학교에 대한 선생을 또 무어하다고 보리하고 나락을 받아갑니다. 소학교 …… 그리고 중학교도 역시 보리하고 나락을 양차(兩次)로 받아갑니다. 또 후생 무어라고 후생에 쓴다고 보리 나락을 받아갑니다.

또 도정료(搗精料) 무어라 해서 보리와 나락을 받아갑니다. 또 구장료(區長料) 무어라고 해서 보리와 나락을 받아갑니다. 또 선생을 구제한다고 보리와 나락을 받아갑니다. 또 산림계에서 환료경제(煥料經濟)한다고 매 가호에서 700원씩 그 '화구(火口)'라고 하는 것을 만들어가지고 받아갑니다. 종종 보면 심지어 대통령 사진 비용까지도 받아갑니다. 그러면 이것을

---

5 서중석은 당시 국회의원들이 서민이 겪는 고초에 관해 발언한 내용을 『국회 속기록』 제2회 14호(1946년 1월 26일)에서부터 제6회 60호(1950년 3월 22일)까지 두루 살펴 충실히 기록하고 있다. 서중석, 1996: 278~285쪽 참조.

보면 무명잡비용(無名雜費用)이 스물한 가지, 국세에 대한 비용이 열한 가지, 40여 종의 부담입니다(『국회 속기록』 제5회 21호, 1949년 10월 14일).

이렇게 잡다한 기부금을 강제로 받아가는 것도 문제지만 기부금 징수에 동원된 방법이 무법의 극치라고 할 만했다. 즉 협박, 구타, 가택 침입, 불법 수사 등이 툭하면 일어났다. 이성학 의원은 의용단이라든가 청년단체가 만들어졌을 때 가입하지 않으면 경찰서에서 붙잡아가 두들겨 팼다(이성학 의원 발언, 『국회 속기록』 제2회 14호, 1949년 1월 26일)고 고발하고 있다. 박찬현 의원도 양민을 좌익이다 빨갱이다 하여 무조건 구속하고 난타하고는 돈 받고 내주는 행위를 모든 경찰이 저지른다고 개탄하면서 일단 잡아오면 무조건 난타해서 반사(半死) 상태에 이르게 하고 그 이후에 자백을 강요하는 일이 비일비재하다고 폭로했다(박찬현 의원 발언, 『국회 속기록』 제6회 41호, 1950년 2월 28일).

결론적으로 헨더슨은 이승만 정권이 운영하고 있는 이원국가 통치는 기본적으로 폭력에 의존하는 통치 방법이며, 이 방법에 동원된 비공식적인 청년단체는 정치에 동원된 유민 대중 사회를 표현하는 원자적 세력으로서 회오리 정치의 핵으로 작용한다고 보았다. 헨더슨은 이승만 정권 시절 제도권 밖의 청년단체의 폭력과 무법이 박정희 정권 시절 중앙정보부에 의한 제도권 폭력으로 계승된다고 생각했다.

3. 헨더슨이 만난 한국전쟁

헨더슨은 1950년에 들어와 웬일인지 38도선의 남북 전선이 불안하게 느껴졌다. 그런 까닭에 그는 1월 초순 개인 비용으로 그가 모은 많은 한국

고서들을 보스턴의 집으로 보냈다. 5월에는 얼마 안 되는 양의 한국 고미술 소장품을 보냈는데, 그것은 하역을 기다리던 중 전쟁이 터지면서 인천 부두에서 소실되었다. 미 대사관 직원들이 소장품을 본국의 집으로 보내는 것이 "당시 우리들이 느꼈던 현실이었다"고 쓰고 있어(Henderson, 1989a: 118쪽), 이미 1950년에 들어 전쟁이 곧 터질 것이라는 소문이 서울 외교가에 번져 있었음을 알 수 있다.

그런데 헨더슨은 정작 6월 25일 새벽에 전쟁이 터졌을 때는 서울에 있지 않았다. 그 2주 전인 6월 11일 대사관 영사관 부산지점 책임자로 전출되어 부산에 가 있었기 때문이었다. 따라서 그는 무초 대사를 비롯한 서울 대사관 직원들의 경우처럼 급박하게 긴급 철수를 해야 하는 곤경에 처하지는 않았다. 그러나 그는 부산에서 겪은 한국전쟁 체험과 유엔군이 서울을 탈환한 뒤 살아남은, 그리고 죽어간 서울 사람들의 이야기를 진지하게 전하고 있다. 헨더슨은 한국전쟁을 전업적으로 연구한 학자는 아니다. 그는 커밍스(1981; 1990)나 존 메릴(John Merrill, 1989)의 경우처럼 한국전쟁에 관한 전문적인 연구를 남기지는 않았다. 또 그는 위의 저자들과 달리 한국전쟁의 원인이나 배경을 다룬 연구보다는 한국전쟁이 한국 정치 발전에 끼친 영향이나 민족 통일에 관련된 문제에 주의를 기울였다고 보인다. 그는 전쟁이 장기적으로 군 기구의 과성장(過成長)을 초래했으며, 파벌주의를 악화시켰을 뿐만 아니라 무엇보다도 정치의 '중간 지대'를 없애버렸다고 보고 있다. 이 정치의 중간 지대가 소멸된 것을 그는 '서울의 비극'으로 묘사한다. 그는 그러나 전쟁이 조선조 500년간 뿌리 깊이 형성된 한국 정치의 패턴을 바꾸지는 못했다고 말한다.

한국전쟁은 놀랍게도 정치적으로 직접적이고 기본적인 영향은 거의 가져오지 않았다. 몸집이 커진 군대의 향상된 정치적 지위도 10년 뒤 나타났다. 공산군의 침략과 점령은 좌익을 제거하고 반공 감정을 높이는 계기가 되었으며, 게다가 기업인과 중산 계층의 독자성을 크게 악화시켰다. 그러나 정치적 투쟁과 그 목적은 변하지 않았으며, 그 진행 과정조차 그대로 남아 있었다. 국토의 4분의 3을 초토화시킨 엄청난 파괴력을 보인 전쟁도 한국 정치 패턴을 그다지 변화시키지 못했다는 것은 그것이 얼마나 뿌리 깊은 것인가를 보여준다(Henderson, 1968: 292쪽).

그런데 헨더슨은 그가 몸소 겪은 한국전쟁에 관하여 몇 가지 소중한 기록을 남겼을 뿐만 아니라 전쟁 후일담의 당사자가 된다. 먼저 그가 남긴 기록 중 하나는 전쟁 발발 며칠 동안 부산에서 그가 겪은 정황을 적고 있다.[6] 또한 그는 죽기 얼마 전에 「1950년의 한국」(1989a)이라는 논문을 남겼다. 그뿐 아니라 그는 수복된 서울을 1950년 10월 17일부터 이틀 반 동안 방문해 그가 본 서울의 파괴된 모습과 살아남은 그리고 죽어간 사람들의 이야기를 썼다. 여기서는 헨더슨이 만난 한국전쟁을 그가 남긴 글을 중심으로 소개한 뒤, 그가 겪은 한국전쟁의 뒷얘기를 들어보기로 한다.

먼저 그가 부산에서 전쟁을 만난 이야기다. 그는 약 2년간의 숨 가쁜 서울 대사관 정치과 임무를 마친 뒤 전쟁 발발 보름 전인 6월 11일 대사관

---

[6] 그는 이 기록을 한국전쟁 당시 미 대사관 일등서기관으로 근무했던 해럴드 노블(Harold J. Noble) 박사의 저서 『전쟁을 만난 대사관(Embassy at War)』(1975)에 기고한 글로 남겼다. 이 저서는 노블이 1952년 탈고했으나 1953년 작고하는 바람에 출판되지 못하다가 컬럼비아대학의 프랭크 볼드윈(Frank Baldwin) 교수가 편찬하여 1975년 간행되었다. 볼드윈 교수와 가까운 헨더슨은 한국전쟁이 일어난 뒤 며칠 동안 부산에서 겪은 체험을 1972년 2월 26일 편지 형식으로 기고했다.

영사과 부산지점 책임자로 발령을 받고 부산으로 왔다. 그는 6월 25일 저녁 경상남도 지사가 주최한 ECA 사절 환영 만찬장에 참석했다가 저녁 7시경에 그날 새벽 북한군이 남침했다는 소식을 처음 듣는다.

그의 부산 이야기는 그가 7월 1일 정오쯤 미군의 지상군으로 처음 참전한 '스미스 특임부대(Task Force Smith)'를 부산에서 본 감격, 미 대사관 일등서기관 노블 박사를 동반하여 이승만 대통령 부부를 만났을 때의 인상, 부산으로 몰려온 외국 특파원들이 그의 좁은 숙소에서 같이 지낸 일 등을 담는다(Henderson, 1975). 그는 부산으로 피난 온 이승만에 관해 "이 박사는 점잖게 보였으나 불안하고 걱정스러운 모습이었다. 그는 한 인간이 항상 권력을 쫓다가 큰 위기에 처하여 정작 권력이 필요하지만 아무 권력도 가지지 못할 때 느끼는 바로 그러한 좌절감에 빠진 사람처럼 보였다"(같은 글: 277쪽)고 당시 그가 본 이승만의 인상을 적고 있다.

스미스 특임부대

헨더슨은 한국전쟁이 터진 것에 대해 미국의 대한정책에 무거운 책임을 돌리고 있지만 전쟁 첫 주를 부산에서 보내면서 그 주변에 모여들고 있는 사람들과 함께 미국의 참전을 고대하고 있었다. 그는 부산에서 처음 스미스 부대를 만났을 때의 감격을 다음과 같이 표현한다.

7월 1일 정오 여름날, 밝은 태양빛이 비치고 있었다. 그날 아침 아무런 뉴스도 '본부' 건물에 들어오지 않았다. 정오쯤 되었을까. 나는 부산 거리의 '적막'을 '들었다'. 나는 내 인생에서 그렇게 시끄럽고 긴박한 적막을 들은 적이 없다. 나는 바깥을 내다봤다. 거기에는 내가 멀리 볼 수 있는 큰길이 뻗어 있었는데, 갑자기 한국인들이 길가에 엄숙하고도 질서 있는 모습으로

도열하여 서 있었다. 나는 행인에게 무슨 일이 일어났는지 물었다. 전화와 라디오를 갖고 있는 외국 정부 관리인 내가 말이다. 그는 조용하게 조금 기다리면 알게 될 것이라고 했다. 한 오 분이나 십 분쯤 지났을까. 트럭 한 대가 골목을 돌아오고 있다. 또 한 대의 트럭이 뒤따른다. 덮개가 열린 덤프트럭이 줄을 이어 온다. 그 위에는 전투복을 입은 미군 병사들이 있다. 이어 적막은 박수로 환호로 물결쳐 나간다. 그것은 최초의 소대였다. 하느님, 미군 소대의 참전을 지켜주소서. 그렇다. 정말 사세보에 있던 소대였다. 그리고 곧 중대가 왔다. 그렇다. 정말 중대였다. 그리고 마지막으로 저녁에 많은 비행기가 김해의 안개를 뚫었을 때 대대가 왔다. 역사는 그 뒤 그들을 '스미스 특임부대'라고 부르게 되었다(같은 글: 275~276쪽).

헨더슨이 부산에 있었을 당시 대사관을 비롯한 모든 부산 시민이 미국의 참전을 얼마나 절절히 고대했는가는 이 글 마디마디에 절절히 스며있다. 이것이 그가 스미스 부대를 만났던 감상을 그날의 시점으로 돌아가 1972년 회상한 것이다. 그는 '미국의 힘은 무적'이라고 당시 모든 사람이 믿었지만 그것은 환상이었다고 적고 있다. 그는 그때 만났던 스미스 부대 병사들 중 살아온 사람은 한 사람도 보지 못했다며 전쟁의 참상을 회고한다.

그는 부산으로 오는 수많은 미군 병사들의 숙소 등 병참 일을 돕기 위해 경상남도 양 지사와 함께 학교 건물을 비워달라고 하여 병사들의 사용을 주선했던 일, 대사관 일등서기관 노블 박사가 이승만과 만났던 이야기, 한 미군 병사가 대낮에 길거리에서 부녀자를 강간하자 부산 시민이 달려들어 그 병사의 '신체에 달린 고약한 물건(the offending length of his anatomy)'을 자른 일 등에 관한 이야기를 담는다. 요컨대 헨더슨은 부산에서 전쟁을 만난 인간의 고통을 경험한 것이다.

그렇다면 헨더슨은 한국전쟁을 어떻게 보는가? 헨더슨은 한국전쟁의 발발 원인으로 국제적 요인에 더 무게를 싣고 있다. 즉 소련이 직접적으로 개입한 국제적 전쟁의 성격이 짙다는 것이다. 그는 이 점에서 브루스 커밍스(1981; 1990)나 존 메릴(1989)과는 생각이 다르다. 커밍스는 방화(放火)든 실화(失火)든 간에 전화가 일어난 것에 무게를 두고 그 구조적 요인에 초점을 두기 때문에 방화라고 하는 주장이나 누가 성냥을 그었느냐 하는 것은 의미가 없다. 그는 일제 시대로 거슬러 올라가 만주 무장 게릴라 전투와 1946~1949년에 끊임없이 일어난 좌우 충돌에서 한국전쟁의 '기원(origins)'을 찾는다. 한편 또 다른 관점에서 메릴은 남로당과 북로당의 경쟁적 투쟁에서 그 기원을 찾는다.

헨더슨도 한국전쟁 발발 전인 1946년 10월 대구 폭동을 시발점으로 중단 없는 좌우 간 충돌의 연속선상에서 한국전쟁이 일어난 것을 부인하지는 않지만, 김일성과 스탈린의 합작에 무게를 둔다. 그러나 메릴은 한국전쟁 전 남북 간의 연속 충돌에 관한 헨더슨의 글을 인용하면서도 한 발 더 나아가 한국전쟁이 그 연속 충돌의 마지막 연결고리, 즉 연속 충돌의 절정이라고 주장한다(Merrill, 1989: 20쪽). 즉 그는 한국전쟁을 스탈린이 개입한 김일성의 전쟁이라고 보는 헨더슨의 의견과는 달리 '한반도 기원(the peninsular origins)'설을 주장하고 있다. 북한 노획문서를 통해 한국전쟁을 연구한 박명림(1996)은 한국전쟁은 김일성과 박헌영의 공동 작품이며 이들이 분단 구조를 타파하려 한 '능동적 선택'이라고 하여 행위자 책임론을 주장한다.

한편 헨더슨은 아마도 죽기 전 마지막으로 쓴 논문일 「1950년의 한국」(1989a)에서 한국전쟁은 소련이 개입한 전쟁이라고 지적한다. 이러한 맥락에서 헨더슨은 1949년 6월 미국이 지상군을 철수한 것은 성급한 결정이었다고 보고 있다. 구체적으로 그는 미국이 '인계철선이며 상징적 경고'로서 의미를 지닌 지상군 1개 전투여단마저 철수한 것은 무책임하다고 비판한다. 그는 그것을 김일성의 경우 잘못 읽었을지 모르지만 분명 스탈린은 그렇지 않았을 것이라고 지적했다(Henderson, 1989a: 178쪽). 다시 말하면 헨더슨이 보기에 한국전쟁은 미국의 대한정책의 잘못으로 일어난, 바꿔 말하면 억지할 수도 있었던 전쟁이었다. 이 점에서 그는 한국전쟁의 기원을 구조적으로 접근해 불가피론을 펴는 커밍스와는 다른 입장을 견지하고 있다.

이 점에 관한 한 당시 소련 공산주의 봉쇄 정책의 창시자인 조지 케넌(George F. Kennan, 1967)의 생각도 마찬가지다. 즉 그는 미국이 소련과 협상하여 일본의 비군사화와 중립화를 조건으로 안심시켰다면 한국전쟁은 피할 수 있었다고 추정한다. 물론 커밍스가 지적한 것처럼 케넌은 한민족을 자치 능력이 없다고 보는 인종 편견을 가진 인물이긴 하지만, 한국전쟁에 관한 한 미국이 소련과 타협으로 피할 수 있는 전쟁이었다고 보고 있다. 즉 1949년 장제스(蔣介石) 정권이 무너진 뒤 미국이 대아시아 정책의 지주(支柱)로 일본을 결정한 처지에서 1950년 일본과의 평화 조약으로 미군의 무기한 일본 주둔과 일본 기지 사용을 보장받은 데 대한 반격으로 스탈린이 한국전쟁을 일으켰다는 것이다(Kennan, 1967: 395~396쪽). 그러나 이는 커밍스가 맹렬히 반대하는 가설이기도 하다.[7]

---

[7] 커밍스에 의하면 한국전쟁이 발발한 1950년 6월에 미일 평화조약 체결이란 먼 장래의 일이었으며, 따라서 미군의 영구 주둔이나 기지 사용 여부는 분명치 않았다. 그러나 그가 이 가설이 어불성설이라고 주장한 가장 중요한 근거는 한국전 발발이 오히려 소련이 우려하는 일본의 미군기지화를 촉발시킬 것이라는 점이었다(Cumings, 1990,

어떻든 한국전쟁을 둘러싼 논쟁은 보는 관점에 따라서 다를 수 있지만 헨더슨과 커밍스는 한 가지 중요한 관점에서 생각을 공유한다. 한국전쟁은 피할 수 있었든 아니든 미국의 대일 편향 정책과 밀접한 관련을 맺고 있다는 점이다. 이 점은 제7장 "헨더슨의 한국 정치 담론 I: 미국의 대한책임론"에서 다룰 것이다. 게다가 애치슨(Dean G. Acheson) 국무부 장관이 1950년 1월 12일 유명한 내셔널 프레스 클럽 연설에서 '미국의 방위선(United States Defense Perimeter)'으로 태평양전쟁의 적국 일본을 포함시키고 한국을 제외시킨다고까지 했으니 스탈린과 김일성은 시쳇말로 "이게 웬 떡이냐" 했을 것이다.

4. 정치 중간 지대의 상실

헨더슨은 한국전쟁의 원인이나 배경보다는 그 결과가 정치에 끼친 영향에 관심을 보이면서 전쟁이 한국 정치나 남북 관계에 끼친 악영향은 정치적 '중간 지대(middle ground)'의 상실이라고 말한다. 이 점은 뒤에 곧 살피겠지만, 그는 프락치사건 관련 '소장파' 국회의원들뿐만 아니라 김규식, 안재홍, 조소앙 등 중도파 명망가들이 대거 납북되거나 전쟁의 분진 속으로 사라진 것에 대해 '서울의 비극'이라고 표현하고 있다. 또한 그는 이 중간 지대의 절멸된 '황무지'에서 한국의 당대 최고 영문학자 이인수가 처형된 것에 개탄을 금치 못한다.

정치의 중간 지대의 상실은 프락치사건 연구에서 그가 중시하는 주제기도 하다. 이 주제는 그가 독일로 가기 직전인 1950년 10월 17~19일

648쪽 이하).

이틀 반 동안 서울을 방문한 뒤 쓴 기록이나 그가 1967년 신문 기고에서 이인수의 처형을 개탄한 글에서 잘 나타나 있다. 먼저 수복 뒤의 서울 방문 기록은 편지 형식으로 쓴 것으로 8쪽에 이르는데, 서울 수복 직후 파괴된 서울의 모습을 생생하게 묘사하고 있다(헨더슨 프락치사건 자료 중 "친구들에게", 1950년 10월 26일). 즉 그가 10월 17일 오후 김포 비행장에 내려 다행히 그를 알아본 한국군 대위의 지프차를 얻어 타고 서울에 들어오면서 본 대로 서울의 모습을 기록한 것이다. 예컨대 광화문에 이르러 그가 본 모습은 이렇게 묘사되어 있다.

광화문 네거리 또한 황량한데, 서쪽 건물은 모두 부서져 있었다. 한민당 본부 건물은 모두 불타버렸고, 고종 황제의 기념 석비를 간직한 기념관 지붕에는 큰 구멍이 뚫려 있었으며, 그 뒤 체신부 건물과 중앙청 쪽의 중앙전화국 건물도 불탔지만 무너지지는 않았다. 중앙청 근처 경찰학교 건물은 흔적도 없이 사라졌는데, 그 자리는 쓰레기로 뒤덮인 공터처럼 보였다. 경기도청 건물은 부서지기는 했어도 나쁜 모습은 아니다. 길 건너편 쪽 건물 역시 모두 없어졌다.

이어서 헨더슨은 그를 비롯해 미국 대사관 직원들의 숙소가 있는 정동 '파이낸스 하우스(Finance House)'가 수많은 창유리도 깨지지 않은 채 멀쩡하게 남아 있다고 감탄한다.

파이낸스 하우스 문에 이르자 앨 로렌(Al Loren)의 하우스 보이인 이 씨가 나를 맞는다. 그는 개성으로 가는 길의 한 부락에 몸을 숨겼다가 돌아왔다고 했다. 앨의 중국제 가구는 모두 멀쩡했으며, 금색 병풍과 많은 물건들도 그대로 남아 있었다. 대부분 사람들의 책도 무사했다. 돈 맥도널드(Don MacDonald) 책장은 책이 꽉 찬 채로 남아 있었다. 가구, 표구, 그림들이 모두 벽에 걸린 채 멀쩡했다. 르누아르 복제품들도 모두 제자리에 있었다. 도자기들도 무사했는데, 프랭켈 박사 집에 맡긴 나의 소규모 컬렉션은 그대로 있었으며, 프랭켈 박사의 도자기 컬렉션도 내가 6월 14일 마지막으로 본 대로 그 자리에 있었다.

뒤에서 살펴보겠지만, 이 기록을 보면 헨더슨이 도자기 사건에 휘말려 밝힌 성명이 검증된다(제5장 3절 "도자기 사건에 휘말린 헨더슨" 참조). 즉 그는 이미 한국전쟁 이전부터 약간의 도자기 컬렉션과 고서를 비롯한 한국 문화재를 소장하고 있었고, 그때부터 반출했다는 이야기다. 23년 뒤인 1973년에 이르러 느닷없이 이선근이 1963년 3월 헨더슨이 외교 특권을 이용해 도자기를 불법 반출했다고 주장한 것은 얼마나 황당한 말인가! 그러니까 한국인들이 전쟁의 소용돌이 속에서 조상들의 도자기 얼에 눈을 돌릴 여유가 없었을 즈음, 한국 도자기에 대한 심미안을 갖고 있던 그가 흩어지고 버려진 한국의 옛 도자기들을 소중히 모은 것이다.

또한 이 기록은 헨더슨이 프락치사건의 법률보고서를 작성한 프랭켈 박사와 친근한 관계에 있었음을 보여준다. 전쟁이 일어나기 전 그가 부산 영사관으로 전근을 가게 되자 약간의 도자기 컬렉션을 프랭켈 박사 집에 맡겨놓고 부산으로 떠났다는 것이 그것을 말해준다.

이 기록에서 그는 무엇보다도 무고한 한국인들이 죽어갔고 특히 중도파들이 사라진 것을 '서울의 비극에서 가장 주목을 끄는 부분'이라고 말하면서 이렇게 계속한다.

서울의 잿더미 속에서 수천 명이 폭격과 전투로 죽었다고 한다. 이들은 물론 숫자로 밝힐 수는 없다. 수백 명, 아마도 수천 명이 사살당했을 것이라는 증거가 있다. 학생들은 공산군에게 대규모로 징집당했는데, 그들 대부분의 운명은 아무도 모른다. 서대문 형무소에서만 7,000명 내지 1만 2,000명의 정치범과 마포 형무소의 정치범 수백 명이 서울이 함락되기 이삼일 전 북으로 끌려갔다고 했다. 너무 병약해 멀리 걸을 수 없는 경우 많은 이들이 총살당했다고 생각되는데, 미군은 의정부 근처에서 시체 50구를 발견했으며 다시 약 100구를 찾았다고 한다. 양주 근처에서 수백 명이 사살되었다는 보고가 있으며 미군 장교들이 그들의 시체를 보았다고 했다. 많은 사람들이 행방을 알 수 없으며, 다른 이들은 이보다 훨씬 전인 7월과 8월에 납북되었다고 한다.

이어서 그는 사라진 '명사(名士)'들의 숫자에 놀라면서 몇 명의 정치인과 국회의원들, 즉 김규식, 안재홍, 조소앙, 윤기섭, 원세훈, 조헌영, 엄상섭, 김용무, 백상규와 그의 아들을 거명하고 있다. 정치 중간 지대의 절멸은 서울의 비극이요, 그것은 바로 이들 중도파 정치인들이 전쟁의 분진 속으로 사라진 것을 의미하는 것이리라. 헨더슨은 구사일생으로 살아남은 하경덕(河敬德, 1897~1951) 박사의 이야기를 통해 서울의 비극을 자세히 적고 있다.[8]

---

[8] 하경덕은 전라북도 익산 출생으로, 1913년 전주신흥학교를 거쳐 1915년 평양 숭실중학교를 졸업하고, 이듬해 미국으로 건너갔다. 1925년 하버드대학교 사회학과를 졸업, 1928년 철학박사 학위를 받고 1929년 귀국했다. 그 뒤 그는 조선기독교청년회 사회조사위원회 총무를 거쳐 1931년 연희전문학교 교수가 되었다. 그 뒤 흥사단(興士團)에 가입하여 후진 양성과 독립운동에 힘쓰다가 8·15 광복을 맞아 ≪코리아 타임스≫를 창간하여 사장에 취임하고 서울신문사 및 합동통신사의 사장을 역임했으며, 잡지 ≪신천지(新天

헨더슨은 이런 명사들과 서울 시민들이 서울에서 대거 빠져나오지 못한 데는 정부가 서울 남쪽으로 옮겨간 뒤에도 그 사실을 숨기고 적군이 문 앞에 다가왔는데도 서울에 남아 있으라고 부추긴 책임이 크다고 비판한다. 적군이 서울 외곽에 당도한 27일 오후까지 방송은 의정부를 재탈환했다고 발표했다. 게다가 많은 시민이 서울을 빠져나가려고 해도 경찰은 서면 허가를 받아오라 했다고 한다. 헨더슨은 대사관의 샘 윤(Sam Yun)이란 한국인 직원의 사례를 다음과 같이 적고 있다.

갖가지 의견을 가진 서울 시민은 대다수가 피난을 가지도 않았고 피난할 수 없으리라고 생각하지도 않았다. 그런데 종말은 너무 빨리 왔으며 대부분의 사람에게는 전혀 예상 밖이었다. 특히 의정부와 직결된 성북동, 돈암동 지역에 살았던 사람들은 빠져나갈 시간이 없었다. 정부는 아무에게도 정부의 서울 철수를 말하지 않았다. 서울 시민에게는 물론 영국, 프랑스, 중국 대사관에조차 알리지 않았다. 신문과 방송은 적이 문 앞에 온 6월 27일 오후까지도 안심하고 서울에 머물라고 부추겼다. 방송은 국군이 의정부를 재탈환했다고 거듭 발표했다. 때문에 많은 사람들이 갇히거나 죽임을 당했다. 그들은 샘 윤처럼 적군이 서울에 들어온 것을 알지 못한 것이다.

샘은 많은 사람이 그렇듯 서울이 그렇게 빨리 함락당하리라고는 생각지 않고 6월 27일 화요일 밤 자기 집에서 잤다. 수요일 아침 그는 지프를 타고 중앙청을 정찰했다. 그는 중앙청 모퉁이를 돌다가 그만 북한 탱크를 만났다. 그는 운전기사에게 급히 뒤로 돌라고 했다. 차가 도는데 탱크가

地)≫를 창간했다. 1947년 과도정부 입법의원이 되었다. 그는 한국전쟁이 나자 미처 탈출하지 못하여 인민군에 잡혀 갖은 고초를 겪지만 구사일생으로 살아남는다. 그러나 그는 그 여파로 건강이 악화된 나머지 1951년에 죽고 만다.

포를 발사해 운전기사는 쓰러지고 지프는 움직이지 않게 되었다. 그는 뛰쳐나와 도망치기 시작했으나 북한군에게 잡히고 말았다. 그가 북한군이 총구를 겨눈 앞을 걸어가고 있을 때 한 국군 장교와 두 여인을 태운 지프가 옆 골목에서 나오는 것이 아닌가. 샘은 그곳으로 달려갔다. 그의 손이 차 뒷좌석에 닿았을 때 북한군이 총을 발사해 샘과 지프에 탄 사람들이 즉사하고 말았다. 샘의 부인이 그날 밤 그의 시신을 거두었다. 그녀는 이 이야기를 부상당한 운전기사에게서 듣고 대사관에 전한 것이다.

인공기 아래의 서울, 하경덕 박사의 경우

다음은 헨더슨이 하경덕을 만나, 그가 공산 치하 서울에서 죽음의 고비를 어떻게 아슬아슬하게 몇 번이나 넘어 살아남았는지 들은 대로 적은 이야기다. 헨더슨이 하경덕의 사례를 자세히 설명한 것은 그가 많은 중도파 인사들이 겪은 곤경을 대표하고 있을 뿐만 아니라 이승만 대통령 초기 독재 시절 "≪서울신문≫이 너무 중도 노선에 치우쳤다(…… considered the paper too middle-of-the road)는 이유로 사장직에서 축출당했기 때문"이라고 생각된다.

하 박사는 박흥식과 김성수가 사는 서울의 가장 부유한 주택가(가회동-계동 일대)의 조촐한 집에 살고 있었다. 서울이 함락당한 뒤 며칠간 아무 일도 없었다. 최초로 집에 들어온 공산당원은 예상 밖의 인물이었다. 앞 모퉁이 살고 있는 이웃 사람으로 그 지역에서 가장 부유한 사람 중 한 사람인데, 알고 보니 열렬한 공산주의자였다는 것. 그가 다른 공산당원들과 함께 하 박사 집에 와서는 하 박사에게 서울에서 영어를 말할 줄 아는 사람을 모두 모아 그들을 지도해달라는 것이었다. 하지만 하 박사는 그들의 요구사항을 조용히 거절했다. 그런데 며칠 뒤 고위직 공산당원 두 명이 와서 입에 발린 말을 하는 것이었다. 그들은 하 박사와 그의 업적을 존경한다면서 조국을 위해 많은 일을 하셨다고 추켜세웠다. 그러면서 영어 방송을 함으로써 월계관을 더 쓰시지 않겠느냐고 청하는 것이었다. 그러나 또다시 그때도 그럭저럭 넘어갔다. 그 뒤에는 밤낮으로 찾아와 영어 방송을 해달라고 요구했다. 그러던 중 하 박사의 집은 서울에 남아 있는 일가친척 사람들로 붐비게 되었다. 식량을 탈취당해 먹을 것이라고는 거의 없었기 때문이다. 하 박사의 발은 영양실조로 퉁퉁 부어올랐으며, 배고픈 아이들은 밤낮으로 아우성이었다. 그런데 이상한 일은 하 박사 집 하녀가 길모퉁이 내무서원과 사랑에 빠져, 그와 잠자리를 같이하는 시간 말고는 하 박사 집에 기거하면서 감시하는 것이었다. 하 박사 가족은 그녀의 감시에서 벗어날 수가 없었다.

 드디어 하 박사는 8월 19일 처음으로 집을 나왔다(어떤 일 없이 집을 나온다는 것은 위험한 일이라는 것을 알면서도). 자기 동생 집에서 먹을 것을 얻기 위해서였다. 그날 밤 그의 아내 말에 의하면 그가 집을 나간 뒤 두 시간쯤 지나서였을까 공산당원들이 그를 잡아가려고 들이닥쳤다. 하 박사는 그 뒤 집에 돌아가지 않았고, 하녀는 하 박사의 부인으로부터 그의 은신처를 알아내려고 가족의 생명을 위협하기 시작했다. 마지막으로 9월 15일, 그날은 인천 상륙작전 당일이었는데 부인은 내무서로 끌려갔고 어두운 방에 갇혀 4시간 동안 심문을 받았다. 그러나 그녀는 그 뒤 아무 말을 하지 않았는데도 별 탈 없이 풀려났다. 그리고 하 박사가 부인이 잡혀갔다는 소식을 듣고 앞뒤 가리지 않고 가족을 보호하기 위해 내무서로 출두할까 생각하던 도중 하녀가 내무서원 두 명을 데리고 들이닥쳤다.

내무서원이 구타

하 박사는 내무서로 끌려갔는데 말로는 특별대우를 한다고 하면서 곧바로 쓰러뜨리고 마구 패는 것이었다. 하 박사는 일제 때 감옥살이 할 때도 얻어맞은 일이 없었다고 회상했다. 내무서의 수사관들은 그가 저지른 '범죄'를 열거하면서 죄가 너무 많다고 했다. 그가 미국인들과 너무 친하다는 것, 미 군정의 과도입법의원을 지냈다는 것, ≪코리아 타임스≫와 ≪서울신문≫을 발행했다는 것, 한국신문협회 회장이라는 것, 더 이상 입에 발린 말도 없었다. 그는 '인민의 피를 빨아먹은 놈'으로 매도당했다. 그들과 입씨름을 해야 소용이 없었다. 그는 그들이 원하는 대로 하라고 했다. 그 뒤 그는 서대문 형무소에 갇혔다. **거기서 그는 이전에 갇혔던 사람의 명단을 듣게 되는데, 여기에는 안재홍, 윤기섭, 장건상 등 '이른바 중도파들'의 이름이 들어 있었다**(강조는 지은이). 그는 또한 형무소 간수들이 '브라운 05(백상규)'의 사례에 관해 말하는 것을 듣는데, 그가 중죄를 짓고도 귀머거리와 벙어리인 척한다는 것이었다. 하 박사는 고문을 당하지는 않았지만 매일 고문으로 인한 비명을 들었다. 그러면서 하 박사는 매일 다른 소리도 들었는데, 그것은 점점 커지는 미군 비행기 소리였다.

9월 20일 간수들이 바뀌었고 수도 크게 줄었다. 이삼 일 뒤 드디어 그날이 왔다. 형무소 문이 열리고 모든 수감자들은 감옥 앞으로 모이라는 것이었다. 많은 사람들이 해방의 시간이 왔다고 생각해 앞으로 뛰어갔다. 그러나 하 박사의 생각은 달랐다. 그는 감옥 뒤로 가서 뒷벽을 따라 걸으면서 후문을 찾았다. 드디어 그는 죄수복을 입은 일단의 일반 범죄자들과 만났는데, 그들은 형무소 지리를 잘 알고 있었다. 하 박사도 그들과 합류했다. 하 박사와 그의 동서, 그 외 약 30여 명이 힘을 합쳐 뒷문을 부수고 탈출했다. 이삼초 뒤일까, 총소리가 요란하게 들렸고 탈출자들의 물결은 멈췄다.

하 박사는 급히 이웃 여인의 집 공습 대피소에 몸을 숨겼다.

하경덕은 죽음의 문턱에서 순간적인 본능적 직감 덕분에 서대문 형무소를 탈출하는 데 성공하지만 그 뒤에도 시련은 계속된다. 여기서 잠시 헨더슨의 서울 방문 행적으로 돌아가 보자. 그는 그 짧은 서울 방문 기간에 하경덕을 만나 그가 공산치하 서울에서 겪은 이야기를 듣고 왜 그토록 자세히 기록했을까? 그것은 하경덕이 남북한 독재 정권으로부터 배척당하는 중도주의자로서 겪은 곤경이 한국의 비극을 표현한다고 보았기 때문이었을 것이다. 그가 사장으로 몸담고 있던 ≪서울신문≫은 이승만 정권으로부터 정간당하는가 하면, 그 자신도 사장직에서 쫓겨났다. 당시 ≪서울신문≫은 이승만 정권의 반공주의보다는 중도주의를 지키고 있었다. 최근 안당(晏堂) 하경덕 박사 탄생 110주년을 맞아 열린 기념 학술대회에서 정진석(鄭晋錫)은 "안당은 해방 정국에서 언론이 좌우익으로 나뉘어 첨예하게 대립했던 상황에서도 중립적인 논조를 유지했던 드문 언론인"이라고 평가했다.

민세가 서대문 형무소에 갇혀

그런데 헨더슨이 적은 하경덕의 증언 중 중요한 대목이 눈에 띈다. 하경덕이 9월 15일 내무서에 끌려가 심문을 받은 뒤 서대문 형무소에 투옥되어 들은 이야기 중 '안재홍, 윤기섭, 장건상 등 이른바 중도파'가 그에 앞서 서대문 형무소에 갇혔다는 대목이다. 민세(民世) 안재홍(安在鴻, 1891~1965)은 해방 공간에서 활약한 중도적 지도자의 한 사람으로 1950년 5·30 선거에 출마하여 국회의원으로 당선된 정치인이자, 일제 시대에 마지막까지 전향을 거부한 올곧은 언론인이다.

그런데 민세는 국회의원으로 당선된 지 한 달도 지나지 않아 터진 한국 전쟁으로 미처 서울을 탈출하지 못하고 납북당하는 신세가 되었다.「민세 안재홍 연보」를 쓴 천관우(千寬宇)에 의하면 그는 9월 21일 인민군 정치보위부에 연행되어 9월 26일 북으로 끌려갔다고 한다(《창작과 비평》, 1978, 겨울호). 그러나 위에서 하경덕이 서대문 형무소에 투옥된 뒤 들은 이야기에 의하면 적어도 안재홍 등 '이른바 중도파' 인사들이 9월 15일 전에 서대문 형무소에 갇혔다는 말이 된다. 이는 처음 알려진 사실인데, 하경덕이 구사일생으로 살아남아 그를 찾아온 헨더슨에게 10월 18일 전한 말이니 믿을 만한 증언이라고 보인다.[9]

문제는 북한 정치보위부가 민세와 같은 중도파 인사들을 정치범으로 무차별 가려내 살벌한 서대문 형무소에 투옥시켰다는 사실이다. 위의 글에서 헨더슨이 쓰듯 "서대문 형무소에서만 7,000명 내지 1만 2,000명의 정치범이 …… 서울이 함락되기 이삼일 전 북으로 끌려갔다"든지 또는

---

[9] 민세의 부인 김부례(金富禮) 여사가 1989년 한국 정부가 안재홍에게 건국훈장 대통령장을 추서한 것을 계기로 쓴 기록("나의 한, 김부례",『민세 안재홍 선집 4』, 지식산업사, 1992)에 의하면, 민세는 "돈암동 시동생 집에 피신했는데, 1950년 9월 21일 0시에 인민군이 찾아와서" 떠났다고 회고했다. 이 회고를 근거로 천관우는 민세가 9월 21일 정치보위부에 붙잡혀 26일 납북되었다고「민세 안재홍 연보」에 쓰고 있다. 그런데 이 납북 날짜는 헨더슨이 평양에서 만난 프락치사건 관련 국회의원의 한 사람인 최태규가 기억한 날짜와 어긋난다. 헨더슨의 북한 방문기(1981)에 의하면 최태규 등 프락치 관련 국회의원들이 9월 20일 평양을 도착했으며 그 이틀 뒤, 곧 9월 22일 안재홍과 함께 김규식이 당도했다고 말하고 있다. 어느 날짜가 맞는지 지금으로서는 확실히 알 수 없으나, 최태규가 말한 날짜는 본인 스스로 행적에 관련된 날짜를 기억하고 있었다는 점, 또 1950년 10월 18일 하경덕을 만나 안재홍 등 중도파 인사들이 서대문 형무소에 그보다 앞서, 즉 9월 중순 이전에 갇혔었다는 말을 들었다는 점에서 두 증언은 엇갈린다. 다만 헨더슨이 하경덕의 말을 기록했을 때 28세의 젊은 나이였다는 점을 염두에 둔다면 후자의 기록이 더 믿을 만하지 않을까?

"많은 이들이 너무 병약해 멀리 걸을 수 없는 경우 총살당했다"는 것이 사실이라면 민세는 서대문 형무소에 갇혀 있다가 '9월 26일' 북으로 끌려갔다는 말이 된다.[10] 더욱 궁금한 것은 그때 민세가 만일 병약하여 오래 걸을 수 없었다면 그의 운명은 어떻게 되었을까, 다른 정치범의 경우처럼 총살당하는 운명을 피할 수 있었을까 하는 것이다.

헨더슨은 중도파 지도자 민세의 운명에 대해 곳곳에서 상당한 관심을 표하고 있다. 그가 1981년 9월 8일부터 22일까지 북한을 방문한 기록에 따르면, 그는 8월 21일 프락치사건에 관련된 13명의 국회의원 중 최태규를 극적으로 만나는데, 그에 의하면 최태규 등 프락치사건 관련자들은 9월 20일 평양에 도착했으며, 그 이틀 뒤인 9월 22일 안재홍과 함께 김규식이 당도했다고 한다(헨더슨 프락치사건 자료, "북한을 생각한다: 어떤 조우

---

10 민세의 맏아들 안정용(安晸鏞)이 쓴 기록("아버지와 나",『민세 안재홍 선집 4』)에 의하면 민세는 6월 27일 저녁 한강 다리목까지 이르러 강을 건너려 했으나 몰려오는 피난민에 밀려 발길을 되돌리지 않을 수 없었으며, 그 뒤 용산 인척 집에 보름 동안 숨어 있다가 공산당원들에게 붙들려 갔다고 한다. 그러나 민세는 그로부터 며칠 뒤 풀려나 감시 속에서 돈암동 자택에 돌아와 머물고 있었다. 아마도 민세는 8월 말경 다시 돈암동 자택에서 피신하여 인근 친척집에 숨어 있다가 "눈이 뒤집힌 공산 정치보위대가 총동원되어 이틀 동안 인근을 샅샅이 뒤져서" 다시 붙잡혔다고 한다. ≪한성일보≫ 사장 시절 민세를 모시고 신문사에서 일했다는 엄기형(嚴基衡)이 2003년 남긴 기록("민세 안재홍 사장의 납북 비화: 6·25 당시 현장을 지켜본 기자 실화", 미발표)에 의하면, 민세가 인민군 장교에게 끌려 나가는 모습을 마지막으로 본 것이 '8월 말 또는 9월 초'라고 한다. 이들 기록을 총체적으로 보아서 다소 대범하게 추측하면, 민세는 정치보위부 감시를 피해 돈암동 인척 집에 숨었다가 9월 초에 붙잡혀 서대문 형무소에 정치범으로 갇히고, 9월 20일경 서울을 떠나 9월 22일 평양에 당도한 것이 아닌가 한다. 엄기형의 증언에 의하면, 민세는 돈암동 자택으로 찾아온 그에게 단파방송 수신기를 건넸으며, '미국의 소리' 방송을 듣고 메모를 적어 그의 아내가 가져오도록 했다고 한다.

에 관한 수상", '조선민주주의 인민공화국 방문, 1981년 9월 8일~22일', Gregory and Maia Henderson: 34쪽). 그는 주저 『회오리의 한국 정치』에서 안재홍을 줄곧 '중도파(moderate)'로 기술하고 있을 뿐만 아니라 1950년 11월 그가 쓴 정치비망록에서는 이승만 대통령을 이을 가장 유력한 후계 세력으로 '김규식-안재홍 그룹'을 들고 있다(제7장 1절 "'무대응'에서 '간섭'으로" 참조).

지은이가 1987년 3월 보스턴 시 교외 웨스트 메드포드에 있는 헨더슨의 자택에서 헨더슨을 만났을 때, 어떤 말끝에 우연히 민세의 손서(孫壻)라고 말하자 그는 크게 놀라면서 그렇게 반가워할 수가 없었다. 그는 그때 1949년 봄 어느 날 민세가 살던 돈암동 집에 가서 '조선조 선비'와 같은 그를 만나보았다고 회고했다. 그는 평양에서 최태규를 만났을 때 안재홍에 관해 관심 있는 대화를 나누었다고 하면서, 최태규에게 안재홍 무덤의 묘비 사진을 보내달라고 했다고 지은이에게 전했다. 그는 그 사진이 오면 내게 보내주겠다고 했지만 그 뒤 사진은 오지 않았다.

여기서 다시 하경덕이 겪은 곤경을 계속 살펴보자. 하 박사는 서대문 형무소에서 총살당하기 직전 촌각의 기지로 간신히 화를 면하고 탈출하여 근처 여인의 집 공습 대피소에 몸을 숨기는 데 성공하지만 또다시 공산군에게 잡히는 신세가 되고 만다.

이삼 분 뒤 일곱 명의 공산군이 그 집에 나타나더니 거기서 묵겠다는 것이다. 하 박사는 뒷문으로 나갔지만 한 의용군 대원에 의해 붙잡히고 말았다. 그는 부삽을 들고 고랑을 파라는 말을 듣고는, 뒤로 가서 부삽을 가져오는 것처럼 하면서 다른 골목으로 달아났는데, 결국 다시 붙잡히고 말았다. 이번에는 인민위원회에 끌려갔다. 여기서 그는 자신이 의용군이라고 주장하고 부대에 늦게 가면 의심을 받을 것이라 하였다. 그는 다시 풀려났다. 그는 가짜 의용군 행세를 하며 처음에는 공산군, 다음에는 내무서원을 유도하여 너무 늦었다는 핑계를 대고 서대문 근처 자기 집으로 데려가 달라고 했다. 길거리는 어두웠고 시가전을 대비해 바리케이드를 설치하는 사람을 제외하면 아무도 없었다. 그는 자기 집으로 감히 가지 못했는데, 그것은 그가 탈출했다는 뉴스가 퍼져 있기 때문에 다시 붙잡힐 것이 뻔하기 때문이었다. 그와 그의 동서는 천우신조로 그날 밤 마침 만난 동서의 친구가 경계 임무를 맡고 있어서 그의 안내로 여러 골목을 지나 세브란스 병원 근처 하 박사 동생 집에 당도했다.

거기서 그들은 3일 동안 몸을 은신했다. 그리고 바로 남산에서 전투가 벌어졌다. 폭탄이 그들 주변 사방에 떨어졌고, 집은 불이 붙어 반쯤 타버렸다. 가족은 전쟁 중 한 일본인이 지은 공습 대피소로 몸을 피했다. 다행히도 그 대피소는 잘 축조된 것이었다. 목재 기둥들이 그들 주변에 떨어졌으나 그들은 안전했다. 다음날 누군가 입구로 와서 그 지역이 해방되었다고 말했다. 하 박사는 근처 인척 집으로 가서, 그가 말하듯 "자유의 첫 숨을 내쉬었다". 그는 그 감옥에 갇힌 수천 명 중 총살이나 납북을 피한 몇 안 되는 사람 중 하나가 된 것이다.

하경덕은 구사일생으로 살아남아 자유의 첫 숨을 쉴 수 있었지만 오래 가지는 못했다. 그는 공산치하에서 겪은 역경, 즉 영양실조와 충격으로 인해 건강이 극도로 쇠약해진 나머지 1951년 4월 숨을 거두고 말았다. 우사(尤史) 김규식(金奎植, 1881~1950)도 폭격을 피해가며 평양에 당도했지만 건강을 해쳐 1951년 5월 평양의 한 병원에서 숨을 거둔다. 안재홍의 경우 1965년까지 덧없는 삶을 연장하다가 그해 3월 1일 별세한다.

헨더슨은 하경덕의 사례를 통해 바로 중도파 인사가 겪은 역경이 한국 정치의 비극이자 한국 현대사의 비극임을 표현하려 했을 것이다. 그는 김규식과 안재홍의 운명에서, 그리고 국회프락치사건 관련자로서 역사적 무명인간이 된 13명의 국회의원들의 운명에서 한국 정치가 극복해야 하는 역사적 과제를 찾으려 했을 것이다.

나락의 땅 서울

헨더슨은 한국전쟁과 관련하여 당시 천재 영문학자이며 고려대 교수인 이인수가 만난 비극을 개탄했다. 이인수도 서울에 남게 되었지만 하경덕의 경우와는 달리 대(對)미군 심리전의 일환으로 영어 방송을 하게 되었다. 그는 그 죄로 서울 수복 뒤 처형당한다. 헨더슨은 그의 죽음을 서울이 '봉황새가 날던 천국(Cloud Cuckoo Land)'에서 '나락의 땅(Waste Land)'으로 떨어졌다고 은유를 써서 비유한다["타임스의 생각들(Thoughts of the Times)" 칼럼, ≪코리아 타임스(The Korea Times)≫, 1967년 4월 28일]. 이는 이인수가 벌써 1948년 "4월은 가장 잔인한 달"로 시작하는 T. S. 엘리엇의 유명한 시 「황무지(Waste Land)」를 한국 시단에 처음 소개했으며, 그가 쓴 시 「이상향(Cloud Cuckoo Land)」(영어 시인지 한국어 시인지는 모름)을 비유한 것이다.

이인수는 북으로 붙잡혀 가는 도중 간신히 도망쳐 유엔군에 투항하지만 한국군에 넘겨지고 군법회의는 그에게 사형 선고를 내린다. 헨더슨은 부산에서 무거운 마음으로 그의 영어 방송을 들었다면서 그가 번역해낸 엘리엇의 「황무지」가 전쟁의 예언자가 되었으며, 그가 쓴 시 「이상향」은 황무지로 바뀐 서울의 피안의 세계였다고 비유한다.

번역물은 예언을 못 한다. 그러나 결국 이인수의 「황무지」는 예언자가 되었다. 「이상향」의 서울이 5주 안에 마지막 미국 전투부대의 철수를 맞은 것이다. 내 친구인 하경덕은 얼굴이 하얗게 질려 "일 년 안에 우리는 침략을 당할 것입니다"라고 말한다. 일 년 안에 그 말은 적중했다. 한국은 세계 최신의, 슬프지만 세계 최후가 아닌, 황무지가 되어버린 것이다. 그리고 운명은 그렇게 복잡하게 인물과 얽혀 그 황무지의 고사병이 이인수의 생명을 빼앗도록 명했다("타임스의 생각들" 칼럼, ≪코리아 타임스≫).

유엔군에서 한국군에 넘겨진 이인수는 사형 선고를 받고 처형을 기다리고 있었다. 그런데 당시 이승만 다음으로 힘이 센 권력자는 영국 유학 시절 이인수의 친구였던 신성모(申性模) 국방장관이었다. 즉 이인수는 신성모의 말 한마디로 살아날 수 있는 처지에 있었다. 이승만 개인 보좌관인 올리버(Robert T. Oliver) 박사의 간곡한 구명 청원도 있었다.[11] 이승만은 재고하라는 말을 했다고 한다. 그런데도 신성모는 오히려 처형을 주도해

---

[11] 올리버가 쓴 『이승만과 미국의 대한 관여—1942~1960: 개인적 이야기(Syngman Rhee and American Involvement in Korea, 1942~1960: A Personal Narrative)』(Panmun Book Company, Seoul, 1978)에서 그는 이인수의 생명을 구하기 위해 이승만에게 청원했지만 결국 처형당했다면서 다음과 같이 쓰고 있다. "그리고 그(이승만)는 나의 특별한 친구인 이인수의 생명을 구해달라고 청한 것에 답변했다. 이인수에 관해: CIC첩보대가 인천에 숨어 있는 그를 찾아냈는데, 우리는 그에 관해 대단히 걱정을 하고 있소. 유감스럽게도 그는 서울을 떠나려 하지 않았으며, 오히려 공산당원들을 환영했다 하오. 그가 그 혐의로부터 벗어나기는 무척 힘들 것 같소. 그는 지금 나라에 큰 도움이 되는 몇 사람 중 하나일 것이요. 그의 교육 등에서 말이요. 그러나 우리가 개인적으로 할 수 있는 일은 별로 없소. 나는 몇 사람에게 그에 관해 말했으며 그들은 최선을 다할 것이오. 나는 그가 영국에 있을 때 그의 배경에 관해 당신에게 편지를 쓴 일이 있음을 기억하오." 그 며칠 뒤 그는 처형되었다. 그것은 뼈아픈 공허감을 불러일으켰다. Oliver, 1954: 328~329쪽.

'친구'를 죽이고 말았다. 헨더슨은 "그를 둘러싸고 있는 부역 행위에 대한 비난이 들끓는 세상에서 그를 구하려는 어떤 조치를 하면 개인적 정실 관계가 있는 것으로 몰릴 것이기에 그(신성모)는 그것을 원치 않았으며, 오히려 처형을 주장했다"고 쓰고 있다.

그런데 원로 음악비평가 박용구의 얘기는 좀 다르다. 그는 『내가 겪은 해방과 분단』(2001)에서 이인수와 신성모가 런던 유학생 시절 친하게 지냈지만, 신성모는 뱃사람으로 일한 경력 때문에 열등의식에 사로잡혀 이인수를 죽인 것이라고 했다(한국정신문화연구원 한민족연구소, 2001, "제8부 박용구"). 시인 고은은 장문의 산문시 「만인보」에서 이인수의 처형을 '인문은 야만의 도구'라고 표현한다(고은, "이인수, 근현대 전쟁사", 『만인보』 제43권, 창작과 비평사, 2006).

> 인문은 야만의 도구가 된다/ 인문은 제물이다
> 식민지 시대/ 영국 옥스퍼드대 영문학 전공의 수재 이인수
> ……
> 전쟁이 났다/ 피난을 하지 못했다
> 인공 3개월간/ 월북했던 김동석이 내려왔다
> 그의 강권으로/ 대미군 영어 방송을 했다/ 변영태도 이인수의 영어를 따르지 못했다
> 수복 후/ 그가 검거되었다
> ……
> 영국 시절/ 이인수는 화려한 연구자였고/ 신성모는 거친 파도 선장이었다
> 늘 이인수가 원수였다 그때부터/ 키 작은 신성모가/ 키 큰 이인수를 없애버렸다 기어코.

지은이는 한국전쟁이 터졌을 당시 12살의 초등학교(당시는 '국민학교'라고 불렀다) 5학년생인 소년이었다. 나는 전쟁을 서울 북쪽 미아리 18구에서 만났다. 우리 집은 마당에 사과나무가 있는 꽤 큰 기와집이었는데, 부친은 양조장을 운영하고 있었다. 6월 27일 오후 콩 볶듯 나는 총소리를 들으며 우리 가족은 돈암동에 이르는 아리랑 고개를 넘었다. 하룻밤을 신당동 친지 집에서 보내고 나니, 북한 인민군이 탱크를 앞세워 가두 행렬을 벌이고 있었으며, 시민들은 어느새 인공기를 들고 박수를 보내고 있었다. 돌아오는 길에 나는 미아리 고개 호박밭에서 웅크리거나 벌렁 누워 있는 그 많은 주검들, 철모를 쓴 그 많은 젊은 주검들을 보았다.

평온을 되찾은 29일 정오, 우리 집에 인민군 한 명이 들어왔다. 마침 굴비를 구워 점심을 먹던 차에 부친이 점심을 권하자 사양하면서 그는 말했다. "아 글쎄, 이승만이란 놈이 돈을 가방에 가득 넣고 도망치다 붙잡혔어요." 뒤에 생각하니 그것이 대민 선무공작인 듯하다. 처음 얼마간 인민군은 서울 시민들을 제법 잘 대했다. 우리들은 미아국민학교에서 적기가도 열심히 배웠다. 그때 배운 적기가들은 꽤 오래 기억 속에 남아 있었다. 서울이 다시 수복된 뒤 어느 땐가 내가 무심결에 "장백산 줄기줄기 피어린 자욱…… 김일성 장군"을 부르다가 부모님께 크게 야단맞은 일도 있었다.

그러나 어느덧 서울 하늘에 미군의 B-29 폭격기가 날아와 폭탄을 비 오듯 퍼붓기 시작하고, 인민군들은 독이 오르기 시작한다. 서울의 식량 사정은 날이 갈수록 악화되어 인민군이 집집마다 들어와 식량을 공출해 갔다. 일주일 안으로 식량 배급이 있을 것이라고 했지만 그것은 부지하세월이었다. 동네 앞뒷집에서는 굶어 죽는다는 소문이 나돌았다. 민심이 흉흉했다.

그러던 중 8월 하순 무렵 야반에 우리 집에 완장을 찬 동네 청년들이 요란하게 문을 두드리며 쳐들어왔다. 이른바 동네 민청원들이었다. 부친은 재빨리 장롱 속으로 몸을 숨겼다. 청년들이 부친의 행방을 물으면서 방을 둘러보던 중에 나는 너무 무서워 어머니 품에 안기면서 울어버렸다. 청년들은 "아, 어린 동무로군" 하며 좀 측은하다는 듯 그대로 나갔다.

다음날 어두컴컴한 새벽 우리 가족 세 명은 어둑한 미명을 뚫고 고개를 넘고 물을 건너 양주군 수동면 삼각골이라는 벽촌으로 숨었다. 그곳은 부친이 산판을 운영하는 곳이었다. 나는 벌써 57년 전에 일어난 그날 밤의 아찔한 순간을 지금도 생생하게 기억한다. 그때 청년들이 방 윗목에 있던 장롱을 열고 부친을 잡아갔더라면 어떻게 되었을까? 그 알량한 동네 양조장을 경영한다는 명목 아래 인민을 착취하는 '반동분자'로 몰려 죽어 갔으리라. 뒤에 들은 이야기로는 그날 밤 청년들에게 붙잡힌 미아리 18구 사람들은 동네에서 다시 모습을 볼 수 없었다고 한다.

한국전쟁 뒷얘기

다음으로 헨더슨이 겪은 한국전쟁의 에피소드를 들어보자. 그것은 북한군이 1950년 6월 25일 새벽 전면 공격을 가한 지 3일 뒤 서울을 점령하고 북한 정보원들이 반도호텔에 있던 미 대사관 헨더슨의 방을 뒤져 노획한 자료에 관한 이야기다. 그때 북한이 노획한 헨더슨의 자료는 두 가지다. 하나는 헨더슨이 1948년 8월 15일 옛 중앙청 광장에서 열린 대한민국 정부 수립 기념식장에 참석했다가 이승만이 맥아더 장군에게 그를 소개하는 제스처를 연출하는 장면을 찍은 사진인데, 북한 요원들이 반도호텔 3층 헨더슨의 사무실에 걸린 그 사진을 수거해간 것이다. 다른 하나는 역시 북한 요원들이 헨더슨의 사무실을 뒤져 수거해간 것으로 1949년

8월 헨더슨이 쓴 비망록이다. 그런데 이 헨더슨의 자료들이 북한 측이 내세우는 전쟁 선전 자료로 포장되어 사용된다.

먼저 헨더슨의 사진 이야기. 헨더슨은 1948~1950년 한국에서의 임무를 끝내고 1951년 초부터 새 독일 임지에 가 있었다. 그는 1951년 초 어느 날 라이프치히 공산국 박람회에 들어가 북한관을 관람하다가 크게 놀랐다. '아니, 저건 내 사진이 아닌가!' 그의 사진이 크게 확대되어 전시관 벽에 걸려 있었던 것이다. 바로 1948년 8월 15일 정부 수립 기념식장에서 이승만이 자신을 맥아더 장군에게 소개하는 장면을 찍은 사진이었다. 북한이 한창 전쟁을 치르는 중에 전시할 물건이 없어 '미제 침략 전쟁' 사진들을 전시한다는 사정은 짐작할 만하지만 바로 자신의 사진이 전시될 줄이야! 그 사진에 대한 독일어 설명에는, "이승만이 국민을 미 제국주의자들에게 팔아먹다"라고 씌어 있었다(Henderson, 1989a: 177쪽).

헨더슨은 쓴웃음을 지을 수밖에 없었다. 그는 1948년 8월 15일 대한민국 정부 수립 기념식에 참석해 공교롭게도 이승만과 맥아더 장군 뒷좌석 단상에 앉게 되었고, 이승만이 식전에 나타나자 그의 손을 잡고 맥아더 장군에게 소개했던 제스처를 회상했다. 3등서기관에 지나지 않는 말단 외교관인 자신이 북한 전쟁 선전 자료로 이용되다니!

다음으로 헨더슨이 쓴 비망록 이야기다. 헨더슨이 이 비망록을 쓴 시점은 한국전쟁 발발 10개월 전이었다. 이 비망록은 단지 '배포 제한(restricted)'으로 분류될 만큼 중요한 기밀(confidential) 정보를 담고 있지 않다고 판단되었기에 기밀급 이상만을 분쇄하거나 소각하는 기준에 따라 헨더슨 사무실에 그대로 남아 있었다. 그것을 북한 요원들이 노획한 것이다. "김백일 대령과의 담화"라고 제목을 단 이 비망록은 다음과 같이 적고 있다.

본인은 8월 25일 다음 네 사람의 한국군 장교와 점심을 함께했다. 그들 네 사람이란 한국군 병기학교장 김백일(金白一) 대령, 동 부교장으로 최근 포트베닝 육군 보병학교에서 훈련을 받고 미국에서 돌아온 민기식(閔機植) 대령, 작년까지 제주도 주둔군 사령관을 지내고 현재 병기학교 학생감을 맡고 있는 송요찬(宋堯讚) 대령, 육군본부 작전국(G-3) 부국장 정종근(鄭宗根) 대령이다.

김 대령은 북에 대한 침공을 갈망하는 분위기가 한국군 안에 팽배해 있다는 것을 강조했다. 그리고 한국군의 사기, 특히 신병들의 사기는 전반적으로 극히 높은데, 이러한 높은 사기는 자신들이 통일을 성취하기 위해 입대했다는 자부심에서 기인한다는 것과, 그런데도 그들이 38선에 와서 자나 깨나 참호 파는 일이나 하고, 적의 공격을 받으면서도 그것을 격퇴하고 추격하는 것이 허락되지 않는 데서 오는 좌절감 때문에 모처럼 오른 사기가 급격하게 떨어지고 있다고 말했다.

김 대령은 또 '실제로 준비가 완료될 때까지는 아직도 6개월의 훈련이 더 필요하다'고도 했는데, 그 '준비'라는 것이 무엇에 대한 준비인지 동석한 그들 전원에게는 자명한 일인 듯 보였다.

젊은 민 대령은 두뇌 회전이 빠르고 대단히 적극적인 인물이지만, 두 가지 재미있는 얘기를 들려주었다. 하나는, "보통 일반인들에게는 우리 한국군이 결코 북한에 공격을 가하는 일이 없고 항상 공격을 당하고만 있는 것처럼 알려져 있지만, 실상은 그렇지가 않다. 대개의 경우 우리 쪽이 먼저 발포를 하고 거센 공격작전으로 나간다. 그래야 사병들은 그것으로 자기들이 강하다는 것을 실감하게 된다"는 것이었다.

민 대령이 이 말을 하자, 다른 군인들은 쓸데없는 소리를 했다는 듯이 뭐라고 한국말로 입씨름을 시작해, 민 대령은 약간 얼굴을 붉히고 당혹한 표정을 지었다. 민 대령이 한 말은 한국군의 공식 견해는 아니었던 것 같다.

한국군이 이따금 월북하는 사태에 대해서 민 대령은 "그런 일은 대개 장교들이 저지르는 것이고, 사병들 중에 그런 불순분자는 1퍼센트도 없다. 이들 사병들은 아무것도 모르고 시키는 대로만 한다"고도 말했다.

— 3등서기관 그레고리 헨더슨, 1949년 8월 26일

북한 요원들이 주목한 것은 위의 비망록 중 민 대령이 말했다고 한 "한국군이 결코 북한에게 공격을 가하는 일이 없고 항상 공격을 당하고 있는 것처럼 알려져 있지만, 실상은 그렇지 않다", 그리고 "대개의 경우 우리 쪽이 먼저 발포하고 거센 공격작전으로 나간다"라는 대목이었을 것이다. 이는 한국전쟁이 남한 측의 선제 공격에 의해 시작됐다는 북한 측의 전쟁 선전 입장과 부합하는 것처럼 들리기 때문이다. 헨더슨은 다음과 같이 말한다.

이 문서는 '타이거' 송요찬, 강문봉 대령(뒤에 중장 G-3), 김백일 대령과의 대화[그러나 강문봉의 이름은 헨더슨 비망록에는 보이지 않는 것으로 보아 그의 기억 착오인 것 같다]를 적은 것으로 이 문서는 '배포 제한'으로 분류되어 공산군에 의해 노획되었다. 그 당시 대사관은 '기밀'로 분류된 문서만을 소각하거나 분쇄했다. 북한은 전쟁 10개월 전에 아무런 악의 없이 작성한 문서를 6·25 공격이 북으로부터 오지 않고 [남쪽의 선제공격에 대한] 보복이라는 주장의 증거로 삼으려 했다. 이 문서는 지금까지 평양 박물관에 화려한 유물로 전시되고 있다(Henderson, 1989a: 176~177쪽).

결론적으로 한국전쟁은 국토의 4분의 3을 황폐화시켰으며, 무수한 인명을 희생시켰을 뿐만 아니라 무엇보다도 한국 정치의 중간 지대의 상실을 가져왔다. 헨더슨은 이 중간 지대의 상실이야말로 한국의 회오리 정치를 더욱 악화시켰다고 생각한다. 그는 서울에서 구사일생으로 살아남은 중도적인 언론인 하경덕의 사례를 통해, 또는 당대의 영문학 수재 이인수가 처형된 이야기를 통해, 한국 정치의 중간 지대가 사라진 '황무지', 즉 서울의 비극을 표현하고자 했다(중도파 인사들이 한국전쟁 초기 서울에 남아 납북된 경위에 관해서는 제7장 1절 "'무대응'에서 '간섭'으로" 참조). 그는 이를 통해 프락치사건이 담고 있는 메시지, 그리고 그 사건으로 무명인간이 된 국회의원들의 이야기에서 한국 정치가 극복해야 할 역사적 과제를 찾으려고 했을 것이다.

제4장

회오리 정치의 유탄에 맞다

이승만 정권 말기부터 5·16 쿠데타까지(1958~1963)

헨더슨이 다시 한국과 폭넓은 관계를 맺은 기간은 1958년 중반부터 1963년 3월까지 서울 대사관에서 문정관 및 대사 특별보좌관으로 재임했을 때이다. 이 기간에 그는 4·19 학생혁명으로 이승만 정권이 붕괴되는 것을 보고 한국 최초로 정당한 민선 정부인 장면 내각이 불과 9개월 만에 1961년 5·16 군사 쿠데타로 쓰러지는 민주주의의 역전을 보게 된다. 그는 5·16 군사 쿠데타를 한국 민주 정치의 저주라고 봤으며, 5·16이 터지자 군사 쿠데타를 진압하고자 했던 매그루더 장군과 마셜 그린 대리대사와 생각을 같이했다.

  헨더슨은 이 기간에 이승만 정권의 말기 증상을 보게 되지만 정치 문제는 대사관 문정관으로서 자신의 직무 범위 밖에 있었기에 이 정권의 퇴행 증상에 대해 어떤 태도를 보였는지 공식 기록은 보이지 않는다. 그러나 그가 진보당 사건(1958~1959)에 연루된 조봉암 재판을 프락치사건과 유사한 사건이라면서 다음과 같이 평하는 데서 그 생각을 엿볼 수 있다.

[프라치사건과] 좀 더 밀접한 관계를 갖는 사건이 전 농림부 장관, 국회부의
장, 야당 대통령 후보인 조봉암과 그의 동료들이 받은 1958~1959년의 재판
이다. 여기에 다시 서면 증거와 간접 증거가 공판에서 중요한 증인을 대신
했다. 다시 피고인들이 고문을 받았다. 이 경우 주요 증거가 취소되었는데,
그 이유는 그것이 강제적으로 압취되었기 때문이었다. 이 사건은 대외적인
분명한 압력 아래 재판이 두 번 행해져야 했다. 조봉암은 서둘러 그리고
비밀리에 처형되었다. 이 재판이 이승만 정권에 대한 정치적 반대 세력에
대한 경고로 여겨진다는 사실은 어느 누구도 의심하지 않았다(Henderson,
1972: 46~47쪽).

조봉암(曺奉岩)이 간첩 누명을 쓰고 처형된 이 사건을 두고 이승만 정권
이 저지른 '사법살인'이라는 오명이 국내외적으로 번졌다. 조봉암이 지도
하는 진보당은 남북 평화통일을 강령으로 내세운 개혁 정당이다. 그는
프라치사건의 소장파 의원들이 평화통일과 미군 철군 운동을 벌이다 남로
당 프라치로 몰렸듯 '북괴의 간첩'으로 사형선고를 받고 역사 속으로 사라
졌다. 그러나 일심재판을 맡았던 유병진 판사는 "그때 5년의 언도를 내린
것은 가슴 아픈 일이었으나, 그쯤 해두면 상소심에서 잘될 줄 믿었다"고
회고했다(임홍빈, 1965a: 372쪽). 일본의 원로 법조인 시미즈(清水英夫)는
이 사건을 다음과 같이 평하고 있다.

재판의 독립이 보장되어 있으면서도, 그것이 오로지 정치의 하수자 격이
된 예는 [1960년] 4월 혁명 전의 한국에서 볼 수 있다. 한 예를 들면 1958년

2월 총선을 목전에 두고 체포된 한국 진보당 당수 조봉암 씨는 익(翌) 1959년 2월 27일 동국(同國) 대법원(최고재판소)에서 사형이 확정되었다. 전 공산당 출신이긴 했으나 1946년 전향한 이래 온건 사회민주주의자로서 2회에 걸쳐 대통령 선거에 출마했던 조 씨를 이 대통령은 정적으로 노려왔었다. 그가 기소된 이유는 (1) 유엔 감시 하의 남북 총선거 주장, (2) 북선 스파이와 접촉하고, 금품의 원조를 받고, 이적행위를 했다는 등의 점에 있었으나, 검찰 측의 사형 구형에 대해 1심은 보안법 제3조(공동모의)를 적용, 징역 5년의 판결을 내렸다. 공소심은 그 판결을 뒤집어 엎고 사형을 판결했으나, 대법원은 그 판결을 그대로 인정했다. 이것은 변해(辨解)[변명]의 여지가 없는 사법 살인으로서 규탄을 받고 있다(清水英夫, 1961: 123~131쪽).

여기서는 헨더슨이 1961년 박정희 그룹이 감행한 쿠데타에 대해 보인 언행을 중심으로 이야기를 전개하려 한다. 헨더슨은 5월 16일 새벽 쿠데타가 발생하자 매카나기 대사와 그린 참사관의 요청으로 문정관으로서의 직무가 아닌 쿠데타 그룹에 대한 정보활동을 벌인 것으로 보인다. 그러나 쿠데타가 기정사실로 받아들여진 뒤인 1962년 초 그는 버거 대사의 정치보좌관이 되어 민정 이양을 둘러싼 중대한 전환기에 회오리 정치에 개입하게 된다.

그는 기본적으로 유엔군 사령관 매그루더 장군이 초기에 쿠데타를 진압하고자 했던 행동과 뒤에 마셜 그린 대리대사와 함께 쿠데타 반대 성명을 낸 것에 전적으로 동조한다. 따라서 그는 매그루더 장군과 그린 대리대사가 서울을 떠난 마당에 자신도 떠나려 했으나 버거 대사의 간곡한 요청으로 그의 '특별 정치보좌관'이 되어 서울에 남게 된다.

그는 이 기간에 그의 생애의 중대한 전환점을 만난다. 그것은 그가 이른바 '이영희 사건'에 휘말려 졸지에 서울에서 추방당하는 수모를 당하는가 하면, 그가 충실히 쌓아온 외교관 경력이 파탄으로 끝나고 말았기 때문이다.

그가 왜 국무부를 떠나게 되었는지 그 경위와 배경은 곧 살펴보겠지만 이 사건은 헨더슨의 생애를 가르는 중대한 전환점이 되었다. 다시 말하면 그는 그때까지 쌓아 올린 국무부 경력으로 외교관으로서 성공할 수 있는 길을 결연히 떠나 한국학 또는 한반도 문제 전문가의 길을 걷게 되는 것이다. 이 필화(筆禍) 사건은 되돌아볼 때 미 국무부가 한국과 같은 '중소 규모(medium size)' 국가를 전공하는 전문직 외교관에 대해 어떤 생각을 가지고 있는가를 보여주는 거울이 된다. 헨더슨은 비유적으로 말해 이 거울에 비친 자신의 모습, 즉 한반도와 겹쳐져 비치는 초라한 자신의 모습을 보고 1963년 말 국무부를 뛰쳐나오게 된 것이다.

1. 이영희 사건에 휘말린 헨더슨

헨더슨이 휘말린 필화 사건으로 돌아가 보자. 당시 대사관 정치과 직원 김용성 씨의 말에 의하면, 그때 미 대사관 안에서는 이 필화 사건을 보통 '이영희 사건'으로 불렀다고 한다. 이 이영희 사건은 사건의 당사자인 리영희[12] 자신이 쓴 글에 의해 또는 제3자들이 논평한 글에 의해 언론직에

---

12 리영희(현 한양대 명예교수)는 당시 이영희(李泳禧)라고 표기하고 있었다. 한때 그는 모든 글에 '리영희'라고 쓴 적이 있는데, "북괴 발음을 쓰면 오해받지 않느냐"는 충고를 들어 '이영희'가 되었다 한다(『李泳禧 선생 年譜』, 『李泳禧先生華甲文集』, 두레, 1989). 여기서는 '이영희 사건'에 관한 한 당시 표기하던 대로 이영희로 적는다.

충실한 부지런한 한 기자가 취재 끝에 건져 올린 '특종'으로 간주된다. 예컨대 언론학자 강준만은 『현대사 산책』에서 당시 이영희 기자가 쓴 기사에 대해 '100년에 한 번 나올 특종'이라는 말을 전한다(강준만, 2004, 제2권: 200쪽).

리영희(2003) 자신도 "특종도 보통 특종이 아닌 이런 국가적인 최고 기밀 같은 것을 기사화하지 않을 수 없다는 젊은 기자로서의 야심과 욕심이 나를 지배하고 있었다"라고 밝히고 있다. 그러나 헨더슨은 그가 남긴 기록에서 "그렇지 않다"고 반론을 제기한다. 과연 헨더슨은 당시 합동통신 기자인 이영희에게 '특종'이 될 만한 민감한 이야기를 해주었는가? 당사자인 이영희가 밝힌 취재 경위와 그 내용[13]은 헨더슨이 그 사건에 관해

---

[13] 리영희는 헨더슨이 죽은 뒤 쓴 부고기사("25년 전의 마음의 부채 갚고 싶었소", ≪한겨레신문≫, 1989년 1월 1일자)에서 "지금 나도 이 나이가 되고 보니, 25년 전 그때 그 기사를 취소했으면 좋았을 걸 하는 괴로움을 금할 수 없습니다. …… 25년 전 불행했던 일에 대한 나의 심정을 당신의 부음을 듣고서야 당신에게 털어놓게 된 나의 옹졸함을 용서하십시오"라고 적고 있다. 그러나 그는 취재와 기사가 게재된 경위에 관해 다음과 같이 밝히고 있다. "통신이 나간 뒤 당신은 즉시 전화로 기사의 취소를 요구했습니다. 내가 응하지 않자, 당신은 그것이 '오프 더 레코드'였고, '대사관 주변'이 아니라고 써주기를 요구했습니다. 나는 당신 사무실에서 당신이 보는 앞에서 취재 노트에 기입했으니 '오프 더 레코드'가 될 수 없고 당신을 지칭하지 않았으니 수정할 수 없다고 주장했던 것입니다"라고 쓰고 있다. 그는 다른 곳에서 쓴 글("인간적인 죄책감을 안겨준 그레고리 헨더슨", ≪월간중앙≫ 2003년 4월호: 504~505쪽)에서 다음과 같이 적고 있다. "그런데 기사가 나간 지 몇십 분이 되지 않아 헨더슨에게서 전화가 왔다. 그는 기사 취소를 요구했다. 나중엔 제발 자신의 이름을 빼고 대사관 주변의 '어떤 소식통'으로 바꿔달라고 간청했다. 거의 애원하다시피 사정했지만 매정하게 거절했다. 특종도 보통 특종이 아닌 이런 국가적인 최고 외교 기밀 같은 것을 기사화하지 않을 수 없다는 젊은 기자로서의 야심과 욕심이 나를 지배하고 있었다. 그러나 한편으로는 헨더슨과 통화하면서 나의 기사로 말미암아 그에게 큰 불행이 닥칠 수 있을 것 같다는 괴로운 마음이 들기도 했다."

남긴 기록과는 상당한 차이를 보인다. 헨더슨은 이영희 기자가 쓴 문제의 기사가 나간 지 약 한 달 뒤인 4월 18일 도쿄에서 이른바 '이영희 사건'에 휘말린 경위와 회견 내용을 자세히 적은 "경력의 종말(End of a Career)"이란 기록을 남겼다. 현 시점에서 누구 말이 옳은지 따지는 것은 무의미하며, 이 책은 그것을 의도하지도 않는다. 게다가 1983년 말 전두환 신군부 정권이 들어선 뒤 공안 당국이 리영희를 구속했을 때 헨더슨이 이 사건을 프락치사건 연구에서 크게 다루려 했던 점으로 보아 그는 리영희를 한국 민주화 투쟁의 동반자로 보았음이 틀림없다(제5장 5절 "국회프락치사건 연구에 몰두하다" 참조).

그러나 이 사건은 헨더슨이 한국 여행 중 만난 일종의 대형 '사고'였고 그 사고로 인해 생애의 방향이 송두리째 바뀌었기에 그의 반론을 적어 보고자 한다. 아마도 이 사건에 휘말리지 않았더라면 그는 주한 대사나 국무부 동북아 정책의 최고결정자 반열에 올랐을 것이라고 생각해도 무리가 없을 것이다.

군정 연장의 전야제

먼저 이 사건의 배경을 이해하기 위해 당시 박정희 그룹이 민정 이양과 군정 연장을 둘러싸고 미국과 미묘한 신경전을 벌이던 사건의 전후 경과를 살펴볼 필요가 있다.

1963년 3월 15일 저녁, 정동 대사관저에서는 버거 대사가 베푼 만찬회가 열리고 있었다. 이날 파티에는 미국 측에서 버거 대사를 비롯해 킬렌 유솜 처장, 멜로이 유엔군 사령관이 참석했고 한국 측에서는 박정희 최고회의 의장, 김재춘 중앙정보부장 등 군부 핵심 인물이 참석했다. 그 만찬은 박정희가 2·28 선언을 통해 그해 8월 15일 민정 이양을 약속한 뒤 그 이행을 바랄 겸 박정희 그룹을 위로하기 위해 버거 대사가 마련한 파티였다.

그런데 파티가 끝날 무렵 박정희는 버거 대사와 개인적인 만남을 요청했고, 이 자리에서 박정희는 다음날 '국민투표를 통한 군정 4년 연장(이른바 3·16 성명)' 선언이 있을 것이라는 놀라운 뉴스를 통고한 것이다. 버거 대사로서는 황당한 일이 아닐 수 없었다. 2·28 선언을 통해 민정 이양을 선언한 박정희와의 관계를 원활하게 유지하기 위해 열린 파티가 곧 이를 번복하는 군정 연장 3·16 성명의 전야제가 된 셈이었다.

그해 2월 27일 최고회의 의장 박정희가 미국의 요구와 압력에 굴복해 눈물을 흘리면서 발표한 '민정 불참'과 '8월 15일 민정 이양' 선언을 믿고, 군사 정부가 요구했던 2,500만 달러의 추가 원조를 시행해달라고 워싱턴에 종용하고 있는 처지에 이 무슨 황당한 말인가. 게다가 미 대사가 개최한 그 전날의 이 만찬으로 오히려 미국이 박정희의 군정 연장을 묵인하는 것 같은 모양새로 바뀌는 정황이 되고 만 것이다. 사실 버거 대사가 만찬장에서 장시간 박정희와 '협의'한 결과 군정 4년 연장을 양해했다는 그럴듯한 소문이 급속히 번지고 있는 상황이었다. 따라서 대사관은 공식적인 침묵을 지키면서도 난감한 처지에 빠져들고 있었다. 대사관이 침묵할수록 소문은 부풀고 언론 매체의 호기심은 더욱 커져가는 형국이었다.

이영희 기자의 헨더슨 회견

그 다음날 박정희가 군정 연장을 선언한 것이 서울 주재 주요 외신과 일간 신문에 의해 대서특필된 뒤 세상의 이목은 온통 주한 미 대사관과 워싱턴의 반응에 쏠리고 있었다. 그런 시점에서 3월 18일 오후, 합동통신사의 이영희 기자가 헨더슨을 찾아온 것이다. 그가 곧 휘말리게 될 필화 사건의 시작이었다. 이영희는 그 인터뷰 자리에서 몇 가지 질문을 던졌고 헨더슨이 답변했는데, 그것이 헨더슨이 '이영희 사건'에 휘말리게 되는 빌미를 제공했다. 헨더슨은 이영희 기자를 만난 배경을 다음과 같이 설명한다.

3월 18일 오후 늦게 나는 내가 국무부 자금으로 몇 년 전 미국에 보낸 한 젊은이로부터 전화를 받았다. 그는 미국에 있는 동안 갑자기 아버지와 아들을 잃는 불운을 당했다. 이는 내 편으로부터 좀 더 도움과 동정을 필요로 했던 사건이었는데, 나는 그를 친구로 생각했기 때문이었다. 그 당시 그는 신문기자였으나 군사 쿠데타가 일어났을 당시 혹은 직후에 신문사 일을 그만두고 눈에 띄지 않게 되었으며, 나 역시 그와의 접촉이 끊겨 있었다. 나는 그가 무엇을 하고 있는지 궁금하기도 하여 오라고 했다.

그는 정말 신문사 일을 그만두고 중앙정보부에 들어가 현 집권당인 '민주공화당의 사전 조직(planning and nurturing of the Democratic Republican Party)'에 참가했다고 말했다. 그런데 그는 이 활동의 '비민주적' 성격에 실망한 나머지 그 집단과 갈라섰다고 했다. 나는 이 대화의 후반에 가서야 그가 합동통신사로 돌아갔다는 사실을 알았다(헨더슨 문집, 상자 7호, "대사관과의 편지" 중 "경력의 종말", 도쿄, 1963년 4월 18일).

이런 경위로 헨더슨은 합동통신사 기자 이영희를 만나 대담을 하게 된다. 헨더슨이 그해 4월 18일 도쿄에서 쓴 이 기록의 문맥에서 보면 그가 기자를 만났다기보다는 자신이 주선한 장학금 혜택으로 미국 유학을 누린 한국인 친구와 정담을 나눴다는 인상을 갖게 된다. 다시 말하면 헨더슨이 이영희와 나눈 대담에서 개인 신상에 민감한 정보(민주공화당 사전 조직에 관여)를 거리낌 없이 나눈 것 등으로 보아 공식적인 기자와의 언론 회견이 아닌 친구 또는 친지와의 개인적인 대화로 생각하고 있었다고 보이는 것이다. 이러한 감정의 교감 속에서 그는 이영희 기자의 질문에 친근하게 그러나 절제된 배경 설명을 해준 것 같다.

위의 기록의 한 대목에서 헨더슨이 대화 중에 이영희가 합동통신사 기자로 돌아왔다는 사실을 깨닫고, 그가 한 말은 이 기자의 '개인적인 배경 정보만을 위한 것(for his private background only)'임을 강조했다는 데서 이를 알 수 있다. 따라서 이러한 기록의 문맥을 종합할 때 헨더슨이 이영희 기자와 나눈 대담은 정보원(情報員)이 친근한 기자와 나눈 '배경 설명(backgrounder)'이라고 그 성격을 특징지을 수 있을 것이다. 이렇게 문제의 대담을 특징지을 때 과연 이영희 기자가 헨더슨을 '표적 인용'한 것이 기자의 직업윤리상 적절한 것이었는가 하는 의문이 제기된다. 게다가 헨더슨은 이영희에게 미국 유학 장학금을 주선한 개인적인 후원자가 아닌가!

그날 저녁 헨더슨은 대사관 공보관으로부터 이영희 기자가 쓴 기사에 관해 전해 듣고 이 기자에게 기사를 취소하거나 대사관 소식통을 인용하지 말 것을 요구했다고 한다. 하지만 이영희는 이를 묵살하고 오히려 헨더슨을 '표적 인용(pointed attribution)'했다는 것이다. 이영희가 헨더슨을 지칭해 '미 대사관 고위 당국자와의 단독 회견'이라고 쓴 것을 이르는 말이다.

어쨌든 이 애매한 대담이 기사화되어 기사의 소스(source)가 여지없이 드러나고 헨더슨은 자신의 경력에 치명적인 손상을 입는다. 그런데 이 기사의 소스가 드러났다는 것도 문제지만 헨더슨은 자신이 실제 말하지 않은 부분이 다른 소스의 말과 함께 짜깁기하여 기사화되었다고 불평한다. 이 대목은 뒤에서 보는 바와 같이 버거 대사의 조용한 막후 외교를 펌훼하는 발언을 말하는 것으로 보인다.

이 기사는 다음날 서울 지역 각 신문 방송에 실려 나간다. 특히 ≪조선일보≫와 ≪한국일보≫가 이를 제법 크게 싣고 영자지 ≪코리언 리퍼블릭(Korean Republic)≫은 사설을 실어 '제퍼슨식 민주주의'로 한국을 압박하기 위해 원조 계획을 이용하려는 '미국 관료의 협량(narrow-minded American bureaucrats)'을 규탄했다.

헨더슨이 이 회견에서 이 기자와 나눈 대담은 어떤 내용을 담았는가? 헨더슨의 답변은 요컨대 박정희가 선언한 군정 연장 제안에 대해 미국 정부가 며칠 안에 종합적인 공식 의사를 밝히리라는 것이 골자였다. 헨더슨은 버거 대사가 박정희와의 사전 흥정설을 의식해 3월 15일 만찬장에서는 박정희의 군장 연장 제안에 대해 어떠한 절충이나 흥정이 없었다면서 그것은 '완전한 추측(complete speculation)'이라고 강조했다. 또한 미국의 외교 정책은 어떤 사태가 기정사실화되면 그것을 인정해왔다는 한 최고위원의 발언에 대해서도 "미국의 외교 정책은 정세에 따라 적응하는 것으로서 일률적인 원칙은 있을 수 없다"고 하여 원칙론적인 수준을 넘지 않은 것처럼 보인다.

이영희가 특종거리로 입수했다는 미국의 추가 원조 계획에 대한 헨더슨의 발언은 무엇인가? 헨더슨은 추가 원조 계획에 관해서는 박정희와의 만찬장 회담에서 논의된 바 없다고 하면서도 그 계획의 조속한 실현 가능성에 대해서는 "의심스럽다"라고 답변했다고 한다. 이 대목에 대해 이영희가 쓴 글은 아래와 같다.

한국 정부가 기대하는 2,500만 불의 추원과 미공법 480호에 의한 잉여농산물 원조에 관해서 논의된 결과를 질문받은 그[헨더슨]는 15일 회담에서 그에 관해 논의되지 않았다고 말했다. 그것의 조속한 실현 가능성에 대하여 그는 "의심스럽다"고 답변하였다.

"그렇다면 미국은 추가 원조 제공에 어떤 조건을 요구하는가"라는 질문에 대해서는 "말할 입장에 있지 않다"고 말했으나……("군정 연장 제의에 사전 흥정 없다", ≪조선일보≫, 1963년 3월 19일자).

헨더슨은 이 부분을 밝히면서 "원조에 관한 질문에 대해 나는 논평할 입장에 있지 않다"고 말했지만, "**한국이 요청하는 모든 원조를 다 받지는 못할 것이라고 항상 생각하는 것이 아마도 안전할 것**(probably safe, 강조는 지은이)이라고 말했다"는 것이다. 이렇게 볼 때 널리 알려진 것처럼 이 기사가 미국이 추가 원조를 군정 연장과 연계하여 보류하고 있다는 것을 특종거리로 삼았다는 것은 헨더슨이 주장하는 것과는 다르다. 바꿔 말하면 기록은 그가 "한국이 요청하는 모든 원조를 다 받지 못할 것이라고 항상 생각하는 것이 아마도 안전할 것"이라는 일반적인 원칙을 말했다고 전하고 있다는 것이다. 그러나 이 대목은 이영희가 말하듯 '젊은 기자'라면 기사화하고 싶은 '야심과 욕심'이 날 만한 발설이라는 것도 사실일 것이다. 하지만 헨더슨이 이영희와 나눈 전체적인 대화의 맥락에서 볼 때 헨더슨으로서는 이영희가 소스를 '표적 인용'하리라고는 전혀 예상치 못했다. 그것은 그날 밤 헨더슨이 그의 상사 하비브(Phillip Habib) 및 한국인 친지와 함께 저녁 만찬을 하다가 그 대담이 문제 기사가 된 것을 처음 듣고 당황한 데서도 알 수 있다.

그런데 이상한 것은 이 회견 기사를 가장 크게 다룬 1963년 3월 19일자 ≪조선일보≫도 "추원은 의문"이라는 소제목을 달았을 뿐 큰 헤드라인은

"군정 연장 제의에 사전 흥정 없었다"였다. 3월 19일에 문제 기사가 나오고 사흘 뒤 미국 정부는 군정 연장에 반대한다는 입장을 분명히 했다. 다시 말하면 헨더슨이 군정 연장과 연계하여 추가 원조 보류를 발언했다 하더라도 군정 연장 반대가 미국 정부의 공식 입장으로 밝혀진 이상 헨더슨의 발언은 크게 문제될 수가 없는 것이다. 그런데도 헨더슨이 이 기사가 나간 뒤 '가장 비인간적인' 방식으로 추방을 당한 이유는 무엇일까? 왜 버거 대사는 이 기사에 대해 그토록 격노하여 자신의 특별보좌관인 헨더슨에 대해 극단적인 결정을 내렸을까? 이것은 수수께끼로 남아 있다. 하지만 문제의 기사에 나타난 다음과 같은 대목에 주목해야 한다.

> 미국 정부가 현 한국 정세에 처하여 할 수 있는 방법으로서 현지 대사와 한국 군사 정부 지도자와의 막후교섭이 가장 유력하다는 워싱턴발 AP 기사에 관해서 논평을 요청받은 그(헨더슨)는 동맹국 정부와의 관계 조정에 있어서 현지 대사의 활동을 중요시하기는 하지만 미국 정부의 공식적 태도 천명도 아울러 겸행할 것이라는 점을 특히 강조하였다. 그는 "두 가지 외교 방법이 다른 한 가지 방법을 결코 배제하지 않는다"고 말하였다.

이것은 군사 정부와 버거 대사와의 조용한 막후교섭에만 의존하지 않고 필요하다면 정부 대 정부의 공식적인 의사 표시로써 문제 해결을 추구한다는 뜻으로 믿게 하는 대목이다.

헨더슨은 위의 기록에서 문제의 기사가 "다른 취재원으로부터 얻은 정보를 같은 용기에 처넣었다(information obtained from other sources had been dumped into the same receptacle)"고 표현하고 있는데, 그것이 위 대목인지 확인할 수는 없다. 그러나 그럴 개연성은 충분하다. 헨더슨은

"경력의 종말"이라고 써둔 기록에서 이 대목에 관한 질문과 답변을 밝히면서 "미국 정부가 외교적 접근방법으로 어떻게 대응할 수 있는가에 대한 '일반적인 질문(general question)'에 대한 대답으로 나는 국무부나 대사관이나 모두 '선도책(initiatives)'을 쓸 수 있다고 대답했다. 그러나 나는 한국의 경우 모두 해당될 것이라는 암시를 주지 않았다"고 했다.

이렇게 볼 때 헨더슨이 쓴 기록에 의하면 문제의 대목은 헨더슨이 말하지 않거나 의도하지 않은 부분을 AP 기사와 짜깁기했다는 추정이 가능하다. 왜냐하면 헨더슨이 자신이 보좌하는 대사의 활동을 폄훼하는 듯 들리는 발언을 비공식적으로라도 기자에게 말했다는 것은 상식적으로 납득하기 어렵기 때문이다. 게다가 위 대목의 마지막 문절은 "버거 대사의 막후 교섭에 의존하지 않고 필요하다면 정부 대 정부의 공식적인 의사 표시로써……"라고 하여 버거 대사의 조용한 외교를 폄훼하는 듯한 '친절한' 해설까지 달고 있다.

사실 위의 기사 대목은 버거 대사의 격노를 살 만하게 들린다. 대사의 정치보좌관이란 자가 대사 자신이 중시하는 조용한 막후 외교[14]를 폄훼하다니. 어떻든 버거 대사는 격노하게 되고 헨더슨은 한국으로부터 황황히 쫓겨나는 신세가 되었을 뿐만 아니라 결국 소중히 쌓아온 외교관의 경력을 포기하게 되었다.

서울에서의 야반 추방

한편 3월 19일 '대사관 고위 당국자와 단독 회견' 기사가 나간 뒤 대사관

---

14 새뮤얼 버거 대사는 '조용한 샘(Silent Sam)'이라는 별명을 들을 정도로 '신중하고 효율적인 막후 외교관'으로 여겨진다고 당시 시사 주간지 ≪타임≫은 전한다. "조용한 샘, 압력의 사나이(Silent Sam, the Pressure Man)", ≪타임≫, 1963년 4월 19일자 참조.

내부 사정은 어떠했는가? 대사관 정치과 내부에 무거운 침묵이 흐르는 가운데 헨더슨은 조용히 기다리며 대사에게 사과하기를 기대했다. 그러는 가운데 헨더슨은 대사가 진노했다고 듣는다. 게다가 그의 상사인 정치과의 하비브 참사관에 의하면 헨더슨의 소환이 거론되고 있다는 것이었다. 믿을 수 없는 일인 듯 하비브도 고개를 저었다. 헨더슨은 하비브의 권고에 따라 3월 22일 버거 대사를 15분 동안 만난다. 그 자리에서 그는 즉시 서울을 떠나라는 놀라운 소식을 듣는다. 그러나 헨더슨은 자위했다. 어차피 '현지 휴가(local leave)'를 받아놓은 마당에 아내와 함께 홍콩으로 떠나 얼마간 쉬다 오면 사태가 가라앉을 것으로 생각한 것이다.

그러나 다음 순간 헨더슨은 더욱 청천벽력 같은 소식을 듣는데, 그것은 홍콩 휴가로부터 돌아온 뒤 '이삼 일 안에' 서울을 떠나라는 명령이었다. "아니 대사님, 5년 동안이나 근무한 제가 어떻게 2, 3일 안에 떠날 수 있단 말입니까? 이렇게 결정한 이유는 무엇입니까?" 그러나 헨더슨은 "내가 결정했소"라는 대사의 말만 들었을 뿐이었다.

헨더슨의 시련은 여기서 끝나지 않는다. 그는 이틀 뒤인 일요일(3월 24일) 육군 '알 앤 알(R and R: rest and recreation)' 군용 휴가기를 예약했으나 사무 착오로 못 타고 다음 비행기 탑승을 화요일(3월 26일)로 예약했다. 그러나 대사는 헨더슨이 아직 서울에 남아 있다고 격노했다. 헨더슨은 대사관 행정참사관이 하루를 못 참고 특별 주선한 군용기를 월요일(3월 25일) 밤 12시에 탈 수밖에 없었다. 그는 여의도 비행장에서 마치 '범죄인' 취급을 당하며 서울을 떠났다고 울분을 토로했다.

이틀 뒤 헨더슨은 서울의 부인에게서 더욱 놀라운 소식을 듣게 되는데, 바로 그가 서울로 귀환하지 못한다는 것이었다. 이 사건으로 자신이 서울에 돌아가지 못하게 된다는 것은 헨더슨에게는 그가 말하듯 꿈도 꾸지 못한 일이었다. 그는 화가 머리끝까지 솟구쳤다. 대사가 나를 이토록 속이다니. 그는 사직하기로 마음먹고 "경력의 종말"이라는 비망록을 써두는가 하면 4월 19일에는 장문의 항의 서한을 대사에게 보낸다.

위의 정황으로 볼 때 헨더슨은 군사 정권으로부터 '페르조나 논 그라타(기피 인물)'로 찍혔고, 버거 대사가 이를 조용히 받아들이는 것으로 타협했다고 추정할 수 있다. 그렇지 않고서야 버거 대사가 헨더슨이 불가피하게 하루 늦게 출발한다고 해서 그렇게 화를 낼 이유를 찾기 어렵다. 게다가 헨더슨이 밤 12시에 특별 주선된 군용기를 타고 황황히 서울을 떠나야 할 이유는 더욱 납득하기 어렵다. 짐작하건대 버거 대사는 군사 정권과의 흥정을 위해 박정희 그룹의 눈엣가시가 된 헨더슨이라는 희생양이 필요했을 것이다.

헨더슨이 겪은 곤경

버거 대사의 추방이라는 '극단적인(extreme)' 결정으로 헨더슨이 당한 곤경은 그로서는 참기 힘든 것이었다. 그가 말하듯 '마치 범죄인처럼 버림받아(as if cast out like a criminal)' 야반에 떠나야 하는 심정은 참담했을 것이다. 그는 부인과 서로 어깨를 부둥켜안고 흐느꼈다고 적고 있다. 그가 가장 참담해하고 분개했던 것은 버거 대사가 그를 서울로 귀환하지 못하게 한 채 본부로 가라는 명령을 내린 것이었다. 헨더슨은 그것을 그로서는 꿈도 꾸지 못했던 '끔찍한 이야기(horror story)'였다고 표현했다.

대사로부터 그가 홍콩에서 돌아온 뒤 '2, 3일 안에' 떠나야 한다는 말은 들었지만 서울에 귀환하지 못한다는 것은 전혀 귀띔도 받지 못한 날벼락 같은 소식이었다. 대사관 정치과 하비브 참사관도 2, 3일간의 연장을 위해 최선을 다하겠다고 하지 않았었나. 대사가 이렇게 나를 속일 수 있나.

버거 대사가 이 부분에 대해 헨더슨 부인에게 설명한 이유는 헨더슨의 서울 귀환이 필연코 부작용을 낳기 때문에 어쩔 수 없는 선택이었다는 것이다. 버거 대사가 보기에 언론의 초점이 된 헨더슨이 서울에 귀환하면 불필요한 세인의 주목을 끌게 되고 이는 민감한 시기에 한미 관계를 어렵게 만든다는 것이다. 그러나 헨더슨 부부에게 이 말은 납득하기 어려운 궁색한 변명이었다. 헨더슨 부인은 대사의 처사에 분개하여 소송을 준비했으나 주위 사람들이 말렸다고 한다(당시 대사관 공보관 김환수 씨의 말).

헨더슨이 버거 대사에게 분개한 것은 무엇보다도 그의 '비인간적인' 행태 때문인 것으로 보인다. 헨더슨은 부인이 혼자 서울에 남아 짐을 꾸려야 하는 것을 안쓰럽게 생각했고 참담해했다. 5년 이상 서울에 살았던 그는 적지 않은 가재도구는 물론 상당량의 한국 전통 예술품 컬렉션과 한국학 도서 등 꽤 많은 장서 꾸러미를 지니고 있었다. 마이어 헨더슨 부인은 꼬박 3주간 황황히 그러나 조심스럽게 짐을 꾸리느라고 신경이 곤두서고 정신적으로 황폐한 나머지 쓰러지기 직전까지 갔다고 했다. 그 밖에도 적지 않은 가재도구를 황급히 처분하지 않을 수 없어 상당한 재산상의 손실을 입었다고 토로한다.

헨더슨은 버거 대사의 극단적인 결정이 수많은 황당한 소문을 불러일으켰다고 적고 있다. 사실 당시 서울의 신문들은 헨더슨의 '갑작스런' 전임을 전하면서 "이유는 밝혀지지 않았다"고 쓰고 있다. 가장 황당한 소문은 그가 군정 연장에 반대하여 민간 정치인들에게 자금을 공급하는 것이 밝혀져 군사 정부가 헨더슨의 소환을 요청했다는 것이었다. 헨더슨은 이러한 소문이 한미 관계에 결코 이로운 것이 아니며 대사가 이를 자초했다고 지적한다.

그 밖에 헨더슨은 당시 고려대학교와 건국대학교가 그의 문정관 시절

공로를 인정하여 그에게 명예박사 학위를 수여하기로 했지만 대사의 결정으로 그 기회를 박탈당했다고 적고 있다. 그는 그것이 자신의 새로운 생활에서 새로운 출발을 더욱 어렵게 만들 것이라고 말한다.

이어서 헨더슨은 애초 대사가 그에게 간곡하게 요청하여 정치과 3인자로 남게 되었다고 하면서 대사가 당시 그에게 약속한 여러 가지 처우를 하나도 지키지 않았다고 말한다. 결국 헨더슨은 자신이 믿었던 대사에게 기만당했다고 토로하는 것이다. 헨더슨의 한 한국인 친구는 "내가 들어본 적이 없는 가장 비인간적인 처사"라고 편지를 써서 보내기도 했다.

그런데 이 일련의 사건 흐름을 볼 때 석연치 않은 점을 느낄 수 있다. 헨더슨이 대사를 격노하게 할 수 있는 표현이 신문 기사에 나왔다 하더라도 그 발언의 취지가 원칙적으로 민정 회복을 바라는 미국 정부의 입장을 옹호하는 것이라면 헨더슨이 왜 그토록 가혹한 처우를 받아야 했을까? 3월 19일 헨더슨의 인터뷰 기사가 나온 지 사흘 뒤에 미국 정부는 결국 헨더슨이 발언한 취지와 같은 성명을 발표했다. 즉 침묵을 지키던 워싱턴이 3월 23일 국무부 대변인 화이트의 공식 논평을 통해 4년간 군정을 더 지속시킨다면 한국 정치에 커다란 위험이 닥칠 것이라는 성명을 발표했던 것이다. 3월 29일 국무부는 또 한 차례의 성명을 발표했다. 이는 헨더슨 인터뷰 기사보다 더 분명하게 박정희 군장 연장 제안을 반대한 것이었다. 그런데도 어찌하여 헨더슨은 그토록 황황히 서울을 쫓겨나는 수모를 당해야 했는가?

잠시 뒤에 다루겠지만 헨더슨은 5·16 쿠데타 이래 주동 인물인 박정희와 김종필의 공산당 전력을 캐내기 위해 그가 아는 한국군 내부 인맥을 통해 은밀히 정보 수집 활동을 벌였는데, 이것이 박-김 그룹의 정보망에 포착된 것으로 보인다. 그렇잖아도 헨더슨의 활동을 의심스러운 눈초리로 보던 쿠데타 세력은 헨더슨을 감시하기 시작하면서 촉수를 뻗어 헨더슨과 그 주변을 압박했다. 이를 눈치 챈 헨더슨은 서울을 떠나려고 마음먹었다. 워싱턴 당국이 쿠데타를 기정사실로 인정하고 게다가 쿠데타를 진압하려던 매그루더 장군과 그린 대리대사도 서울을 떠난 마당에 그들과 생각을 같이했던 헨더슨이 서울에 계속 남아 있는 것은 그로서도 불편했을 것이다. 박정희 군사 집단에게 눈엣가시 같은 존재가 되면서 헨더슨이 서울에서 활동할 수 있는 입지가 제한되고 있음은 말할 필요도 없었다. 그는 1961년 7월 초 새뮤얼 버거 대사가 서울에 부임하자 서울을 떠나겠다고 희망했다. 그는 이렇게 말한다.

나는 당시 대사에게 전보를 희망했습니다. 그 이유는 한국 근무 연한이 차기도 했지만 한국의 군사 정권이 달갑지 않은 인물로 지목하여 내 자신이 불편했기 때문이었습니다. 우리 집은 감시당하고 있었고 전화까지 도청되고 있다는 것을 느낄 수 있었습니다. 저들은 내가 대사관 안의 한국통으로 영향력이 있다고 생각해 군정 반대 세력의 구심점으로 의심한 모양입니다. 사실 그 당시 내 친구들, 예컨대 김웅수 장군과 강영훈 장군 같은 이들이 감시당하고 있는 형편이었습니다(김정기, 1987: 233쪽).

사실 헨더슨은 당시 대사관 안의 반(反)박정희 운동의 중심인물로 널리 인식되고 있었다. 미 대사관은 군정 연장을 종식시키기 위한 박정희 대항 세력으로 당시 허정(許政)을 중심으로 한 야당 통합 운동을 배후에서 지원하고 있었는데, 그 중심인물이 바로 미 대사관의 문정관 헨더슨이라는 것이었다. 헨더슨이 이를 위해 "필요한 자금 지원을 대사에게 요청하는 단계에 이르렀으나 작업이 성숙되기 전에 군정 당국에 체크"(이상우, 1984)

되었다는 등의 소문이 나돌 정도였다. 이는 대범하고도 조야한 추측이지만 그 당시 헨더슨이 군정 세력으로부터 감시받고 압박당하는 인물로 인식되고 있음을 반증하는 소문이기도 했다.[15]

그러나 그때 헨더슨은 서울을 떠나지 못하고 신임 버거 대사의 특별 정치보좌관이 되어 서울에 남게 된다. 워싱턴 본부의 매카나기 전 대사와 대사관 정치과 하비브 참사관이 종용하기도 했지만 버거 대사의 강력한 요청을 뿌리칠 수 없었기 때문이다. 버거 대사는 서울에 와서 많은 대사관 직원으로부터 브리핑을 받았지만 헨더슨의 브리핑이 가장 인상 깊고 설득력 있는 것으로 판단했다고 한다. 그러나 1년 반 뒤 헨더슨은 '그때 서울을 떠났어야 했는데⋯⋯' 하며 후회하게 된다. '이영희 사건'에 휘말려 서울을 서둘러 떠나야 하는 수모를 당했으니 그것도 무리는 아닐 것이다.

헨더슨이 서울에서 추방당한 것은 외형적으로는 이영희 사건의 직접적인 결과처럼 보인다. 그러나 곧 살펴보겠지만 그것은 빌미를 제공했을 뿐, 그 배경에는 미국의 대한정책에 대한 헨더슨의 불신과 반대가 원인으로 자리 잡고 있었다고 여겨진다. 좀 더 구체적으로는, 헨더슨이 '문민정권'의 조속한 회복을 강렬하게 선호하는 점이 직업 외교관 버거 대사에게 받아들일 수 없는 짐이 된 것이다. 당시 박정희 그룹이 연장하려는

---

15 헨더슨이 야반에 쫓겨나다시피 서울을 떠난 뒤 1963년 4월 19일 버거 대사에게 낸 항의 서한에는 이런 소문이 대사가 그에게 극단적인 결정을 내렸기 때문에 나온 것이라고 적혀 있다. 헨더슨 문집, 상자 제7호, "대사관 서한 등" 가운데, 헨더슨 서한 "대사님께", 1963년 4월 19일자 참조. 따라서 이런 소문은 그가 서울에서 추방된 원인이 아니라 대사의 극단적인 결정으로 헨더슨이 추방당하자 사후에 떠오른 것이다. 헨더슨은 지은이와 1987년 3월 만난 자리에서 당시 구(舊)정치인들을 만났지만 야당 통합 운동을 지원했다는 것은 낭설이며, 게다가 그들을 위해 필요한 자금을 요구했다는 설은 어처구니없는 난센스라고 했다. 김정기, 1987: 230쪽 참조.

군사 정권의 행방을 둘러싸고 직업 외교관 버거 대사가 보이는 관료적 태도와 한반도 전문가 헨더슨의 입장 사이에는 뛰어넘기 어려운 깊은 골이 가로막고 있었던 것이다. 기본적으로 버거 대사가 박정희 그룹의 군정 연장 문제에 접근하는 방법은 워싱턴의 대한정책의 틀에서 현상유지를 위한 것이었으나, 그것은 그의 정치보좌관 헨더슨이 보기에는 뒤에 말하겠지만 대증요법적인 '우유부단(indecision)'이며 미 대사관은 이에 따라 한국의 반민주적 사태 발전에 대해 '무대응(inaction)'하고 있었다.

2. 박정희의 공산주의 전력 보고서

이제 이 문제에 눈을 좀 더 가까이 댈 때가 되었다. 이를 위해 헨더슨이 5·16 군사 쿠데타에 대해 어떤 자세를 견지했는가, 그리고 쿠데타 핵심 주동 인물인 박정희와 김종필을 어떻게 보고 있었는가라는 문제에 주목할 필요가 있다.

먼저 5·16 쿠데타의 경우 헨더슨은 어떤 태도를 보였나? 헨더슨은 군사 쿠데타에 반대했을 뿐만 아니라, 뒤에서 보겠지만 박정희가 군복을 바꿔 입고 세운 군사 정권에도 극렬히 반대했다. 이러한 생각은 그가 5·16 군사 쿠데타 초기에 진압을 꾀한 매그루더 장군의 입장을 설명한 데서 읽을 수 있다. 그는 1987년 봄 지은이와 만났을 때 5·16 쿠데타에 대해 다음과 같이 말했다.

우리가 쿠데타를 반대한 것은 단순히 말하면 장면 정권이 계속되기를 바랐기 때문입니다. 매그루더 장군은 훌륭한 군인으로 정직하고 지성적이었습니다. 나는 그를 가장 훌륭한 주한미군 사령관 중 한 사람으로 꼽고 싶습니다. 쿠데타 자체가 불법적일뿐더러 그가 보기에는 군이 정치에 개입한다는 것은 국방에 대한 관심을 돌려놓기 때문에 한국의 안보를 약화시킵니다. 게다가 한번 쿠데타가 일어나면 또 다른 쿠데타가 발생한다고 그는 굳게 믿고 있었습니다. 따라서 그는 아주 강경했으며 워싱턴에 반란군 진압을 상신하는가 하면 이를 위한 초기 준비를 강행했습니다(김정기, 1987: 227쪽).

헨더슨은 특히 한번 쿠데타가 일어나면 또 다른 쿠데타를 부른다는 매그루더의 생각에 전폭적으로 동조한다. 그는 거의 사반세기 뒤에 주한 미군 사령관 리브시(William Livsey) 장군에게 같은 취지의 서한을 쓰면서, 5·16 이래 쿠데타의 사례로서 유신 쿠데타, 전두환의 1979년 12·12 신군부 쿠데타, 광주 만행 쿠데타(1980년 5월 17~27일)를 거론하고 있다(헨더슨 문집, 상자 6호, "리브시 장군께", 1985년 8월 28일자 서한).

헨더슨이 보인 5·16 군사 쿠데타에 대한 부정적인 시각은 기본적으로 한국 문민 정체(政體)의 정통성에 연유한다고 보인다. 헨더슨은 기본적으로 '군사화된 한국'은 한국 원래의 얼굴이 아니며, 한국의 전통에도 맞지 않는 외래적인 것이라고 생각한다. 이 외래적인 괴물이 한국의 본래적인 문민 정체적 모습을 압도해버렸다는 것이다. 헨더슨은 그 책임이 5·16 군사 정권과 야합한 미국의 대한정책에 있다고 보고 있다. 다시 그의 말을 인용한다.

원래 조선조는 17, 18, 19세기에 유럽보다도 더 문민화된 정체였습니다. 이 문민 정체는 일본 군부 정체에 의해 중단되었습니다. 그런데 해방 후 왜 한국이 미나미(南 次郞)나 아베(阿部 信行) 형의 군사 체제로 되돌아가느냐는 겁니다. 일본은 군사 체제를 극복하고 문민 체제가 들어섰는데 말입니다(김정기, 1987: 221쪽).

다음으로 헨더슨은 5·16을 주도한 핵심 인물인 박정희와 김종필을 어떻게 보았는가? 우리는 다행히 이 질문에 대한 헨더슨의 분명한 대답을 문서로 갖고 있다. 그것은 그가 스스로 작성한 박정희와 김종필의 공산주의 전력에 관한 보고서다. 헨더슨이 1962년 말경부터 1963년 초 사이에 작성하여 제출한 것으로 보이는 이 장문의 문건은 "군사 정부 내에서 공산주의자의 영향력에 관한 테제"라는 제목으로 마셜 그린에게 보낸 것이다. 그린은 문건을 워싱턴 본부의 힐스먼에게 보내면서 "군사 정부 내 공산주의자의 영향력에 관한 '그렉 헨더슨'의 연구 초안"(작은따옴표는 지은이)이라고 소개하고 있다.[16]

헨더슨은 이 보고서를 작성하기 위해 한국군 내 그가 아는 인맥과 접촉해 박정희와 김종필의 공산주의 전력을 면밀히 추적한다. 그는 그들의 가족사를 포함해 광범한 인맥까지 추적하여 그 내막을 소상히 적고는 대체로 부정적으로 평가를 내리고 있다. 특히 김종필에 대해서는 위험한 공산주의 모험가로 묘사하고 있다.

먼저 이 보고서의 내용을 살펴보기 전에 그 내용의 구체성을 얼마나 신뢰할 수 있는가 하는 질문을 던질 필요가 있다. 여기서 말하는 내용의

---

[16] 인터넷 언론매체인 《프레시안》이 메릴랜드 주 국립문서보관서에서 발굴했다는 현대사 사료를 2001년 11월 15일, 16일, 19일 3회에 걸쳐 공개한 "발굴—현대사의 뒷모습, 1. 박정희의 좌익 전력, 2. 김종필의 좌익 활동, 3. 이 문서는 어떻게 작성됐나", http://blog.naver.com/les130/80007073138 참조. 그런데 헨더슨이 썼다는 이 문건이 언제 어떠한 경로를 통해 마셜 그린과 힐스먼에게 전달되었는지는 확실하지 않다. 짐작건대 헨더슨이 본부 마셜 그린의 지시로 1962년 후반부터 준비하여 1962년 말부터 1963년 초에 완성한 것으로 보인다.

구체성이란 박정희와 김종필의 드러난 좌익 전력에 관한 것이 아니라 그들의 인맥과 5·16 쿠데타 전후의 지하활동에 관한 것이다. 그런데 그에 관해서 우리는 지금 이를 평가할 수 있는 중요한 전거를 갖게 되었다. 그것이 2003년 종교인 강원용의 회고록 『역사의 언덕에서』에 나온 증언이다. 이 시리즈 책의 제2권 "전쟁의 땅 혁명의 땅" 중 "박정희의 두 얼굴" 편(385~398쪽)이 전하는 증언은 놀랍게도 그 방향과 인맥을 구성하는 구체적 인물과 관련해 헨더슨이 작성한 보고서의 내용과 거의 일치한다.

예컨대 헨더슨 보고서는 김종필의 좌익 활동을 추적한 한 부분에서 "1945년에서 1951년까지 좌익 분자나 공산주의자로 활발한 활동을 하다가 현재 한국 중앙정보부와 박-김 조직에 소속되어 있는 사람으로는 중앙정보부의 장태화, 조칠기[조치기], 반미적이고 중립적인 ≪부산일보≫의 발행인인 황용주, 서울대학교 교수이자 전(前) 고문인 김성희, 재무고문이자 운영요원인 김성곤 등"이라고 적고 있다.

한편 강원용은 장태화를 '장 모', 황용주를 '황 모'라고 표현하지만 조치기에 관해서는 아주 구체적으로 적는다. "특히 간과할 수 없는 것은 5·16이 터지던 무렵의 친북 좌익인사들의 동태다. 그들은 5·16이 터지기 며칠 전부터 서울의 대동여관이라는 곳에 투숙하고 주야로 모임을 가졌다. …… 그곳에 들락거리는 사람은 대구 폭동(1946년 10월)의 주모자 세 사람 중 하나인 조치기(趙致基)를 비롯해 열 명가량 되었다." 이어서 조치기의 행적에 대해 다음과 같이 묘사한다.

일례로 박경일[강원용의 친지로 부산대학교 교수]가 추적하는 지하 조직의 총책은 대구 폭동의 주모자 중 하나였던 조치기인데, 이 사람은 조운다방을 본거지로 삼아 오후쯤 다방에 출근해서는 할 일 없는 사람처럼 느긋한 자세로 앉아 담배를 피우고 커피를 마시면서 신문이나 뒤적이고 있다는 것이었다. 그러다 석간신문이 나올 때쯤 어떤 사람이 신문을 들고 와서 한담을 나누는 것처럼 하다가 신문을 슬쩍 바꿔 들고 나간다는 얘기였다. 그는 한번은 아이들을 시켜 신문을 들고 나가는 사람을 뒤따라가 그 신문을 빼앗아 오도록 한 일이 있었는데, 아니나 다를까 그 신문에는 뭔가 알아볼 수 없는 지령문이 적혀 있더라는 것이었다(강원용, 2003: 394쪽).

헨더슨의 보고서로 돌아와 보자. 먼저 헨더슨은 박정희의 공산주의 전력을 캐면서 남로당 최고위 간부 중 한 사람인 이중업이 1947~1948년 사이 가장 성공적으로 접촉한 장교가 박정희라면서, 한국 국방경비대가 급속도로 성장하고 있던 1945년에서 1948년 9월 사이 이 조직에 침투해 암약했다고 말한다. 이 보고서에 의하면 이들 남로당 침투 세력이 1948년 10월 19일에서 27일에 여수-순천 사건을 주동했으며, 이들 중 일부는 1948년 4월에 제주도 제9연대에서 처음 발생한 소규모의 전복 기도를 비롯해, 1948년 11월 2일에 발생한 대구 제6연대 사건, 1948년 10월 20일에 발생한 제4연대 사건, 1948년 11월에 발생한 대전 제2연대 사건에도 개입했다는 것이다. 이 사건들의 결과로 많은 장교들이 체포되고, 고문당하고, 처형당했으며, 여수 순천 사건으로 많은 장교들이 목숨을 잃고, 또 일부는 순천과 대구에서 달아나 게릴라가 되어 1949년 4월부터 한국전쟁이 날 때까지 한국 곳곳에서 일어난 게릴라전을 지도했다.

이 보고서는 박정희가 이 심각한 사건들과 전체적으로 관련되어 있다는 점이 매우 확실하다고 단정하면서 그의 정체가 드러나 1948년 11월에 체포된 것은 이들 사건들, 특히 여수 순천 사건 때문이었다고 했다. 박정희는 1949년 2월에 열린 군법회의에서 죄의 심각성에 근거해 사형 선고를 받았지만, 이미 잘 알려진 대로 자신이 맡고 있던 남로당 조직망을 폭로함으로써 사면을 받는다.

헨더슨이 이 부분에서 박정희에 대해 내린 평가는 지극히 부정적인 것이었다. 박정희는 군 내부의 남로당 침투 세력을 뿌리 뽑는 데 혁혁한 공을 세웠지만, "그러나 과거 엄청난 공산당 음모를 꾸미고 자신이 살아남기 위해서 자신의 부하에게 고문과 죽음을 안겨준 그의 성격 역시 드러났다. 음모에 깊이 관여한 사람들 중에서 살아남은 사람은 박정희 한 사람뿐이었지만, 박정희는 그 음모를 주도한 실질적인 지도자 중 한 사람이었다".

그런데 5·16 군사 쿠데타 뒤 공교롭게도 헨더슨과 같은 생각으로 박정희의 좌익 사상과 전력을 극도로 의심하여 그의 실각을 위해 은밀히 활동한 사람이 있었다. 바로 종교인 강원용이다. 강원용은 그와 각별한 사이의 친지인 부산대학교 박경일 교수로부터 박정희의 좌익 전력을 자세히 듣고, 게다가 이른바 혁명 주체가 반공을 국시로 한다고 내세우기는 했으나 사실은 '위장된 좌익 세력'이라는 놀라운 소식을 듣고 충격에 몸을 떨었다. 그는 나라를 위해 무엇인가 해야겠다는 결심으로 당시 미국 정보기관의 로버트 키니(Robert Kinney)와 미 대사관 참사관 필립 하비브를 만나 이 사실을 소상히 알렸다고 했다. 그러나 강원용은 당시 하비브가 그의 말을 듣고 박정희 제거를 장담했으나 기대와는 달리 미국이 오히려 박정희를 현실적으로 이용하는 것으로 돌아선 데 대해 배신감을 느꼈다고 토로하고 있다.[17]

---

[17] 이에 관해서는 강원용, 『역사의 언덕에서』, 제2권 "전쟁의 땅 혁명의 땅", 2003: 385~398쪽 참조. 하비브가 말한 미국이 박정희를 지원하게 된 내막에 대해서는 같은 책 3권 "Between and Beyond", 195~201쪽 참조. 이에 관해서는 이어지는 내용 참조.

다음으로 헨더슨이 내린 '김종필의 좌익 활동'에 대한 평가는 박정희보다 훨씬 부정적이다. 아니 최악이라고 할 만하다. "최악의 경우 김종필은 적당한 때에 한국 정부를 북한에 이양하는 데 헌신적일 수 있는 공산주의자입니다. 아니면 김종필은 잘해봐야 민족주의와 반미 감정을 이용해 권력을 유지하려는 원칙 없는 모험가이며 한국에서 국민들의 신뢰를 받지 못하고 원성을 살 것이 거의 확실합니다"라는 초벌 보고서의 결론 부분이 보이는데, 이는 헨더슨이 김종필을 얼마나 깊게 불신하고 있는가를 여실히 보여준다.

헨더슨은 김종필의 좌익 활동을 그의 사범대학 수학 시절까지 역추적하면서 그의 가족과 친지들의 활동을 캐내고 있다. 그의 장인이며 박정희의 친형인 박상희가 관련된 남로당 지하활동, 특히 1946년 10월 대구 폭동의 주동 인물이라는 점과 그가 중앙정보부를 중심으로 측근 네트워크를 구성하고 있는 김용태, 장태화, 조칠기[조치기], 황용주, 김성희, 김성곤의 공산주의 활동 전력을 거론한다.[18] 또한 이 인적 네트워크는 김규환, 김명구, 서인석, 이귀섭, 강인모, 김혁, 이종국, 윤웅상을 포함한다고 말하고 있다.[19]

---

[18] 강원용의 회고에 의하면 당시 중앙정보부의 인적 네트워크를 구성한 인물 중 조치기는 1946년 10월 대구 폭동을 배후 조종한 3인방—박상희(박정희의 친형), 황태성(북한 무역부 부상으로 5·16 쿠데타 뒤 8월경 남파), 조치기—의 한 사람이며, 장태화(《서울신문》 전 사장)와 황용주(박정희의 대구사범 동창)도 좌익계 인물들로 5·16을 전후해 박정희와 접촉이 잦았다는 것이다. 이 얘기는 그의 친지 박경일 교수가 해준 것으로 그가 개인적으로 조사한 바와 거의 일치했다고 한다(강원용, 2003, 제3권: 389쪽).

[19] 헨더슨이 보고서에서 특히 김규환을 거론하면서 그가 "1950년대 도쿄에서 공부할 때 당원증을 지닌 정식 공산당원이었으며 현재는 미 대사관 연락책으로 열심히 활동하고 있다"고 한 대목은 다소 충격적인 내용인데, 그것은 김규환 박사가 초창기 한국 커뮤니케이션학을 개척한 선구적 연구자로서만 주로 알려지고 있기 때문이다.

헨더슨은 박-김 체제가 포용하고 있는 "좌익 핵심 세력들이 현재 공산주의 '슬리퍼(활동하지 않고 숨어 있는 스파이)'인지, 아니면 우리가 바라듯이 단지 회개한 과거 좌익분자들의 친목 집단인지는 입증되지 않은 상태"라고 결론짓는다. 바로 이 대목은 강원용이 박정희 그룹을 5·16 전후로 좌익 인사와 빈번히 접촉한 '위장된 좌익 세력'으로 본 것과 맥이 상통한다.

미국 대사관이 박-김 그룹의 공산주의 전력과 인맥을 안 것은 언제쯤이며, 어떤 반응을 보였는가? 공식적인 기록에 의하면 쿠데타 초기 미국은 박정희의 공산주의 전력은 알게 되지만 그 자세한 내막과 인맥의 구조와 활동에 관해서는 1963년 초 헨더슨의 보고서를 통해 알게 되었다. 반면 강원용은 1962년 6월경 미국의 정보원 로버트 키니와 대사관의 하비브에게 알렸다고 했다.

그렇다면 박정희 그룹이 품은 좌익 사상을 안 미국은 어떤 반응을 보였는가? 이 부분에 대하여 하비브 참사관이 강원용에 전했다는 미국의 대응은 다음과 같다. 결국 미국은, 박정희가 공산주의 사상에 물들어 있는 것은 사실이지만 이데올로기에 집착하기보다는 그를 권력욕에 사로잡힌 정치인으로 평가하고 당시 현안이던 베트남 파병을 대가로 그를 지지하는 것으로 결론을 냈다는 것이다. 미국이 박정희를 지지하게 된 또 다른 이유는 일본을 주축으로 하는 미국의 동북아 전략상 한일 관계의 정상화가 필요한데, 박 정권이 이를 위해 적극적으로 나섰다는 것이다(강원용, 2003, 제3권: 195~200쪽). 이것이 당시 하비브 참사관이 강원용에게 전한 미국의 대한정책이 보여주는 얼굴이다.

다시 헨더슨의 보고서로 돌아오자. 헨더슨이 특히 김종필에 대해 최악의 평가를 내린 데는 김이 주도하고 있는 중앙정보부가 무소불위의 '전체주의 통제기관'으로 그 통치 구조와 행태가 지극히 위험하다는 그의 생각이 자리 잡고 있다. 그는 중앙정보부가 '국가 안의 국가'라면서 "정책, 안보 체제, 대부분의 중요한 외교, 경제 문제, 사법, 언론, 라디오, 심지어 문화 행사의 중요 부문까지 통제한다"고 쓰고 있다. 그는 이와 같은 전체주의적 통치 구조는 공식 국가와 비공식 국가라는 이원국가 조직에 근거한 독일 나치의 전체주의 국가 조직을 닮았다고 보고 있다. 그는 그 뿌리를 이승만 정권 때인 1948~1949년 횡행한 청년단체들의 잔인하고 무법한 테러 행위에서 찾고 있다. 그는 『회오리의 한국 정치』에서 중앙정보부의 무소불위적 국가 기능을 다음과 같이 묘사한다.

중앙정보부의 권력은 거대하고 모호했으며 이 조직을 통해 권력에 접근하려는 수천 명의 사람들 사이로 확산되어갔다. 김종필과 그의 동료들은 오랜 정보활동 경험이 있었기 때문에 중앙정보부는 옛날의 모호성을 현대적인 비밀성으로 대체하고 수사, 체포, 테러, 검열, 대량의 서류철, 그리고 국내외에 배치한 수천 명의 스파이와 제보자들로 권력을 강화했다. 이것은 한국 역사상 유례없이 평의회 기능을 경이적으로 확장한 것인데, 정보부는 정부에 대한 여러 가지 권고를 검열하며, 많은 계획을 수립하고, 입법 원안을 만들어내며, 대부분 정부기관에 상주하며 조사하고, 정부기관 인사 채용을 알선하고, 일본과의 관계를 촉진하고, 회사 설립을 후원하고, 억만장자들부터 돈을 기부받고, 학생들을 감시하고 조직하며, 이면의 브로커를 통해 증권시장을 조작해 4천만 달러 이상을 거둬들이고, 극장과 무용단, 오케스트라 및 대규모 관광센터를 지원했다(헨더슨, 2000: 395~396쪽).

위의 보고서는 헨더슨이 친근한 관계에 있는 군 내부 인사들을 인터뷰해 작성한 것으로 자신이 입수한 정보에 의존하고 있지만 헨더슨 자신이 박-김 그룹을 부정적으로 보는 시각이 담겨 있다. 그는 국무부를 떠나 한국 문제 전문가가 된 이래로도 이런 생각 아래 줄곧 국무부의 대한정책과 함께 박정희 정권을 비판해왔다. 바로 이런 생각은 박정희 군사 정권을 긍정적으로 보는 버거 대사의 생각과는 근본적으로 충돌할 수밖에 없었다. 그것이 헨더슨의 서울 추방의 배경적 원인이 된 것이다.

헨더슨이 서울에서 쫓겨난 뒤 버거 대사는 4월 초 추가 원조 계획을 지렛대로 삼아 박정희를 압박해 군정 4년 연장 국민투표안을 6개월간 보류하게 하는 데 성공했으나 이는 또 다른 면에서 박정희 군사 정권과의 타협의 산물이었다. 박정희가 그 기간 중앙정보부가 은밀하게 조직한 민주공화당 체제 아래 군복을 벗고 민간 대통령 후보로서 출마할 수 있는 길을 열어놓았기 때문이었다. 이 타협과 함께 박정희가 2·27 선언으로 민정에 참여하지 않고 8월 15일까지 정권을 이양한다고 했던 약속도 물거품이 되었던 것이다.

이렇게 헨더슨이 박-김 그룹에 대해 내린 부정적인 평가와 버거 대사가 군사 쿠데타의 주동 인물을 보는 시각은 상반된 것이었다. 버거는 박정희를 중심으로 정치 세력들을 재편할 경우 한국 내에서 안정된 정치 상황을 유지할 수 있을 것으로 파악한 반면, 그의 정치보좌관인 헨더슨은 그것이 문민 정체를 회복해야 한다는 미국 정책에 반한다고 생각했다. 버거 대사는 그가 1964년 7월 한국 대사직을 끝내고 베트남 대사로 지명된 시점에서 군사 정부 주체들을 평가한 보고서를 통해 이를 잘 드러내고 있다.[20]

---

[20] 정일준 교수가 1997년 8월 29일 미국 국립문서보관소에서 발굴한 버거 대사의 기밀 보고서 "한국의 변혁, 1961~1965(The Transformation of Korea, 1961~1965)" http://blog.naver.com /kitc_1st/80015079306 2005/07/16 00:01 참조. 이 보고서에서 버거 대사는 "5·16 쿠데타는 기회주의적이거나 이기적인 군사 지도자에 의한 단순한 권력

돌이켜 볼 때 당시 버거 대사가 택한 박정희 군사 정권에 대한 접근방법은 워싱턴의 대한정책의 속성을 반영하는 것이었다. 미국 정부도 군정 연장 반대를 유지하고 있었으나 그것은 헨더슨의 기본적인 생각인 실질적인 민정 이양과는 차원이 다른 현상유지 쪽이었다. 이러한 현상유지 정책 아래서 박정희는 군복을 벗고 민정에 참여하여 어둡고 긴 군사 독재 체제를 구축할 수 있게 된 것이다.

특히 헨더슨이 추방당한 뒤 미 대사관 정치과 실무자들이 박-김 군사 체제의 '영 커널'들과 3차에 걸친 청운각 파티 끝에 쉽게 실세 인정 쪽으로 선회했다는 기록은 미국 대한정책 속성의 한 단면을 잘 드러내고 있다고 보인다.21 헨더슨은 바로 이런 미국 대한정책의 속성에 맹렬히 반대한 것이다.

어떻든 버거 대사는 이영희 사건을 빌미로 그와 생각을 달리하는 헨더슨을 아주 '잔인한 방법'으로 쫓아내고 만다. 버거 대사는 이영희 사건 전부터 이미 헨더슨을 정책참모진으로부터 소외시키고 있다. 헨더슨이 서울 추방을 당한 뒤 한 달도 못 된 시점에서 도쿄에서 낸 항의 서한에

장악이 아니었다. 물론 거기에 그런 요소들도 있지만, 그보다는 한국을 혁명적으로 변화시키고자 하는 진정한 시도였다고 보여진다. 쿠데타는 젊은 세대 대 늙은 세대, 근대화론자 대 전통주의자, 군부 대 민간인, 질서를 원하는 자 대 변화를 두려워하는 자 사이의 대립을 나타내고 있다." 특히 그는 한 대목에서 "우리는 우리가 공개적으로 박정희 정권을 지지한다는 느낌을 주지 않도록 조심했으며 사적으로 박정희에게 협조를 다짐받곤 했다"고 쓰고 있는데 이는 군사 정권과의 타협을 잘 보여준다. 버거는 이 보고서 결론의 한 부분에서 "민간인이 분열되고 있고 효율적인 정당이나 정부를 구성할 수 있는 기율과 단결을 보여줄 수 없는 정치 구조가 약한 발전도상사회에서는 군부가 중요한 역할을 수행할 수 있다"고 쓰고 있다.

21 이에 대해서는 강성재, "박정희에게 언성 높인 버거 대사", ≪신동아≫, 1987년 1월호, 338~339쪽 참조.

의하면 헨더슨은 1962년 2월 말 대사의 간곡한 요청에 못 이겨 정치과 3인자로 남게 되지만 곧 소외당했다고 한다. 먼저 그는 대사가 주재하는 참모회의에 참석을 하지 못한다. 대사 면담은 헨더슨을 통해 한다고 했던 대사의 약속도 지켜지지 않는다. 대사가 주최하는 사회적 모임으로부터도 철저하게 배제당한다. 헨더슨은 대사 정치특별보좌관이면서도 대사로부터 시쳇말로 '왕따'를 당한 셈이다.

짐작하건대 버거 대사는 박정희 군사 체제를 안정적으로 정치 세력화하려는 그의 입장(또는 국무부의 입장)에 대해 정반대의 생각을 가지고 있는 정치보좌관 헨더슨을 참기 어려운 짐으로 생각했을 것이다. 헨더슨이 참담한 심정에서 대사에게 보낸 항의 서한은 이 문제를 언급하고 있지 않지만 다른 이유를 찾기는 힘들다.

3. 국무부를 떠나다

그렇다고 이것으로는 헨더슨이 1963년 말 국무부를 떠난 이유를 다 설명하지 못한다. 즉 버거 대사와의 개인적인 불화가 있더라도 그것이 그가 소중히 가꿔온 한국 전문 외교관 경력을 버리고 국무부마저 떠나게 한 필요충분조건이 될 수는 없다. 여기에는 무엇이 숨어 있을까? 이것도 헨더슨의 서울 추방과 관련이 있지만, 여기에는 근본적으로 미 국무부가 한국과 같은 '중소규모' 국가를 보는 시각과 관료적 타성이 관련되어 있다고 보인다. 즉 한국을 독립된 정체로 보기보다는 주변 대국의 연장선상에서 보는 전통적 대한관이 관료적 타성과 결합하여 두터운 조직의 관성을 만들고, 이것이 한반도 문제를 전공한 야심 찬 한 젊은 외교관을 몰아내는 힘으로 작용하지 않았을까?

이러한 중소국가의 지역 전공을 폄훼하는 국무부의 관료적 타성은 헨더슨의 친구이자 역사학자인 아서 슐레진저(Arthur M. Schlesinger, Jr.)가 케네디 대통령 보좌관을 지내면서 겪은 미국 대외 정책의 문제점을 지적한 책에서 비판의 표적이 되었다. 그는 헨더슨의 사직서를 인용하면서 다음과 같이 적고 있다.

한국말을 할 줄 알고 쓸 줄 알며, 한국에서 7년간 복무한 바 있으며, 또한 미국 및 한국의 학술지에 논문을 발표한 바 있는 한 관리가 작은 규모의 나라를 전공하는 것은 경력의 막다른 골목이라는 결론에 도달했다. 그는 사직서에서 "우리는 한국 전선에 3만 명의 병사를 남겨두려는 용의를 표명하고 있습니다. 그러나 우리는 미국의 대한 관계에 몰두하는 단 한 명의 경력자를 일관성 있게 확실한 희망을 주면서 지원하는 데는 인색합니다. 중소규모의 나라들이 미국의 피와 재산을 빨아먹을 수는 있으나 지성적 마음이나 야심만만한 경력을 추구하는 사람들이 지속적으로 관심을 가질 만한 곳은 못 된다는 암묵적인 가정, 이러한 암묵적인 사고방식은 이들 지역에서 우리의 이익과 명성에 도움이 되지 않습니다."(Schlesinger, 1965: 413쪽).

국무부에 사직서를 던진 헨더슨의 심정은 시쳇말로 "일본이나 중국을 전공하는 친구들은 잘나가는데 젠장 나는 뭔가"라는 것이었다고 추정할 수 있다. 헨더슨이 이와 같은 고민에 빠진 것은 그가 1958년 한국에 돌아오면서 USIS 문정관에 차출되어 2년간 복무한 뒤 다시 국무부 소속 서울 대사관 정치과로 옮기려 했지만 뜻대로 되지 않으면서 시작된다. 그는 서울 대사관 정치과 2인자가 되길 열렬히 바랐다. 헨더슨은 한국 문제를 전공한 자신이야말로 한국의 중대한 시국에 맞는 적임자라고 굳게 믿고 있었다. 그러나 '경력과 전공(career and specialization)'이라는 기준에서 국무부가 후자보다는 전자를 택하는 입장을 취하면서 헨더슨이 밀려난다. 즉 정치과 2인자 자리는 '좋은 사람이지만 한국과 한국말과는 전혀 상관없는 사람(a fine man but with the slightest qualifications for Korea and Korean language)'에게 돌아가고 만 것이다.[22]

그런데 이 과정에서 서울 대사관 정치과 소속 직원들이 헨더슨을 질시한 측면도 작용했다고 보인다. 헨더슨이 당시 매카나기 대사와 마셜 그린에게 호소한 편지에 의하면 "정치과 직원들과의 관계는 '훌륭(excellent)'했으나 당신들의 훈령에 따라 쓴 보고서[아마도 '박정희-김종필' 공산주의 전력 보고서]를 낸 뒤 관계가 소원해졌다." 5·16 쿠데타가 일어나자 매카나기와 그린이 정치과 직원들을 제쳐두고 헨더슨에게 전문 정보보고서를 요청한 것이 원인이 되어 정치과 직원들과 사이가 소원해졌다는 것이다. 헨더슨이 대사관에 당시 가용 자원을 총동원하는 차원에서 정치과 일을 시킨 것이라고 이들에게 양심적으로 밝혀달라고 말하는 데서 그 고민을 읽을 수 있다.

어떻든 헨더슨은 정치과 2인자 자리를 놓치고 한국 이외의 다른 작은 나라(예컨대 아프가니스탄 또는 태국이나 버마)의 정치과 2인자라도 마다하지 않겠다고 매카나기 국무부 차관보(동아시아 및 태평양 담당)에 호소한

---

22 5·16 쿠데타 직전 헨더슨은 USIA 임무를 끝내고 대사관 정치과에 부임하기를 희망했으나 이것이 여의치 않고 다른 임지로의 전임이 거론되자 1960년 8월 22일 본부 매카나기 대사에게 편지를 써서 "국무부가 한국에 관한 전문 훈련을 시켰는데도 왜 그가 한국에서 전문 경력을 쌓을 수 없는지 충분하고 정당한 이유를 납득하기 어렵다"고 진정한다. 헨더슨 문집, 상자 6호, "서한" 중, "월터 P. 매카나기 대사 귀하", 1960년 8월 22일자 참조.

다. 그러나 앞서 본 바와 같이 버거 대사의 요청에 의해 서울 대사관 정치과 3인자 자리에 주저앉게 된다. 이것이 헨더슨이 1963년 3월 서울에서 추방되기 전 사정이었다. 그러나 작은 나라, 즉 한국을 전공한 외교관 경력의 길이 국무부의 관료적 타성과 대한정책의 속성이라는 벽 앞에 좌절되자 그는 국무부를 뛰쳐나와 전문 학계에서 새 길을 찾는다.

제5장
유신 독재, 레지스탕스 그리고 헨더슨

헨더슨은 국무부를 뛰쳐나온 뒤 1964년 1월부터 학문의 세계에서 새 생활을 시작한다. 그러나 그의 새 생활은 조용한 서생(書生)의 울타리 안에 남아 있기보다는 그 울타리 너머에서 전개되는 현실 세계에 대한 치열한 진실 탐구와 행동하는 지식인으로서의 운동으로 점철된다. 먼저 그는 하버드대학 국제문제연구소 '연구원(faculty research associate)'으로 위촉받은 뒤 한국학, 특히 한국 정치 연구에 몰두한다. 그때부터 그가 느닷없이 죽음을 맞은 1988년 10월까지 거의 사반세기 동안 그는 한국학 전문가로서 일가를 이루어 치열한 지성인의 삶을 보내게 된다.

헨더슨이 7년 이상 한국 사회의 현장에서 익히고 체험한 '회오리' 정치는 그에게는 누구도 얻기 어려운 지적 자산이 되었다. 그가 1968년 저술한 유명한 『회오리의 한국 정치』에서 제시한 '회오리 정치' 이론은 이 지적 자산을 재료로 삼아 정치발전론의 틀에서 구성한 '이론'이다. 물론 그

밖에도 그는 여러 저술과 수많은 논문과 글을 남겼다. 하버드대학 출판사가 발간한 이 저서는 한국이나 한반도 문제를 다룬 모든 중요한 저서, 논문, 글에서 광범하게 그리고 반복적으로 인용되는 일급 고전서로서 명성을 얻었다. 그는 이 책을 쓴 뒤 미국 학계에서도 주목받는 한반도 문제 전문가의 반열에 서게 되었다.

이는 그가 1973년 9월 4~8일간 루이지애나 뉴올리언스에서 열린 미국 정치학회 연차 총회에 기조연설자로 초청받아 강연을 한 것에서 잘 드러난다. 그는 "미국 대외 정책과 한국: 현 정책의 결과와 전망"이라는 제목으로 연설하면서 미국의 대한정책은 한국에 관한 부정적 고정관념의 산물이라며 중요한 문제에서 '우유부단'으로 일관하고 있다고 비판했다.

학계에 들어선 이래 헨더슨은 학술 활동에만 머물지 않고 행동하는 지식인으로서 면모를 보였는데, 한국 정치를 비롯해 한반도 문제, 남북 문제, 미국의 대한정책, 미 주둔군 문제, 한국의 군사 독재와 유신 체제, 신군부 독재, 그리고 한국의 야만적인 고문 실태와 인권 문제 등 폭넓은 분야에서 저술 활동, 신문 기고와 편집자 서한(Letters to the editor), 논문 발표와 토론, 청문회 증언을 통해 '레지스탕스' 운동을 전개했다. 즉 그는 서생의 울타리를 넘어 1960년대 개발 독재, 1970년대 유신 독재, 1980년대 신군부 독재에 대해 저항하고 행동하는 지식인으로서 맹렬한 삶을 산 것이다.

이와 함께 놓칠 수 없는 것은 헨더슨이 1972년 초부터 이 책의 중심 주제인 국회프락치사건을 연구하기 시작했다는 점이다. 그의 연구는 그가 서울 대사관 3등서기관으로 재직할 때 직접 써서 보낸 프락치사건 재판 기록에 관한 발송문과 동봉문을 챙기는 일로부터 시작되었다. 반복하지만 헨더슨은 당시 국회연락관으로서 국회프락치사건에 비상한 관심을 기울여 1949년 11월 17일 열린 첫 공판부터 다음해 2월 10~13일 결심 공판에 이르기까지 법정에서 이뤄진 심리의 한 마디 한 마디를 모두 기록해 국무부에 보냈다. 그가 국회프락치사건을 본격적으로 연구하기 시작한 것은 1972년 사회과학연구협의회로부터 연구 자금을 받고부터다. 그는 그해 8월 서울을 방문, 서울에 남아 있던 유일한 프락치사건 피고인 서용길을 비롯해 그때까지 살아 있던 프락치사건 관련자를 인터뷰하는 등 연구에 치열함을 보였다. 그러나 어떤 이유에서인지 연구는 결실을 보지 못한 채 중단된다.

헨더슨이 다시 프락치사건 연구에 의욕을 보이기 시작한 것은 1984년 5월부터인데, 그는 몇몇 기관과 접촉해 프락치사건 연구 결과를 출판하고자 했으나 여의치 않았다. 그러나 그는 임종하기 전 하버드 법대가 출간한 『한국의 인권(Human Rights in Korea)』(Shaw, 1991)에 「남한의 인권(Human Rights in South Korea)」이라는 제목의 논문을 기고하는데, 이 논문은 바로 프락치사건을 인권의 각도에서 재조명한 글이다.

이 장에서는 헨더슨이 학계에 들어선 뒤 치열한 연구와 행동하는 지식인으로서 싸운 그의 삶을 조명하고자 한다. 구체적으로, 그가 (1) 박정희 유신 체제에 맞서 싸운 이야기, (2) 미국 의회가 개최한 프레이저 한국 인권청문회에 증인으로 참여해 인권 유린을 규탄한 증언, (3) 박정희 정권이 꾸민 도자기 사건에 휘말린 이야기, (4) 1980년 전두환 신군부 세력이 저지른 광주 만행에 대해 미국의 책임을 따진 이야기, 그리고 마지막으로 (5) 국회프락치사건에 관한 그의 연구를 다룰 것이다.

1. 헨더슨, 유신 독재와 맞서다

1973년 8월 8일 오후 3시경 당시 도쿄에서 발간되던 ≪민족시보≫의 주필 정경모(鄭敬謨)는 김대중이 호텔 방에서 괴한들에게 납치당했다는 급보를 받는다. 이 시각은 괴한들이 마취시킨 김대중을 승용차에 태워 도주한 지 한 시간 반 뒤였다. 그는 단숨에 이이다바시(飯田橋) 그랜드팰리스호텔로 달려가 사건 발생을 확인하고는 신주쿠(新宿) 케이오플라자호텔로 급히 차를 몰았다. 그곳에 머물고 있는 전 유엔 대사 임창영(林昌榮)을 만나 대책을 의논하기 위해서였다. 당시 김대중과 임창영은 해외에서 박정희 정권 반대 운동을 확대하고자 8월 15일 도쿄에서 개최될 예정이던 한국민주회복통일촉진국민회의(한민통)의 일본 본부 결성대회에 참가하기 위해 미국에서 도쿄로 와 있었다. 정경모는 당시 한민통 의장직을 맡고 있었다.

임창영은 도쿄 주재 미국 대사관의 한 친구에게 전화로 사건 경위를

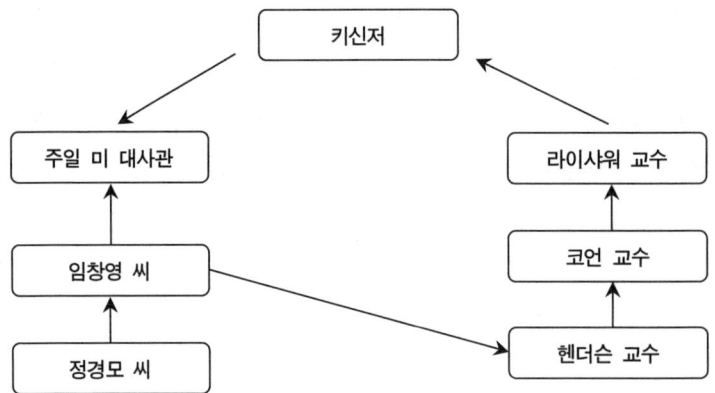

〈그림 I-2〉 김대중을 구출하기 위한 급박한 연락 상황(일본 신문기사)

말하고 하네다(羽田) 공항과 요코다(横田) 미군 기지에 경계 태세를 부탁했다. 이와 함께 그는 당시 미국 터프트대학 교수이던 헨더슨에게 국제전화를 걸어 이 사실을 알렸다. 이때가 도쿄 시각으로 오후 3시 반경이지만 헨더슨 자택이 있는 미국 보스턴의 경우 새벽 2시 반이었다. 헨더슨은 잠에서 깨어 깜짝 놀라 잠시 생각하다가 하버드 법대의 제롬 코언 교수에게 이를 알린다. 코언은 김대중의 생명이 위험하다는 것을 직감하고 라이샤워 교수에게 알렸고 다시 라이샤워가 그 즉시 키신저 보좌관에게 알려 구제 조치를 강구했다고 한다. 이 시점이 도쿄 시간 오후 5시로 미국 동부는 새벽 미명이었다.

김대중의 목숨을 살려?

뒤에 임창영과 함께 정경모가 코언에게서 들은 이야기에 의하면,23 당시 키신저는 "즉시 조치를 취하겠다"고 약속했다. 뒤에 알려진 이야기지만 납치범들은 김대중을 배로 옮긴 뒤 다음날 오전 8시 45분 오사카 부두를 출발했다. 김대중에 의하면 "범인들이 내려와 오른손에 추를 달고 두 다리도 묶은 후에 50kg쯤 되는 추를 달았다. 그는 '살려주십시오'라고 기도했다. 배가 출렁이며 움직이기 시작했을 때 갑자기 '비행기'라는 소리가 들렸다. 일본 해상자위대나 미군기라는 생각이 들었다. '쿵' 소리와 함께 하늘에 빨간 불이 반짝반짝 보이는 것 같았다."

김대중이 납치 중 겪은 체험에서 일련의 과정을 볼 때 납치범들은 처음

---

23 이는 지은이가 2006년 7월 19일 정경모 선생을 도쿄 그랜드팰리스호텔에서 만나 프락치사건에 관해 장시간 인터뷰했을 때 나온 이야기다. 그는 33년 전 김대중 대통령이 바로 이 호텔에서 납치되었다며 당시를 회고했다. 그가 한 이야기는 도쿄의 한 신문이 자세히 보도한 바 있다.

정경모 씨가 2006년 7월 19일 도쿄 그랜드팰리스호텔 고층 식당에서 33년 전에 일어난 김대중 납치사건을 회고하면서 김대중 구조에 일역을 한 헨더슨에 관한 일본 신문 기사를 보고 있다.

에는 김대중을 수장(水葬)할 계획이었으나 비행기의 출동을 계기로 그 계획을 바꿨다고 보인다. 바꿔 말하면 미국 측 인사들의 신속한 조치가 없었다면 미래의 한국 대통령 김대중은 그때 현해탄 바다 깊은 곳에서 물고기 밥으로 사라졌으리라는 것이다. 정경모는 그때 만약 전화 연락이 15분만 늦었다면 김대중의 생명이 어떻게 되었을까 하며 아찔한 순간을 회상한다. 그는 담담하게 말했다. "김대중 대통령의 목숨은 헨더슨이 살린 겁니다."

그의 말은 헨더슨의 이야기를 쓰겠다고 한 지은이 앞에서 한 것이니 그 점을 참작하여 들어야 할 여지는 있을 것이다. 그러나 이 이야기가 사실이라면 적어도 헨더슨은 태평양을 건너 이뤄진 이 급박한 조난 신호에서 중요한 연결고리가 된 셈이다. 실제로 우리는 헨더슨이 김대중 납치 사건 뒤 서울에서의 연금이 풀리지 않자 이 문제에 대해 국제 여론에 호소해 박정희 정권에 압박을 가하는 등 김대중 미국 귀환 운동에 동참했음을 볼 수 있다. 그는 1974년 5월 당시 하버드 법대 교수인 제롬 코언 교수와 공동명의로 ≪뉴욕 타임스≫에 다음과 같은 글을 싣는다.

…… 우리의 영향력은 사라져버렸다. 우리는 박 정권이 국제법을 노골적으로 어겨가면서 납치한 중도적인 야당 지도자 김대중조차 하버드대학의 초청에도 불구하고 석방시킬 수 없었다. 우리는 서울 정권이 29개월 동안 전체주의로 추락했는데도 뚜렷하게 막을 수 없었다. 그런데도 행정부는 서울 정권을 위한 군사 원조 요청을 2억 5,000만 달러로 증가시키고 있다. 우리는 세계에서 가장 위험한 8만 5,000평방마일의 지역이 굉장한 소리를 내면서 폭발하기 전에 호각을 불어야 할 때가 왔다고 본다("편집자 서한", ≪뉴욕 타임스≫, 1974년 5월 24일자).

헨더슨은 1968년 주저 『회오리의 한국 정치』를 발표한 뒤 다음해 9월부터 미국 동부지역 명문 터프트대학 플레처 법외교대학원 교수가 되면서 본격적으로 학문의 세계에 발을 들여놓지만, 현실 세계에 대한 참여 활동도 활발하게 전개한다. 그에게는 한국에 관한 한 학문과 현실 간에 구별이 없었다. 말하자면 그의 지성 세계는 학문적 실천인 동시에 실천적 학문으로 표현되었다. 그것은 한마디로 군사화된 한국을 문민화하고 민주화하기 위한 끈질긴 '레지스탕스'라고 묘사할 수 있다. 이 레지스탕스는 무게 있는 저술로, 논문으로, 신문 기고문이나 독자 편지로, 공개 토론으로, 청문회 증언으로 나타난다.

이런 맥락에서 박정희 군사 정권과 그 뒤를 이은 전두환 신군부 정권이 그를 표적으로 삼은 것은 당연하다 할 것이다. 헨더슨은 1963년 3월 박정희-김종필 그룹에 대한 적대적 언행 때문에 '기피 인물'로 찍혀 서울에서 추방당했지만, 그 뒤에도 금기 인물로 여겨지는가 하면 이른바 관제 '도자기 사건'에 휘말리기도 했다. 그럼에도 그의 군사 정권과의 투쟁과 문민화 운동은 박정희 시대를 지나 전두환 시대가 종막을 고할 때까지, 그가 1988년 불의의 죽음을 맞을 때까지 끈질기게 계속되었다.

헨더슨의 투쟁은 박정희가 1972년 10월 자행한 유신 쿠데타를 시점으로 가열되기 시작한다. 그가 유신 체제에 대해 공개적으로 규탄하기 위해 1973년 5월 23일 라이샤워 교수와 함께 ≪뉴욕 타임스 매거진≫에 기고한 글은 이 책 모두에서 말한 대로 지은이에게도 큰 인상을 남겼다. 헨더슨은 "한국은 아직 위험하다"라는 이 장문의 잡지 기사에서 남북회담을 위해 유신 체제가 필요하다고 하는 박정희 정권의 주장은 허구라면서 다음과 같은 반대 논리를 전개하고 있다.

> 그러나 한국은 태국도 아니요, 파라과이도 아니다. 한국인들은 몇 세기 동안 고도로 정치화된 유교적 분위기에서 자치적 통치를 실행해온 민족으로서 광범한 지식층이 통치에 참여할 권리를 가졌다고 생각하며, 군은 규모가 작을 뿐만 아니라 보통 무력하고 전통적으로 중요하다고 여겨지지 않고 있다. 정부는 문민 색채가 강한 관료들이 지배해온 전통을 갖고 있다. 이 전통은 짧지만 지독했던 일본 식민통치 기간(1910~1945)에 의해서만 중단되었을 뿐이다.
>
> 한국인들은 90%가 문맹을 벗어났다. 그들이 갖고 있는 언론과 대중 매체는 고도로 발달하여, 검열 아래서도 맹렬히 싸우는 법을 알고 있다. 정치의

식도 높다. 최근 압제가 가해지기 전까지만 해도 학생들과 택시 운전기사들이 만일 그들이 대통령이라면 무엇을 할 것인가를 이야기할 정도다. 선거는 부분적으로 조작되기는 했어도 국민의 선택권을 상당히 반영해온 편이다. 야당 후보들은 정부의 감시와 재정적·행정적 탄압 등으로 대단히 불리했지만 대통령 선거에서 상당한 국민의 지지를 획득했고, 국회에서도 상당한 세력의 소수당 지위에 올라 있다. 정당들은 만성적으로 잘 깨지기 쉬운 약점이 있으나 양당 제도를 지향하고 있다.

그러한 국민들에게 독재적 멍에가 쉽게 정착되지는 않을 것이다. 박 정권이 어떤 분야에서 어느 정도 성공을 거두었다 해도 다른 분야에서 실망과 분노가 치솟을 것이다. 모든 약점에도 불구하고 한국인들은 25년을 거치는 동안 민주주의에 익숙해 있고, 교과서에서 그것을 숭상하도록 훈련을 받아왔다. 그들에게 민주주의란 토착적 독재를 극복하는 국제적 신망과도 같은 것이다. …… 끓는 주전자에 뚜껑을 닫으려는 시도는 어떤 낙후된 농촌 사회에서는 성공할 수도 있겠으나, 국민의 90%가 문맹을 벗어났으며 50%가 도시화된 한국에서는 어림도 없다. 압력이 가중됨에 따라 압제도 가중될 것이다. 경찰의 체포는 더욱 자의적이며 은밀해질 것이다. 고문은 새 헌법 아래서 너무 쉬워져 더욱 흔해질 것이며, 실상 고문이 더욱 많이 자행된다는 소문이 쏟아지고 있는 형편이다. 그 결과 반대 세력은 결집하고 국내적으로 불안은 가중될 것이다. ……

1973년 8월 김대중 납치사건 뒤 유신 독재의 수레바퀴가 요란한 소리를 내며 굴러갈수록 헨더슨의 목소리도 커져 갔다. 그해 12월 10일자 한 편지는 서울대 법대 최종길 교수가 정보부 건물 7층 욕조실 창문으로 뛰어내려 '자살'했다는 중앙정보부 발표는 가증스런 거짓말이며, 그는 사실상 박 정권이 반인륜적인 고문을 자행해 살해한 것이라고 쓰고 있다. 그는 "처음에 함구령을 내리더니 다음번에는 그가 죽었다(Erstens war es verboten und zweitens ist er tot)"라고 했다면서 정보부 발표의 황당한 모순을 꼬집었다. 그는 이 '함구령'에서 볼 수 있는 유신 시대의 언론 통제가 히틀러 말년의 그것과 유사하다고 지적한다.

1974년 4월 3일 박 정권이 이른바 대통령 긴급조치를 발동하여 학생, 지식인, 기독교인 등 240여 명을 무더기로 투옥시키자 헨더슨은 ≪뉴욕타임스≫, ≪크리스천 사이언스 모니터≫ 등에 편집자 서한을 써서 이를 규탄했다. 그는 하버드 법대 코언 교수와 함께 1974년 5월 28일자 ≪뉴욕타임스≫에 글을 실어 박 정권의 긴급조치를 규탄하면서 상원 외교위원회와 하원 외교문제위원회에 공개 청문회를 열어 미국인들이 너무 오랫동안 무시해온 한국의 복잡한 문제를 '철저히' 토론할 것을 요구한다. 결국 미국 의회는 이런 요구에 응해 1974년 7월 말부터 1978년까지 매년 수많은 한국 청문회를 열었다. 헨더슨은 특히 1974년 8월 5일과 1976년 3월 17일 직접 청문회에 참석하여 박정희 정권의 인권 유린 사태에 관해 생생한 증언을 했다. 이 청문회 증언에 관해서는 뒤에 다시 다룰 것이다.

다시 헨더슨의 신문 기고 활동으로 되돌아와 보자. 그가 유력 신문에 기고한 글 중 1975년 6월 1일자 ≪LA 타임스≫에 실린 글이 눈길을 끈다. 그는 "한국 군국주의의 위기"라는 제목의 글에서 박정희 유신 정권이 자행한 인권 유린과 군사적 위기를 다음과 같이 설명한다.

> 펜실베이니아 주보다도 작은 면적을 가진 한 나라에서 조지 워싱턴이 가졌던 상비 병력의 60배가 넘는 병력을 보유한 군사 정권이 고유한 가치관을 포함하여 국민을 잔학하게 탄압하고, 대학들을 폐쇄시키며, 신문을 비롯한

각종 언론 매체들을 검열·정간·폐쇄·폐업시키는가 하면, 공정한 재판이 불가능하도록 사법권의 독립을 조직적으로 박탈하며, 야만적인 고문을 백일하에 자행하는 것은 그리 놀라운 현상이 아니라고 받아들여진다.

남한의 대통령 박정희는 사이공 정부가 몰락하자 절호의 기회를 놓칠세라 이는 야당 정치인의 반대와 이에 따른 국민 총화의 결여 때문이었다는 궤변을 내세우며 탄압 정치를 강화하고 있다. 그는 자신의 정권과 정책의 실패를 비판·반대하는 모든 세력을 발본색원할 의도로 가장 극렬한 긴급조치를 제멋대로 선포하여 민주 시민의 기본 인권을 잔혹하게 유린하고 박탈할 뿐만 아니라 공산 침략에 가장 유효하게 대처할 수 있는 모든 이념과 조직을 말살하고 있다.

김일성은 이렇듯 불안정한 한국의 상황에서 이 독재 정권 전복의 기회를 엿보고는 1972년 시작한 남북 협상을 1973년 실질적으로 중단했다. 김일성은 그가 군사적으로 공격을 가하지 않고서도 박정희가 한국 안에 조성하고 있는 부조리의 소용돌이 속에서 그가 기대하는 결과를 쉽게 얻으리라고 믿게 된 것이다.

헨더슨이 펼친 박 정권 반대 캠페인은 한국의 생존이나 안보 현실을 무시한 것은 아니다. 그는 당시 미국의 대한 군사 원조가 박 정권의 군국주의화를 조장한다는 측면에서 남북한 군사 원조를 점진적으로 삭감해야 한다고 주장하지만, 그렇다고 카터 행정부가 추진한 주한 미 지상 전투군의 철군은 바람직하지 않다고 보고 있다. 이는 헨더슨이 한국전 발발 1년 전인 1949년 6월 미군 철수가 조급했다고 진단한 대목을 연상시킨다. 그는 여기서도 미국이 박 정권에 가능한 모든 압력을 가하여 국민들이 받아들일 수 있는 의회 정치제도를 채택하도록 해야 한다고 역설한다.

헨더슨의 신문 기고 캠페인 중 또 다른 면에서 눈길을 끄는 것이 ≪크리스천 사이언스 모니터≫ 특파원 엘리자베스 폰드(Elizabeth Pond)의 추방 사건이다. 폰드 기자는 1974년 5월 22일 박정희의 공산주의 전력에 관한 기사를 쓰고 나서 비자가 취소당해 서울을 떠나게 되었다. 그는 박정희가 1948년 공산 음모(여순 사건)에 가담한 죄로 사형 선고를 받았으며 박정희의 친형인 박상희도 1946년 10월 대구 폭동을 주동한 뒤 사형당했다면서, 박 정권의 현 정책이 공산주의자들을 도와주는 것이라고 주장하는 몇몇 크리스천 신도의 말을 인용한 것이 문제가 된 것이다.

헨더슨은 당시 자신이 미국 정부의 관리여서 그 사건을 잘 안다고 전제한 뒤(제4장 2절 "박정희의 공산주의 전력 보고서" 참조), 폰드 특파원이 쓴 기사를 적극 옹호하고 나선 것이다. 그는 "폰드 씨의 기사는 객관적이며, 정확하고, 용기 있고, 적절하다는 점에서 최상의 기준을 지켰다"면서 박정희가 비밀 공산주의자라고 믿지는 않지만 그가 조국을 위한 충성을 몇 번 배반한 기록을 갖고 있다고 주장한다. 그는 이렇게 쓰고 있다.

> 그러나 그의 충성은 기록으로 검토할 문제다. 그는 1946~48년 미 군정 국방경비대 장교로서 맹세한 선서를 공산당 음모에 가담함으로써 깼으며, 1950년부터는 대한민국 육군 장교로서 국가에 충성한다는 선서를 1961년 쿠데타를 일으켜 입헌 정부를 전복시킴으로써 깼으며, 1963년 대통령으로 취임하면서 1962년 헌법을 수호한다는 선서의 경우, 1972년 유신헌법을 선포함으로써 깼다. …… 그가 일본 천황에게 한 선서는 일본군 장교로서 그가 맞서 싸운 연합국이 1945년 강제로 일본군으로서의 임무를 떼어놓을 때까지 충실히 지켰다. 폰드 특파원이 박 대통령을 공격한 것이 아니라 그의 기록이 덧붙일 필요 없이 박 대통령을 공격한 것이다("남한으로부터의

보도", ≪크리스천 사이언스 모니터≫, 1974년 6월 20일자).

민주주의의 강간

헨더슨은 박정희 유신 독재 시절 신문 기고뿐만 아니라 흔히 편집자 서한 형식으로 여론 투쟁을 전개했다. 예컨대 그는 박정희 정권이 1972년 10월 이른바 '10월 유신'을 선포하자 곧 ≪뉴욕 타임스≫ 1972년 11월 8일자 '편집자 서한'에 "남한, 민주주의의 강간을 목격하다"를 싣고는 유신이라는 이름으로 민주적 절차를 파괴한 행위를 '민주주의의 강간(the rape of democracy)'이라고 규탄했다. 그는 이렇게 반문한다. "마치 손수건을 세탁기 넣듯 헌법을 버린 정부, 언론의 입에 재갈을 물리고 지적 활동을 질식시킨 정부, 시민을 고문하고 국회를 폐쇄한 정부, 미국의 무기로 다스리는 정부, 이런 한국 정부를 한국인들이 얼굴을 찡그리면서도 지지하고 지킬 것인가?"

그 이후 미국 3대 전국지 ≪뉴욕 타임스≫, ≪워싱턴 포스트≫, ≪LA 타임스≫ 편집자 서한 란에서 그의 서한은 단골 메뉴가 되었다. 1977년 7월 27일 ≪워싱턴 포스트≫에 실린 편집자 서한에서는 박동선 사건이 미국 대한정책에 중요한 문제를 제기한다면서, (1) 미 지상 전투군을 철군하는 대신 한국에 80억 달러 어치의 무기를 제공한다는 미국의 현재 정책은 전쟁의 위험을 줄이는 것인가, (2) 미국과 북한의 커뮤니케이션 채널은 극대 이해와 극소 오해를 낳을 만큼 충분한 것인가라고 의문을 제기한다.

그는 이 질문에 대한 자신의 대답은 부정적이라며 더 많은 무기, 더 적은 국제 통제, 그리고 상대방의 힘과 위협에 대한 남북한의 상호 오해는 한국의 '평화주(平和酒, peaceful Korean brew)'에 필요한 원료가 전혀 아니며, 현재 판문점에서 행해지는 의식화(儀式化)한 북미 간의 적대적인 대화는 이해와 절제에도 전혀 도움을 주지 못한다고 주장한다. 오히려 북한은 80억 달러의 새로운 미국 무기를 압도적인 위협으로 인식할 가능성이 크다면서, 따라서 북한이 모스크바로부터 미그 24기와 미그 25기를 받을 수 있다고 경고한다.

"도대체 이것이 우리가 원하는 것인가?" 헨더슨은 이렇게 의문을 표시하며 결론을 맺는다. "긴장의 완화, 그리고 종국적인 평화의 비전이 우리의 대한정책의 기준이 되어야 하며, 그렇게 볼 때 그러한 기준은 아직도 결여되어 있다."

명동사건을 규탄하다

헨더슨이 기고한 편집자 서한 가운데, 1976년 9월 18일자 ≪뉴욕 타임스≫에 실린 글은 가히 압권이라고 말할 수 있다. 이 글은 이른바 1976년 3월 1일 '3·1 민주구국선언사건(세칭 '명동사건')'으로 체포된 한국의 저명한 민주 인사들이 대통령 긴급조치 위반으로 전원 유죄 판결을 받자 이에 대해 항의하는 글이다. 여기에 서명한 인사들은 헨더슨을 비롯해 하버드 대학의 라이샤워 교수와 코언 교수, 뉴턴 터버 목사, 그리고 한국 측 인사로는 김재준(金在俊) 목사(캐나다 지역 한국 민주통일연합회 의장), 폴 유(유기천: 劉基天) 형법학 교수(전 서울대 법대 학장 및 서울대 총장) 등이다. 헨더슨이 기초한 이 글은 다음과 같이 쓰였다.

한국 독립에 반하여 일본에 가담한 박 장군, 그의 정부는 몇십 년 전 한국 독립을 위해 싸운 죄로 일본이 징역을 선고한 지도자 함석헌에 징역 8년을 선고한다. 사법의 정의를 무시한 법원, 27명의 한국 최고의 법률가들이 변호사로서 사법 절차에 항의해 집단 퇴장당한 법원, 그 법원이 사법 정의와 역사상 여성 권리에 어느 한국 여성보다도 더 가까이 서 있는 한국 최초의 여성 법률가인 이태영에 징역 5년을 선고한다. 종교적 예배를 감시하고 위협 아래 둘 만큼 편집광적인 정부, 그 정부가 8명의 서품 목사와 5명의 가톨릭 신부에 추기경의 항의에도 불구하고 징역형을 내린다. 1961년 윤보선이 박정희 쿠데타를 진압하기 위한 무력 사용을 거절함으로써 쿠데타에 도움을 받은 정부, 그 정부가 이 두려움 없는 보수주의자 윤보선에 8년 징역형으로 빚을 갚는다. 꼭두각시 국회의원들의 짜깁기 모포에 의존한 정부, 그 정부가 1950년 이래 서울의 반공 보루 지역에서 계속 선출된 국회의원 정일형에 5년 징역을 선고한다. 1948년 공산주의 음모에 연루된 죄로 사형을 선고받은 장교 박정희, 그의 정부가 공산주의로부터 안보를 지킨다는 이름으로 가장 확고하고 용감하고 일관된 반공주의자들에게 징역형을 내린다. 그리하여 용감한 18명, 지난 3월 명동성당에서 민주주의 회복을 위해 절제와 인내로 웅변한 18명, 이들에 대한 서울지방법원의 재판은 이렇게 끝난다.

이 한 편의 비속한 코미디 재판이여, 이 폭력과 비극이여. 그렇지만 우리의 군사적·외교적·경제적 대표들은 아무 동요 없이 무기력하게 마치 테니스 경기를 보고 있는 듯하다. 우리의 의회 의원들도 아무 동요 없이 서울의 연회에 만족하여, 마치 결백하고 핍박받는 자유세계 투사들이 저지른 경범죄인 양 폭력과 잔혹을 용인하며 더욱 많은 군사 원조를 위해 투표한다.

우리는 얼마나 오랫동안 이런 희극을 참아야 하는가? 우리는 1943~1949년의 중국, 또는 베트남과 캄보디아로부터 아무것도 배우지 못했단 말인가? 우리는 이 파렴치한 사법 정의의 파괴를 지지함으로써 아시아 공산주의에 힘과 무력을 더욱 보태려고 아직도 결의를 다지고 있단 말인가?

헨더슨은 왜 특히 명동사건에 주목한 것일까? 그것은 한국 민주주의를 지켜나갈 최고 명망가들이 관련된 사건일 뿐만 아니라 당시 한국 언론이 제구실을 할 수 있는 여건이 아니었기에 그들이 엉터리 재판 끝에 받은 유죄 판결의 의미를 전 세계에 알리려는 의도에서였을 것이다. 여기서 명동사건에 잠시 눈을 돌려 보자.

1976년 3월 1일 저녁. 서울 명동성당에 신도 700여 명이 모여 3·1 운동 57주년 기념 미사를 올렸다. 그런데 맨 마지막 순서로 키가 작고 당찬 여성 이우정(李愚貞)이 다소 긴 성명서를 낭독했는데, 이것이 전 세계 언론의 이목을 집중시킨 3·1 민주구국선언이다. 이 구국선언은 다음과 같았다.

(1) 민주주의는 대한민국의 국시다. 국민의 자유를 억압하는 긴급조치를 철폐하고 의회 정치의 회복과 사법권의 독립을 이뤄야 한다. (2) 경제 입국의 구상과 자세는 근본적으로 재검토되어야 한다. (3) 민족 통일은 오늘 이 겨레가 짊어질 지상의 과업이다. 민족 통일의 첩경은 국민의 민주 역량을 기르는 일이며 겨레를 위한 최선의 제도와 정책은 국민으로부터 나와야 한다.

박 정권이 이 민주구국선언을 그냥 둘 리가 없었다. 미사 열흘 후인 3월 11일 서울지검 검사장 서정각이 이 선언을 '일부 재야인사들의 정부 전복 선동 사건'으로 규정하고 관련자 20여 명을 긴급조치 9호 위반으로 입건하면서 대형 사건으로 커지고 말았다. 이 사건이 3·1 민주구국선언 사건 또는 명동사건으로 불린다.

그날 저녁부터 관련자들은 모두 중앙정보부가 '한성무역'이라는 위장

김대중이 써 준 서예 족자 '경천애인'이 헨더
슨 사저 거실에 걸려 있다.

옥호를 내건 안가로 연행되었다. 전 대통령 윤보선을 제외하고 모두 조사를 받았다. 함석헌·정일형은 70세 이상 고령이라 하여, 김승훈·장덕필·안충석 등 신부들은 직접 가담자가 아니라 하여, 이우정은 여자라 하여 불구속 처리되었다. 결국 검찰은 김대중·문익환·서남동·이문영·안병무·윤반웅·신현봉·문정현·문동환·함세웅·이해동 등 11명은 구속 기소했으며, 서울지법은 8월 28일 이 18명 모두에게 유죄를 선고했다. 변호인단이 증거를 인정하지 않으려는 재판부에 항의해 퇴장한 가운데 재판부는 문익환·김대중 등에게 유신헌법을 비방하고 그 폐지를 선동한 죄로 징역 8년을 선고한다. 한 번의 서명으로 5선 의원 정일형은 의원직을 잃기까지 했다.

그러나 이 명동사건의 재판은 의외의 효과를 거뒀는데, 그것이 민주주의 강의실의 몫을 톡톡히 해냈기 때문이다. 대통령 후보였던 김대중의 달변과 정연한 논리를 비롯해 해직 교수와 목사, 신부들의 유신 통치를

제5장 유신 독재, 레지스탕스 그리고 헨더슨 | 181

향한 항변은 법정을 '민주주의 강의실'로 만든 셈이었다. 특히 종교인들, 즉 신부와 목사들은 국민의 입에 재갈을 물린 암흑기에 사회정의 실현을 위한 종교의 역할이 무엇인지 설파함으로써 그들이 재판을 받는 것이 아니라 오히려 유신 독재를 재판하는 듯한 모습이었다(實錄 민주화 운동, http://blog.naver.com/one2only/80006109685). 당시 재갈이 물린 국내 언론은 이 재판에서 일어난 일을 제대로 보도하지 못했으나 미국의 진보적 자유 언론이 명동사건을 표적으로 삼은 것은 당연한 일이었다. 즉 이 명동사건은 한국의 최고 명망가들이 관련된 사건이라는 점에서 세계적인 주목을 끌면서 서방 세계의 주요 언론 매체들이 자세히 보도했으며, 국내 언론은 3월 10일까지 한 줄도 보도하지 못한 가운데 정부의 공식 발표만을 전할 뿐이었다. 헨더슨 등이 낸 1976년 9월 18일자 ≪뉴욕 타임스≫ 편집자 서한은 이런 '발표 언론'만이 판치는 언론 상황에서 1976년 8월 28일 서울지법이 전원 유죄를 선고하자 이에 대한 항변으로 나온 것이다.

2. 한국 인권청문회

박정희는 1971년 대선에서 김대중 후보를 간신히 이긴 뒤 그 다음 해 1972년 10월 17일 남북 대화에 필요한 체제로 전환한다는 명분 아래, 이른바 '10월 유신'을 선포했다. 즉 비상계엄령을 선포하고 헌법의 일부 정지, 국회 해산, 정당 및 정치 활동을 중지시키면서 그해 11월 26일 계엄령 아래 형식적인 국민투표를 거쳐 유신헌법을 채택했다. 이 유신헌법 아래 들어선 유신 체제는 반의회주의적 '반정당제(anti-party system)'와 언론의 자유와 독자성을 전면 거부한 것으로 특징지을 수 있다.[24]

그런데 유신헌법은 신체의 자유를 박탈하고 있을 뿐만 아니라, 특히

제53조는 개인의 기본권을 박탈할 수 있는 대통령 긴급조치를 광범하게 인정하고 있어 국내외적인 논란의 불씨를 안고 있었다. 그 불씨가 큰불로 지펴진 것은 1974년 1월 8일 대통령 긴급조치 1호를 비롯한 4월 3일 긴급조치 4호의 발동 때문이었다. 긴급조치 1호는 유신헌법 개정을 원천 적으로 봉쇄하기 위한 장치였는데, 그 개정을 시도하거나 지지만 해도 15년형을 내릴 수 있는 범죄로 규정했다. 긴급조치 4호는 민청학련과 그 배후조직으로 지목된 '인민혁명당'을 겨냥한 것으로 학생들의 모든 정치 활동 금지는 물론, 심지어는 학생들이 수업과 시험을 거부한 것에 대해서도 최고 사형, 무기 징역, 5년 이상의 징역형으로 벌할 수 있게 했다.

돌이켜보면 당시 인권 탄압에 항의하다가 박 정권으로부터 추방당한 오글 목사(Rev. George E. Ogle)가 말한 대로 "1974년은 정부가 국민에 대해 폭력을 휘두른 해"였다. 박정희 정권은 유신 체제가 필요하다는 명분을 내세웠는데, 그것은 두 가지로 요약할 수 있다. 즉 하나는 경제와 산업 발전을 위해 필수적이라는 것이며, 다른 하나는 북으로부터의 침공 위협에 대처하기 위해 국민의 기본권을 희생하지 않으면 안 된다는 것이었다.

그러나 당시 학생, 교수, 지식인, 노동자, 신부와 목사 등 종교인(미국 선교사 포함) 등은 이에 동조하기는커녕 항의 집회, 데모, 농성 등으로 맞섰다. 박 정권이 이를 막기 위해 동원한 무기가 이른바 대통령 긴급조치

---

24 유신 체제의 특징에 관해서는 김정기, 「정치 체제의 변동과 정치 커뮤니케이션의 다이나믹스」(1993b)를 참조. 여기서 이르는 반(反)정당제란 1972년까지 남한의 정당 제는 '지배정당제(hegemonic party system)'였으나 유신 체제가 체제 도입과 함께 정당 정치에 대해 적대적 태도를 강화하면서 이른바 '반정당국가(anti-party state)'(Sartori, 1976: 40쪽)로 후퇴해 간 것을 의미한다(김정기, 1993b: 125~126쪽).

였다. 박 정권은 긴급조치를 시행하기 위해 무소불위의 중앙정보부를 동원해 폭행과 고문을 자행하는가 하면, 비상 군법회의를 설치해 시민들에게 장기 징역을 구형하는 것으로 대처했다.

이런 와중에서 미국 동부의 진보적 지한파를 중심으로 한 지식인 세력이 한국의 인권청문회를 요구했다. 이들의 중심에는 헨더슨을 비롯해 라이샤워와 코언 교수 같은 무게 있는 명문 대학 교수들이 서 있었다. 어떻든 미국 의회는 1974년부터 1978년까지 매년 한국 청문회를 개최하여 한국의 인권 상황을 도마에 올려놓았다. 라이샤워, 코언, 헨더슨은 직접 청문회에 참석하여 증언을 했다.

먼저 미국 의회는 1973년 외국원조법(Foreign Assistance Act)을 개정해 군사 원조를 인권 상황에 연계했다. 이는 박정희가 유신 체제 아래 반대자들에게 가혹한 인권 유린을 자행하는 행태를 겨냥한 것이었다. 1973년 외국원조법은 제32장을 새로이 설정해 "대통령은 정치적 목적으로 시민을 구속하거나 투옥하는 모든 외국에 모든 경제적 또는 군사적 원조를 거부해야 한다"고 규정한 것이다. 딱히 정의하기는 힘들지만 '정치범'들이 있는 나라에는 원조를 거부해야 한다는 것이다.

이러한 맥락에서 하원 아태 문제 소위원회와 국제기구운동 소위원회가 공동으로 한국 인권청문회를 개최했다. 이들 한국 청문회는 국제기구운동 소위원회 위원장 도널드 프레이저(Donald Fraser: 미네소타 출신 의원) 의원이 주도했기에 보통 '프레이저 청문회'라고 불린다. 그중에서 처음 개최된 1974년 한국 인권청문회는 박정희 정권으로서는 눈엣가시와도 같았다. 바로 이 청문회에 헨더슨과 라이샤워가 참석해 외원법 제32장을 들어 미국이 '파시스트 국가'에 군사 원조를 삭감해야 한다고 주장한 것이다.

1970년 이래 박정희 정권이 당면한 최대의 현안은 주한미군의 철군 문제였다. 1969년 닉슨 대통령이 비공식 기자회견에서 이른바 '괌 독트린(Guam Doctrine)'을 밝힌 뒤, 미국은 1970년 이 괌 독트린을 한국에 적용해 미군 2만 명을 철군시킬 예정이었다.[25] 한국으로서는 미군 2만 명의 철군, 즉 DMZ로부터 미군 2사단이 철수한다는 것은 북한이 침공할 경우 미군을 자동적으로 개입시키는 '인계철선'을 잃어버리는 것을 의미했기에 안보를 중시하는 박 정권에게는 커다란 타격이 아닐 수 없었다. 게다가 1971년 대통령 선거를 앞두고 있는 박정희와 그의 측근들은 미국의 철군 결정을 "선거에서 그를 약세로 몰고 갈 문제로 보았다".[26]

박정희가 1971년 마지막 대선에서 대통령이 된 뒤에도 미군의 철군은 커다란 관심사가 되지 않을 수 없었다. 그러나 결국 미국의 뜻대로 1971년 3월 27일 2만 명의 미군이 감축되고 미 제7사단은 한국에서 깃발을 내리게 되었다. 한편 닉슨 행정부도 박정희 정권이 베트남에 군대를 파견한 대가로 한국군 현대화 계획을 보상으로 주었다. 즉 향후 5년간 15억 달러에 이르는 군사 원조를 주어 한국군을 현대화하겠다는 것이다.

그러나 이것은 미 행정부의 생각이지 의회가 전적으로 이 생각을 따른

---

25 미국 국가안전보장회의(NSC)가 마련한 군대 감축 계획은 1970년 3월 20일 국가안보연구 비망록(NSDM) 48로 명명되어 공식적인 문서가 되었는데, 이는 주한미군 2만명 감축, 곧 DMZ로부터 미군 2사단을 철수하는 것을 골자로 하며 이와 연계하여 한국군 현대화 계획을 제안한다는 것이다. 『프레이저 보고서』(실천문학사, 1986), 99~103쪽 참조.

26 도널드 레너드(Donald Renard)는 1970년 국무부 한국과장을 역임했는데, 그가 "박 대통령과 그 측근들은 미군의 감군 문제를 선거에서 자신들을 약세로 몰고 갈 문제로 보았으며, 박은 한 가지 생각만 하고 있었는데, 그것은 1971년 선거에서 이겨야 한다는 것이었다"고 1977년 프레이저 청문회에서 증언했다. 같은 책, 102쪽 참조.

것은 아니었다. 미 의회는 1973년 외원법에 따라 한국 인권 상황을 대한 군사 원조와 연계시키는 움직임을 보였다. 따라서 박정희 정권은 이 한국 청문회를 무시할 수가 없었다. 의회가 매년 안보 원조를 입법으로 처리하는 것으로 되어 있어 의회의 목소리가 국군 현대화 계획에 영향을 주기 때문이었다. 게다가 1976년 카터 대통령 후보는 인권 외교 문제를 들고 나왔다. 이런 상황에서 박정희 정권으로서는 프레이저 청문회가 눈엣가시일 수밖에 없었다.

게다가 박정희 정권의 정책 수뇌들이 이에 대처한 방법은 한미 관계를 더욱 악화시킬 뿐이었다. 예컨대 박 정권이 1975년 '코리아 게이트'라고 알려진 박동선 사건에 대처한 방법은 좋은 본보기다.[27] 당시 박 정권은 주한미군의 철군을 막고자 미국 쌀 수입 브로커 박동선(朴東宣)을 동원해

---

[27] 이 사건은 1976년 10월 15일 미국의 일간지 《워싱턴 포스트》가 폭로했다. 한국 정부가 박동선을 내세워 의원들에게 거액의 자금을 제공했다고 보도한 것이다. 미국 의회와 국무부는 박동선의 송환을 요구했으나 한국 정부는 미국 측이 청와대를 도청한 사실을 문제 삼아 송환을 거부했다. 그 후 여러 차례의 회담을 거쳐 1977년 12월 31일 한미 양국은 박동선이 미국 정부로부터 전면 사면권을 받는 조건으로 증언에 응할 것이라는 공동성명을 발표했다. 1978년 2월 23일 미국으로 건너간 박동선은 미국 상하원 윤리위원회 증언에서 한국에 대한 쌀 판매로 약 920만 달러를 벌어 이 중 800만 달러를 로비 활동 등에 지출했다고 밝혔다. 그리고 4월 3일 공개 청문회에서 그는 전 하원의원 R. 해너 등 32명의 전·현직 의원들에게 약 85만 달러의 선거 자금을 제공했으며, 1972년 대통령 선거에서 공화당 후보 리처드 M. 닉슨에게도 2만 5,000달러를 제공했다고 밝혔다. 그러나 미국 의회와 법무성은 박동선 사건에 대한 뚜렷한 결론을 내리지 못하고, 해너와 3명의 민주당 의원만 징계했다. 그 후 미국 의회가 주미 한국 대사를 지낸 김동조(金東祚)의 증언을 요구함으로써 한미 간에 새로운 갈등이 유발되었으나, 막후 절충을 벌여 1978년 9월 19일 김동조가 미국 하원 윤리위원회의 서면 질문에 답변서를 보내고, 10월 16일 미국 하원 윤리위원회가 조사 보고서를 발표함으로써 사건이 일단락되었다.

미국 의원들을 매수하고자 했으나 이는 더 큰 문제를 야기할 뿐이었다. 미국, 영국, 일본, 서독 등 서방 제국의 주요 신문 방송을 비롯한 전 세계 언론 매체들이 그때처럼 '한국 때리기'에 열중한 적은 일찍이 없었다.

이러한 얄팍한 대처 방법은 국내 인권 유린 같은 심각한 문제를 제쳐두고 그때그때 터지는 문제를 대증요법(對症療法)식으로 해결하는 방식이다. 말하자면 말기 암소(癌巢)를 제쳐두고 겉으로 드러난 종기에 고약을 바르는 식이었다. 바로 이런 식의 대처 방법으로 꾸며진 것이 헨더슨이 휘말린 '도자기 사건'이었다. 당시 헨더슨 등이 요구한 의회 청문회가 열리게 될 즈음 박 정권의 수뇌들은 그의 입을 막기 위해 이러한 잔꾀를 부린 것이다. 그런데 이 사건은 헨더슨의 입을 막는 데는 실패했지만, 헨더슨 자신도 헛소문으로 적지 않은 마음의 상처를 받았다. 이에 관해서는 뒤에 따로 다룰 것이다.

미국 의회는 1974년부터 1978년까지 매년 한국 청문회를 열었다. 이 중 라이샤워, 코언, 헨더슨이 직접 참석해 증언한 청문회는 1974년 청문회(라이샤워와 헨더슨 참석), 1975년 청문회(코언 참석), 1976년 청문회(헨더슨 참석)다. 여기서는 이들 청문회 중 헨더슨이 증인으로 참석한 1974년과 1976년 청문회를 조명하고자 한다.

인권청문회 스타 증인 헨더슨

헨더슨은 프레이저 청문회에 1974년 8월 5일과 1976년 3월 17일 두 차례 참석해 생생한 증언을 했다.[28] 전자는 유신 체제 아래 자행되는

---

[28] 프레이저 청문회에서 헨더슨의 증언과 기타 관계자들의 증언, 그리고 기타 관계 자료는 「남한의 인권: 미국 정책을 위한 의미(Human Rights in South Korea: Implications for U.S. Policy)」(1974, 이하 '프레이저 청문회 기록')에 나와 있다. 이 청문회는 93차

인권 유린에 관한 것이며, 후자는 미국 안의 한국 중앙정보부의 불법 활동에 관한 것이었다. 1974년 프레이저 청문회는 7월 30일, 8월 5일, 12월 2일 세 차례 열렸다.

먼저 1974년 청문회의 쟁점은 무엇이었는지 살펴보고 그와 관계자들의 증언을 듣는 순서로 프레이저 청문회에 눈을 돌려 보자.

1974년 프레이저 청문회는 박정희의 유신 체제 아래 자행된 인권 유린을 표적으로 삼았다. 청문회는 미 행정부가 한국군 현대화 사업을 위해 제출한 당해 연도 군사 원조 계획을 둘러싸고 박 정권이 자행한 인권 유린과 연계하여 논의를 전개했다. 국무부 관리들은 북한의 위협이 심각하다는 입장에서 군사 원조를 그대로 해야 한다는 주장을 편 반면 헨더슨을 비롯한 주요 증인들은 인권 개선을 위해, 민주주의 회복을 위해 군사 원조에는 민주 회복의 틀 안에서의 인권 회복 조치를 조건으로 삼아야 한다는 논의가 초점이었다. 이런 과정에서 뚜렷한 쟁점으로 등장한 것이 주권 국가 국내 문제에 대한 '간섭' 문제였다. 또한 광범한 인권 탄압, 그중에서도 중앙정보부가 자백을 받기 위해 반인륜적인 고문을 자행한다는 문제가 제기되었다. 그뿐 아니라 박정희 정권이 유신헌법과 긴급조치를 선포한 이유가 무엇인가, 즉 박정희의 개인적인 권력욕인가, 또는 북한의 위협에 대처하기 위한 조치인가도 쟁점이 되었다. 그 밖에도 종교 탄압과 같은 문제가 불거져 나왔다.

먼저 인권 문제 개선을 위해 미국이 박 정권에 '간섭'할 수 있는가 하는 정당화의 문제를 살펴보자. 이는 헨더슨이 20대 후반의 젊은 외교관으로

의회 제2회의, 미 하원 외교위원회 아태 문제 소위 및 국제기구운동 소위가 공동 주최로 1974년 7월 30일, 8월 5일, 12월 20일에 개최했다.

서 1950년 11월 쓴 한국 정치에 관한 비망록에서 '간섭의 정치'를 주장한 사실을 생각하게 한다. 당시 헨더슨은 경제적·군사적 문제에 대폭적으로 간섭하는 미국이 정치 문제에 초연한 것은 위선이라고 비판하면서, 민주주의 정부의 확립을 위해 미국 대사가 적극적으로 이승만 독재 행태에 간섭해야 한다고 주장했다. 즉 미국은 국회를 중심으로 한 민주 정부를 수립하는 데 결정적으로 기여할 책임을 회피해서는 안 된다는 것이다.

1974년 프레이저 청문회에서도 한국 국내 문제에 대한 미국의 간섭 문제가 제기되어 정당화를 둘러싸고 논란이 일었다. 국무부를 대표해 참석한 험멜(Arthur Hummel) 아태 문제 담당 차관보 대리는 이른바 '조용한 외교'를 통해 인권 문제를 해결해야 한다고 주장한 반면 헨더슨을 비롯한 많은 증인들은 '간섭을 강화해야 한다'고 주장했다. 험멜과 질문 의원 간에 오고 간 다음과 같은 질의응답을 잠시 들어보자.

닉스(아태 문제 소위 위원장, 펜실베이니아) 의원: 그렇다면 이 사람들이 여하한 간섭이나 도움이나 또는 우리의 질문에 대한 답이 나오리라는 희망 없이 그저 고통을 당해야 하는군요. 그렇죠?
험멜: 아닙니다. 의원님. 우리가 택하고 있는 정책은 '무위(inaction)'가 아니라는 점입니다. 우리는 우리의 견해를 모든 단계의 한국 정부 사람들에게 적절한 방법으로 적절한 개인적 대화로 분명히 하고 있습니다. 이것은 아주 오랫동안 행해져 오고 있습니다.
우리는 우리의 걱정을 일반적인 도덕적 근거에서 밝혔으며, 유엔 헌장에 의한 한국 정부의 의무와 그 행동이 인권에 미치는 결과를 지적했습니다. …… 다시 말하면 우리는 정당하다고 생각되는 수단을 통해, 즉 사적인 대화를 통해 우리의 견해를 분명히 밝혔다는 점에서 우리가 아무것도 하지

않았다는 결론은 공정하지 않다고 말씀드립니다.

닉스: 여기에서 내가 한 가지 말씀드릴 것이 있군요. '우리가 오랫동안 우리의 견해를 밝혀왔다', '우리는 구체적으로 견해를 제시했다', 그것은 의심 없는 사실입니다. 그러나 그 오랜 기간 우리는 노력으로부터 만족스러운 결과는 하나도 얻지 못했군요.

험멜: 결과는 거의 없다고 인정하겠습니다(프레이저 청문회 기록: 25쪽).

위의 질의응답에서 본 바와 같이 미국의 '조용한 외교'는 박 정권에게 전혀 먹혀들어가지 않는다는 것을 바로 조용한 외교를 주장하는 국무부 증인이 솔직히 고백한다. 그렇다면 대안은 무엇인가. 라이샤워 교수는 다음과 같이 주장한다.

사람들은 우리가 다른 국민의 국내 문제에 간섭해서는 안 된다고 합니다. 나는 그 말이 옳다고 강하게 믿지만, 미군 3만 8,000명의 주둔과 군사 원조야말로 엄청난 간섭이라고 지적하고자 합니다. 만일 우리가 이를 줄인다면 어느 쪽이냐 하면 간섭을 늘리는 것이 아니라 줄이는 쪽일 것입니다.

남한 국민은 확실히 우리가 간섭하고 있다고 생각하고 있습니다. 그들은 지금 존재하는 억압 통치를 우리가 찬성하지는 않더라도 용인하고 있다고 보고 있을 것입니다. 그들은 우리가 국가 이익을 위해 한국 국민의 인권을 기꺼이 희생시키려 한다고 생각할 것입니다. 따라서 한국 국민 모두는 우리가 박 정권을 위해서 간섭했고 간섭하고 있다고 의심 없이 믿을 것입니다. …… 나는 전혀 [미군] 철수를 권고하지 않습니다. 한국은 아직 위험한 곳이라고 생각합니다. 우리는 효과적으로 그 나라의 방위에 공헌할 수 있는 방법을 찾아야 합니다만 국민의 지지를 잃고 있는 정권을 가지고는 할 수 있는 방법이 없습니다.

한국 정부가 다른 방향으로 가도록 권고하기 위해 무엇인가 해야만 합니다. 우리는 지금 그들을 비판했습니다. 우리는 때때로 그들에게 말해보기도 했습니다. 우리의 항의는 완전히 무시당했기에 모욕을 받은 것이나 다름없습니다. 즉 우리는 손가락으로 안 된다고 시늉하는 것을 연습한 것으로 끝내고 만 것입니다.

무엇인가 분명한 것, 무엇인가 가시적인 것을 해야 합니다. 그 방법은 내 생각으로는 군사 원조를 삭감하고 우리의 군대 중 일부를 철수하는 것입니다. 단, 이것은 사태가 잘못되어가기 때문에 행해진다는 점을 분명히 해두어야 할 것입니다.

우리가 만일 이것을 결연하게 한다면, 메시지는 분명해질 것입니다. 아마도 박 대통령은 방향을 돌릴 것으로 봅니다만, 그러나 독재자가 방향을 돌리는 것은 결코 쉽지 않다는 것을 압니다. 만일 그가 할 수 없다면, 할 수 있는 다른 사람도 있습니다. 한국은 빙하와 같이 천천히 민주주의 형태의 정부로 가던 때, 지금보다 훨씬 더 큰 민권과 자유가 있었던 때로 돌아갈 수 있는 것입니다(같은 기록: 52~54쪽).

조용한 외교는 통하지 않는다

라이샤워는 조용한 외교보다는 무엇인가 분명한 메시지가 필요하다고 역설한 것이다. 이것은 헨더슨이 사반세기 전부터 일관되게 주장한 내용이다. 우리가 제7장에서 보게 될 것처럼 그는 초창기 이승만 정권의 독재적 행태를 보고 장문의 비망록을 통해 '간섭의 정치'를 주장했다. 이제 헨더슨은 프레이저 청문회에서 이 문제에 관해 어떤 증언을 하고 있는지 살펴볼 차례다.

험멜 씨와 국무부는 한국 정부와 이 나라에 있는 KCIA와는 전혀 달리 그들이 말하는 이른바 "외국의 국내 문제에 대한 간섭"으로부터 발을 빼고 있습니다. 이런 태도가 우리의 행동을 무력하게 하고 있으며 지난 30개월간 미국의 대한정책에 거의 전면적 실패를 가져다준 것입니다.

그러나 미국은 1945년 9월 이래 매일 대량의 간섭을 하고 있습니다. 어떤 나라가 인디애나 주 규모의 발전도상국에 60억 달러의 군사 원조를 줄 수 있겠습니까? 그런데도 이것이 그 나라의 정책, 정치, 그리고 통치와는 무관하다고 태연하게 지껄이고 있습니다.

그것이 파괴적인 결과를 가져오고 있는 것입니다. 우리가 파괴하고 있는 것은 우리나라의 목적과 정책이며, 또한 한국인들의 자유로운 정치의사입니다.

그런데 우리 정부는 무엇을 하자고 하는 것입니까? 정부는 작년보다 30% 더 많은 무기를 주자고 하고 있습니다. 민주주의가 더욱 잘 파괴될 수 있도록, 한국인들의 의사가 더욱 효율적으로 질식될 수 있도록 말입니다.

미국 정부는 그 이상을 제안하고 있는데, 나는 여기서 험멜 씨 증언에서 다시 인용하겠습니다. 그것은 과거 3년 동안 완전히 실패한 이른바 '조용한 외교'입니다. 그것은 미국의 무기를 수단으로 한 억압, 그것이 곧 간섭인데, 그 간섭에 대한 모든 제한과 통제를 제거하는 '불간섭'을 제안하고 있는 것입니다.

한국 학생, 교회 신도, 지식인들은 우리들이 꼭 들어야 할 말을 하고 있습니다. 그것은 한국인들이 우리의 침묵을 인권 탄압을 용인하는 것으로 믿고 있기 때문에 미국의 정책은 그들의 영구적인 증오를 낳는다는 것입니다.

나는 파멸적인 안보 결과와 우리의 친구들에게 닥친 위험에 대한 처방으로 지금 행정부로부터 의회에 계류된 이 법안보다 더 나은 것은 없다고 봅니다. 대한정책은 이미 미국의 작년도 외교 정책 실패 가운데 가장 큰 것입니다.

나는 우리가 더 많은 자원을 가지고 출발했으나 [한국의 사례처럼] 그렇게 치욕적인 실패로 끝을 낸 사례를 알지 못합니다. 30% 더 많은 무기와 20% 더 많은 침묵은 그러한 실패를 심화시킬 뿐입니다. 사실상 우리는 이렇게 말하고 있는 셈입니다. 당신들이 살고 싶다면 독을 먹어라. 작년도 처방이 당신을 죽이지 않았다면 금년도 30% 더 먹어라. 그리고 금년도 말에 가서 아직 살아 있는지 봐라(같은 기록: 95쪽).

헨더슨은 여기서 서울에서 그를 냉혈하게 추방하는 데 앞장선 버거 대사가 실행한 조용한 외교를 생각했을 것이다. 그의 조용한 외교가 결국 박정희가 민간복으로 갈아입고 대통령으로 출마하게 해주었으며, 10년 뒤에 그가 유신 독재를 선포하고 인권을 탄압하는데도 미국은 여전히 조용한 외교로 그의 민주주의 탄압을 도와주고 있지 않은가!

반인륜적인 고문

다음으로 한국의 인권 상황 중 두드러지게 드러난 문제가 중앙정보부가 자행하는 고문 실태였다. 이는 국제사면기구(Amnesty International)의 의뢰로 한국의 인권과 사법 상황을 현지 조사한 버틀러(William Butler) 변호사의 증언을 통해 드러났다.

헨더슨은 그가 1963년 3월 서울에서 추방당하기 얼마 전, 박정희-김종필의 공산주의 전력 보고서에서 김종필이 만든 중앙정보부가 무소불위의 권력을 휘둘러 민주 제도를 말살한다고 지적한 바 있다. 이제 프레이저 청문회에서 인권 유린과 관련해 여지없이 드러난 것이 중앙정보부라는 악마의 얼굴이었다. 중정이 자행한 반인륜적인 고문 실태가 여지없이 드러난 것이다. 먼저 버틀러 변호사의 증언을 들어보자.

최근 군법회의 재판에 회부된 32명의 학생들을 변호하는 6명의 변호사 모두가 내게 알려왔는데, 그들의 의뢰인이 전한 바에 의하면 중앙정보부는 '자백'을 받기 위해 그들에게 여러 가지 방법으로 고문을 자행했다는 것입니다. 변호사들은 이 보고서에 언급된 고문의 구체적인 방법을 말하고 있는데, 그것은 콧구멍 속으로 냉수 붓기, 극도로 지치게 만들기, 취조실 옆방에서 비명이 들리게 하기, 수감자 신체에 대한 구타 등이라고 합니다.
국민적 시인 김지하는 고문당했다는 증거를 제시했습니다. 저명한 지식인이며 발행인이자 전직 국회의원인 장준하가 증언한 바에 의하면, 그를 거꾸로 매달아놓고는 동시에 몸에 불을 지폈다는 것이었습니다. 서승은 일본 태생의 서울대 학생이었는데, 감옥에 들어갈 때는 잘생긴 청년이었지만 법정에 섰을 때 흉하게 탄 몸과 얼굴을 보였습니다. 그의 귀와 눈썹은 사라졌으며 손가락은 붙들어 맨 채였습니다. 취조 기록에 서명하기 위해 족문(足紋)을 사용하지 않을 수 없었습니다. 정부의 설명에 따르면 그가 이런 외모를 갖게 된 것은 스스로 스토브의 끓는 기름에 뛰어들었기 때문이라는 것입니다. 내게 들어온 보고에 따르면 다른 고문 방법도 사용되는데, 바로 사람들의 음부에 전기 충격을 가하는 것입니다(같은 기록: 35쪽).

중앙정보부가 자행한 인권 유린과 고문에 대해서 헨더슨은 좀 더 구체적이고 생생하게 진술한다. 그는 "남한의 정치적 탄압"이라는 성명을 공식 기록에 첨부했는데, 여기서 남한의 긴급조치가 파시스트와 공산-전체주의 아래 히틀러와 스탈린이 자행한 정치 탄압과 진배없다고 주장한다. 곧 히틀러나 스탈린과 같이 박정희가 대내적 탄압이 필요하다는 변명으로 대외적 위협과 음모 이론을 사용한다는 것이다. 그는 먼저 중정이 자행한 반인륜적인 고문 사례로서 최종길 교수의 경우를 다음과 같이 말한다.29

몇몇 사람은 살아서 이야기를 전하지 못합니다. 최종길 교수는 서울대학교의 저명한 형법학 전문가이며 노골적인 공산주의 비판가인데, 1972년 10월 중순 교수회의에서 캠퍼스 군대 주둔에 관해 비판했다고 하여 중앙정보부가 감쪽같이 몰래 연행해 갔습니다. 10월 25일 중앙정보부는 '간첩단 일망타진'을 발표하면서 최 교수가 중앙정보부 건물 7층 욕조실에서 뛰어내려 자살했다고 발표했습니다. 그의 아내는 시신을 보는 것이 허용되지 않았습니다. 그날 저녁 같은 건물에 구금된 학생이 보고한 바에 의하면, 그의 감방 밖의 한 사람이 "누군가를 즉시 병원에 데려가야 한다"고 말했다는

---

29 최종길(崔鍾吉) 교수의 의문사 사건은 중앙정보부가 10월 25일 최 교수가 "스스로 간첩 혐의를 자백하고 중앙정보부 건물 7층에서 투신자살했다"고 발표한 것인데, 이에 계속 의문이 제기되었지만 국내 언론은 거의 이를 다루지 않았다. 그러나 1973년 12월 24일자 《파 이스턴 이코노믹 리뷰》가 최 교수의 자살에 대해 심각하게 의문을 제기했다. 그 다음해 7월 30일과 8월 5일 열린 프레이저 청문회에서 버틀러 변호사와 헨더슨이 최 교수가 고문에 의해 타살당했다고 주장함으로써 이 사건이 세상에 널리 알려졌다. 그해 12월 천주교 정의구현사제단이 전기 고문에 의한 타살로 규정한 뒤 진상 규명을 요구하는 사회적 여론이 확산되었다. 그러나 최 교수의 고문 타살에 대해 정부기관의 책임이 인정된 것은 김대중 정부가 들어선 뒤였다. 2000년 10월 의문사진상규명위원회가 발족되어 2002년 5월 27일 "민주화 운동과 관련되며 위법한 공권력의 행사로 인하여 사망하였으므로 의문사 진상 규명에 관한 특별법에 따라 구제 조치를 취한다"고 결정했다. 2006년 2월 14일 서울고등법원은 유족들이 국가를 상대로 낸 소송에서 18억 4,000만 원의 배상 판결을 내렸는데, 유족들은 이를 인권 연구에 써달라며 사회에 환원했다.

것입니다. 그런데 이상한 일은 간첩단 사건 발표 뒤 이 사건에 관해 더 이상 듣지 못했다는 것입니다(같은 기록: 88쪽).

헨더슨은 "남한의 정치 탄압"에서 "고문"(같은 기록: 89~90쪽)이라는 항목을 따로 두어 자세히 진술한다. 그는 처형은 드물지만 고문은 '도처에서' 자행된다면서 고문 희생자의 사진을 제시하는가 하면 구체적 고문 방법을 고발한다. 막사이사이 상 수상자이며 ≪사상계(思想界)≫ 발행인인 장준하(張俊河, 1918~1975)의 경우 중정 서빙고 분실에서 '칭기즈칸 통닭구이(Genghis Khan cooking)'라는 고문을 당했는데, 벌거벗긴 알몸을 거꾸로 매달고 불로 지져댔다는 것이다.

다른 고문 방법 중에는 '전화 걸기(telephone)'가 있는데, 이는 가해자가 피해자의 성기에 연결된 전선을 통해 말을 하면 그 목소리의 높낮이에 따라 충격이 가해진다는 것이며, '비행기 태우기(aeroplane)'의 경우 몸을 매달아 물로 숨을 막고는 매질을 하거나 한없이 빙빙 돌린다는 것이다.

재일 교포 출신 서울대생인 서승의 경우, 끔찍한 모습의 사진을 제시하면서 1971년 8월 27일 제3회 공판에서 그의 모습을 본 일본인 친구들의 목격담을 싣고 있다. "우리는 서의 모습을 보고 커다란 충격을 받았습니다. 우리는 온몸이 중화상을 입어 처참한 그의 모습에서 눈을 돌리지 않을 수 없었습니다. 몸에서 얼굴에 이르는 피부에 끔찍한 화상 흉터가 남았습니다. 그 화상으로 인해 귀와 눈썹은 없어지고, 손가락들은 매달려 있었습니다. 입술도 마찬가지였습니다. 당국은 강제된 중한 화상으로 망가진 손가락 대신 발가락으로 무의식 상태에서 서명하게 했다고 합니다."

헨더슨은 이 청문회 증언에서 반인륜적인 고문 외에 사법 절차의 문제점을 심도 있게 따진다. 정부는 공산주의 음모를 내세워 야당 인사들을 때려잡는 것이 거의 습관이 되었는데, 이 과정에 법원이 동원된다는 것이다. 그는 1949~1950년 국회의원 13명의 프락치사건 재판이 전형적인 예라고 하면서, 그것이 한국의 공산당 음모 재판의 원형을 이뤘다고 설명한다. 그 뒤 1952년 부산 정치파동 때 7명의 국회의원에 대한 음모 재판, 1959년 조봉암의 음모 재판, 1962년 박정희 쿠데타 후 빈번한 정치 재판 등을 예시적으로 열거한다.

박정희 정권이 채택한 유신 체제에 대하여 헨더슨은 특히 그것이 북한 공산주의자들의 위협에 대처하기 위한 불가피한 선택이라는 주장을 일축한다. 그는 구체적인 숫자를 예시하면서 북한의 DMZ와 배후 지역에서의 정전 협정 위반 사건이 1969년 이래 현저하게 줄었다고 지적한다.[30] "현재 북한의 위반은 6, 7년 전보다 1% 또는 그 이하"라는 것이다. 게다가 한국은 북한과는 달리 베트남전에서 전투 경험을 쌓은 군대를 지니고 있다고 했다.

따라서 대한 군사 원조를 취소하더라도 남한의 안보를 무너뜨리거나 약화시키지 않을 것이라고 장담하면서 오히려 군사 원조를 늘리는 것은 소련을 자극하여 북한에 더 많은 군사 원조를 하게 함으로써 군비 경쟁을 초래하고 전쟁의 위험을 높일 것이라고 주장한다. 따라서 이는 남북 간의 접촉을 촉진하기보다는 장애를 줄 것이라고 내다보았다.

마지막으로 그렇다면 박 정권이 유신 체제를 채택한 진짜 이유는 무엇일까? 이 질문에 대한 대답으로는 오글 목사의 증언이 인상적이다. "그저 박정희가 정권의 포기를 거부한 것이 진짜 이유지요." 그는 계속해서 다음

---

30 그가 제시한 군 사정위원회 자료에 의하면, 정전 협정 위반은 1967년 829건, 1968년 761건, 1969년 134건, 1970년 106건, 1972년 1건, 1973년 7건, 1974년 현재까지 4건이다. 「남한의 인권: 미국 정책을 위한 의미」(1974a): 93쪽.

과 같이 설명한다.

그는 국민에게 단지 두 번 대통령을 하겠다고 약속했는데, 1969년 약속을 깨고 세 번 연임을 허용하는 헌법 개정을 밀어붙인 것입니다. 그는 김대중이라는 사람에게 1971년 선거에서 거의 패배당할 뻔했습니다. 그리고 이제 세 번 연임한 뒤 퇴임한다는 약속을 지킬 필요 없이 헌법을 모두 폐지하고 유신 체제를 세운 것입니다(같은 기록: 134쪽).

그런데 박정희가 유신 체제를 앞세워 종신 대통령의 권력욕을 채운 것이 사실이라면, 그것은 미국의 대한정책 요인을 빼놓고서는 설명하기 어렵다. 1961년 박정희 쿠데타 뒤에 박정희가 민정 이양의 약속을 어겼을 때만 하더라도, 미국은 자유세계 앞에 한국 민주주의가 무너진다는 외양을 용인하여 체면을 구길 필요가 없었다. 따라서 케네디 행정부는 원조를 당근으로 하여 박정희에게 압력을 행사한 것이 사실이었다. 그것이 박정희가 군복을 벗고 대통령이 되는 길을 열어주었다 하더라도 민선이라는 외양을 갖추도록 압력을 행사했다는 것은 이미 살펴보았다. 그 과정에서 박정희 그룹의 눈엣가시가 된 헨더슨이 서울로부터 추방당했던 것이다.

그러나 미국의 베트남전 개입은 그 뒤 한미 관계의 사정을 크게 바꿔놓았다. 미국은 베트남전의 수렁에 점점 더 깊이 빠져들고 있었고, 거기서 탈출하기 위해 지푸라기라도 잡는 심정으로 1965년 말 박정희에게 한국 전투병의 베트남 파병을 요청한 것이다. 미국의 이 베트남 파병 요청이야말로 박정희에게는 코언과 베이커가 말하듯 '정말 하늘이 준 기회'였다 (Cohen and Baker, 1991: 174쪽).

한국의 베트남 파병은 미국이 아직도 갖고 있던 박정희의 공산주의 전력에 관한 의구심을 없애주었을 뿐만 아니라 베트남 수렁에 빠진 미국에게 커다란 구원의 손길이었다. 박정희는 이 기회를 놓치지 않고 잡았다. 더 나아가 미국이 원하는 일본과의 국교 정상화도 이뤄냈다. 미국의 대아시아 정책은 일본을 반공의 축으로 삼는다는 점에서 이 축에 한국을 끌어들인다는 것은 중요한 정책 목표가 아닐 수 없었다.

미국으로서는 이 여순 사건 가담자이며 일본군 장교 출신의 박정희라는 군사 독재자에게 신임과 당근을 주는 대신, 베트남 파병과 대아시아 정책의 목표인 한일 국교정상화를 얻어내지 않을 수 없었던 것이다. 사실 그때 이후 미국이 박정희에게 준 당근은 어마어마한 것이었다. 1964년 1억 2,400만 달러에 불과했던 군사 원조 비용은 1969년 거의 네 배나 뛴 4억 8,000만 달러로, 다시 1971년에는 5억 5,600만 달러로 치솟았다(프레이저 청문회 기록, 174쪽).

그러나 미국이 박정희에게 준 엄청난 군사 원조는 대가도 치러야 했다. 북한이 날카롭게 대응한 것이다. 북한은 일련의 군사 도발을 일으켰는데, 그 절정은 1968년 1월 21일 북한 특수부대의 청와대 습격 사건이었다. 또한 북한은 미국에 대해서도 강경하게 대응했다. 푸에블로 호를 나포하는가 하면, EC-121 정찰기를 격추시키는 등 강경 일변도로 대응해 한반도의 긴장을 일촉즉발 상황에까지 몰고 가는 모험을 감행했다. 북한의 이러한 모험주의가 박정희 독재의 손을 들어주는 데 한몫을 한 것도 사실이었다. 박정희에게 독재에 대한 변명거리를 준 것이다.

닉슨 행정부와 그 뒤를 이은 포드 행정부 시절, 한국의 인권 상황은 더욱 악화되었다. 이들 공화당 행정부가 박정희 군사 통치의 처음 10년간 그나마 최악의 인권 유린을 막기 위해 행사하던 영향력을 포기해버린 것이다. 미국 정부는 "다른 나라의 국내 문제에 대해 불간섭"한다는 '구태의연한 말'(같은 기록: 175쪽)을 들먹이면서 박정희의 독재에 손을 들어주었다.

이는 프레이저 청문회 증언대에 선 험멜 국무부 아태 문제 차관보 대리가 말한 증언에서도 잘 드러났는데, 헨더슨과 라이샤워가 이를 규탄했던 것이다. 더욱 중요한 것은 이 불간섭이라는 이름의 미국의 위선적 정책이 박정희가 아무런 제약 없이 유신 독재의 길로 갈 수 있는 '가장 명백한 신호'를 주었다는 점이다. 따라서 베트남전의 잘 알려지지 않은 두 전사자(戰死者)가 생겼는데, 하나는 한국의 민주주의요, 다른 하나는 한국인의 인권이라고 코언과 베이커는 결론을 맺는다(같은 글: 176쪽).

이렇게 볼 때 박정희가 선포한 유신 체제는 헨더슨이 시종일관 규탄해 온 미국 대한정책의 맹점, 즉 불간섭이라는 위선 아래 박정희가 선도하고 미국이 악어의 눈물로 받아들인 한미의 합작품인 셈이다.

그런데 유신 체제가 한미 합작으로 이뤄졌다고 하더라도 한국의 인권 침해 문제를 둘러싸고 의회가 전적으로 행정부의 입장에 동조한 것은 아니었다. 미 의회는 1973년 외국원조법에 따라 한국 인권 상황을 군사원조와 연계시켜 청문회를 통해 박 정권에 압박을 가하고 있었던 것이다. 이 청문회 결과는 의회가 국군 현대화 계획에 영향을 주는 지렛대 역할을 했다. 게다가 1976년 카터 대통령 후보는 인권 외교와 철군 문제를 들고 나온다.

박정희는 이 청문회에 대응해 대통령 긴급조치를 풀기도 하고 강화된 새로운 긴급조치를 선포하기도 하는 등 겉으로는 신축성 있게 대처해 나갔다. 1974년 8월 23일 긴급조치 1호와 4호를 해제하는가 하면 1975년 2월 15일 긴급조치 1호 및 4호 위반자 중 민청학련 관련자를 포함해 전원을 석방했다. 단 인혁당 사건 관련자 및 반공법 위반자를 제외한 석방이었다. 그러나 그것도 잠깐, 5월 13일 더욱 강력한 긴급조치 9호를 발동하여 박 정권이 강행하는 인권 탄압의 방향이 어디로 가는지 어리둥절하게 만들기도 한다. 1976년 프레이저 청문회는 이러한 상황에서 열렸다.

한국 CIA는 '국가 안의 국가'

헨더슨은 1976년 3월 17일 또다시 프레이저 청문회에 참석해 증언을 했다. 이때 그의 증언은 미국 내 한국 CIA 요원들의 불법 활동에 관한 것이다.[31] 그는 이미 5·16 쿠데타 핵심 인물인 박정희-김종필 공산주의 전력 보고서에서 김종필이 주도한 중앙정보부가 무소불위의 '국가 안의 국가'라고 규정하고 그것이 정치 불안을 증폭시키는 주요 요인이 되고 있음을 경고한 바 있다. 그는 이 증언에서 다음과 같이 말한다.

의장님, 1961년 5월 16일 쿠데타가 일어나고 한국 CIA가 한국 정치의 드라마에서 유령 같이 나타났을 때 나는 미국 대사관에 경고한 일이 있는데, 만일 그런 기관이 한국에서 출범된다면 그 활동을 감당할 수 없으며, 혁명을 하지 않는 한 어느 집단도 그 성장을 막을 수 없다고 했습니다. 나는 이러한 예측이 너무 잘 맞았다고 생각합니다. 대부분의 미국인들은 상상할 수 없지만, 이 거대한 국가 안의 국가가 인간과 인간을 거의 무한정 맞싸우게 만들고, 나라 전체에 의구심을 심으며, 건설적인 정치 노력을 파편화하며, 세계에서 가장 활동적이며 오랜 전통을 가진 정치적 유산을 변형하여 단절되고 의심하며 공포에 떠는 인간들의 자조와 무관심으로 만들고 있다

---

31 이 증언은 헨더슨 프락치사건 자료 중, "미국 내 한국 중앙정보부 활동(The Activities of the Korean Central Intelligence Agency in the United States)"이란 제목으로 수록되었다. 하원 국제관계위원회 국제기구 소위원회 증언, 1976년 3월 17일.

는 사실입니다.

헨더슨은 한국 중앙정보부가 '국가 안의 국가'로서 10만~30만 명으로 추정되는 관료, 지식인, 기관원, 깡패로 구성된 '거대한 어둠의 세계'로서 나라를 실질적으로 통치하며, 각급 정부 부서는 경제 부서를 제외하면 대외적 얼굴에 불과하다는 것이다. 한국 정부의 해외 주재 대표인 대사 및 총영사들도 어떤 면에서 '얼굴 마담 격(semi-respectable facade)'이며 실질적인 대표는 외교관이나 영사 직위를 달고 있는 이들 정보부 요원이라는 것이다. 헨더슨은 당시(1976년) 미국에 적어도 17명의 중앙정보부 요원들이 워싱턴 대사관 및 몇 개 총영사관에 외교관 직위를 달고 움직이고 있으며, 그 밖에 미국 주재 한국 회사 지점과 교포들 가운데 묻혀 있는 수많은 비밀 요원, '가장 요원(sleepers)', 전문 제보자, 접촉자들이 한국인 교포 사회를 통제하고 있다고 폭로한다. 그는 한국 중앙정보부가 한국 사회를 통제하던 역할이 한국에 14년간 자리 잡아 정착했고, 그 통제가 지금 미국 내 소수 민족인 한국인 교포들에게 미치고 있다고 지적했다.

그는 중정 부서의 8개국의 기능과 행태를 차례대로 설명하면서 특히 방첩 업무를 맡고 있는 제3국, 대내 정치와 치안을 맡고 있는 제5국, '더러운 수법(dirty tricks)', 파괴 활동, 암살 등을 도맡아 하는 제6국을 문제 삼았다. 제3국이 방첩이라는 이름으로 벌이는 활동은 흔히 범죄적 활동에 해당한다면서, 이른바 '동백림 간첩단 사건'(1967~1968)과 서울법대 최종길 교수의 고문 살해 사건이 이 제3국과 제6국이 관련된 소행이라고 말한다. 동백림 간첩단 사건에서 요원들이 외국에서 합법적으로 살고 있는 한국인들을 몰래 잡아들여, 몇 사람은 북한에 살고 있는 가족과 관련해 북한 당국과 접촉했다는 빈약한 증거로 사형을 선고했는데, 이는 서방 세계 법원이 유지하는 최소한의 기준에도 부합하지 못하는 엉터리 재판이라고 지적한다.

중정 제6국의 활동과 관련해 헨더슨은 1973년 8월 김대중 납치 사건이 이 국의 소행이라며, 특히 흥미를 끄는 점은 워싱턴 주재 최고 정보책임자인 이상호, 참사관 최홍태, 이등서기관 박정일이 김대중이 도쿄에 간 그 시점에 그곳에 갔고, 납치 사건 뒤 워싱턴에 귀임한 점이라고 ≪뉴욕타임스≫ 1973년 8월 17일자 기사를 인용한다.

헨더슨이 이 증언에서 가장 강조한 것은 제5국의 활동이다. 이 제5국의 활동이 국내 정치를 옥죄고 있으며, 1975년 발동한 대통령 긴급조치 제9호를 시행하는 책임을 지고 있다는 것이다. 특히 그는 제5국의 활동이 외국에까지 미치고 있다고 설명하면서 미국과 한국 사이를 오가는 모든 우편물이 검열받고 있다고 증언한다. 그는 이어서 자신이 겪은 사례를 제시한다.

미국의 고위 관리로부터 들은 바에 의하면, 내가 학자로서 연구하고 있는 사건을 위해 한 한국 시민이 사건에 관련된 비밀 해제된 몇몇 문건을 수집하고 번역하는 일을 자원했는데, 한국 CIA[중앙정보부] 요원들로부터 그 일을 그만두라는 말을 들었다는 것입니다. 이 사건은 박정희 정부가 들어서기 12년 전[1950년]에 일어난 것인데도 말입니다. 분명히 이 요원들이 이 사건에 관련된 편지를 가로채서 읽은 결과입니다. 정말로 이 한국인은 어처구니없는 행패를 당했는데, 분명히 한국 CIA가 고용한 깡패들이 욕설을 퍼붓고는 다른 직원들이 보는 앞에서 그를 구타했다는 것입니다. 그의 동료 직원들은 똑같이 당할까 두려워 아무 도움도 주지 못했다고 합니다.

현대 한국에 관한 미국 학계의 연구에 대해 필요한 만큼은 지원이 이뤄지고 있지 않지만 우리가 5만 명을 희생하고 1,600억 달러를 쏟아부은 나라를 이해하기 위해 반드시 필요한 일입니다. 그런데도 이 연구가 한국 CIA의 행태로 인해 이렇게 방해받고 있는 것입니다.[32]

이어서 헨더슨은 대통령 긴급조치 9호와 더불어 1973년 3월 19일 개정된 형법은 한국인이 외국인이나 외국 특파원과의 대화에서 정부를 비방할 경우 7년형을 규정하고 있다면서 이는 미국의 언론과 학문의 자유를 위협하고 있다고 지적한다. 만일 한국 학생들이 지난 14년간 한국 현대사에 관해 쓴 박사 논문이나 학술 논문이 비판적이라고 간주되면 '국사범'으로 낙인이 찍혀 취업이 불가능해진다고 하면서 그 자신이 몇 가지 사례를 알고 있다고 말한다. 그러나 그 몇 가지 사례는 당사자들의 개인 보호 차원에서 밝히지 않았다. 그로부터 20년 뒤 커밍스는 적어도 한 가지 사례를 다음과 같이 밝히고 있다.

지금 서울의 최고 대학 중 한 대학의 교수인 또 다른 내 친구는 미 군정 기간에 외국 대학에서 한국 정치에 관한 박사 논문을 썼다. 그가 1970년대 중반 서울에 돌아갔을 때 그는 중앙정보부 남산 본부에 끌려갔고, 취조관은

---

[32] 헨더슨이 이 증언을 하면서 자신이 연구하는 사건이 무엇인지 밝히지는 않으나, 그가 박 정권이 들어서기 12년 전이라고 말하고 있는 점으로 보아 국회프락치사건(1949~1950)이 분명하다. 이는 아마도 그의 연구를 도와준 한국인을 보호하기 위한 배려라고 추정할 수 있다. 그는 당시 프락치사건 관련 자료에 대한 연구를 1972년부터 사회과학연구협의회의 지원금으로 진행하고 있었으나 무슨 영문인지 완료하지 못했다. 중앙정보부가 뒤에서 공작한 음모가 헨더슨의 프락치사건 연구를 방해한 것은 아닐지?

그를 전기 고문 장치에 매고는 그의 박사 논문에서 관련 부분을 읽기 시작하면서 왜 이걸 썼느냐 왜 저걸 썼느냐 하며 고통을 주었다. 고문 가해자들은 예술가인 그의 아내를 불러들여 전화기를 통해 남편이 지르는 비명을 들을 수 있게 했다. 약 5년 뒤 이 사람은 미국에 교환교수로 왔을 때 내게 식료품 상점에, 다음 주류 판매점에 태워다 달라고 했다. 그는 아직도 위스키를 약간 들이키지 않고는 잠을 잘 수가 없었다. 그의 부인은 극도의 신경병에 시달려 자신의 경력을 지속할 수 없었지만, 다행히 회복되어 1980년대에 직업에 복귀할 수 있었다. 이 가족은 힘깨나 쓰는 개인적인 연줄을 통해 구제받았지만 다른 사람들은 그다지 운이 좋지 않았다(Cumings, 2000: 371쪽).

커밍스는 1974년 '남산 여행(the trip to Namsan)'을 경험한 오글 목사[33]가 겪은 체험도 전하고 있다. 오글은 1974년 '고문 같은 심문(third degree)'을 17시간 동안 줄곧 받았는데, 중정 제6국장 이용택은 기독교 목사가 어떻게 사회주의자로서 반역죄로 처형당할 8명(인민혁명당 재건 사건 사형수들)을 변호할 수 있느냐고 캐묻는 것이었다. 그는 그들 중에 "하재원이 북한 방송을 듣고 김일성의 연설을 복사한 것을 알았는가?"라고 힐난했다. 이것이 하재원이 공산주의자라고 이용택을 확신시킨 주요 사실인 듯하다. 그리고 이용택은 다음과 같이 감정에 복받친 독백을 하는 것이었다.

---

[33] 조지 오글 목사는 개신교(감리교) 소속으로 한국에서 목회 활동을 하다 이른바 인혁당 재건위 사건이 조작되었음을 알고 제임스 시노트(James P. Sinnott) 신부와 함께 이를 세상에 알리는 일을 하다 1974년 12월 추방당했다. 시노트 신부도 이 사건 관련자 8명에게 1975년 4월 8일 대법원이 사형을 확정하고 그 다음날 집행해버리자 격렬한 항의를 벌이다 그해 4월 말 추방당했다. 오글 목사는 프레이저 인권청문회에 나와 한국 인권 상황에 관해 증언했다.

"이놈들은 우리의 적이다"라고 그는 외쳤다. "우리는 그놈들을 죽여야 한다. 이것은 전쟁이다. 전쟁 중에는 크리스천도 방아쇠를 당기고 적을 죽인다. 우리가 그들을 죽이지 않으면 그들이 우리를 죽인다. 우리는 그들을 죽일 것이다!"(같은 책: 371쪽).

결론적으로 헨더슨은 미국은 자국 안의 중앙정보부에 의한 모든 불법적이며 탄압적인 활동을 반대해야 하며, 이 중 가장 나쁘고 또한 도처에서 일어나고 있는 활동이 미국 사회에서의 자유와 안전을 약속받은 한국인 또는 한국계 미국인들을 미국 안에서 통제하려는 짓이라고 지적한다. 헨더슨이 묻고 있는 것은 도대체 미국이 인간들이 도망쳐 나오길 원하는 바로 그 독재 체제를 나라 안에까지 끌어들여놓고 압제받는 사람들의 피난처로서의 전통을 어떻게 유지할 수 있겠는가 하는 것이었다.

3. 도자기 사건에 휘말린 헨더슨

헨더슨 등이 공개적으로 요구한 한국 청문회가 1974년 7월 말 열리게 될 즈음, 그는 이른바 '도자기 사건'에 휘말린다. 그것은 박정희 정권의 수뇌들이 헨더슨을 음해하기 위해 조작한 캠페인이었다. 1974년 6월 18일 문공부 산하기관인 문화재보호협회 회장 이선근은 국내외 기자들을 불러 회견을 열고, 헨더슨이 소장한 한국 전통 도자기 등 143점의 문화재는 그가 외교 특권을 이용해 불법적으로 반출한 것이니 한국에 되돌려주어야 한다고 주장했다.

당시 이 기사는 권력의 통제 아래 있던 한국의 대중 매체들이 대서특필했으며 일부 국제 매체에도 실렸다. 헨더슨에 대한 이 음해 캠페인이 시작되기 3주 전, 헨더슨과 코언 교수가 함께 1974년 5월 28일자 ≪뉴욕타임스≫에 글을 기고해 박정희가 발동한 긴급조치는 소련의 전체주의 통제보다도 더 반민주적이며 미국 의회는 청문회를 열어야 한다고 요구한 바 있다는 것은 앞에서 살펴보았다. 따라서 이 음해 캠페인이 박 정권이 급조한 것이었음은 앞뒤 맥락으로 보아 불을 보듯 뻔한 것이었다.

그러나 이 검은 음모가 설령 프레이저 청문회에 증인으로 참석하기로 되어 있는 헨더슨의 입을 막기 위한 '잔꾀'에 불과했더라도, 헨더슨으로서는 자신의 인격적 성실성에 대해 세인들의 의심을 받게 되는 일이 아닐 수 없었다. 예컨대 ≪조선일보≫는 1974년 6월 20일자 사회면 왼쪽 머릿기사로 이 음해 캠페인을 다루면서, 이선근 문화재보호협회장이 "헨더슨 씨에게 문화재를 되돌려줄 것을 요청"했으며 "헨더슨 씨 외에도 모 유럽 국가의 전직 대사 등 다른 나라의 외교 사절들이 우리 문화재를 선물 또는 밀매입 형식으로 많이 수집해 갔으며 일본에도 다량 반출돼 있는 것으로 알려져 헨더슨 씨의 경우가 어떻게 처리되느냐가 다른 케이스 해결의 선례가 될 것으로 보인다"고 쓰고 있다.

이는 마치 그가 문정관이라는 외교관 지위를 이용해 문화재를 뇌물로 받은 것 같은 암시를 주기에 충분한 표현이다. 또한 이 기사는 헨더슨의 사례가 "다른 케이스의 선례가 될 것으로 보인다"라고 하여 헨더슨이 외교 특권을 이용해 문화재를 밀반출했다는 것을 기정사실처럼 여기고 있다.

헨더슨은 즉시 반박 성명을 내어 이 음해 캠페인의 내용을 강력하게 부정했지만 유신 체제 아래 통제된 한국 언론이 이를 제대로 다룰 수 없었음은 말할 필요도 없을 것이다.[34] 설령 다룰 수 있었다고 하더라도

---

34 ≪조선일보≫의 경우, 워싱턴발 기사에서 "나는 이것들을 모두 당시 국립박물관장이던

하버드대학 새클러 박물관에 기증된 헨더슨 수집 조선 도자기.

일부 한국 언론의 무책임한 체질로 보아 정당한 반론과 검증의 차원에서 진지하게 다룰 수 있었을 것인지도 의문이다. 어떻든 이 음해 캠페인이 나온 이래 헨더슨은 심심치 않게 대중 매체에 의해 구설수에 오르게 된다. 예컨대 홍콩의 주간지 ≪아시아위크(Asiaweek)≫는 1981년 7월 3일자 "외교 특권의 사례(A Case of Diplomatic Immunity)"라는 기사에서 헨더슨이 문정관 시절 호의를 바라는 많은 한국인들로부터 선물을 받았다고 쓰는가

김재원(金載元) 박사에게 보이고 그중에서 국보급으로 한국이 보유해야 하는 것이 있다면 내가 산 값과 같은 값으로 박물관에 도로 팔겠다고 말했다"고 주장하는 반론을 싣고 있다. 또한 이 기사는 터프트대학 교수로서 한국학을 연구하는 헨더슨 씨가 최근 한국 정부에 대해 상당한 비난을 가하고 있다고 밝히면서, 헨더슨이 말한 1963년의 반출 경위를 적고 있다.

하면, 서울의 영자지 ≪코리아 타임스≫는 1982년 4월 10일자 지면에 헨더슨이 소장품을 호암미술관에 판매하려고 제안했다는 기사를 싣고 있다.

그런데 ≪아시아위크≫의 경우 그해 8월 14일자에 헨더슨이 쓴 장문의 반론을 싣고는 "당시 그의 소장품에 대한 갑작스런 주장은 한국 정부에 대한 그의 비판을 겨냥한 정치적 대응"이라는 헨더슨의 말을 인용하고 있다. 더 나아가 이러한 헨더슨의 견해에 대해 한국 정부가 반응을 보이지 않았다면서 "우리는 이 소장가가 밝힌 일련의 사건에 대해 한국 정부가 어떻게 해석하는지에 대해 궁금해하지 않을 수 없다"고 꼬집고 있다.

치명적인 명예 훼손

그러나 ≪코리아 타임스≫의 경우 치명적인 명예 훼손성 오보를 계속하고 있다. 이 영자지는 헨더슨이 호암미술관에 판매를 제안했다는 1982년 기사에서 1974년 이선근 문화재보호협회장이 헨더슨이 외교 면책 특권을 이용해 문화재를 밀반출했다고 한 말을 인용하고 있다. 더 나아가 이 기사는 소설가 전광용(全光鏞)이 지은 『꺼삐딴 리』에 나오는 장면을 소개하면서, 이인국이라는 의사 '꺼삐딴 리'가 시대를 살아가는 처세술로서 미 대사관의 '브라운'에게 상감진사(象嵌辰砂) 고려청자 화병을 바쳤다는 삽화를 그린다.[35] 이는 마치 헨더슨이 소장한 143점의 문화재가 꺼삐딴

---

[35] 문제의 기사는 연합통신이 배포한 것으로, 1960년대 주한 외교관들에게 문화재 수집이 아주 인기 있는 '현상'이 되었다며, 1962년도 동인문학상을 수상한 김광용(Kim Kwang-Yong, 전광용)의 '꺼삐딴 리(Captain Lee)'가 미국 대사관의 브라운이라는 외교관 집을 방문해 거실에서 본 장면을 묘사한다. 『꺼삐딴 리』 소설에는 다음과 같이 묘사되어 있다.

리 류의 한국인들로부터 선물로 받은 것이라는 암시를 주고 있다.

이 영자지는 1988년 헨더슨이 죽은 뒤 또 한 번 돌이킬 수 없는 사자(死者)에 대한 명예 훼손을 범한다. 이는 마이어 헨더슨 부인이 1992년 1월 헨더슨 소장품을 하버드대학 예술박물관(아서 M. 새클러 박물관)에 기증했을 때였다. ≪코리아 타임스≫는 1월 19일자 기사에서 헨더슨이 귀중한 도자기 등 문화재를 '미국제 비누, 담배, 또는 라디오, 카메라'를 주고 얻었다는 소문이 인사동 일대에 돌고 있다는 가십을 적고 있다. 게다가 헨더슨이 한국 정부로부터 1970년대 소장 문화재의 반환을 요청받았으나 누구에게도 어느 기관에게도 팔지 않는다는 구실로 거부했다고 하면서, 그러나 1982년 호암미술관 개관 때 판매 흥정을 제안했다고 이전의 오보를 되풀이했다. 더 나아가 그때 거래가 성사되지 않았던 까닭은 헨더슨이 너무 많은 돈을 요구했기 때문이었다고 덧붙이기까지 했다.

이 기사의 경우 가장 우스꽝스러운 내용은 헨더슨이 1963년 "아마도 한국 보물의 불법적인 반출 때문에 갑자기 전근되었을 것"이라고 너무 황당한 거짓말을 하고 있는 부분이다. 도대체 어떻게 한국의 대표적 영자지의 하나에서 이런 어처구니없는 오보가 계속 나오는지 어리둥절할 뿐이다. 게다가 1992년이라면 1989년 민주 항쟁으로 언론의 자유가 상당히

"벽 쪽 책꽂이에는 『조선왕조실록(朝鮮王朝實錄)』, 『대동야승(大東野乘)』 등 한적(漢籍)이 빼곡히 차 있고 한쪽에는 고서의 질책(帙冊)이 가지런히 쌓여 있다. 맞은편 책상 위에는 작은 금동 불상 곁에 몇 개의 골동품이 진열되어 있다. 십이 폭 예서(隸書) 병풍 앞 탁자 위에 놓인 재떨이도 세월의 때문은 백자기다. 저것들도 다 누군가가 가져다준 것이 아닐까 하는 데 생각이 미치자 이인국 박사는 얼굴이 화끈해졌다.
그는 자기가 들고 온 상감진사(象嵌辰砂) 고려청자 화병에 눈길을 돌렸다. 사실 그것을 내놓는 데는 얼마간의 아쉬움이 없지 않았다. 국외로 내어보낸다는 자책감 같은 것은 아예 생각해본 일이 없는 그였다."

회복된 시점이 아닌가! 한국의 영자지를 둘러싼 환경이 너무나 나쁜 것을 탓할 수밖에 없다면, 이 또한 안쓰러운 일이다.

이를 보다 못해 한 외국인 독자(A. Hutchinson)는 "도대체 귀 신문의 기자는 헨더슨이 한국 보물을 비눗조각을 주고 얻었다는데, 인사동 가십보다 더 좋은 증거는 없는가?"라고 힐문한다. "또한 헨더슨이 너무 많은 돈을 요구해 호암미술관과의 거래가 깨졌다는데, 근거가 무엇인가? 미국무부가 그의 불법적인 한국 보물 반출 때문에 헨더슨을 전출시켰다는데, 누가 그런 말을 했는가? 만일 귀하가 이런 주장에 대한 증거를 제시할 수 없다면 한 사람의 지도급 한국학 학자를 존경한다는 의미에서 그 기사를 취소할 것을 요구한다"(≪코리아 타임스≫, 1992년 2월 1일자)라고 항의한다.

이 영자지의 문제 기사는 국제 매체로부터 웃음거리로 회자(膾炙)되기도 했다. 홍콩의 명망지 ≪파 이스턴 이코노믹 리뷰≫의 칼럼니스트 마크 클리포드(Mark Clifford)는 다음과 같이 쓰고 있다.

지금 거의 150점[의 한국 도자기]이 하버드 새클러 박물관으로 갈 것인데, 이는 한국 밖의 어느 곳에서도 한국 도자기의 최고 컬렉션으로 건재하게 될 것이다. 이 소장품을 기증한 대가로 한국, 일본, 중국의 시각 예술 연구를 지원하는 기금이 설립될 것이다. 그러나 ≪코리아 타임스≫는 한국 예술을 서방 세계에 보다 잘 알리기에 공헌하는 이런 유산 기증을 축하하기보다는 1963년 헨더슨이 "아마도 한국 보물의 불법적인 반출 때문에" 전근당했을 것이라는 허보를 되풀이했다. 이 신문은 헨더슨이 한국의 가난을 이용해 비누와 담배를 주고 이 국보를 얻었다고 비난했다.

이 예술품 절도라는 허구적 신화는 1970년대 초로 거슬러 올라가는데,

당시 박정희가 헨더슨이 박 대통령의 가혹한 통치를 비판한 것에 대한 보복을 결정한 것에서 기인한다고 헨더슨 부인은 말한다.

그런데 헨더슨이 예술품을 밀반출했다는 주장을 되풀이해서 쓰는 것은 기자들이 죽은 독재자의 정당 노선을 그저 반복하는 것뿐이다. 그런데도 기자들이 아마도 이 사실을 모르리라는 것은 역설이 아닐 수 없다. 그들은 자기들이 좋아하는 대로 써서 기사로 내는 것이 민주주의와 자유 언론의 모든 것이라고 생각하는 듯하다. 만일 헨더슨이 살아 있었다면 그는 틀림없이 이런 류의 오보를 자유의 대가라고 웃어버리는 여유를 보였을 것이다 ("여행자의 이야기", ≪파 이스턴 이코노믹 리뷰≫, 1992년 2월 27일자).

여기서 이 한국 문화재 밀반출설에 대한 헨더슨의 반론을 들어보자. 그는 특히 외교관 신분을 이용한 밀반출 주장을 어불성설이라고 주장한다. 1962년 1월 10일 국가재건최고회의가 문화재보호법을 공포했다고는 하지만 그가 1963년 3월 한국을 떠날 때까지 누구도 그런 법이 있는지도 몰랐다는 것이다. 게다가 그의 소장품 중 많은 품목은 그 시점 이전에 벌써 보스턴의 자기 집으로 보낸 상태였다. 구체적으로 이 법을 시행하기 위해 문교부 안에 문화재위원회를 설치하도록 규정되어 있으며, 이 위원회가 중요 유형문화재를 지정하고, 동시에 관보에 게재하며 소유자에게 통보하도록 되어 있는데, 그는 그가 소장한 문화재가 주요 문화재로 지정되었다는 말도 듣지 못했고 통보도 받지 못했다고 말한다. 사실 문화재위원회는 그가 떠날 때까지 설치되지도 않았다는 것이다.

그는 이른바 '꺼삐딴 리' 류의 한국인들로부터 도자기 등을 선물받았다는 소문도 완강히 부인한다. 지은이가 1987년 3월 그를 만났을 때 그는 이렇게 말했다.

나는 한국에 근무한 7년 동안 5,000달러에서 1만 3,000달러의 연봉을 받았는데, 내 아내와 내가 그것을 쪼개서 하나하나 사 모은 것입니다. 아주 공개적으로 그리고 합법적으로 말입니다. 나는 한 점도 선물을 받은 적이 없으며 법을 어긴 적이 없습니다. 1963년 내가 한국을 떠날 때 당시 중앙박물관 김재원 관장에게 모든 품목을 보여주고 박물관이 필요한 것이 있다면 내가 산 값으로 다시 가져가라고 제안했습니다. 실제로 내가 1963년 3월 중순 도쿄로 떠난 뒤 박물관 직원이 우리 집에 와서 아내가 포장하는 것을 도와주기까지 했습니다(김정기, 1987: 234쪽).

또한 1982년 4월 10일자 한국 신문들이 헨더슨이 소장품을 호암미술관과의 판매 흥정에 내놓았다고 보도한 행태에 대해 그는 너무 무책임하다고 비판한다. 그에 의하면 미술관 개관에 즈음하여 이병철(李秉喆) 회장이 인사장을 보낸 데 대해 예의상 답장으로 그가 소장한 품목을 수록한 카탈로그를 보냈을 뿐이라는 것이다. 그는 호암미술관의 관장이라는 사람이 단순한 카탈로그 선물을 어떻게 판매 흥정으로 해석했는지 어리둥절할 뿐이라고 말한다. 또한 언론도 그런 근거 없는 주장을 자신에게 확인도 하지 않은 채 보도한 것은 무책임하며, 직업적 윤리가 결여되어 있다고 말한다. 그런데도 ≪코리아 타임스≫의 경우, 그가 죽은 뒤이긴 하지만, 그때 호암미술관과의 거래가 성사되지 않은 것은 헨더슨이 돈을 너무 많이 요구했기 때문이라고 썼다!

지은이는 한국 고미술품, 특히 도자기에 대한 헨더슨의 심미안의 깊이를 그의 글에서 느낄 수 있었으나 이를 평가할 만한 전문 지식을 갖고 있지는 않다. 또한 그의 문화재 수집 방법에 흠이 전혀 없었는지도 그 분야에 대한 전문적인 식견이 없기에 자신 있게 말할 사항이 아니다.

그러나 그의 인간적인 성실성으로 보아 한국인들의 가난한 사정을 이용하여 값싼 미제 비누나 담배 따위를 주고 문화재를 얻었다는 이야기는 터무니없는 음해라고 보인다. 또한 헨더슨이 외교관 신분을 이용해 문화재를 밀반출했다는 이선근의 주장은 프레이저 청문회를 앞두고 그의 입을 막아 보려는 박정희 정권 수뇌들이 급조해낸 잔꾀에 불과하다. 그는 다음과 같이 반론을 편다.

그 사건에 앞선 연대기를 보면 1974년 한국 정부가 왜 나의 소장품의 반환을 생각하기 시작했는지가 아주 분명해집니다. 우리들의 수집은 그 시점에서 보면 11년 내지 15년간 이루어진 것이며, 우리가 한국을 떠난 지도 11년이 지났으며, 우리가 전시회를 열고 카탈로그를 보낸 지도 5년이 지난 시점입니다. 한국의 정치 탄압이 1974년 한국의 하늘을 거리낌 없이 지배하고 있었고, 이와 함께 한국 정부는 내 자신의 비판을 포함한 미국 조야의 점증하는 비판을 어떻게 해서든 피하고 흠집 내려고 혈안이 되었던 때입니다.

이 비판이란 나와 에드윈 라이샤워 교수가 함께 한국의 위험을 경고한 ≪뉴욕 타임스 매거진≫ 1973년 5월 23일자 기사, 제롬 코언 교수와 함께 한국의 정치 탄압을 비판한 1974년 5월 28일 ≪뉴욕 타임스≫ 기사를 말합니다. 이는 나의 소장품에 대한 공격이 나오기 3주 전의 일입니다. 라이샤워 교수가 쓴 비슷한 서한이 1974년 6월 14일자 ≪뉴욕 타임스≫에 실렸는데, 이는 불과 나흘 전 일로 아태 문제 소위 의회 청문회가 열린 지 2일 뒤이며 나는 8월 5일 이 청문회에 나가 증언하기로 되어 있었던 것입니다. 1974년 6월 18일 한국문화재보호협회의 기자 회견과 전 세계적인 홍보는 그러한 동기에서 나온 것이 분명합니다. 그 수법은 나의 도자기를 겨냥한 것이 아니라 나의 명예 실추를 노린 것입니다"(<<아시아위크 메모>>, ≪아시아위크≫, 1981년 8월 21일자: 4면).

헨더슨은 한국 역사의 정통성과 문화 예술의 우수성에 심취한 전문가지만, 특히 한국 도자기에 대한 정열은 남다르다. 지은이가 1987년 3월 보스턴 교외 웨스트 메드포드에 있는 그의 저택을 찾았던 날도 그는 전해 '로버트 무어 소장품' 경매에서 사왔다는 고려청자 접시와 박씨 묘에서 출토된 자기 묘패를 거실에 놓고 감상하고 있었다. 그는 1980년 일본 '아사카와 컬렉션'에서도 1930년대 남북한에 걸쳐 모든 도요지(陶窯址)가 아직 남아 있을 당시 아사카와 씨가 수집한 자기 파편류 일체를 적지 않은 돈을 들여 구입했다. 그의 설명에 의하면 약 1,000점에 달하는 자기 파편류가 출토 도요지별로 분류되어 있어 고려와 조선 도자기 연구에 귀중한 자료로 쓰이리라는 것이었다.

헨더슨의 한국 도자기에 대한 정열은 그가 한국 도자기를 보는 심미안을 길러주었을 뿐만 아니라 학술적 연구에도 전문가의 경지에 이르게 했다. 그러기에 그는 우리나라 옛 도요지 곳곳에서 발견되는 자기 파편에 관심을 쏟았다. 문정관으로 부임한 지 몇 달 뒤인 1958년 11월, 그는 다산 정약용 선생이 오랜 귀양살이를 지내고 『목민심서』를 비롯해 『여유당전서』가 나온 고장 전남 강진(康津)을 두루 살핀 일이 있다. 그때 그는 다산초당을 방문하는가 하면 만덕사라는 옛 절터 근처 산자락의 조밭에 고려자기 파편들이 뿌려져 있는 것을 발견하고 "검은 계곡의 이야기(A Tale of the Black Valley)"라는 수상록을 썼다. 그는 한 대목에서 이렇게 적고 있다.

나는 크게 마음이 들떠서 아래를 내려다보고 조밭의 그루터기들 사이에서 돌 많은 흙을 손으로 만져본다. 그리고 갑자기, 내가 찾으려고 감히 바랬던 것이 거기에 널려있는 것이 아닌가. 내 손이 '그 그릇 파편'에 닿았을 때, 부드럽고 매끈한 느낌이 왔다. 그것은 마을 다방 찻잔의 금속과는 다른, '인간의 손으로 만든 고고한' 그릇의 피부결같이 부드러웠다. 그 조밭의 그루터기 그리고 그 다음에는 수수보다 더 촘촘히 심은 조밭에 보료를 깔아놓은 듯 수천 아니 수만 개의 자기 파편들이 널려 있다. 이것은 고려 도자기 파편들이다. 조밭의 한 그루터기 아래에는 한때 위대한 매병(梅甁)의 서늘하고, 푸르고, 진한 내벽이 놓여 있다. 거기에는 유약을 바르지 않은 갈색의 점토가 국문(菊紋) 문양이 상감(象嵌)되지 않은 채 놓여 있다. 한 발 뒤에는 흰 반죽으로 만든 그릇이 유약칠을 기다리고 있다. 그 위 저편에는 푸른색으로 갇혀 있는, 같은 문양의 그릇이 보인다. 도공의 점화 실패인가 다른 잘못인가, 또는 점토나 가마의 잘못인가. 이 모든 자기 파편들이 계곡에 뿌려진 씨앗처럼 널려 있다. 각각의 자기 조각의 거미줄에는 또 다른 시대의 알려지지 않은 이야기가 걸려 있다. 아마도 어떤 부주의한 젊은이가 800년 전 마을 막걸리에 취해 지게로 도자기를 나르다가 몇 개를 떨어뜨린 게 아닐까. 아니면 도요의 십장이 그에게 손찌검을 하고 욕설을 퍼부은 나머지 그릇이 깨져나가고, 묻히고, 씻겨나가고, 다시 묻히고, 다시 씻겨나가고……. 그러나 지금은 모든 것이 지나갔다. 십장도, 젊은 짐꾼도, 가마도, 그가 말한 언어도, 왕국 자체도 지나갔다. 그러나 여기 내 손 밑에 자기 파편은 남아서 다른 인간의 조직 안으로 파고들어 간다. 별무리처럼 수많은 조각들이 하늘 아래 넓게 퍼져 있는 조밭에 널려 있구나. 그리고 그것들의 이야기는 기록되지 않고 사라져버렸구나("검은 계곡의 이야기", 헨더슨 프락치사건 자료, 1958년 11월).

이는 그가 정다산이 11년간 기거한 다산초당을 굽어보는 만덕산 근처 계곡에서 고려자기 파편 조각들을 발견하고 감격한 나머지 떠오른 수상을 기록한 것이다. 헨더슨은 문헌을 통해 강진의 만덕사(萬德寺) 근처에 고려 도요지가 있었다는 기록을 만난 일이 있는데, 그가 직접 답사한 만덕산 계곡 조밭 자락에 고려 도자기 파편이 별처럼 빛나며 널려 있는 것을 보고 감격했던 것이다. 실제로 그는 다산 연구가인 전남대학의 이을호(李乙浩)에게 쓴 편지에서 "용문천(龍門川)이 흐르는 지금의 부수사(浮水寺) 근방과 사당리에 유명한 도자기 가마들이 흩어져 있고, 고려 때 만덕사라는 절이 이곳에 있었다는 점"에 학구적 호기심을 보이면서 "고려자기를 연구하는 학도로서 만덕사가 고려 도자기 생산과 깊은 인연이 있지 않을까"라는 가설을 제시한다(≪전남대학≫, 1957년 12월 15일자, 제45호).36

이와 같은 그의 생각이 학문적 논문으로 발전해 「고려 도자기: 그 문제와 정보의 전거」라는 제목으로 도자기 전문 학술지인 ≪극동도자기회보(Far Eastern Ceramic Bulletin)≫(1958년 3/6월호, 제10권 1-2호)에 실리게 되었다. 그는 이 논문에서 불교 승려가 고려자기 생산에 중요한 몫을 맡았을 가능성을 제기하면서, 구체적으로 옛 절(만덕사)이 강진 만덕산 계곡 끝자락에 서 있는데, 그곳에서 가장 때가 이른 것으로 추정되는 도자기 가마들이 가장 많이 발견되었다고 적고 있다.

헨더슨이 탐구한 한국 도자기에 대한 학문적 성과는 그가 쓴 전문적 논문으로 입증된다. 그는 고려 도자기에 명문(銘文)된 시기에 관한 견해를

---

36 헨더슨은 1957년 11월 7일 이을호 씨에게 편지를 쓰는데, 이는 다산 연구가인 이을호 씨가 헨더슨 및 양기백(梁基伯)과 함께 쓴 「정다산: 한국 지성사의 한 연구」(≪저널 오브 아시안 스터디즈≫, 1957년 5월호)에 대한 비평을 ≪전남대학≫(1957년 9월 1일자)에 실자 그에 대한 감사의 편지에서 사찰과 도자기 생산과의 관계를 언급한 것이다.

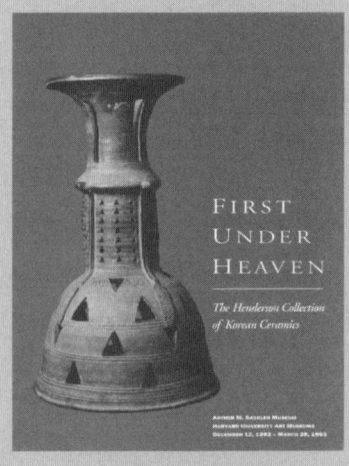

《전남대학》 1957년 12월 15일자에 기고한 글에서 헨더슨은 강진 만덕사 근처 고려 도요지에 관심을 표한다(왼쪽). 1992년 12월부터 하버드 대학 새클러 박물관에서 개최된 헨더슨 소장 한국 도자기 컬렉션 팸플릿 표지(위).

밝히는 논문 「시기명문이 있는 후기 고려청자: 새로운 발견과 새로운 이론(Dated Late Koryo Celadons: New Finds and New Theory)」(≪극동도자기 회보≫, 제11권 제2호 1959년 12월호)을 발표한 데 이어, 「조선 초기 도자기 생산」[≪교류(Transaction)≫, 1962년 12월]이라는 제목의 연구 논문을 발표했다.

헨더슨은 세상 사람들이 잊고 있는 귀중한 한국 도자기 한 점에 관심을 돌리기도 한다. 그는 1985년 4월 15일자 ≪워싱턴 포스트≫에 기고한 글에서 벌써 39년 전인 1946년 5월 21일 한국 교육위원단 사절 대표로 온 장이욱(張利郁) 박사가 트루먼 대통령에게 선물한 고려청자 화병(花甁)이 백악관에서 감쪽같이 사라졌다고 일깨웠다.

이 화병은 고려 인종(仁宗, 1123~1146) 장릉(長陵)에서 출토된 것으로 당시 기사와 함께 게재된 사진을 보면 여덟 쪽으로 금이 간 참외 모양을 하고 있으며, 굽이 높은 목은 양각(陽刻)된 세 줄로 나뉘어져 있고 밑받침은 21개의 주름살로 나뉘어져 있다. 또한 거죽 면은 국화와 흰색 목단 꽃으로 상감(象嵌)되어 있으며, 잎과 줄기는 흑색을 띤 진귀품이라는 것. 헨더슨은 이 화병이 미군이 그들의 조국을 해방시켜준 데 대한 감사의 표시로 한국인이 준 것이라면서, 따라서 이 보물은 미 국민 전체에 속한 귀중한 보물이므로 이를 찾는 캠페인을 벌이자고 쓰고 있다. 그는 이 화병이 인종 능에서 함께 출토된 한국 국보 제94호 및 제114회[청자소문과형병(靑磁素紋瓜形甁) 및 청자상감모란국화문과형병(靑磁象嵌牡丹菊花文瓜形甁)]와 맞먹는 보물이라고 추측한다.

헨더슨은 1980년쯤 ≪한국의 목소리(the Voice of Korea)≫라는 잡지철을 뒤지다가 우연히 장이욱 박사가 트루먼 대통령에게 선물로 준 이 접시의 사진과 기사를 발견하고 그동안 백악관, 프리어 미술관, 스미스소니언

Revisiting a village from Korea's past

Former diplomat retraces steps to Kangjin to pay respects to old friend

This is the follow-up on Wednesday's article by the same writer, who was formerly with the American Embassy in Korea in the capacity of cultural attache in the 1950s and early 1960s. He recently made a visit to Korea again after some 12 years. — Ed.

By Gregory Henderson
Special to The Korea Herald
Oct. 28, 1984

Kangjin lies quietly athwart its great Chollanam-do bay leading out to the southern ocean on one side toward the Sohae coast, on the other toward Chang Pogo's south coast — Wando empire — a thousand years gone but unforgotten.

Past and present melded here magically to make this bay, its coast and hinterland if not quite home, then close to the heart. On one side of the bay, at Taegu-myon, lay the site of the greatest kilns for Koryo celadons, their shards then still rife beneath the dry cornstalks which nodded and whispered to themselves like old widows whose children have grown up and gone away and left them.

Inland, lay the once great Son (Zen) temple of Mui-sa with one of Korea's only remaining Koryo buildings and frescoes. All around coast and headland, the landscape lay sweetened with bamboo and soft bay clouds over endless ridges and far islands while coast, field and slopes pampered the palate with the fabled bounty of this lushest of Korea's provinces.

As the land was fair so were its people gifted and to the side of Kangjin Bay opposite the kilns returned Korea's most prolific Silhak scholar, Chong Yagyong (Tasan) in the 19th century's opening years to build study and library by a pond under a high rock in back of Kyul-dong, the Mandarin Orange village, where dwelt the Haenam Yun relatives of his mother. They lived there still 25 years ago when I wrote a short article on their forebear. Proud of his international debut in my small article the head clansman, on our return to Korea in 1958, invited me to spend the night in Tasan's rebuilt house of exile on whose resurrection he had reverentially squandered his small substances. So I became attached to this remote glade and to the kind, concerned people who cared for it and it grew closer to me than any other spot in Korea's beautiful land.

Fate separated me from this village and its elders over 20 years ago and I knew that the kind old man must have died. But at least I felt through the years the pull of the Korean heart to visit his grave. In the heat of 1984's August, this pilgrimage came at last to fruition.

The village had lain far from where engineers and equipment could smooth its roads. Squash and gourd, spindly near town, waxed fat and thick on the thatched roofs of its houses, glorying in the country sun. Its women, their heads erect to every burden, turned into paths with gait prouder and bodies straighter than the pines on their hills. The house of exile and its owners knew no electric current: flickering light from lamp and candle then still enriched the drama of food and converse as if captured by Rembrandt or de La Tour.

Henderson

Much now had changed. The road, still rough and unpaved, branched from paved streets and talk of its imminent paving was on village lips. Already, a small seaside factory drew employees on motorcycles. One sought in vain for a straw roof except on a vagrant shed; all had long since been hunted down by eager village chiefs hepped for enlightenment and progress. And with the straw had gone squash and gourd even though the scarification of cement and green corrugated iron and of stone farms with concrete balconies bf threatening but unknowable provenance, redolent of debt, had still here been held at bay. But villagers on their porches responsive to television and ideals of 'progress,' expectantly awaited their advent. Curiously, dogs had also largely disappeared and even chickens, now roosting more centrally, like all else, seemed scarcer. But an occasional awkward steeple on small shanty churches of aggressive ugliness, heralded the encroachment of Christianity.

News of my old friend's death was expected, but not that his son had been forced to sell all land to pay his father's debts and, reduced in face and status, had moved to Kwangju. His friends, too, had fallen from their ancient perches. The house of exile had other patrons; two taxis were parked below which had borne unknown visitors less gently bred from afar. But my friend's widow still lived and had even come from Kwangju to prepare for Chusok, the autumnal ancestral fest, at the tombs of her husband and his father.

Cousins sped to tell her of a foreigner's approach and, though she knew not a word of English and had been hidden away in the kitchen on my previous visits, she at once, carefully, formed my name on her 86-year-old lips, even before she could see me. How often must she have kept me in memory during all those years to be able thus to recall my name in a totally strange tongue! To hear it was to feel abashed and touched by the living presence of the famous quiet fidelity and self-abnegation of the Korean woman of times past.

Perched in her best summer dress by the driver, she guided him, with quiet, persevering joy, on the lurching pursuit of her husband's tomb. Amid rice fields and cicada shrilling, Proust's evocation of the girl behind his grandmother's aged mask floated up before me. Her quiet joy wrapped her in youth.

The tomb, when we got there, was unmarked — its occupant had money only to inscribe his father's tomb. Widow Yun marched to the front and announced to her yonggammi — dear old fellow — my return and their common joy and gratitude. Not a quaver entered her voice. She talked as if her husband were beside her and would presently reply. She knew he felt as she did, thankful and joyous. She was glad for him. Together, we prostrated ourselves before his grave.

Beyond the trees, the sun, setting behind the clouds billowing west over the bay, rained down late light upon the sea. Only the cicadas sounded in these far fields around us. I had come home.

The farms of home lie lost in even,
I see far off the steeple stand;
West and away from here to heaven
Still is the land.

There if I go no man will greet me,
No comrade hello from the hill,
No dog run down the yard to greet me:
The land is still.

The land is still by farm and steeple,
And still for me the land may stay:
There I was friends with perished people,
And there½ they.

헨더슨이 문정관 시절인 1958년 전남 강진을 방문했던 일을 회상하면서, 약 사반세기 뒤인 1984년 다시 방문하여 쓴 수상기(《코리아 헤럴드》, 1984년 10월 28일).

박물관, 트루먼 도서관, 트루먼 사저에 조회해보았으며, 죽기 전 트루먼 부인과 그의 딸 대니엘 부인이 기억하고 있는지를 문의해보았으나 모두 헛된 일이었다고 하면서 이제 공개적으로 수배해야 한다고 쓰고 있다. 헨더슨의 요청에 동조해 《워싱턴 포스트》는 그해 5월 10일자에 "사라진 접시의 수수께끼(The Mystery of the Missing Vase)"라는 제목의 칼럼 기사를 실었고, 또한 그 자신이 ≪코리아 헤럴드≫에 "사라진 접시: 한미 관계의 수수께끼(The Missing Vase: A Mistery in U.S.-Korean Relations)"라는 글을 직접 기고했다.

결론적으로 헨더슨이 휘말린 이른바 '도자기 사건'은 프레이저 인권청문회를 앞두고 궁지에 몰린 박정희 정권이 헨더슨의 입을 막아보려고 잔꾀를 부려 만들어낸 흑색선전임이 분명하다. 그러나 앞서 살펴본 바와 같이 이 흑색선전은 그의 입을 막는 데 전혀 소용이 없었다. 박정희가 유신 체제 아래 지식인, 교수, 종교인, 언론인, 학생들에게 무차별 탄압을 가중시키고 자행하고 있을 즈음 미국 동부의 진보적 자유주의 인사들이 요구한 프레이저 청문회가 열리자, 헨더슨은 앞서 살펴본 바와 같이 최종길 교수의 고문 살해 등 한국 중앙정보부의 반인륜적인 고문 실상을 여지없이 폭로했다.

그렇더라도 헨더슨은 의도적이든 아니든 이 흑색선전에 놀아난 일부 언론으로부터 인간적 성실성이 훼손당하는 수모를 겪지 않을 수 없었다. 그러나 헨더슨과 그의 부인 마이어가 평생 동안 모은 143점의 헨더슨 컬렉션37은 이제 더 이상 헨더슨가의 개인 컬렉션이 아니다. 1992년 1월

---

37 이 143점의 헨더슨 컬렉션은 어떤 품목을 포함하고 있는가? 이 컬렉션은 학술적 가치는 높지만 국보급에 속한다고 할 수 있는 명품은 거의 없다고 알려져 있다. 그러나 보물급에 해당하는 도자기들은 상당수가 들어 있다. 1992년 하버드대학이 헨더슨 컬렉션을 기증받았을 때, ≪코리아 헤럴드≫ 이경희 주필이 새클러 박물관 관장 마우리(Robert D. Mowry) 박사를 인터뷰한 글에 의하면, 국보급 품목은 없으며 만일 헨더슨 컬렉션이 한국 국립박물관에 진열된 국보들과 같이 놓였다면 훨씬 덜 중요한 것으로 보였을 것이라고 말했다(Lee, Kyong-hee, 1993: 81~85쪽). 지은이가 2006년 10월 헨더슨 문집을 열람차 하버드-옌칭 도서관을 찾은 기간에, 아서 새클러 미술관에 들러 헨더슨 컬렉션 중 일부를 관람한 적이 있다. 예컨대 그때 전시된 16세기 조선 분청자기인 분청사기철화삼엽문장군(粉靑沙器鐵畵蔘葉文缶)과 18세기 조선 청화백자인 바위, 국화, 곤충 무늬

하버드대학 예술박물관에 기증되어 인류의 보배로서 한국 도자기 문화의 예술성과 우수성을 전 세계에 알리는 진주가 되었던 것이다.

4. 광주 학살의 책임을 따지다

헨더슨이 그렇게 증오하던 박정희의 유신 체제는 1979년 10월 26일 밤 중앙정보부장 김재규가 박정희 대통령을 암살함으로써 간단히 무너졌다. 그러나 김재규가 그날 밤 권력자 개인 박정희를 극적으로 쏘아 죽이든 말든 유신 체제가 만들어놓은 정치 커뮤니케이션의 심각한 체제 내적 제한으로 인해 붕괴는 이미 예고되어 있었다(김정기, 1993b: 125쪽). 김재규는 "나는 야수와 같은 심정으로 유신의 심장을 향하여 박 대통령을 쏘았다"고 법정에서 말했지만 그것은 유신 체제의 붕괴를 앞당긴 것뿐이었다.

그렇다고 하더라도 역설적으로 김재규가 박 대통령과 그의 경호실장 차지철을 죽임으로써 1979년 10월 15일 부마민주항쟁 때 '광주 학살'과 같은 군인들의 총칼 진압을 막았다는 설이 그럴듯하게 들린다. 10월 26일 밤 박 대통령이 죽기 전 부마사태(부마 민주항쟁)에 대한 대처 방법을

의 입 큰 화병 등은 보물급에 속하는 명품일 것이다. 그 밖에 12세기 말의 것으로 추정되는 차형 토기와 상감운학문 매병 등도 '보물급'으로 볼 수 있을 것이다. 헨더슨 도자기 컬렉션의 특징은 구석기 시대 토기, 가야 시대 토기로부터 삼국 시대 신라 토기, 고려자기, 조선자기를 연대별로 체계화하여 수장가의 문화사적인 심미 의식을 엿볼 수 있게 한다는 점이다. 아서 새클러 미술관이 1992년 12월 헨더슨 컬렉션의 기증을 기념하여 전시회를 열었을 때, 직접 관람한 김준길(金俊吉)에 의하면 헨더슨 컬렉션의 명품으로 알려진 고려청자와 조선백자는 하나같이 깨진 것을 덧붙인 온전한 물건이 아니었다고 하면서, 그런 연고로 헨더슨이 값싸게 구입할 수 있었다고 추측하고 있다(김준길, '그레고리 헨더슨……빛과 그림자', "김준길의 글로벌 문화기행(15)", 《월간 조선》, 2001년 6월호).

두고 박정희와 차지철 간에 오간 대화를 보면 '부산 학살'이 과연 가능성 없는 소리였을지 의구심이 든다. 김재규의 증언에 의하면, 먼저 박 대통령이 "부산 같은 사태가 생기면 이제는 내가 직접 발포 명령을 내리겠다. 자유당 때는 최인규나 곽주영이 발포 명령을 해 사형을 당했지만 내가 직접 발포 명령을 하면 대통령인 나를 사형시키겠느냐"고 역정을 냈고, 같은 자리에 있던 차지철이 이 말끝에 "캄보디아에서는 300만 명을 죽이고도 까딱없었는데, 우리도 데모 대원 100~200만 명 정도 죽인다고 까딱하겠습니까" 하더라는 것이다.[38]

그러나 그 뒤 박정희 군사 정권의 충실한 후계자인 신군부 세력은 광주 학살을 자행하여 정권을 탈취했다. 그런 의미에서 1970년대 중반 차지철 밑에서 청와대 경호실 작전 차장보를 지낸 전두환과 노태우 등 신군부 세력의 핵심은 부마사태 때 차지철의 '오싹한' 총칼 진압 의지를 5 · 18 광주 사태에 적용한 셈이 되었다.

광주 민주항쟁은 도대체 왜 일어났는가? 전두환이 1979년 12월 이른바 12 · 12 쿠데타를 통해 실권을 장악한 뒤 학생들의 저항은 계엄령 아래서 잦아들어 있었다. 그러나 '불만의 겨울'이 지나 봄이 되자 다시 대학 캠퍼스에는 저항의 봇물이 터지기 시작했다. 학생들은 정보 요원들의 캠퍼스 상주에 항의하는가 하면 박 정권에 협력한 이른바 어용 교수의 퇴진을 요구했다. 이에 대해 4월 16일 전두환은 직접 중앙정보부 부장이

---

38 조갑제, "김재규 최후의 날", ≪월간조선≫ 1985년 6월호. 물론 이 말은 김재규가 '항소 이유서'에서 쓴 대목이기에 검증이 필요할 것이다. 그러나 과연 유신 정권 말기 군인 박정희가 차지철과 같은 강성 경호실장에게 둘러싸여 부마사태가 전국적인 민중 봉기로 확산될 때 4 · 19 혁명의 재판, 또는 광주사태의 전편을 저지르려는 유혹을 과연 물리칠 수 있었을까. 후일의 역사가는 어떻게 평가할지 궁금하다.

되어 사태를 다스리려 했다. 그러나 이는 학생들을 더욱 자극해 5월이 시작되면서 학생 시위는 걷잡을 수 없이 증가했다. 그들은 계엄령을 철폐하라고 요구하면서 최규하 대통령 하야, 전두환 퇴진, 신현확 국무총리 사임을 외쳤다. 그들은 5월 15일까지 계엄령이 철폐되지 않으면 거리로 뛰쳐나올 것이라고 선언했다. 그러나 계엄령이 철폐되지 않자 5월 15일 서울에서만 거의 10만 명 이상의 학생들이 운집해 거리로 뛰쳐나왔다. 폭동 진압 경찰과의 충돌은 피할 수 없었고, 많은 학생들이 다치고 체포당했다.

신현확 총리는 5월 15일 학생들의 요구를 고려하겠다는 담화와 함께 자제를 촉구하는 특별 담화를 발표하여 사태는 진정되는 듯했다. 그러나 5월 17일 전두환은 계엄령을 전국적으로 확대하는 조치를 취하면서 국회를 해산하고 정치 활동을 금지하는 한편, 언론을 검열하고 동시에 대학 캠퍼스를 폐쇄하는 등 강경조치로 나왔다. 이와 함께 학생 지도자들과 김대중 및 그 추종자들을 모두 체포했다. 이는 박정희는 사라졌어도 유신의 망령이 되살아나고 있음을 의미했다. 박정희가 발동한 대통령 긴급조치 시절로 회귀하고 있었던 것이다.

그것이 광주사태의 시작이었다. 5월 18일 광주에서 대규모 학생 시위가 발생하자 전두환은 공수부대를 투입해 무차별 살상극을 자행한다. 이에 격분한 광주 시민들이 들고 일어나 공수부대를 내몰고, 이른바 '시민군'이 시 전체를 장악한다. 그러나 전두환은 다시 정규 부대를 투입해 유혈 진압 작전을 벌여 광주시를 재탈환한다. 이 유혈 진압 과정에서 정부의 공식 발표로는 191명 사망(군인 23명, 경찰 4명 포함), 122명 중상, 730명 경상이라고 했지만 비공식적인 집계에 의하면 민간인 사망은 1,200명, 그리고 훨씬 더 많은 사람들이 부상당하고 실종된 것으로 알려졌다.

서독 TV 스크린에 비친 광주 학살

헨더슨은 1980년 5월 18~27일의 광주 항쟁과 군인들의 총칼 진압을 서독의 텔레비전 스크린을 통해 본다. 그는 당시 보쿰 대학에서 한국 현대사를 가르치고 있었는데, 무장한 한국 군인이 무방비 상태의 시민들에게 자행하는 잔인한 살상 장면이 서독 전역에 방영되었다. 그는 1980년 6월 3일 쓴 서한에서 서독 텔레비전 스크린에 비친 군인들의 총칼 진압 장면을 이렇게 묘사한다. "광주 학생들의 살아 있는, 반쯤 살아 있는 몸뚱이들이 마치 도살된 돼지처럼 끌려간다. 한 군인이 축 늘어진 젊은이의 머리를 길바닥에서 처들더니, 목을 가죽끈으로 감는다. 텔레비전은 그 학생이 민주주의를 달라고 외쳤다고 설명한다. 그 학생의 머리는 말없이 유럽 전 대륙 수백만 명의 친구와 적의 얼굴들을 마주 본다." 그런데 이 방송의 나래이션이 이렇게 말하는 것이 아닌가! "미국의 위컴 장군이 그 휘하의 남한 부대를 풀어 이 작전에 투입을 허가한 것입니다"(헨더슨 프락치사건 자료, 1980년 6월 3일 서한, 서독 보쿰). 헨더슨은 기가 막혔다. 아니 특수 훈련을 받은 한국 군인이 적군이 아니라 제 나라 시민의 목을 감다니, 그 출동을 위컴 장군이 허가하다니. 그는 자신의 감정을 이렇게 토로한다.

나는 미국인이라는 것이 자랑스럽던 때를 기억하려고 노력했습니다. 즉 1945년 초 이오지마에서 미국 국기가 올라가던 일, 내가 해병 소위로서 일본의 사이판과 티니안에 상륙한 일 등을 말입니다. 그보다 훨씬 전인 1775년 전후에 우리 조상들은 광주의 학생들과 마찬가지로 보스턴 시가에 모여들어, 영국인의 눈에는 보스턴의 안전을 위협하는 것이지만, 오늘 한국보다는 압제가 5% 정도밖에 안 되는 영국의 식민지배로부터 해방을 부르짖었습니다. 그 뒤 우리는 여기까지 온 것입니다. 히틀러와 싸운 미국의 장교로서 나는 독일 친구들의 침묵이 오히려 나를 이토록 꾸짖는 때를 살리라고는 꿈도 꾸지 못했습니다.

이것만이 아닙니다. 우리 대통령은 민중의 지지는 조금도 못 받는 정권을 위해 지원을 늘리겠다고 텔레비전에서 선언해야만 합니다. 제 나라 국민을 잔인무도하게 다루는 정권을 말입니다. 이야기는 여기서 끝나지 않습니다. 괴팅겐에서 한 학술대회가 열렸는데, ≪코리아 헤럴드≫ 5월 17일자가 광주 학살이 자행되는 중에 배달된 일이 있습니다. 공식적으로 서울은 평온하게 춤을 추는 듯했습니다. 광주의 피비린내 나는 사건에 관해 전혀 언급조차 없으니까 말입니다. 제3면은 위쪽에서부터 아래까지 온통 글레이스틴 대사 부인이 돋보이는 최신 패션 가든 파티를 보여주고 있었습니다. 충격적인 침묵이 회의장을 휩쌉니다. 모든 사람의 마음은 군중들이 빵을 달라고 외치지만 이를 아랑곳 않는 프티 트리아농의 마리 앙투아네트[39]의 모습을 기억했을 것입니다(같은 글).

독일어를 유창하게 말할 줄 아는 헨더슨은 서독 텔레비전이 전하는

---

[39] 마리 앙투아네트(Marie Antoinette)는 루이 16세의 왕비로 1779년 대관식 때 파리의 빵 부족으로 파리 시민들이 아우성치자 "빵이 없다면 케이크를 먹으라 하지"라고 말했다고 알려지고 있다. 역사가들은 그녀가 실제로 이 말을 했다는 증거가 없다고 인정하고 있으나 이는 그녀가 파리 시민들에게 얼마나 증오의 대상이 되었는지를 반증하는 말이다. 당시 화려한 대관식에서 루이 16세의 새 왕관을 위해 7,000리브르를 사용했으며, 왕비의 화려한 가운은 파리의 일급 디자이너 로즈 바르탱이 만들어 화제가 되기도 했다. 그녀는 지루함을 달래기 위해 도박을 일삼아 돈을 물 쓰듯 했다고 하며, 당대에 가장 비싼 목걸이를 밀거래했다는 의혹을 사기도 했다. 1789년 프랑스 혁명 뒤 루이 16세와 함께 1790년 국가반역죄로 단두대의 이슬로 사라졌다.

말을 듣고 충격을 받은 듯했다. 주한미군 사령관이 특전사 부대의 출동을 허가했다니! 그는 아마도 독일 학생 또는 독일 학자들 보기가 부끄럽고 민망했을 것이다. 미군 사령관이 '살인 부대' 출동을 승인하다니! 그는 그 시점부터 주한미군 사령관의 역할에 관심을 돌린다. 그리고 그는 5·18 광주 만행에 대한 책임이 전두환 정권과 야합한 주한미군 사령관에게 있다는 주장을 굽히지 않는다. 아마도 서독 텔레비전에 나온 학살 장면을 보고 충격을 받은 것이 계기가 되었을 것이다. 그는 1983년 10월 5일자 ≪크리스천 사이언스 모니터≫ 의견 칼럼에 기고하여 "한 미군 장성은 1980년 5월 광주에서 민주주의를 외치는 학생과 시민들의 시위를 진압하기 위해 한국 부대를 풀어, 2,000여 명으로 믿어지는 수의 사람을 죽였다"고 폭로한다.

그러나 헨더슨의 폭로는 그 자극적인 어조 못지않게 이론적이고 실증적으로 들린다. 그는 주한미군 사령관 윌리엄 리브시 장군에게 보낸 장문의 서한[40]에서 한국전쟁 때 이승만 대통령이 맥아더 사령관 휘하로 작전통제권을 넘겼기 때문에 미군 사령부가 한국군을 지휘하고 있으나, 이는 실제 '통제(control)' 없는 '지휘권(command)'이라는 것이다. 따라서 미군 사령관은 광주 학살과 같은 쿠데타를 위한 군 동원을 막지 못하는데도 여전히 미군 사령관의 이름, 따라서 미국의 이름이 피비린내 나는 진압에 따라다닌다는 것이다. 1979년 12·12 사태(헨더슨은 '전두환 쿠데타'라고

---

40 헨더슨이 서한을 쓰게 된 것은 리브시 주한미군 사령관 쪽에서 헨더슨을 만나자고 했으나 사정상 여의치 않게 되자 편지 형식으로 그가 주장하는 주한미군 사령부의 '정치적 위험'을 지적하기 위함이었다. 리브시 쪽에서 만나자고 한 것은 헨더슨이 ≪크리스천 사이언스 모니터≫ 1985년 5월 11일 및 8월 3일자 편집자 서한에서 주한미군 사령부의 정치적 위험의 문제를 제기했기 때문이었다. 헨더슨의 리브시 서한은 8쪽 분량에 이른다. 헨더슨 문집, 상자 6호, "리브시 장군께" 서한, 1985년 8월 28일자.

이름) 때도 미군 사령관은 이를 막을 힘이 없었으며, 1960년 5·16 쿠데타가 발생했을 때 매그루더 장군도 이 같은 지휘권 문제에 부딪쳤었다.

지난 24년간 우리는 쿠데타를 네 번 허용했습니다(1961년 5월 16일 박정희 쿠데타, 1972년 유신 쿠데타, 1979년 12·12 전두환 쿠데타, 1980년 5월 17~27일간의 광주 학살 쿠데타. 한국인들은 정상적인 정의를 무시하고 쿠데타가 2회라고 한다). 이 모든 쿠데타가 미국과 유엔 사령부에 의해 인정되지는 않았습니다. 이들 쿠데타 가운데 둘은 유엔 사령부(또는 연합사령부)의 지휘권을 무시한 것이었습니다. 마지막 쿠데타의 경우, 미국은 한국 정부에 광주 사태에 대해 사과하라고 요구했는데, 이는 글레이스틴 대사의 말로 하면 '특전단 군의 폭력적인 행위'로 촉발되었다는 것입니다. 그러나 한국 정부는 이 요구를 무시하고 그 대신 오히려 법률 공작으로 캥거루 재판정에 김대중을 세워 책임을 씌우려 했으며, 이는 이 나라를 지속적인 정통성 위기로 몰아넣고 말았습니다.

미군 사령관에게 이러한 쿠데타 중 어느 것에도 책임을 지울 수는 없습니다. 게다가 그는 이러한 사태에 대해 유감을 표했습니다. 그러나 사령관은 가장 피비린내나는 광주 학살에는 알려진 것보다 약간 더 관련되어 있다는 것을 알아야 합니다. 위컴 장군이 부대 출동을 허가하여 광주를 재탈환하게 했다는 것은 항상 인정되고 있는 사실입니다. **그런데 알려지지 않은 사실은, 가장 책임 있고 정통한 국방부 소식통들이 인정한 바에 의하면, 광주 봉기를 촉발시킨 공수부대가 연합사령부 휘하에 있어서 위컴 장군이 그 출동을 허가했다는 것입니다**(강조는 지은이).

이것은 놀라운 폭로다. 또한 미국 입장에서는 아주 민감한 사항이다.

헨더슨은 '가장 책임 있고 정통한 국방부 소식통'을 인용하여 광주 시민 봉기를 촉발시킨 공수부대도 역시 위컴 장군 휘하에 있으며 위컴이 그 출동을 허가했다고 말한다. 만일 광주 학생 시위를 진압하기 위한 공수부대의 출동을 애초 위컴 장군이 허가했다면, 그것은 공수부대원들의 무차별 살상 행위도 미국이 묵인했다는 것으로 들린다. 광주 민주항쟁의 경우 학생 데모가 광주 시민 봉기로 발전한 것은 처음 학생 데모를 진압하기 위해 출동한 공수부대원들이 무차별적이고 잔혹한 유혈 진압 행위를 저질러 분개한 시민들이 가세했기 때문이었다는 것이 일반적으로 잘 알려진 사실이다.

그런데 이 공수부대는 주한미군 사령관 휘하에 있지 않기 때문에 이 부대의 출동은 위컴 장군의 허가사항이 아니라고 알려져 있었다. 예컨대 앞서 소개한 코언과 베이커의 논문에 의하면 "특히 미국 입장에 치명적인 것은 전 장군이 한국의 미디어를 조작해 광주에서 발생한 모든 것을 미국이 지지한다고 많은 한국인들의 눈에 비쳐지게 한다는 것이다. 한국 정부의 진실 호도 캠페인은 광주의 최초 살상을 자행한 공수부대가 연합사령부 휘하에 있지 않다는 것과 이 공수부대의 철수를 감시하고 광주를 재탈환한 정규군만이 사령부 산하에 있다는 것, 이 두 부대를 구별하고자 하는 미 대사관의 노력을 압도했다"고 쓰고 있다(Cohen and Baker, 1991: 216쪽). 즉 위컴 장군은 광주 '시민군'이 장악한 광주시의 재탈환을 위해 정규군 부대의 출동을 허가했으나 첫 번째로 출동한 공수부대는 그의 휘하에 있지 않으므로 허가사항이 아닌데도 한국 학생들이 이를 혼동하고 있다는 것이다. 그러나 헨더슨은 "그렇지 않다"고 미 국방부 소식통을 인용하여 반박한 것이다. 그는 다음과 같이 계속하고 있다.

이 사령부의 입장은 1980년 5월 광주 학살로 전 세계에 걸쳐 명백하게 되었습니다. 당시 나는 독일에서 강의를 하고 있었는데, 텔레비전에 비쳐진 학살 장면을 목격했습니다. **한 한국군 상사가 목조르기 도구(양쪽의 손잡이가 달린 약 30인치 길이의 줄)를 꺼내더니 살아 있는 한국 학생의 목을 감는 것입니다(강조는 지은이).** 그 학생은 죽었거나 죽어가는 주검들의 무덤 안에서 꿈틀거립니다. 그런 화면을 배경으로 다음과 같은 나래이션이 흘러나왔습니다. "위컴 장군이 휘하 한국군을 풀어 광주를 재탈환했습니다 ……." 순간 온 서유럽인들의 피가 얼어붙었습니다.

우리들은 이 말이 오도된 것이라고 오랫동안 생각했습니다. 적어도 스크린에 비친 학살은 위컴 장군이 통제하는 부대와는 무관하며, 그가 풀어놓은 부대는 잔학한 행위는 하지 않았다고 믿으면서 말입니다. 우리들은 미디어가 불친절하고 무책임하게 두 부대를 혼동하고 있다고 믿었습니다. **그러나 아, 이를 어찌할꼬! 우리는 위컴이 두 부대를 모두 풀어놓았다는 것을 듣고 있는 것입니다(강조는 지은이).** 게다가 최근 미국과 유럽 필름 기사들이 힘들여 조사한 바에 의하면 공수부대가 진입했을 때에는 필름 기사들이 현장에 없었다는 것입니다. 즉 필름에 찍힌 광주 학살 장면은 후에 출동한 부대와 관련된 것입니다. 첫 번째 부대가 어떤 끔찍한 도살을 자행했기에 전 광주시와 시 외곽에 거주하는 사람들까지 들고 일어났을까, 상상에만 맡길 수 있을 것입니다.

이런 민감한 사항을 폭로한 것에 대해 당시 주한 미국 대사직에 있었던 글레이스틴(William H. Gleysteen, Jr.)은 발끈했다. 그는 헨더슨이 ≪크리스천 사이언스 모니터≫에 기고한 글에 대해 1983년 10월 6일자로 헨더슨에게 서한을 보내 "그런 주장은 진실이 아닐뿐더러 당시 위컴 장군의 역할을 왜곡했다"고 반박하고 나섰다. 그는 다음과 같이 계속한다.

내가 공개적으로 거듭 말했지만, 미국 관리들은 '광주 봉기(Kwangju uprising)'를 일으킨 '그 더러운 사건(the nasty events)'에 관련되지 않았으며, 오히려 충돌을 막고 살상을 최소화하기 위해 모든 실용적 조치를 취했다는 것입니다. 애초 광주 시위자들을 대단히 고압적으로 다룬 특전사 부대는 위컴 장군 휘하에 있지 않으며 그는 그들의 행동을 결코 용서하지 않았을 것이라는 점을 강조합니다. 소요와 살상이 일어난 지 여러 날이 지난 뒤 위컴은 20사단을 풀기로 동의했는데, 이 부대는 서울에서 계엄령 임무를 맡고 있어 광주에 배치해 최소한의 인명 손실로 정부 권한을 회복하는 데 도움을 준 것입니다. 위컴은 사태를 평화적으로 끝내려는 미국의 큰 노력의 틀 안에서 이 조치를 허락했으며 나도 여기 동의한 것입니다. 나는 이를 워싱턴에 알려놓고 있었습니다(헨더슨 문집, 상자 6호, 글레이스틴 서한, 1983년 10월 6일자).

헨더슨도 자신의 주장을 굽히지 않고 그해 11월 11일자 서한을 보내 반박한다. 이에 다시 글레이스틴 대사가 11월 30일자 서한을 보내 재반박한다. 누구의 말이 옳은가? 진실은 무엇인가? 헨더슨은 당시 아직 자유베를린대학 초빙교수로 있었을 때이며 정보 접근이 제한되어 있었다는 점과 글레이스틴은 '광주사태' 당시 미국 대사로서 모든 최고급 기밀정보에 완벽하게 접근할 수 있었던 공인이라는 점을 비교해볼 때 우리는 객관적으로 후자의 말이 더 믿을 만하다고 느낀다. 헨더슨도 처음 동원된 특전사 부대가 위컴 사령관 휘하에 있지 않았다는 것을 인정한 듯하다. 즉 글레이스틴이 11월 30일자 서한에서 "당신이 10월 6일자 내 편지의 요점을 받아

들인 것을 알고 안심이 된다"고 말한 데서 이를 추정할 수 있다.[41]

그러나 글레이스틴이 한 말은 공인의 성실성이 담보되어 있어야 함은 물론이다. 그런데 그로부터 13년 뒤 미국의 한 탐사 기자가 그 당시 글레이스틴 대사가 국무부에 보내고 훈령을 받은 최고 기밀 전문을 분석한 결과, 글레이스틴의 말은 그 성실성에서 심각한 의문이 제기된다. 즉 글레이스틴은 당시 특전사 부대 사용을 포함한 전두환의 비상 계획을 사전에 알고 있었을 뿐만 아니라 특전사 부대의 사용 승인을 보장해주었다는 사실이 밝혀진 것이다.

특전사 부대 사용을 승인한 미국

이를 밝혀낸 사람이 팀 셔록(Tim Shorrock)이라는 탐사 기자다. 그가 1979~1980년 광주사태 때 미국이 수행한 몫을 폭로한 글에 의하면, 글레이스틴이 헨더슨에게 반박한 위의 서한은 그 신뢰성과 성실성에 심각한 의문이 제기될 수밖에 없다. 글레이스틴은 헨더슨에게 보낸 서한에서 미국 관리들은 '그 더러운 사건'에 관련되지 않았다고 장담했지만, 글레이스틴 자신은 물론 국무부 고위 관리들이 학생 시위에 대비해 특전사 부대를 동원하는 전두환 신군부 세력의 '비상 계획'에 깊숙이 관련되었다는 것이 밝혀진 것이다.

셔록 기자는 전두환과 노태우가 1996년 2월 재판에 회부된 것을 계기로

---

41 글레이스틴은 헨더슨의 11월 11일자 서한에 대한 답장에서 당신이 '10월 6일자 내 편지의 요점(the main point of my letter of October 6)'을 받아들여 안심했다고 쓰는데, 여기서 말한 내 편지의 요점이란 한국의 특전사 부대가 위컴 사령부 휘하에 있지 않다는 것을 말하는 듯하다. 헨더슨의 11월 11일자 서한은 지은이가 갖고 있는 헨더슨 문집에는 없는데, 하버드-옌칭 도서관 헨더슨 문집을 열람했을 때 미처 챙기지 못한 것이 아닌가 생각한다.

정보자유법에 의해 약 150쪽에 이르는 기밀 전문을 얻어냈다. 그것은 국무부와 '국방정보원(Defense Intelligence Agency)'의 비밀 해제된 2,000건의 전문 중 일부인데, 당시 국무부의 최고 대한정책 결정자들, 특히 한국 현지의 글레이스틴 대사를 비롯해 국무부 차관인 워렌 크리스토퍼(Warren Christopher)와 리처드 홀부르크(Richard C. Holbrooke) 아태 문제 담당 차관보 간에 오고 간 기밀 문건이었다.

셔록 기자가 폭로한 이 탐사 보도[42]에 의하면 서울과 워싱턴의 미국 관리들은 특전사 부대의 사용 계획을 사전에 알고 이를 승인한 것으로 나와 있다. 미국은 특전사 부대 동원에 대해 전두환에게 미리 승인을 보장해주었는데, 이것을 크리스토퍼가 승인하고 글레이스틴이 1980년 5월 9일 전두환에게 전달했다는 것이다. 5월 9일 전두환과의 면담을 앞둔 글레이스틴 대사는 5월 7일 국무부에 보낸 전문에서 "우리가 벌이게 될 토론 중에 미국은 한국 정부가 절대 필요하다면 경찰력을 군으로 보강함으로써 법과 질서를 유지하고자 하는 비상 계획에 결코 반대해서는 안 될 것입니다"라고 강력하게 제안한다. 크리스토퍼는 그 다음날 보낸 답신 전문에서 "법과 질서를 유지하려는 한국 정부의 비상 계획에 반대하지 말아야 한다는 데 동의한다"고 하면서 단 "법질서를 집행하는 책임이 '주의와 자제(with care and restraint)'로 이행되지 않으면 위험은 증폭될 것이라고 경고하라"고 덧붙인다.

---

[42] 이 탐사 보도 기사는 미국의 ≪저널 오브 커머스(The Journal of Commerce)≫ 1996년 2월 27일자에 "이전 통치자들, 서울에서 재판을 받다"라는 제목으로 실렸다. 이 기사와 함께 셔록 기자는 한국의 ≪시사저널≫에 3회(첫 회는 1996년 2월 28일 332호)에 걸쳐 광주사태 때 미국의 역할뿐만 아니라 박정희 암살 이후 미국의 한국 정치 개입을 폭로하는 기사를 싣는다.

글레이스틴 대사가 전두환을 만나서 특전사 부대 동원을 포함한 비상 계획에 대해 승인을 보장한다는 미국의 입장을 전달한 것은 분명하지만, 과연 잔인한 행동으로 명성을 떨치고 있는 '검은 베레 특수부대(Black Beret Special Forces)'가 행동을 자제하도록 경고한다는 것이 무슨 소용이 있을까? 검은 베레 특전사 부대는 적의 후방에 침투해 작전하도록 특수훈련을 받은 특수부대로 미국의 '그린베레(Green Berets)'를 본 떠 만들었으며, 이들 부대들은 베트남전 때 나란히 참전해 무자비한 작전으로 오명을 얻었다고 셔록 기자는 말한다.

그런데 이 전문들은 놓칠 수 없는 대단히 중요한 메시지를 담고 있다. 그것은 한국의 특전사 부대가 미군 사령부 휘하에 있든 말든 부대 사용에 대해 사전에 미국이 승인을 보장해주었다는 점이다. 이 대목의 전문 문구는 특전사 부대를 동원하는 "비상 계획에 대해 우리는 결코 반대하지 않을 것"을 "전 씨에 보장(assurances to Mr. Chun)해준다"는 것이었다. 게다가 이 문서는 부시 행정부가 광주 봉기에 대해 대외적으로 발표한 백서의 내용과 정면으로 배치된다. 부시 행정부는 1988년 한국 국회가 개최한 5·18 청문회에 글레이스틴 대사와 위컴 장군이 증인으로 참석해달라는 요청을 거부하고, 1979~1980년 12·12 쿠데타와 광주사태 때 미국의 역할에 관한 내용이 담긴 백서를 발표했던 것이다. 그 백서에서 미 국무부는 "미국 관리들은 1980년 학생 시위에 대처하는 경찰을 지원하기 위해 군부대를 사용한다는 계획에 관한 보도에 경악"했으며, 특전사 부대가 광주로 "이동한 것에 대해 사전에 알지 못했다"고 천명하고 있다. 그러나 이는 글레이스틴 대사가 5월 9일 전두환을 만나고 나서 보낸 후속 전문에서도 거짓임이 드러난다. 대사는 그날 전두환과의 면담에서 학생 시위에 관해서 토의했다면서, "전 씨는 아마도 내 태도에 공감하는 듯했다. 우리는 한국의 군사 비상 계획의 실시를 방해하지 않을 것이다"라고 밝힌다.

미국의 대한정책 결정자들 간에 오간 전문 중 가장 높은 기밀 전문들은 암호명 '체로키(Cherokee)'로 분류되어 '승인된 채널 외 배포 금지(NODIS: no distribution outside of approved channels)'라는 딱지가 붙어 있었다고 한다. 따라서 이 전문들은 카터 대통령, 반스(Cyrus Vance) 국무장관, 크리스토퍼 국무차관, 홀부르크 아태 문제 담당 차관보와 국가안전보장회의 최고위 정보관들, 그리고 한국 현지의 경우 글레이스틴 대사에게만 배포가 제한되어 있었다는 것이다.

이들 전문에 의하면 미국이 특전사 부대가 일으킨 광주 유혈사태를 미리 짐작하고 있었다는 정황이 포착된다. 먼저 글레이스틴 대사의 경우 특전사 부대의 이동을 꿰뚫고 있었다. 5월 9일 전두환과의 면담 직전 국무부로 보낸 전문에서 글레이스틴은 '앞으로 다가올 학생 시위에 대비해' 특전사령부 2개 여단이 서울과 근처 김포공항에 이동 중이라고 보고하면서 분명히 군은 계엄령이 5월 15일까지 폐지되지 않으면 거리로 뛰쳐나올 것이라고 경고한 학생 성명을 심각하게 받아들이고 있다고 보고한다.

미국이 과연 광주 유혈사태를 미리 예상하면서도 특전사 부대의 사용에 대해 '승인을 보장'해주었는가? 확언할 수는 없지만 이를 짐작할 수 있는 문건이 '체로키' 전문에 나온다. 국방정보원이 국방부 합동참모회의에 보낸 1980년 5월 8일자 전문은 광주 유혈 참극에 책임이 있는 제7특전사여단을 지목하면서, 이 여단이 "아마도 전주와 광주의 대학생 소요를 표적으로 삼은 듯하다"고 적고 있다. 이어서 이 전문은 이 특전사 부대는 많은 나라가 사용을 금지한 최루독가스인 CS가스를 사용하도록 훈련받았으며, 이전에 학생들과 부딪쳤을 때 '머리를 깨부수려' 했다고 구체적으로 적고 있다.

그러나 글레이스틴 대사는 셔록 기자와의 인터뷰에서 이 전문을 본 기억이 없다고 하면서도 다음과 같이 덧붙인다.

특전사 부대가 미군 사령부 휘하에 있지 않더라도 우리는 보통 그 부대가 어디 있는지 알고 있어요. 그럼에도 그 부대가 살인 명령을 지니고 보내지리라는 것을 미국 관리들이 어떻게 알았겠어요. 광주 학살과 같은 일이 벌어지리라고는, 그리고 그런 명령을 받은 부대원이 있으리라고는 결코 믿지 않았다는 것을 전제로 할 때 그런 전문은 놀라운 정보는 아닐 것입니다. 미국은 특전사 부대가 평화적 시위자들에게 발포하거나 총검으로 찌르리라는 것에 대해 군과 민간 채널로부터 결코 들은 일이 없습니다(《저널 오브 커머스》, 1996년 2월 27일자).

그러나 글레이스틴 대사가 광주사태가 일어나기 10일 전 국방정보원이 보낸 체로키 전문을 본 기억이 없다는 것은 납득하기 어렵다. 이는 당시 대한정책이 워싱턴의 중앙 집중 체제 아래 조종 및 마련되고 통일된 정책과 방향을 잡고 있었으며, 이를 위해 "우리들은 상시적으로 서로 커뮤니케이션을 하고 있었다"고 크리스토퍼와 홀부르크가 다른 체로키 전문에서 설명한 말에 어긋나기 때문이다.

그런데 여기서 한 가지 의문이 생긴다. 만일 헨더슨이 위에서 살펴본 대로, 글레이스틴이 1983년 11월 30일자 서한에서 말하듯, 헨더슨이 광주 유혈 진압에 투입된 특전사 부대가 위컴 장군 휘하에 있지 않다는 것을 인정했다면, 그는 주한미군 사령관 리브시 장군에게 보낸 1985년 8월 28일자 서한에서 도대체 왜 위컴 장군이 특전사 부대를 풀었다고 주장했을까? 앞서 살펴보았듯이 그는 "가장 책임 있고 정통한 국방부 소식통"을 인용하면서 위컴이 두 부대를 모두 풀었다고 주장한 것이다. 그가 불과 1, 2년 사이에 기억상실증에 걸렸다면 모를까, 어떻게 이런 모순된 주장을 할 수 있을까?

여기서 지은이는 다소 대범한 추리를 한번 해보고자 한다. 헨더슨은 글레이스틴 대사에게 사실상 한국의 특전사 부대가 위컴 장군 휘하에 있지 않음을 인정했다. 그러나 그 뒤 사정이 이렇게 바뀐 것이리라. 헨더슨은 리브시 주한미군 사령관에게 1985년 8월 28일자 서한을 쓰기에 앞서 8월 12~13일 한미 안보학술대회에 토론자로서 참석한다.[43] 거기서 그는 광주사태의 수습을 위해 한국의 정규군 파견을 허가한 위컴 장군의 조치를 두고 스틸웰(Joseph H. Stilwell) 장군과 논전을 벌였다고 말한다.

> 스틸웰 장군은 안보학술대회에서 약간 수사학적으로 내게 물었습니다. 위컴 장군이 광주 '평정(pacification)'을 위해 부대를 풀어달라는 요청을 거부했어야 했는가? 만일 선택의 자유를 달라고 외치는 시민들에 의한 광주 장악이 좀 더 길어진다는 것과 그러한 절제 없는 야만적 행동에 우리가 끌려간다는 것과 관련하여 세계 매체에서 미국의 이름이 먹칠을 당한다는 것, 이 두 가지 선택 중 하나를 해야 한다면…… 샘 애덤스의 후예는 어떠한 적절한 대답을 할 수 있겠습니까? 스틸웰 장군은 반공이라는 이름으로 내가 이해하는 것과 다른 유감스런 대답을 주겠지요. 야만 행동에 대해

---

[43] 한미 안보학술대회는 1985년 주한미군 사령관을 지낸 스틸웰(Stillwell) 장군과 한국의 백선엽 장군이 주선하여 만들어진 연례적 학술회의다. 최초의 학술대회는 1985년 8월 12~13일 개최되었는데, 헨더슨이 토론자로 참석했다(헨더슨 문집, 상자 6호, "리브시 장군에게" 보낸 1985년 8월 28일자 서한).

위컴이 동의한다는 것은 정치적으로 잘못된 대답인 것 같습니다. 그리고 만일 이 동의가 한국 안에 반미주의가 일어나고 번지는 데 공헌한다면 우리는 안보와 군사적 방위가 그것으로 보탬이 될 수 있는지 따져봐야 할 것입니다(헨더슨 문집, 상자 6호, "리브시 장군께" 보낸 1985년 8월 28일자 서한).

그때 학술회의장에서 이 논전을 경청한 '가장 책임 있고 정통한 국방부 소식통'은 헨더슨을 사석에서 만난다. 그 소식통은 누구인가? 아마도 광주사태 당시 '체로키' 전문에 접근이 가능했던 국가안전보장회의의 최고위급 정보관일 것이다. 학자 출신인 이 정보관은 헨더슨과의 사적 토론에서 "우리가 특전사 부대 출동도 승인했다"고 말했을 것이다. 그리고 그는 헨더슨의 논리에 공감했을 것이다.

헨더슨은 이 말을 듣고 곧바로 위컴 장군이 특전사 부대를 풀어놓았다고 믿었을 것이다. 그는 설마 민간인 고위 관리인 글레이스틴이나 국무부의 크리스토퍼 차관 또는 홀부르크 차관보가 특전사 부대의 출동을 승인했으리라고는 꿈에도 생각지 못했으리라. 따라서 그는 리브시 주한미군 사령관에게 이제 아주 자신 있게 그리고 당당하게 위컴 장군이 자기 휘하에 있는 특전사 부대의 출동을 허가했다고 주장한 것이리라. 그러나 사실은 위에서 살펴보듯 국무부 고위 대한정책 결정자들이 특전사 부대 사용을 포함한 비상 계획을 전두환에게 사전에 승인해주었던 것이다.

헨더슨이 글레이스틴에게 답장을 쓴 1983년 10월 6일부터 리브시 장군에게 서한을 쓴 1985년 8월 25일 사이에, 곧 2년도 안 되는 사이에 기억상 실증에 걸리지 않는 한 한국의 특전사 부대에 대한 지휘권을 둘러싸고 모순된 주장을 할 리가 없다고 볼 때 위의 추리는 그 수수께끼를 푸는 한 가지 실마리가 된다고 할 수 있지 않을까?

만일 헨더슨이 셔록 기자의 탐사 보도를 보았다면 어떤 반응을 보였을까? 그는 광주 유혈 진압을 둘러싸고 글레이스틴과 벌인 1983년 10월~11월의 논전을 재개했을 것이다. 그리고 훨씬 격한 논전으로 확대되었을 것이다. 그러나 그는 1988년 느닷없이 찾아온 죽음의 사신(邪神)을 만난 뒤 말이 없다. 그런데 논전은 여기서 끝나지 않는다. 이번에는 브루스 커밍스 교수가 그를 대신한다. 그는 글레이스틴 대사가 5월 8일 보낸 전문과 특전사 부대 이동에 관한 국방정보원의 전문을 읽어본 뒤 셔록 기자에게 다음과 같이 말한다.

이것은 확실한 증거에 상당히 가깝습니다(This is pretty close to a smoking gun). 우리는 여기서 하나의 논리가 발전하는 것을 발견하는데, 그것은 전두환에게 아무 일도 하지 않겠다는 것이지요. 한국적인 정황에서 이 문서는 폭발적일 수 있습니다. …… 다시 한번 정보원들은 권력을 가진 자들에 가깝다는 것을 보여줍니다. 홀부르크와 브레진스키와 같은 사람들에게는 항상 안보가 첫째, 둘째, 셋째입니다. 그런데 그들이 말하는 것은 항상 미국의 안보를 의미합니다(≪시사저널≫, 1996년 2월 28일자).

커밍스 교수가 내린 평가에 드라이언(Pat Derian)도 동조했다. 그녀는 카터 행정부 시절 인권 및 인도적 문제 담당 국무차관보였다. 체로키 전문을 보고 그녀는 충격을 표하고는 "내가 잘못 보지 않았다면 이는 '청신호(green light)'가 분명하다"라고 말했다("전 지도자 재판에 서다", ≪저널 오브 커머스≫, 1996년 2월 27일자). 그러나 도널드 그렉(Donald J. Gregg) 미 대사는 말이 달랐다. 그는 1996년 2월 전두환과 노태우가 광주 학살의 책임자로 재판에 회부되었을 때 "우리는 재판에서 두려울 것이 없다고 생각한다. 확실한 증거가 전혀 없다(no smoking guns)"고 셔록 기자에게 말했다(같은 기사). 그는 1973~1975년간 미 중앙정보부 한국 책임자였으며, 부시 행정부 시절 한국 대사였는데, 광주사태 때 고위 대한정책 결정 회의에 참석한 인사 중 한 사람이다. 그런데 문제는 미국이 광주 만행에 대해 책임을 진다는 문제에 법적으로 '확실한 증거'가 있는지 여부와는 상관없이, 광주의 사례는 미국이 정통성이 있든 없든 권력을 가진 자 편에 선다는 대한정책의 속성을 잘 보여주고 있다는 점이다.

결론적으로 특전사 공수부대가 주한미군 사령관 휘하에 있으며, 미군 사령관이 초기 광주 학생 시위를 진압하기 위해 그 부대의 투입을 허가했다는 헨더슨의 주장은 기술적으로 잘못일 수 있다. 그러나 주한미군 사령관과 미국 대사를 포함한 국무부의 최고위 미국 대한정책 결정자들이 종합된 정책 훈령으로 특전사 부대 사용에 대해 사전에 전두환에게 승인을 보장해주었다는 점에서 미국의 책임이라는 맥락에서는 헨더슨의 주장이 옳았다는 것이 증명된 셈이다. 게다가 미국의 정책 훈령은 여기서 끝나지 않는다. 뒤에서 살펴보듯 전두환의 신군부 정권이 들어서는 데 미국은 결정적인 뒷받침을 하게 된다.

전두환 쿠데타를 지지한 미국

헨더슨은 이런 맥락에서 광주 민주항쟁에 뒤이어 학생들이 반미주의를 들고 나온 것에는 미국이, 특히 주한미군 사령관과 주한 미국 대사가 책임을 면할 수 없다고 주장한다. 먼저 1979년 12·12 전두환 쿠데타를 미국이 공개적으로는 반대하면서도 뒤에서는 묵인 방조했다는 흔적이 보인다. 위컴 장군은 전두환이 1979년 12월 12일 밤 연합사령부 휘하의 부대를 허가 없이 출동시킨 것에 격노했다고 알려져 있지만 이에 대해 공개적으로 공분을 표하거나 항의하는 성명을 내지 않았다. 이는 한국인들이 보기에는 '미국의 묵시적인 쿠데타 승인'이었던 것이다(Cohen and Baker, 1991: 216쪽).

그 뒤 10년이 지나서 미 국무부는 1989년 6월 민주항쟁 때 성명을 발표하여 전두환의 1979년 12·12 쿠데타에 대한 위컴 장군의 입장을 밝힌 일이 있다. 즉 1989년 6월 19일 국무부가 발표한 성명에 의하면, 그날 1979년 12월 12일 밤 "위컴 장군은 한국 군사지도자들에게 항의했으며", "한국군 내의 투쟁이 갖는 위험한 의미에 관해 전두환에게 경고하는 메시지를 보냈다"는 것이다. 또한 "그 다음날 서울 대사관은 강경한 성명을 기초했으나 한국이 아닌 워싱턴에서 발표했는데, 그 까닭은 대사관이 정부가 통제하는 언론 매체에 접근할 수 없어 한국인에게 배포할 수가 없었기 때문"이라고 했다(같은 글: 315쪽, 주 134).

그러나 앞서 언급한 체로키 전문에 의하면 미국은 1979년 신군부 세력이 12·12 쿠데타로 실권을 장악하자 홀부르크 차관보는 위컴 사령관 휘하의 명령 계통을 어겼다는 문제를 따지기보다는 그들이 정권을 차질 없이 잡도록 뒷받침했음을 보여준다. 그는 그해 12월 몇몇 상원의원들과 회합한 뒤 글레이스틴 대사에게 "워싱턴의 태도는 이란 위기로 압도되었다. 아무도 제2의 이란이 되는 것을 원치 않는다는 것은 말할 필요도 없다. 그 뜻은 미국의 행동이 사태를 악화시켜 핵심 맹방이 혼돈이나 불안에 빠져서는 안 된다는 것이다"라고 전했다. 홀부르크는 며칠 뒤 글레이스틴 대사에게 훈령을 내려 최규하 대통령이 정권을 전두환에게 넘기는 일정을 마련하도록 했다. 그 전문의 문구가 재미있다.

그것[일정]이 비록 모호하고 확실한 언질이 없더라도 괜찮소. 당신이 대단히 냉소적인 사람이라면 이런 말도 할 수 있을 거요. 날짜를 정하는 것이 반드시 그날을 지킨다는 뜻은 아니라고 말이오(≪저널 오브 커머스≫, 1996년 2월 27일자).

다음날 주한 대사는 정치 일정이 차질 없이 계속될 것이라고 홀부르크에게 확인한다. 그로부터 4개월 뒤인 1980년 8월 27일 전두환은 유신헌법이 정한 대로 체육관 대통령으로 취임하게 된다. 이 과정에서 미국은 광주 민주항쟁보다는 오히려 광주 유혈 진압을 저지른 전두환 세력을 지지하는 것이 한국의 안정에 필요하다고 보았다는 점을 분명히 했다.

이것은 미국이 전두환 신군부 세력의 지지를 광주 유혈 진압 뒤에 보다 명시적으로 보낸 데서 나타난다. 즉 1980년 8월 8일자 ≪LA 타임스≫는 미국이 전두환을 한국의 다음 대통령으로 지지한다는 취지로 발언한 '신원을 밝히지 않은 고위 군 장교'를 다음과 같이 인용한다.

비록 전두환 정책이 정치 탄압을 계속하고 광범한 정치 참여의 길을 막더라도 미국이 전(全)을 다음 대통령으로 지지할 것인가라는 질문을 받은 그는 "그렇습니다. 그가 권력을 합법적으로 잡고, 장기간에 걸쳐 한국인의 광범한 지지를 받고, 그리고 안보 상황을 위험하게 하지 않는다면 말입니다. …… 그렇다면 우리는 그를 지지할 것입니다. 그 까닭은 물론 그것이 우리 생각에는 한국인들이 원하는 것이라고 보기 때문입니다." 이 미군 관리에 의하면, 전이 '합법적으로' 권력을 잡는다는 의미에 관해 미국이 요구하는 것은 헌법적 요건을 실질적이 아닌 형식적으로 지키는 것이라고 명백히 말했다.

이 회견 기사의 문맥에서 볼 때 우리는 전두환이 한국의 다음 통치자가 되는 것에 대해 이 '고위 미군 장교'로부터 내락을 받았다는 인상을 받게 된다. 전두환이 유신 헌법의 형식적 요건에 따라 체육관에서 대통령으로 선출된다면 이를 문제 삼지 않겠다는 것이다. 이는 그가 이어서 "전두환이 곧 이름뿐만 아니라 사실상 최규하 대통령을 대체하게 될 것"이라고 말하는 데서 잘 드러난다. 이 고위 미군 관리는 다음과 같이 계속한다.

평화와 안정은 이곳 미국에서는 중요하며, 국가 안보와 정치 안정은 확실히 정치적 자유보다 우선되는 것입니다. …… 나는 우리가 알고 있는 식의 민주주의가 과연 한국을 위해 준비가 되었는지, 한국인들이 준비가 되었는지 확신하지 못하고 있습니다. …… 한국은 강력한 지도자를 필요로 하는 것 같습니다. 여러 가지 이유로 이상스럽기는 하지만 전(全)은 지도자로서, 부자연스럽지만 지도자로서 부상한 듯합니다. '들쥐처럼(lemming-like)', 온갖 사람들이 그의 뒤에 줄을 서고 있지 않습니까.

이 미군 고위 관리는 누구인가? 바로 그 다음날 밝혀진다. 즉 1980년 8월 9일자 ≪뉴욕 타임스≫는, 전두환이 그를 회견한 ≪뉴욕 타임스≫ 기자에게 위의 미군 고위 관리가 바로 존 위컴 장군이라고 밝혔다고 적고 있다. 위컴이 한국인은 민주주의에 준비가 덜 됐다느니 '들쥐'라느니 하며 폄훼한 것은 그의 고유한 어법이 아니다. 헨더슨이 보기에 이는 미국의 정책결정자들이 대개 공통적으로 갖고 있는 편견이다. 헨더슨은 한국인이 전통적으로 고도의 자치를 누려온 전통을 갖고 있다고 믿고 있지맨 이는 그가 1972년 라이샤워 교수와 함께 쓴 "한국은 아직 위험하다"(≪뉴욕 타임스 매거진≫, 1973년 5월 23일자)에 잘 나타나 있다. 국무부 또는 국방부의 대한

정책 수립 책임자들은 점잖게 말해 한국인이 민주주의에 준비가 덜 됐다고 생각한다는 것이다.

그런데 이런 편견은 좀 더 심각한 정책적 의미를 내포하는데, 그것은 이것이 한국에 강력한 독재자가 필요하다는 논리로 연결된다는 것이다. 이는 1945년 점령군 사령관으로 온 하지 장군이 한국인은 "일본 놈들과 마찬가지 부류의 고양이들(the same breed of cats as the Japanese)"이라고 말했다는 데까지 거슬러 올라간다. 그가 강력한 반공 독재자 이승만을 처음 선택한 논리와 같은 맥락이다.

광주 학살 뒤 반미주의를 주도하는 한국 학생들을 향해 리처드 워커(Richard Walker) 대사가 '버릇없는 새끼들(spoiled brats)'이라는 말을 내뱉은 것이 알려져 반미 감정을 더욱 악화시킨 일이 있다.[44] 대사는 그것이 문맥을 떠나서 잘못 인용되었다고 길게 변명을 늘어놓았으나 이를 주워담을 수는 없는 일이었다. 한국 학생들의 반미 감정은 단순한 말을 넘어 행동으로 번지고 있었다. 1981년 가을 강원대학 학생들은 미국 국기를 불태웠으며, 그해 9월에는 광주 미국문화원 방화 미수 사건이 터졌다. 이어서 1982년 3월 18일 부산 미국문화원 방화 사건이 일어난다. 이 방화 사건으로 도서관을 이용하던 한 학생이 불타 죽었고, 2명이 부상을 입었으며, 도서관 자체도 소실되었다. 현장에서 발견된 전단은 미국 정부가 전두환 정권을 지지했다고 비난하면서 미군 철수를 주장하고 있었다.

헨더슨은 반미주의를 어떻게 생각하는가? 이에 앞서 한국의 언론 매체들은 당시 거의 한 목소리로 미 문화원 방화 사건을 매도하는 데 여념이

---

[44] 워커 대사가 했다는 이 말은 1982년 2월 14일자 ≪스테이트≫지에 실렸으나 이 기사가 미군 신문인 ≪스타즈 앤 스트라입스(Stars & Stripes)≫에 다시 실림으로써 알려지게 되었다.

없어 보였다. 학생들이 반미주의 시위를 왜 감행하는지, 무엇이 동기인지, 그리고 어떤 배경적 맥락이 있는지 전혀 설명이 없고 방화 사건으로 무고한 인명이 죽었다는 데만 초점을 둔 기사 일색이었다. 물론 방화 사건이 사람을 죽인 방화라는 점은 마땅히 규탄받아야 할 것이다. 그러나 그것이 이야기의 전부는 아니다. 광주 만행을 묵시적 또는 명시적으로 지지한 미국 정책을 따지는 학생들의 시위를 어떻게 잘못으로만 볼 수 있겠는가? 위컴 장군이 전두환을 통치자로 인정했다고 알려진 뒤 한국의 언론 매체들이 연일 전두환에 대한 '신판 용비어천가'를 불러댄 것을 보면, 역설적으로 위컴이 발언한 '들쥐처럼' 줄을 서는 행태가 맞는 면이 있다고 보이기까지 한다. 이런 언론 행태가 꼴불견이었던 듯, ≪LA 타임스≫는 한국 언론에 대해 이례적으로 폄훼하는 기사를 싣는다.

> 금요일 저녁부터 시작해 일요일 아침까지, 서울의 신문들은 세계 저널리즘에 기록으로 남을 수 있는 업적을 세웠다. 2일 동안 모든 신문은 똑같은 기사를 그날의 톱기사로 실었는데, 그것은 두 인터뷰 기사(1980년 ≪LA 타임스≫ 8월 8일자와 ≪뉴욕 타임스≫ 8월 9일자 인터뷰 기사) 중 이것 아니면 저것이었다. 공산국가 신문들조차도 그런 짓은 하지 않는다. 뉴스가 무엇을 강조해야 하는지가 군의 검열과 지령 아래 구체적으로 지시되지만, 이런 현상은 저널리즘을 뛰어넘는 심각한 의미를 갖는다(≪LA 타임스≫, 1980년 8월 11일자, 10면).

헨더슨은 한국 학생들이 표출한 반미주의를 진지하게 성찰한다. 그는 1986년 5월 24일 기고한 ≪워싱턴 포스트≫ 칼럼에서 "1950년 6월 25일 터진 한국전쟁으로부터 1980년 5월 광주 민중봉기까지 30년 동안 한국에서 반미주의란 나무에서 물고기를 낚는 일과 같은 것이었다"고 하면서 "우리는 한 친구가 아니라 전적인 친구였다"고 쓴다. 그런데 왜 갑자기 격렬한 반미주의가 나왔는가? 그는 이 반미주의가 터진 것은 바로 미국 정부 또는 이를 대표한 주한미군 사령부나 미 대사관이, 전두환 신군부 세력이 1979~1980년 정권 탈취의 쿠데타의 길로 들어서게 한 '산파(midwife)'로 비쳐지기 때문이라고 주장했다. 그는 한국 학생들을 반미주의로 들어서게 한 것은 오히려 미국 정책이라며 다음과 같이 학생들을 편들고 있다.

이런 위기는 유감스럽습니다. 우리나라는 혁명으로 탄생된 나라입니다. 영국 총독이 지배했던 시절을 오늘의 한국과 비교해 봅시다. 1770년대 통제를 조금 강화한 조치와 비교적 하찮은 사안인 조세 등으로 보스턴 시가에서 돌 세례, 시민 불복종, 재산 파괴가 일어났던 것입니다. 그 사태와 오늘 남한 학생들에 대해 강제한 조치 및 제한을 비교한다면, 탄압의 상대적 정도에 관해 어떤 결론에 이르겠습니까? 이렇게 보면 USIS를 점령한 한국 학생들은 보스턴 티 파티[45]를 결행한 존경받는 범법자들과 비교하여 자제심이 강한 것 같습니다. 샘 애덤스[46]의 정치적 후예들인 우리 미국인이

---

[45] 1771년 동인도 회사가 빚더미로 파산 직전에 이르자 영국 의회는 이 회사가 수출하는 차(茶)에 대해서 면세를 해주는 한편 전매권도 부여하는 법을 통과시키는 조치를 취했다. 그 결과 동인도 회사는 차 가격을 덤핑할 수 있게 되었고 미국 상인들은 큰 손해를 입었다. 이에 대해 보스턴 시민들은 영국의 차 수입을 반대하기로 했지만 이에 아랑곳하지 않고 차를 실은 영국 선박들이 입항해 차를 하역하려 했다. 1773년 12월 6일 밤 새뮤얼 애덤스가 선동적인 연설을 하자 '자유의 아들들(Sons of Liberty)'이 '인디언'으로 위장하고 배에 올라 1만 5,000톤의 차를 바다에 던져버린 사건이 일어났다. 이 사건을 보스턴 티 파티라 부른다.

우리의 자유와 독립, 그리고 나라의 탄생을 유도했던 그 행동, 그 행동을 향한 정치적 본능과 충동을 한국 학생들에는 거부하는 것으로 비쳐져서야 되겠습니까?(헨더슨 문집, 상자 6호, "리브시 장군께" 보낸 1985년 8월 28일자 서한).

지은이는 한 친지의 주선으로 광주 만행을 다룬 영화 〈화려한 휴가〉를 본 적이 있다. 이 글을 쓸 당시까지 500만 이상의 관객을 동원한 이 영화가 2007년 7월 25일 개봉하기 전 열린 시사회에서다. 그동안 광주 유혈 진압을 말로만 들어왔기에 그 영화를 본 뒤의 지은이의 감상은 한마디로 '저런 일도 있었나!'였다. 그것은 가물가물한 먼 옛날의 이야기도 아니요, 이곳에서 먼 아프리카 대륙 부족의 이야기도 아니다. 바로 20년 전 우리가 살던 시대의 이야기임에도 말이다. 영화를 본 뒤 우리들 몇 명은 소주잔을 기울이며 소감을 나눴다. 기자 출신으로 당시 현장을 직접 취재했던 사람이 말했다. 그 영화 이야기는 "영화지 역사는 아니다. 무언가 알맹이가 빠진 것 같다"는 것이었다. 다른 사람이 거들었다. "그보다 훨씬 잔혹한 일도 많았다. 예컨대 임신한 부인이 골목에서 총을 맞았는데, 뱃속에 아이

---

46 새뮤얼 애덤스(Samuel Adams)는 1770년대 미국 독립혁명을 주도한 독립 투사의 한 사람이다. 그는 보스턴 티 파티를 통해 반영 여론을 결집하고 결국 독립전쟁을 이끌어가는 기폭제를 일으킨 여러 사건을 연출한 것으로 유명하다. 예컨대 '보스턴 대학살(Boston Massacre)'은 좋은 본보기다. 1770년 3월 5일 보스턴 세관 근처에서 영국의 초병이 불량배들에게 공격을 받자 일단의 영국 정규병이 발포하여 5명이 죽고 여럿이 부상을 입는 사건이 발생했다. 애덤스는 이 사건을 '보스턴 대학살'이라고 이름을 붙이고는 이들 부두 불량배를 '순교자'들이라고 추켜올리면서 이들이 '용병(hireling troops)'들에 의해 참참하게 학살당했다고 선동적으로 연설했다. 헨더슨은 리브시 장군에게 서한을 쓰면서 아마도 '보스턴 대학살'과 천여 명 이상이 억울하게 죽은 광주 학살을 비교하여 생각하지 않았을까?

는 살아 있었다." 또 다른 이는 이런 말도 했다. "그 군인들의 행태는 우리의 정치 문화 발전의 수준을 말해주는 것이다."

지은이는 늦은 밤 지하철을 타고 오면서 생각했다. 만일 헨더슨이 살아서 이 영화를 보았다면 어떤 반응을 보였을까? 그는 정치학자의 관점에서 당시 보수 정파를 대변하는 대통령 후보들의 대중적 인기가 치솟아 있던 것을 두고 아마 이런 말을 하지 않았을까? "민주주의는 피의 대가를 치르면서 성장하는데, 그들은 대가를 치르지 않은 무임 승객들입니다. 그러나 그들이야말로 광주 항쟁의 덕을 본 사람들이지요. 그것이 역사의 아이러니요, 민주주의의 역설입니다."

마지막으로 헨더슨은 전두환 신군부 세력이 자행한 광주 학살에 대해 미국의 책임을 거론함으로써 무슨 말을 하려 했을까? 그는 1987년 6월 항쟁으로 그가 그렇게 바랐던 한국의 민주화에 성큼 다가온 변화를 충분히 음미하기도 전인 1988년 10월, 느닷없이 찾아온 죽음의 사신을 만나 이제는 말이 없다. 그러나 이번에도 브루스 커밍스가 대역을 한다. "그 문서(체로키 비밀 전문)가 보여주는 것은 미국 정책의 한 패턴인데, 그것은 광주의 수많은 사람을 베어 죽이는 만행을 포함해 전두환이 무슨 짓을 해도 미국은 심각하게 여기지 않으리라는 것입니다. 즉 안보가 인권을 압도한 것이죠"(《저널 오브 커머스》, 1996년 2월 27일자). 즉 헨더슨은 미국이 광주 학살을 저지른 전두환 정권을 지지했다는 것을 보여줌으로써 대한정책의 속성을 말하고자 했을 것이다.

5. 국회프락치사건 연구에 몰두하다

이미 살펴본 대로 헨더슨은 미 대사관 정치과 소속 국회연락관 시절에 터진 국회프락치사건에 비상한 관심을 기울이지만, 그것은 그가 1963년 말 국무부를 떠난 뒤에야 비로소 그의 학문적 연구의 관심 주제가 되었다. 그의 이러한 학문적 관심은 그가 1968년 지은 주저 『회오리의 한국 정치』에 그대로 반영되어 있다. 그러나 프락치사건에 대한 그의 관심은 여기에 머무르지 않았고, 그는 그것을 독립적인 연구 주제로 삼아 연구하기 시작한다.

먼저 『회오리의 한국 정치』에서 그는 프락치사건을 어떻게 기술하고 있는가? 헨더슨이 자신의 저서에서 이 사건을 다룬 관점은 크게 볼 때 국회와 행정부 간의 역학 관계에서 행정부 쪽으로 시계추가 옮겨감으로써 한국의 의회주의가 몰락하는 계기가 되었다는 것이다. 이승만의 무궤도한 경찰력이 국회 소장파를 거세함으로써 국회는 잘해야 무력한 토론 단체로 전락할 위기에 처했다.

헨더슨이 눈을 돌린 프락치사건의 또 다른 측면은 이승만이 사법부를 정치적 목적을 위해 동원했다는 점이다. 즉 행정부의 '분명한 협박(clear intimidation)'이 사법부를 종속시켰으며, 사법부는 다시 입법부를 통제하는 도구로 동원되었다. 이는 헌법이 규정하는 견제와 균형의 작동시스템이 무너져버렸음을 의미하며, 이것이 행정부 독재의 길을 열었다는 것이다(Henderson, 1968: 165쪽).

그러나 헨더슨이 보다 큰 비중을 두어 다룬 관점은 사법 절차의 난맥상이다. 이것은 그가 사법 절차가 지켜지는 법치(法治)야말로 민주주의를 지키는 보루(堡壘)라는 점을 중시했기 때문이라고 생각된다. 그는 프락치사건에서 문제된 사법 절차를 다음과 같이 신랄하게 지적한다.

재판 전 수사 과정은 행정부의 의도에 거역한다는 것이 얼마나 무모한가를 보여주었다. 즉 피해자들은 접견이 불가능한 채 1949년 11월 17일 재판이 열리기까지 반복적으로 고문을 당했다. 언론도 여기에 관심을 보이지 않았다. 이런 과정에 개입하려는 변호사나 인권 단체는 하나도 없었다. 국회가 결의안을 통해 "신속하고 공정한 재판이 국민들이 행동하는 데 지침을 잘 보여줄 것"임을 근거로 신속한 재판을 요구하는 편지를 법원에 보내기까지 4개월이 걸렸다.

재판은 독재의 효과를 몇 배로 높였다. 구치소에서 고문으로 받아낸 자백을 근거로 검사가 작성한 기소장이 심리 절차를 주도했다. 자백은 한 여자 간첩 신체의 '은밀한 부분'에서 찾아냈다는 문서에 의해 '확인'되었다고 했는데, 이 여자 간첩은 그때까지도(그 이후에도) 누구인지 들어본 적이 없는 사람이며, 변호인 측으로부터 반복된 요청에도 법정에 나타나지 않았다. 또한 이 문서의 신빙성은 다른 방법으로 검증하려 하지 않았다. 공산당의 지령을 전달했다는 두 명의 다른 '첩자'도 나타나지 않았으며, 법정에 선 한 공산당 증인은 아주 허약해진 몸으로 그 지령의 역할과 존재에 대해 의구심을 표했다. 재판장은 검찰 측 요청에 따라 변호인 측의 증인 신청 13건 및 기타 요청을 기각한 반면, 검찰 측 신청 증인은 모두 인정하고 게다가 직권으로 경찰 스파이와 끄나풀까지 증인으로 인정했다. 가장 노골적인 유도신문이 주심 판사의 자리에서 재판장에 의해 행해졌다. 실제 사실로부터 동떨어져 있다는 점, 그리고 신청하고 결정한 증거가 주관적으로 채택되었다는 점에서 재판은 조선 왕조 시대 재판의 특징을 그대로 드러내고 있었다. 사건의 최종 심사와 판단에서 검사의 논고는 감방에서 받아낸 자백에 의존하고 있음에도 거의 배타적으로 원용되는가 하면, 공개 법정에서 행한 진술은 무시되었다. 조선 왕조 시대 법정에서는 관헌의 도덕적 판단과 직관적 관찰이 정당화될 수 있었으며, 사법 절차와 행정부의 결정 사이에 실질적인 구별을 할 수 없었다(같은 책: 166~167쪽).

헨더슨이 국회프락치사건에서 중시한 것은 이 사건이 한국에서 정치재판을 패턴화하는 모델이 되었다는 점이다. 그는 프락치사건 재판 뒤 중요한 정치 재판에서 희생된 인물들을 예시적으로 열거한다. 그가 열거한 사건은 1952~54년 정국은 사건, 1953~54년 김성주 사건, 1956~57년 강문봉 사건, 1958~59년 조봉암 사건, 5·16 쿠데타 뒤에는 박임항-김동하 사건, 윤길중-이동화 사건, 이른바 인민혁명당 사건 등이다(같은 책: 427~428쪽, 주 57).

헨더슨이 프락치사건을 독립적 연구 주제로 삼아 연구하기 시작하는 시점은 1971년 하반기부터라고 보인다. 예컨대 그는 그해 10월 4일 국무부 공공문제국 역사자료실(Historical Office, Bureau of Public Affairs)의 프랭클린(William H. Franklin) 박사에게 편지를 보내 프락치사건 재판 기록을 요청하고 있다. 그는 이 서한에서 그 기록이 그가 1949년 서울 대사관 3등서기관으로 재직할 때 스스로 쓴 외교 문서라고 하면서 1쪽짜리 '대외비(Restricted)' 표지로 동봉해 대부분을 국무부에 하나하나 보냈다고 그 배경을 설명한다. 그는 자신이 보유한 재판 기록 중 누락분을 요청[47]한다

---

47 헨더슨이 이때 요청한 자료는 당시 프락치사건에 관한 '발송문(despatch)'과 '동봉문(enclosure)'으로서 (1) 1949년 12월 20일자 대사관 발송문 806호의 동봉문 1호 및 2호, (2) 1950년 1월 6일과 20일 열린 제11차 및 제12차 공판 기록, (3) 1950년 3월 14일 열린 선고 공판과 판결문, (4) 가능하다면 (꼭 필요한 것은 아니지만) 1949년 12월 12일 발송문 790호의 동봉문 1호. 또한 1950년 2월 초 발송문 186호의 동봉문 1호. 헨더슨 프락치사건 자료 중 "프랭클린 박사 앞" 1971년 10월 4일자 서한 참조. 그런데 1972년 "프랭클린 박사 앞" 서한에 의하면 헨더슨은 요청한 자료를 넘겨받았으며, 1회 공판부터 15회 결심 공판까지 재판 기록을 정리하고 있다. 그러나 프락치사건

면서 이는 하버드 법대의 극동법 연구 프로젝트가 권장하는 연구를 수행하기 위해서라고 부연했다.

헨더슨이 국회프락치사건을 본격적으로 연구하기 시작한 것은 그가 1971년 12월 사회과학연구협의회에 신청한 연구재정지원을 승인받고서 부터다. 이때 승인받은 연구자금은 2,550달러로 서울로의 연구 여행과 연구 경비에 충당하게 되어 있고, 연구 기간은 1972년 4월부터 12개월간이었다(제2권 제11장 1절 "헨더슨의 국회프락치사건 연구" 참조).

헨더슨이 이 연구 계획에서 기술한 연구 내용은 네 가지다. 첫째, 프락치사건의 공판 기록 전체를 주석을 넣어 해설하겠다는 것이다. 이 공판 기록은 헨더슨이 서울에 재임할 때 재판 기간에 직접 챙긴 1~14회까지의 모든 공판과 결심 공판 기록이다. 물론 여기에는 검사의 논고와 변호사의 변론도 포함되어 있다. 둘째, 재판에 이르기까지의 정치 상황을 정확하게 기술하겠다는 것이다. 이는 이승만 대통령을 정점으로 하는 행정부와 입법부와의 권력 투쟁을 중심으로 하지만, 구체적으로 특수한 갈등, 즉 국회가 반민족행위 처벌 시행을 주도하자 친일 경찰 수뇌가 이에 반발한 사정을 말한다. 즉 프락치사건이 일어난 배경에 이승만의 엄호 아래 친일 경찰 수뇌가 국회 소장파를 제거하려는 정치적 음모가 개재되었다는 것이다.

셋째, 한국 법제의 특성과 전통의 맥락에서 프락치사건이 제기하는 문제를 다루겠다는 것이다. 여기에는 1895~1949년간 제정된 일본 법전의 전면적인 개정을 필요로 하지만 그 법제가 판사와 검사들이 따르는 관행에서 계속되고 있다는 점이 지적된다. 마지막으로는 이 재판 그 자체의

자료에는 발송문은 보이지 않는다.

비판론을 다루고자 하는데, 이는 당시 미 대사관 법률고문 에른스트 프랭켈 박사가 분석한 프락치사건 보고서에 의존하여 행한다는 것이다.

이렇게 볼 때 헨더슨이 그때 제안한 프락치사건 연구는 한국의 법제 발전의 관점에서 프락치사건이 갖는 문제를 조명하겠다는 것이다. 이러한 헨더슨의 연구 관점은 당시 시대 상황과 무관한 것이 아니라고 생각된다. 당시는 박정희의 유신 시대가 막을 올리게 되는 시점이다. 이 시대에 박정희가 유신헌법으로 종신 대통령이 된 뒤 한국의 법치는 한갓 장식품으로 전락하게 되고, 무소불위의 중앙정보부는 제도화된 폭력을 마음대로 휘둘렀다. 즉 인혁당 사건의 경우 밝혀졌듯이 고문을 자행해 받아낸 '자백'이 재판에서 아무런 저항 없이 받아들여지던 시대인 것이다.

따라서 헨더슨이 프락치사건을 법제 발전의 관점에서 연구하겠다는 것은 이승만 시대의 경우처럼 박정희 시대도 법치주의(法治主義)의 회복이야말로 한국 정치 발전의 지름길이라고 생각했던 것이 동기라고 여겨진다. 이러한 연구 방향은 후속 연구에서 더욱 정교하게 다듬어진다.

헨더슨은 1972년 4월 21일 컬럼비아대학 동아연구소가 정기적으로 연 한국학 세미나에 발제자로 초청을 받아 프락치사건에 관해 '예비적인' 연구 논문을 발표한다. 그가 세미나장에서 발표한 논문은 「법제 발전과 의회 민주주의: 1949년 프락치사건」을 제목으로 하고 있었는데, (1) 사건, (2) 배경, (3) 연구 자료와 전거, (4) 재판의 경과와 문제점, (5) 반응, (6) 평가와 결론을 광범하게 다루고 있다. 그런데 이 논문은 수사와 재판 과정에서 드러난 사법 절차의 문제점에 무게를 두어 한국의 수사 및 공판 심리의 관행을 비판적으로 다뤘다. 예컨대 수사 과정에서 고문에 의한 '자백'이라고 피고인들이 공판 과정에 공개적으로 밝혔는데도 이를 검증하려는 노력 없이 증거로 받아들여졌다는 것이다. 또 다른 예로 판사가 정황적 심증을 증거로 채택할 뿐만 아니라 예단을 갖고 유도신문을 하는가 하면 도덕적 심판자로 심리를 주도한다는 점을 지적한다.

그는 이 사건이 정치 재판의 모델이라는 점, 재판이 야당에 대한 정치적 경고라는 점을 지적하고 한국의 정치 과정에서 법, 법적 절차, 정치 간의 검은 관계를 보여주는 본보기라고 결론을 맺는다.

그런데 어찌된 일인지 헨더슨이 이 연구를 정력적으로 진행했음에도 그것을 완성했다는 기록은 보이지 않는다. 또한 그가 연구 지원을 받은 사회과학연구협의회(SSRC)에 보고서를 제출했다는 기록도 없다. 그 이유에 대해 당시 협의회 위원으로 헨더슨의 연구 지원 신청을 심의했던 개리 레드야드 교수는 헨더슨은 SSRC에 보고서를 제출하지 않았다면서, 그 이유에 대해서는 1972년이 그의 연구가 출발한 '잘못된 해(the wrong year)'라고 하며 박정희의 유신 독재가 프락치사건보다 헨더슨에게는 더 큰 문제가 아니었을까 하고 추측한다.[48]

그러나 헨더슨이 프락치사건 연구에 바친 정열은 쉽사리 꺼지지 않는다. 그가 다시 프락치사건에 눈을 돌리게 된 때는 전두환 신군부 정권이 권력을 장악한 뒤였다. 그가 1981~1984년간 자유베를린대학 초빙교수의 임무를 마치고 귀국할 즈음인 1984년 2월 초, 그의 친지인 알브루샤트 (Hartmut Albruschat) 목사가 비밀리에 보내온 문건을 받은 것이 계기가 되었다. 그 문건은 리영희 교수, 강만길 교수, 그리고 조승혁 목사의 체포 사건에 관한 것으로 국제법률가위원회(International Commission of Jurists,

---

48 2007년 3월 28일자 서한에서 개리 레드야드 교수(컬럼비아대학 '세종대왕' 명예 석좌교수)는 지은이의 질문에 답하면서, 헨더슨이 1970년대 박정희 유신 독재 시절 인권 문제 등을 맹렬히 규탄했기 때문에 서울에 만연했던 '반(反)헨더슨 경향'이 그의 연구를 어렵게 했을 것이라고 추측했다.

이하 ICJ)의 항의 성명이 첨부되어 있었다. ICJ 성명은 두 교수와 조승혁 목사의 구속은 부당하다고 주장하고 석방을 요구하면서, '진중한 학자(serious scholars)'가 통일 문제에 관해 자신의 견해를 표명하는 것이 허용되지 않는다는 것은 이해할 수 없으며, 게다가 범죄인으로 기소된 것은 더욱 이해할 수 없다고 공개적으로 항의했다(헨더슨 프락치사건 자료, ICJ 성명, 1984년 1월 30일, 제네바).

그 당시 전두환 신군부 정권은 박정희 유신 독재 시절에 그랬던 것처럼 그 정통성에 의문을 제기하는 사회적 반대 세력을 원천적으로 제거하려고 감시망을 드리우고 있을 때였다. 그 감시망에 걸려든 것이 기독교 사회문제연구원(원장 조승혁 목사)이 주동이 되어 각종 교과서에 기술된 민족문제에 관한 내용이 통일이라는 목표에 역행하는가 여부를 조사해서 정부에 건의한다는 프로젝트였다. 전두환 정권은 리영희와 강만길이 이 프로젝트를 진행하던 젊은 교사들을 상대로 강연을 한 것을 문제 삼아 1983년 12월 30일 구속한다.

헨더슨은 1982년 2월 9일 알브루샤트 목사에게 편지를 써서 두 교수와 조승혁 목사의 '충격적인 체포'에 관해 비밀리에 문서를 보내줘서 감사하다며, "두 교수는 개인적으로 잘 알고 있다"고 운을 뗐다.[49] 헨더슨은 이

---

49 제4장 1~3절에서 살펴보았지만 리영희는 헨더슨으로서는 쉽게 잊기 힘든 한국인 '친구'다. 그는 1963년 3월 이른바 '이영희 사건'에 휘말려 박정희 정권으로부터 '기피 인물'로 찍히고 서울에서 '범죄인처럼' 쫓겨나야 했으며, 결국 그해 말 국무부를 뛰쳐나와야 했다. 그러나 헨더슨이 알브루샤트 목사에게 쓴 편지에서 리영희, 강만길 두 교수를 "개인적으로 잘 알고 있다"고 쓴 것으로 보아 헨더슨은 리영희 교수가 박정희 유신체제에 저항한 행적을 동지적 관점에서 본 것이 틀림없다. 그는 ICJ 후원으로 출판하고자 했던 책에 이 사건과 리영희가 1977년 11월 반공법 위반 혐의로 구속되어 재판받은 실상을 부각시키려 했다.

사건이 작지만 프락치사건과 유사하다는 점에 주목하고 이 사건을 프락치사건과 함께 엮어 ICJ 후원 출판물로 발간하고자 했다. 이와 함께 헨더슨은 이승만 시대부터 박정희 시대에 이르기까지 정치 재판 목록을 제시하는데, 여기에는 부산 정치파동 때 불거진 국제공산당 음모 사건(1952), 정국은 사건(1952~54), 강문봉 사건(1955~57), 조봉암 사건(1958~59), 박임항-김동하 사건(1961~62), 장도영(1961), 윤길중-이동화 사건 및 인혁당 사건(박정희 시대), 동베를린 간첩단 사건(1967), 인혁당 사건(1975), 김대중 내란음모사건(1980)을 포함한다(헨더슨 프락치사건 자료, "알브루샤트 목사님께", 1984년 2월 9일자 서한).

헨더슨은 ICJ가 프락치사건 류의 재판에서 드러난 사법 절차의 문제점을 공식 간행물로 출판한다면, 이는 "유신 독재[신군부 독재] 체제의 반민주적인 토대를 무너뜨리는 효과를 가져올 것"이며, "개혁과 개선을 바라는 한국인들에게 도움을 줄 것"이라고 일깨웠다. 그가 거론한 사법 절차의 문제점이란 (1) 재판 없는 피고인의 장기 구금, (2) 고문의 자행, (3) 고문으로 받은 자백을 근거로 하는 기소장 작성과 그 기소장이 전 공판 과정을 지배함, (4) 변호인 측 신청 증인은 기각하고 검찰 측 신청 증인을 모두 받아들임, (5) 중요 증거를 검증하지 않음, (6) 판사의 유도신문과 심증을 증거로 삼음, (7) 변호인 측의 극단적인 종속적 지위가 포함된다.

헨더슨은 이 ICJ 후원 출판 프로젝트를 실현하기 위해 상당히 적극적으로 움직였다. 그는 알브루샤트 목사에게 ICJ 위원장 니알 맥더모트(Nial MacDermot)와의 면담을 주선해달라고 요청하는가 하면, 2월 23일 제네바 ICJ 본부를 방문해 ICJ 관계자들과 면담을 하고 구체적인 출판 계획을 세우기도 했다. 그러나 그가 의도한 출판 사업은 성공하지 못했다. 그 까닭은 무엇보다도 전두환 정권이 국내외적인 압력을 받아 국가보안법 위반 혐의로 구속 기소된 세 사람을 석방했기 때문이었다.

어떻든 그때 그가 1984년 기술한 '의도한 책의 기술'은 그가 구상한 책 내용의 구도를 보여준다. 이에 의하면 "1948년 10월부터 1950년 4월까지의 대한민국: 프락치 재판과 친일 분자의 처벌 시도"라는 제목으로 책을 출간한다는 것이다. 이 책은 무엇보다도 '꾸며진 정치 재판'에 무게 중심을 두어, 독재자들(이승만, 박정희, 전두환)이 반대 정치 세력에게 물리적 힘을 사용하는 대신 정치 재판을 수단으로 이용하여 행정부의 독주를 달성한 역설적인 성공 사례를 보여줄 것이었다.

헨더슨은 그 뒤 프락치사건 연구 결과를 출판하고자 두어 대학의 연구소에 의사를 타진했으나 여의치 않았다[헨더슨 프락치사건 자료, "캘리포니아대 동아연구소 한국학 연구센터 소장 존 재미슨(John C. Jamieson) 서한", 1984년 7월 15일]. 그러나 그는 바랐던 단행본은 아니지만 연구서에 기고한 논문 형식으로 프락치사건의 연구 결과를 남겼다. 하버드 법과대학 '동아시아 법 연구 프로그램'의 사업으로 윌리엄 쇼(William Shaw, 1991)가 편찬한 『한국의 인권: 역사적 및 정책적 관점(Human Rights in South Korea: Historical and Policy Perspectives)』이라는 연구서에 상당히 긴 논문을 기고했는데, 이는 프락치사건에 초점을 두고 한국 사법 절차의 문제점을 깊이 있게 다루고 있다. 이 책의 제5장으로 게재된 이 논문이 「남한의 인권 1945~1953(Human Rights in South Korea 1945~1953)」이다. 그러나 이 책이 출판된 것은 그가 1988년 10월에 죽음을 맞고 3년이 지난 뒤였으니, 그는 생전에 자신의 연구 결과가 출판되는 것을 눈으로 볼 수 없었다.

1958년 헨더슨이 신임 미 대사관 문정관으로 취임했을 당시 제1세대 출판인들과 함께 찍은 사진. 앞줄 오른쪽에서 두 번째가 헨더슨, 다섯 번째가 퇴임 문정관 슈마허 씨(곽소진 씨 소장).

제3부

회오리 정치의 절정과 성찰

1949년 초여름부터 터진 국회프락치사건이 한국 회오리 정치의 한 단면을 보여준 사건이라면, 그 3년 뒤인 1952년 초여름 임시 수도 부산을 휩쓴 정치파동은 회오리 정치의 절정이라고 부를 수 있다. 그 결과 한국 의회주의는 한국의 정치 지형에서 더 이상 발붙일 둔덕을 잃고 말았다. 따라서 프락치사건이 한국 의회주의가 몰락의 길로 들어선 서막이라면 부산 정치파동은 그 종말을 알리는 조종이었다.

두 사건 모두 이승만 정권이 국회에 가한 테러라는 점에서 공통성을 지닌다. 그러나 전자의 경우 미 대사관은 무대응으로 임했지만, 후자의 경우 대리대사 라이트너가 처음부터 적극적으로 대응했다는 점에서 그 차이가 두드러진다. 그런데 주목을 끄는 점은 라이트너의 행동은 헨더슨이 서울 대사관을 떠나면서 비망록에서 건의한 '간섭'의 정치를 그대로 모방했다는 것이다. 그러나 라이트너가 워싱턴에 요청한 강경 대응은 몇 차례 반전에 반전을 거듭하다가 결국 무대응으로 되돌아오고 말았다.

부산 정치파동은 헨더슨에게 프락치사건의 연속으로서 관심의 대상이 되었다. 그는 프락치사건을 주요 주제로 삼은 논문으로 사후 출판된 『남한의 인권 1945~1953년』(1991)에서 이 사건을 다뤘다. 제6장은 부산 정치파동을 회오리 정치의 중요한 사례 연구로 다루고자 한다. 지은이가 접근하는 관점은 이 사건이 한국 의회주의와 갖는 상관관계에서 미국의 간섭 요인이 실제로 어떤 작용을 했는가에 주목하는 것이다. 제7장은 이 책 제1권의 에필로그로서 미국의 대한책임론을 헨더슨의 입장에 따라서 정리한 것이다. 여기서는 하지 군정의 실패에 초점을 맞추되 그것이 한국에 회오리 정치를 가져온 책임을 조명하고자 한다.

부산 정치파동은 연대기적으로 국회프락치사건 뒤에 터진 사건이라는 점에서 제1권에서는 역순으로 다루고 있다. 같은 맥락에서 제5장에서는 박정희의 유신 독재와 전두환의 신군부 독재와 맞서 싸운 헨더슨의 레지스탕스 활동을 역순으로 다룬 바 있다.

1950년 5월 중순 어느 날 경무대를 방문한 미국 관리들. 왼쪽에서 두 번째부터 그레고리 헨더슨, 해럴드 노블 박사, 로우 벤자민, 이승만 대통령.

제6장

부산 정치파동
제2의 국회프락치사건(1952)

한국전쟁을 전후하여 미국 사회는 이른바 매카시 선풍에 휩싸이고 있었다. 위스콘신 주 출신 상원의원 조지프 매카시가 "여기 내 손 안에 국무장관이 아는 공산당원 205명의 직원 목록이 있다"고 폭탄 선언을 한 것은 1950년 2월 9일이었다. 그것은 그가 선거 전략으로 고안해 낸 '빨갱이 사냥(redbaiting)' 캠페인의 시작이었다. 그 뒤 그의 캠페인은 회오리 폭풍으로 증폭되어 미국 사회를 강타했다. 매카시는 국무부 순회 대사 필립 제섭(Phillip Jessup) 박사를 친공산주의자로 매도하는가 하면, 국무부 정책자문관 라티모어(Owen Lattimore) 교수를 제1의 소련 스파이로, 극동 문제 전문가 빈센트(John Carter Vincent)를 제2의 소련 스파이로 모는 대담한 탄핵 캠페인을 벌여나갔다. 빈센트는 1945년 국무부 극동문제 담당국장이며 한국 문제의 해법을 신탁통치안에서 찾으려 했던 사람이었다. 그는 당시 스위스 공사로 재임하고 있을 때 매카시로부터 이런 공격을 받았고, 매카시 선풍에 휘말려 국무부를 떠나고 말았다(Cook, 1971: 224~225쪽).

미 국무부는 이 매카시 탄핵의 표적이 되자 방어에 나섰지만 반공적인 분위기에 수세적으로 되지 않을 수 없었다. 그런데 그 여파는 뒤에서 보듯 주한 미 대사관에도 미쳤다. 사실 매카시가 벌인 이런 반공 캠페인은 타이딩즈(Millard E. Tydings) 위원회가 연 청문회에서 설득력이 떨어지는 정치 선전으로 밝혀졌음에도 그 선풍의 위력은 한동안 잦아들지 않았다. 매카시가 1950년 11월 선거에서 막강한 타이딩즈 상원의원을 패배시킬 만큼 이 반공 폭풍은 위력적이었다. 매카시 의원 자신도 정치적 자원을 챙겼다. 미국의 공화-민주 정치 게임에서 막강한 상원 세출소위위원장 자리에 지명받은 것이다. 상원 세출소위는 국무부 세출의 '생사여탈권'을 쥐고 있는 자리다(같은 책: 318쪽). 이 자리가 얼마나 막강한지는 당시 코네티컷 출신 벤턴(William Benton) 상원위원은 "위스콘신 출신의 이 초년병 상원의원이 국무부의 판사요, 배심원이요, 검사가 될 것"이라며 공화당 지도부에 임명을 재고하라고 요구한 데서 드러난다(같은 책: 319쪽).

이렇게 매카시즘 선풍이 국무부를 위협하던 시절 한국 문제 전문가인 헨더슨이 서울을 떠났고, 앨런 라이트너 참사관이 1951년 5월 부산 대사관의 2인자로 온다. 그는 중국 문제 전문가 드럼라이트의 후임으로 한국에 온 것이다. 헨더슨이 서울을 떠나 독일로 간 배경은 확실치 않다. 그러나 뒤에서 보겠지만 라이트너가 주한 미 대사관 2인자로 온 것은 매카시 선풍의 여파였다.

부산 정치파동은 라이트너가 한국에 온 지 1년 안에 본격적으로 터지기 시작했다. 1952년 5월 25일 자정을 기해 이승만 정권이 부산 일원에 비상

계엄을 선포하고 국회의원들을 잡아들이기 시작하면서 이 정치파동이 시작된 것이다. 그 뒤 7월 4일 야밤에 이른바 '발췌개헌안'이 통과되기까지 약 40일간 우리나라 헌정사에 씻을 수 없는 오점이 남았다. 전방에서는 아군과 적군이 죽고 죽이는 전쟁을 치르고 있는 반면, 후방의 임시 수도 부산에서는 헌정을 유린하는 정치파동의 회오리가 거리를 휩쓸고 국회를 집어삼켰다.

물론 헨더슨은 부산 정치파동을 직접 관찰하지는 못했다. 그러나 그는 이를 국회프락치사건의 연장선상에서 보고 있다. 두 사건은 모두 대통령이 국회에 가한 테러로서 국회프락치사건이 제1라운드, 1952년 부산 정치파동이 그 제2라운드인 것이다.

제2라운드의 연산군의 폭력이 나타났다. [1952년] 5월 24일 이승만은 당시 자신과 함께 자유당을 창당해 부총재로 있는, 청년단체 지도자이며 배후실력자인 이범석 장군을 내무장관에 임명했다. 곧이어 비상계엄령이 선포되고, 민간 행정권 헌병총사령관인 원용덕(元容德) 소장의 손에 들어갔다. 원은 대통령의 명령에 따라 상당한 술수와 정보를 제공하는 특별한 동기를 갖고 있었다. 대통령의 직접 명령을 근거로 원은 누구나 체포할 수 있다고 내세운 것이다. 그는 지체 없이 언론, 집회, 개인의 이동 그리고 무기 소지에 제한을 가했다. 다음 이틀 동안 국회의원 총 183명 중 50명이 구속되었는데, 그중 45명은 적절한 신분 확인을 못했기 때문이라고 했다. 국회는 필요한 정족수는 채울 수 있었지만 헌법 개정에 필요한 3분의 2를 채울 수 없었다. 체포, 재판, 그리고 대중 시위가 매일 이어졌다. 5월 28일에는 가게, 시장, 학교까지도 폐쇄하여 이승만의 재선을 위한 4시간 동안의 시위를 하도록 했다. 백골단과 같은 이전에 들어보지도 못한 기괴한 깡패 단체들이 이범석의 부름에 따라 '민의'를 만들어내고 국회를 공포에 떨게 했다. 처음으로 한국 군부 고위층이 야당에 동조하여 쿠데타를 일으킬 것이라는 소문이 나돌았다. 국회 야당은 '민주주의를 구원해달라'고 미국 대사관에 호소했다. 대부분의 대사관 직원들이 동조했지만 미 군부는 전쟁 중 정책을 결정하는 우월한 입장에서 '보트를 좌초시키는' 여하한 움직임도 반대했다(Henderson, 1968: 259쪽).

여기서 헨더슨은 연산군이 1504년 그의 패륜을 비판한 사림을 집단 도륙한 무오사화(戊午士禍)에 비유하여 이승만 대통령이 국회프락치사건과 부산 정치파동을 일으켜 야당을 숙청했다고 말한다. 헨더슨은 이를 그가 구성한 회오리 정치 모델의 주요 개념인 평의회와 대통령 간의 투쟁으로 환원해, 이 두 차례 투쟁이 대통령의 일방적인 승리로 끝났는데 여기에는 미국의 지원이 결정적인 몫을 했다고 본다(평의회 통치에 관해서는 제2권 제12장 2절 "회오리 정치의 고고학" 참조).

이 장은 라이트너 대리대사가 보인 대응에 대해 특히 주목하고자 한다. 부산 정치파동 당시 무초는 본국으로 떠나 있었기 때문에 라이트너가 대사 역할을 맡고 있었다. 뒤에서 보듯 라이트너 참사관은 헨더슨과는 국무부 경력에서 비교가 되지 않는 고참외교관이다. 그런데도 그가 헨더슨이 대사관 지도부인 무초-드럼라이트 팀에게 건의한 대로 한국 내정에 '간섭'하는 행동을 보인 것은 흥미롭다. 1952년 부산 정치파동에 대한 그의 대응은 분명한 내정 간여였다. 게다가 라이트너의 행동은 강도가 다른 여러 가지 모습을 갖고 있어 한국 의회주의와의 상관관계에서 중대한 '변인'으로서 가치를 지니고 있다. 이것은 이승만에 대한 외교적 항의로부터 경제 원조 중단, 이승만의 '보호 연금', 그리고 초강경 대응인 쿠데타

동조와 워싱턴에의 동조 상신에 이르기까지 갖가지 행동을 포괄한다. 게다가 그가 주문한 강경 대응은 국무부 실무 부서의 공감을 이끌어내고, 미국이 강경 개입을 공식적으로 결정하는 데 이르게 한다. 물론 우리가 헌정사에서 보듯이 이승만이 '발췌개헌안'을 통과시키고 재집권에 성공함으로써 라이트너의 '간섭'은 실패로 끝났다.

그러나 부산 정치파동에 대응한 과정에서 라이트너 대리대사가 요청한 강경 대응은 한국의 의회주의 실패에 대한 '충분한 인과성'의 요건을 만족시키는 중대 변인으로서 의미를 갖는다. 그것은 막스 베버가 제시한 이념형 모델을 근거로 지은이가 구성한 연구 설계에서 독립 변인으로서 작용한다. 우리의 상상을 자극하는 부분은 이 이념형의 원인으로서의 미국의 개입이 현실의 원인으로 변질되지 않았다면, 한국의 의회주의는 실패로 끝나기보다는 다른 모습으로 잔존할 수 있지 않았을까 하는 것이다. 따라서 우리는 그 문제를 반사실적·논리적 사유의 대상으로 삼을 수 있게 된다. 이것이 지은이가 부산 정치파동에서 미국의 개입을 중시하는 이유다.

이 사건 전후에도 미국은 한국 내정에 깊숙이 관여하고 있었다. 미국은 이승만 이후에 대비하기 위해 이 중대한 헌정 위기에 이르는 과정에서 무초 대사를 통해 이승만 반대 세력에 은밀하게 성원을 보내고 있었다. 정치파동 뒤 이승만이 대통령으로 재집권하지만 그는 여전히 골칫거리였다. 워싱턴이 보기에 그는 관제 데모 등으로 휴전협정 반대 운동을 무모하게 고집하고 있었기 때문이다. 그런 상황에서 미국은 이승만을 축출하기 위한 비상 계획으로 이른바 '에버레디 계획(Plan Everready)'을 세워놓고 있었다.

그런데 이 에버레디 계획은 내용이 자못 충격적이지만 실행되지도 않았고 처음부터 실행될 개연성도 없었다. 게다가 에버레디 계획은 1953년 중반 휴전협정이 임박한 시점에서 이승만 대통령의 격한 반대에 대한 대응으로 고려된 미국의 개입이라는 점에서 지은이가 관심을 갖고 있는 한국 의회주의와의 인과성과는 동떨어진 주제다. 따라서 여기서 특별히 주목하지는 않을 것이다. 이와 달리 무초 대사의 은밀한 내정 간여, 부산 정치파동에 대응하는 라이트너의 행동, 뒤이어 국무부 동북아국장 케네스 영의 개입안은 1950년대 한국 정치 지형, 구체적으로 한국 의회주의의 행보와 충분한 인과성을 갖는 요인으로서 의미를 갖는다.

여기서는 먼저 (1) 부산 정치파동의 두드러진 모습을 예시적으로 들여다본 뒤, (2) 라이트너의 경력 배경을 헨더슨의 그것과 비교하여 살펴보고자 한다. 이는 우연하게도 두 사람 모두 한국 재임 중 이승만 정권이 국회에 가한 테러 행위를 만났지만 이에 대응하는 태도와 생각이 놀라울 만큼 똑같다는 점을 전하기 위한 것이다.

뒤이어 이 사건에 대응한 주한 미 대사관의 행동을 주목하고자 한다. 여기에는 (3) 부산 정치파동에 이르기 전 이승만 정부의 국정 운영에 대한 무초 대사의 내정 간여 행위와 (4) 라이트너 대리대사가 약 10일간 도모한 '간섭의 정치'가 포함된다. 뒤에서 보는 바와 같이 비상계엄이 선포된 5월 25일 자정 뒤부터 약 10일간 보인 라이트너의 행동은 헨더슨이 대사관 지도부에 주문한 '간섭의 정치'의 복사판과도 같다. 이어서 (5) 국무부 실무 부서의 대응과 미국의 현실주의적 선택을 다루고, 마지막으로 (6) 국회프락치사건의 연장선에서 이른바 '국제공산당 음모 사건'을 조명하고자 한다.

1. 부산 정치파동이란?

부산 정치파동이란 무엇인가? 이 사건은 본질적으로 초대 대통령 이승만이 그해 7월 대통령 임기가 만료되는 상황에서 재선을 위해 초헌법적인 경찰국가적 행위를 저지른 것이 핵심이다. 그는 국회에서 당선될 가망이 없게 되자 직선제 개헌을 들고 나와 이를 폐기시킨 국회에 테러를 가한 것이다. 지은이는 독자들에게 이 유례없는 정치파동의 모습을 보여주기 위해 여기에서 두 가지 사건만을 예시적으로 소개하기로 한다. 하나는 비상계엄을 선포한 다음날 일어난 '5·26 버스 사건'이고 또 다른 하나는 국회 결의를 정면으로 무시한 이승만의 초헌법적인 행위다. 물론 그 밖에 많은 사건이 부산 정치파동이 일렁인 40여 일 동안 일어났다. 그러나 이 두 사건이야말로 이승만 정권이 저지른 초헌법적인 불법 행위를 가장 생생하게 보여준다.

5·26 버스 사건

이승만 대통령은 비상계엄을 선포한 즉시 직선제 개헌을 반대하는 야당의원들의 집을 급습해 체포하기 시작했다. 원내 자유당의 내각제 추진 핵심멤버인 정헌주(鄭憲柱), 오위영(吳緯泳), 엄상섭(嚴詳燮), 김영선(金永善) 의원의 경우 25일 저녁 오위영의 집에 모여 비상계엄 정보를 입수하고 대책을 협의했으나 뾰족한 수가 없었다. 정헌주는 26일 새벽 4시경 특무대원이라는 젊은이들에 의해 부산경찰서로 끌려갔다. 이어 장홍염(張洪琰, 민우회), 이석기(李錫基, 원내 자유당), 양병일(梁炳日, 민국당) 의원이 체포되었다. 29일에는 그 전날 계엄 해제 요구안에 찬성 발언을 하면서 5·26 버스 사건을 빗대 '영구차 끌 듯'했다고 비난한 곽상훈(郭尙勳, 무소속)이 체포되었다. 이 의원들이 구속된 것은 국제공산당원이라는 혐의 때문이었다.

비상계엄이 선포된 다음날 아침 5·26 버스 사건이 터졌다. 그것은 5월 26일 아침 국회의원들이 '국회 통근차'라는 표지를 붙인 버스를 타고 집단 등원하던 중 벌어진 희한한 사건이었다. 이날따라 국회의원들은 신변에 위협을 느껴 집단 등원하는 것이 안전하다는 생각에서 47명이 한꺼번에 버스에 타고 있었다. 버스가 경남도청 정문을 통과한 뒤 의사당으로 쓰이는 경남도청의 무덕전(武德殿)을 코앞에 두고 정복한 무장 헌병 10여 명이 가로막았다. 이들은 국회의원들을 불심검문한다면서 하차를 요구했다. 검문 이유는 의원들 중 국제공산당원으로 지명수배 중인 의원이 타고 있다는 것이었다.

국회의원들이 하차를 거부하자 무장한 헌병들이 한동안 버스를 포위한 채 시간만 흐르는 상황이 벌어졌다. 시간이 점점 흘러 정오가 되자 의사당 주변에는 인파가 몰려들었고, 이 희한한 광경을 내외신 기자들이 목격하고 있었다. 그때 공병대에서 보낸 견인차가 버스 꽁무니에 체인을 감아 국회의원들을 태운 채 헌병대로 끌고 갔다. 당시 현장을 취재한 한 연구서는 "수많은 구경꾼이 모여 이 진풍경을 구경하고 있었다"(조용중, 2004: 201쪽)고 기술했다. 이 광경을 목도한 선우종원은 "미개지의 토인이 나오는 영화를 보는 듯한 착각을 일으켰다"고 뒤에 회고했다(선우종원, 1965). 그는 "저것이 과연 민주주의 사회에서 행해질 수 있는 것일까?"(같은 책: 30쪽)라고 술회한다.

헌병대로 끌려간 의원들 중 임흥순(任興淳, 민국당), 서범석(徐範錫, 민국당), 김의준(金意俊, 민우회), 이용설(李容卨, 무소속), 이 네 명의 의원이 국제공산당 혐의로 구속되었다. 서민호(徐珉濠, 무소속) 의원의 경우 살인

죄로 구속되었다가 국회 결의로 석방되었으나 이때 재차 수감되었다. 이로써 이승만 정권은 내각책임제 개헌을 추진하던 10명의 국회의원을 국제공산당 혐의로 구속한 것이다.

국회 결의안을 무시

이렇게 국회의원들이 버스 사건으로 수모를 당하고 국제공산당 혐의로 구속되어 국회의 권위는 만신창이가 되었다. 그런 상황에서 국회는 남은 힘을 다해 이승만 정권의 폭압적 위협에 저항했다. 그것은 5월 28일 비상계엄을 해제하라는 결의안으로 나타났다. 국회는 이 결의안을 139명 출석의원 중 96표 찬성, 3표 반대라는 압도적 다수로 통과시켰다. 이어서 국회는 30일 구속된 국회의원들을 즉각 석방하라는 결의안을 116명 출석의원 중 82대 0으로 통과시켰다.

국회의원들이 부산 지역 비상계엄을 해제하라는 요구는 분명한 이유를 달고 있었다. 즉 "부산시는 비상계엄 선포 요건에 해당하지 않으므로 계엄을 해제할 것을 계엄법 제21조에 의하여 요구"한다는 것이었다. 계엄법 제4조에 의하면 비상계엄은 "전쟁 또는 전쟁에 준한 사변에 있어서 적의 포위공격으로 인해 사회 질서가 극도로 교란된 지역에" 선포한다고 되어 있는데, 부산시는 그런 지역이 아니라는 것이다. 곽상훈 의원이 부산지구에 계엄령을 실시했으나 "국회의원 납치 체포 이상의 아무것도 없었어요"라고 말하듯 부산시는 조용한 지역이었다.

이에 국무회의는 대책을 숙의한 결과 국회 결의는 "법문상 그 요청에 구속되기로 되어 있으니 정부로서는 일단 [계엄령을] 해제하고 필요하다면 다시 선포하는 것이 타당하다는 데 의견 일치"를 보았다. 그러나 이승만은 이런 국무회의의 의결조차 깔아뭉갰다. 그는 법적 하자 없이 통과한 국회

결의에 개의치 않는 태도를 보여 과연 당시 그의 정신 상태가 정상인지조차 의문이 들게 했다. 급기야 부통령 김성수가 격렬한 논조의 사임서를 쓰고 물러나는 사태로 발전했다. 그는 사임서에서 이승만이 밀어붙이는 직선제와 양원제 개헌안을 "사직(社稷)을 파멸하려는 반역 행동"이라고 부르고, 비상계엄 선포와 국회의원 구속을 "국헌을 전복하고 주권을 찬탈하는 반란적 쿠데타가 아니고 무엇이냐"고 규탄했다.

이승만이 국회결의안을 무시한 것은 이미 행정부 견제기구로서의 국회의 기능을 노골적으로 파괴한 헌정 유린이지만 국회 스스로도 적법한 절차를 무시해 권위를 팽개쳐버리는 행위를 범하기도 했다. 1952년 국회는 대통령의 헌법상 임기가 종료되기 한 달 전인 6월 23일 대통령의 임기를 잠정적으로 연장하는 결의안을 61 대 0으로 통과시켰다. 이는 재적의원 183명이라는 정족수에 분명히 모자라는 수다. 신익희 국회의장이 잠시 이 문제를 거론했지만 그대로 넘어갔다. 그러나 미국의 전국지 ≪워싱턴 포스트≫는 다음과 같은 사설을 실었다.

이제 확실히 국무부가 이승만 남한 대통령의 고압적인 수법에 항의하는 것으로 끝내서는 안 될 때가 왔다. 이승만 씨는 국회를 계속 박해하고 협박하는 수단으로 그의 대통령 임기를 무기한 연장하는 일을 꾸민 것이다. 이런 협박의 가장 확실한 증거가 183명의 재적의원 중 61명이 정족수에 모자라는데도 임기 연장에 투표했다는 사실이다.

이러한 억압에는 두 가지 위험이 도사리고 있다. 첫째, 이런 협박 수법을 동원하고 야당 지도자들을 박해하는 것이 공산주의 사상 선전에 대한 국민의 저항을 퇴조시킨다는 점이다. 둘째, 미국과 유엔이 이승만의 수법을 묵인한다는 인상을 준다는 점이다. 한국에 미국형 민주주의가 정착될 수 있다고 기대하는 것은 확실히 지나친 일이다. 그러나 이승만의 지나친 행동과 완고한 태도는 그를 유엔사령부만이 아니고 자유 세계에 불리한 짐으로 만들었다(≪워싱턴 포스트≫, 1952년 6월 30일자).

위에서 소개한 두 가지 사건 외에도 40여 일간 부산을 휩쓸었던 부산 정치파동은 갖가지 사건으로 점철되었다. 6월 25일 한국전쟁 발발 2주년 식장에서 불거진 이승만 대통령 저격 사건이라든가, 한국군 수뇌가 개입된 이승만 축출 쿠데타 음모 사건 등은 해당 문절에서 다룰 것이다. 이제 미국의 개입을 살펴볼 차례다. 그러나 그에 앞서 부산 정치파동의 초기 10여 일간 미국의 개입을 주도한 라이트너 대리대사의 배경을 헨더슨과 비교하여 살펴볼 필요가 있다. 두 사람은 각각 다른 입장에서 '간섭의 정치'를 도모했다는 점이 흥미롭다.

2. 헨더슨과 라이트너

헨더슨은 서울을 떠나 새 임지인 분단 독일 베를린에서 1951년 초 새로운 외교관 생활을 시작한다. 베를린은 동서 대결의 긴장이 감도는 또 다른 도시였다. 그로부터 몇 달 뒤 그는 동베를린 지역을 거닐다가 동독 경찰에 잡혀 몇 시간 동안 신문당하는 체험도 했다(≪보스턴 글로브≫, 1951년 8월 21일자). 그런데 1951년 5월 서울 대사관 2인자 드럼라이트 후임으로 앨런 라이트너가 독일에서 한국에 왔다. 라이트너와 헨더슨은 독일 소재 '미국고등위원회(U.S. High Commission)' 소속이었으나 같이 만나 일을 함께했다는 기록은 없다. 라이트너는 프랑크푸르트 고등위원회 본부에서 고위 관리로 일했지만 헨더슨은 고등위원회 베를린 분소 '공공문제과 소속 직원이었다.

헨더슨이 서울에서 독일로 가게 된 사정은 확실하지 않다. 그러나 라이트너가 한국에 오게 된 것은 당시 국무부가 이른바 매카시즘 선풍에 휘말린 데 연유한다. 당시 국무부는 매카시즘으로 수세에 몰린 상황에서 중국 전문가를 비롯한 극동 문제 전문가들을 극동 지역에서 전출시키고 오히려 그 지역과 무관한 사람들을 배속시키고 있었다. 그 좋은 예가 바로 앨런 라이트너(E. Allan Lightner, Jr.)[1]다. 그는 한국 지역과 상관없는 경력을 가졌는데도 부산 대사관 2인자 드럼라이트(중국 문제 전문가) 후임으로 한국에 배속된 것이다. 라이트너는 자기가 대사관의 2인자로 들어온 배경을 다음과 같이 설명한다.

매켄지: 당신이 1951년 한국 대사관의 2인자로 임명된 사정을 물어볼 수 있을까요?

라이트너: 이 문제는 전후 시대에 관한 얘기에서 꺼내야 할 주제입니다. 매카시 상원의원이 끼친 국무부에 대한 영향 말입니다. 이것이 어떻게 내가 우연히 한국에 오게 되었느냐고 한 당신의 질문과 관련됩니다. 전체

---

1 앨런 라이트너(1908~1990)는 1951년 5월 주한 미 대사관 2인자로 부임하여 1953년까지 한국에 근무했다. 그는 재임 중인 1952년 5월 임시 수도 부산에서 부산 정치파동을 만났다. 그때는 마침 무초 대사가 미국에 있었기 때문에 미국의 외교 대표로서 헌정 위기에 대응했다. 그는 한국에 오기 전 주로 중남미와 영국, 독일 등 여러 곳에서 근무했기에 한국 문제 전문가는 아니지만 부산 정치파동 때 이승만의 철권 정치에 대항하여 야당 의원들과 접촉하는 등 한국 내정에 깊숙이 관여했다. 그는 그때 체험을 회고하는 장문의 회견문을 남겼다. E. 앨런 라이트너와의 구두 역사 회견(Oral History Interview With E. Allan Lightner, Jr.), 리처드 매켄지, 트루먼 박물관/도서관, 1973년 10월 26일, http://www.trumanlibrary.org/oralhist/lightner.html.

국무부와 외무직이 당시 국가에 대한 불충 행위를 범하고 공산주의자를 껴안고 있다고 규탄받고 있었습니다. 우리의 가장 정통한 중국 전문가들이 공산당에게 나라를 팔아먹었다는 것입니다. 따라서 그들은 경력을 망쳐버리게 되었습니다. 예컨대 존 데이비스, 존 카터 빈센트, 올리버 E. 클럽, 존 S. 서비스와 같은 사람들입니다.

1951년 사정이 그렇게 되자 한국의 무초 대사와 함께 일할 2인자를 찾고자 했을 때, 그들은 일부러 극동 경험이 없는 사람을 찾고자 한 것입니다. …… 그들은 드럼라이트 후임의 자격을 가장 정통한 중국 또는 극동 전문가로 하기보다는 다음과 같이 정했습니다. 즉 외무직의 특정한 계급(1급 또는 2급)에 있는 사람, 미혼(가족이 함께 가는 것이 허용되지 않았기 때문), 그리고 **극동의 여하한 경험에 오염되지 않을 것**(강조는 지은이). 내가 이 자격 요건에 맞았던 것입니다("앨런 라이트너와의 구두 역사 회견", 리처드 매켄지, 1973년 10월 26일).

짐작건대 헨더슨도 이런 분위기에서 한국 경험에 '오염'되어 베를린으로 전출되지 않았을까? 게다가 그가 프락치사건 재판에 '과도한' 열성을 보여 대사관 상사의 눈 밖에 났다는 기록도 보인다. 도대체 어떻게 이런 일이 벌어졌던 것일까? 극동에서 한국전쟁과 같은 비상사태가 벌어지고 있을 때 오히려 극동 문제 전문가들이 극동에서 떠나게 된 일이 어떻게 가능했다는 말인가? 그 배경은 앞에서 언급한 이른바 매카시즘의 정치역학에서 찾을 수 있다.

라이트너 참사관은 물론 한국 문제 전문가는 아니다. 그는 중남미 지역에서 경력을 쌓은 뒤 전후 독일 문제를 처리하기 위해 설립된 런던 소재 '유럽자문위원단'에서 실무자로 일했다. 이런 배경으로 그는 서울에 오기 전까지 프랑크푸르트 미국고등위원단 부책임자로 있었다. 따라서 그는 유럽의 분단국에서 극동의 또 다른 분단국 한국에 왔을 뿐 한국 문제에는 낯선 사람이었다. 그런데도 라이트너는 놀랍게도 미국의 대한정책에 관한 한 한국 문제 전문가인 헨더슨과 똑같은 생각을 공유한다.

헨더슨이 독일로 오기 전 미 대사관 지도부에 남긴 정치비망록(제7장 1절 "'무대응'에서 '간섭'으로" 참조)에서 건의한 대로 라이트너는 부산 정치파동 당시 '간섭의 정치'를 도모한 것이다. 그것은 우연의 일치일까?

무초 대사와 헨더슨의 교감

헨더슨은 서베를린에 머물고 있을 때인 1951년 8월 2일 프랭켈 박사가 쓴 논문을 동봉한 편지를 무초 대사에게 보낸 적이 있다. 무초 대사는 "당신이 요청한 대로 그 프랭켈의 논문을 이승만 대통령에게 전달했다"고 답하고 있다.[2] 또한 그는 "앨런 라이트너와 나는 공산당이 준비한 세계청소년 축제에 관한 당신의 정보에 감사한다"고도 했다. 그런데 무초 대사는 이 편지에서 얼른 납득하기 어려운 태도를 보인다. 바로 무초 대사가 당시 정일권(丁一權) 참모총장의 '사임' 배경을 적극적으로 소상히 설명한 대목이다. 무초 대사는 8월 20일 답장에서 "당신이 정일권의 '사임' 건에 관해 아마도 '어떤 과장된 보고'를 들었지 않았나 우려한다"면서 다음과 같이 그 배경을 설명하고 있다.

---

[2] 이 논문은 프랭켈 박사가 1951년 발표한 「한국, 국제법의 한 전환점인가?(Korea: Ein Wenderpunkt im Voelkerrecht?)」다. 헨더슨은 1972년 SSRC에 제출한 국회프락치사건 연구 지원 신청서에서도 프랭켈 법률보고서가 이승만 대통령에게 전달되었지만 대답은 없었다고 밝히고 있다(제2권 제11장 6절 "보고서가 판결에 준 영향?" 참조).

미 육군은 두 명의 한국장교를 지난 봄 레븐워스 기지에 있는 사령부 일반 참모학교에 보내달라고 했소. 정 장군이 이에 관해 최초로 듣고는 그가 두 명 중 한 사람이 되기를 신청한 것이었소. 밴플리트 장군은 내키지 않지만 정일권이 가도록 동의한 것이었소. 내가 알기로는 이기붕(李起鵬) 국방장관은 다소 거리낌 없이 허락한 것 같소. 정 장군은 어느 전임자보다 오랫동안 참모총장을 지낸 처지에서 미국에서 추가 훈련 기회를 갖길 원했을 뿐만 아니라 자신이 그렇게 오랫동안 수행해온 엄청난 짐으로부터 벗어나려고 갈망하고 있었소. 지난 5월 신성모의 사임 결과 그가 아마도 한동안 떠나 있는 것이 적기라고 생각하지 않았나 싶은데, 많은 자들이 '신성모의 정치 공작'3에 그를 끌어들이려 했기 때문이었소. 한편 내가 아는 한 국내에서는 그를 떠나보내기 위한 아무런 정치적 압력도 없었소. 그는 확정적으로 떠나기를 원했고 그의 출발과 후임자 임명에 관한 수속이 특별한 소동 없이 드러나지 않고 진행되어왔소. 마지막 결정을 하기 전 약간 이상한, 그리고 전혀 정확하지 않은 보도가 있었다는 것이 사실이고, 누군가(우리는 그 신원을 확정짓지 못했다) 정 장군이 사임했다거나 밀려났다는 인상을 주려 한 것이 사실이오. 그러나 그는 미국으로 출발하기 전 이승만 대통령으로부터 표창을 받았으며 이곳 신문은 그가 상당히 중요한 사명을 띠고 있다고 보도했소. 정일권은 아마도 부지런히 뛰어 국내에서 때를 맞춰 빠져나온 듯한데, 그 까닭은 지난 5월 새 각료 임명 뒤에 정부 정상급

---

3 신성모는 1951년 5월 8일 국민방위군 의혹 사건으로 사임했지만, 사임하기 전 4월 29일 육해공군 사령관, 일선 사단장들이 연명하여 신성모의 유임을 진정하는 건의서를 이승만에게 건의한 일이 있었다(《동아일보》 1951년 5월 3일자 참조). 이는 물론 신성모가 뒤에서 공작 활동을 벌인 결과였다. 무초 대사는 이를 신성모의 정치 공작이라고 부르면서 정일권이 이런 공작에 휘말리기를 꺼려 한국을 당분간 떠나 있으려는 것이 아닌가 한다고 말한 것이다.

고위직에 상당히 많은 변화가 있었기 때문인 것 같소. 새 장관들은 점차 자신의 측근을 끌어들이고 있고(한국의 오랜 관습인가?) 참모부의 변화도 조만간 불가피한 것 같소. 새 참모총장은 정 장군보다는 이기붕에 가까운 인사가 되리라는 것이 틀림없다고 보오. 이런 방향에 따라 최근에는 사태가 새 내무장관이 경찰의 핵심직을 모두 갈아치우는 데까지 발전했소(헨더슨 문집, 상자 1호, 50년대 서한, "그레고리에게", 1951년 8월 20일자 무초 대사 편지).

무초 대사가 당시 부산 대사관발(發)로 헨더슨에게 쓴 편지는 세 쪽에 이른다. 그런데 무초 대사가 자신이 휘하에서 부리고 있던 말단 부하 직원에게 이렇게 소상하게 정일권의 출국 배경을 설명한다는 것은 얼른 납득하기 힘들다. 헨더슨은 1948년 7월부터 2년 반쯤 서울 대사관에서 3등서기관으로 근무하다가 1950년 10월 무초 대사 휘하에서 떠난 사람이다. 그런데도 무초 대사는 대사관의 전직 직원에게 한국의 사태 발전에 관해 브리핑하듯 소상히 설명하고 있는 것이다.

헨더슨이 쓴 편지나 무초 대사가 답한 글에는 정일권 장군이 당시 전쟁을 치르는 나라에서 없어서는 안 될 유능한 군인이라는 공감이 묻어 있다. 무초 대사는 정일권이 떠난 배경에는 신성모의 정치 공작 같은 요인이 작용했을 뿐 외부 정치 압력이 작용한 것은 아니라고 '해명'하듯 쓰고 있다.

위 답장에서 보듯 그는 정일권 참모총장이 스스로 사임한 것이 아니라 신성모의 정치 공작에 말려들지 않기 위해 한동안 국내를 떠나 쉬고자 하는 것이 정일권 자신의 갈망이라는 점, 심지어 후임 참모총장이 이기붕 국방장관의 가까운 측근이 되리라는 점, 신임 내무부 장관이 경찰 고위직을 전부 갈아치웠다는 점 등을 옛 부하 직원에게 소상히 알려준다.

마지막으로 편지 말미에 무초 대사는 한국 사태가 절망적으로 보이다가 점차 나아지고 있다고 낙관론을 편다. "유감스럽게도 그 당시 일어났던 많은 사건, 예컨대 국민방위군 사건, 거창 양민 학살 사건, 삐라 사건 등등이 한국 국회와 전 세계 언론에서 논란거리가 되어왔기 때문에 이런 류의 타락상이 아직 우리에게 남아 있다는 인상을 주고 있는 것이오"라고 설명하면서, 그러나 "UNCACK(United Nations Civil Assistance Command, Korea)를 포함해 한국인들은 전염병을 퇴치하는 데 아주 훌륭한 일을 해냈고 피난민들의 주거와 식량 문제를 해결해주고 있소. 이제 더 이상 기근 사태는 없소. 작년 가을 수확과 여름 작황이 좋아 유엔사령부는 아주 적은 양의 식량을 들여올 정도였소"라고 헨더슨을 안심시키듯 말을 끝내고 있다.

이러한 무초 대사와 헨더슨과의 편지 교류를 어떻게 설명할 수 있을까? 여기서 지은이는 무초 대사가 한국의 정국에 관해 헨더슨과 일정한 공감을 나누고 있었다고 짐작한다. 그렇지 않은 한 이러한 편지가 자연스럽게 왕래했다는 것을 설명하기 어렵기 때문이다. 무엇에 관한 공감인가? 그것은 바로 헨더슨이 무초 대사에게 제안한 '간섭의 정치'에 관한 것이리라. 헨더슨이 미 대사관 지도부에 남긴 정치비망록에서 강하게 비판한 것이 미 대사관의 '무대응'이요, 강하게 주문한 것이 '간섭'이다. 짐작건대 무초 대사는 이 비망록을 보고 헨더슨의 의견에 상당히 공감했다고 보인다. 즉 미 대사관이 '무대응에서 간섭'으로 가야 한다는 헨더슨의 권고에 무초 대사가 크게 공명했을 것으로 추측할 수 있다.

무초 대사는 헨더슨과 이런 편지를 교환한 뒤 약 8개월 만에 부산 정치파동을 만난다. 그런데 무초 대사는 부산 정치파동이 일어나기 전 이승만 후기에 대비한 은밀한 운동에 개입하고 있었다. 무초 대사가 워싱턴에 보낸 전문에는 그가 1948~1949년간 주한미군 철수에 대한 이승만 대통령의 반대와 군사 원조 지원 요청에 동조하고 있음이 드러난다. 그러나 무초는 전쟁 수행 과정에서 이승만에게 등을 돌렸을 뿐만 아니라 내정에 간여한다. 그의 행동은 국회프락치사건 때 보인 '무대응'과는 확실히 다른 것이다.

한편 부산 정치파동의 서막을 현지에서 맞은 사람은 대리대사 라이트너였다. 그가 이 헌정 위기에 대응한 행동은 헨더슨이 대사관에 주문한 '간섭' 그대로였다. 라이트너는 부산 정치파동 때 이승만 정부가 국회의원들을 국제공산당 혐의를 씌워 잡아들인 행위를 '오래된 마녀사냥'이라고 표현하고 있다. 이것은 국회프락치사건을 보는 헨더슨의 시각이기도 하다.

기본 철학을 공유

두 사람은 태도와 행동의 차원을 넘어, 대한정책의 기본 철학을 공유하고 있는 것처럼 보인다. 라이트너는 미국 동부지역의 명문 프린스턴대학에서 역사학을 공부했고 헨더슨은 역시 아이비리그의 선두주자인 하버드대학에서 고전을 공부했다. 라이트너도 헨더슨도 진보적 자유주의의 신봉자로 젊은 시절을 보냈다. 헨더슨이 미국 동부의 '공화주의자적 정서'를 이어받았다면 라이트너는 그 자신이 루스벨트의 '뉴딜주의'를 신봉한다고 자처했다.

무엇보다도 두 사람은 미국의 대한정책이 지녀야 할 방향에 대해 공감하고 있다. 예컨대 신생 대한민국의 내정 간섭 문제에서 라이트너는 헨더슨과 거의 같은 생각을 나누고 있다. 1952년 5월 30일 라이트너 대리대사가 이승만 대통령을 만나 트루먼 대통령의 친서를 전하면서 비상계엄을 즉각 해제하라는 메시지를 전하자 이승만은 미국과 UNCURK가 한국의 국내 문제에 간섭한다고 불만을 토로했다. 그러나 라이트너는 국가 간의 불간섭의 원칙에 관해 다음과 같이 반론을 편다.

나는 불간섭의 원칙은 입헌 정부 및 인권 보호 원칙과 그 무게를 비교해 따져봐야 할 때가 왔다면서, 공산 세계에 대한 현재의 투쟁은 후자의 원칙과 관계가 있는 것이라고 말했다. 그 원칙은 한국에서의 유엔의 노력과 관련되어 있다. 게다가 미국과 유엔은 한국의 탄생에 참여했고 현재 대한민국을 지원하는 군사적 및 경제적 책임을 지고 있기 때문에 특별한 위치에 있다(대리대사가 국무부에게, 1952년 5월 30일, *FRUS 1952~1954*, 제15권, pt. 1, 한국 및 중국편: 267쪽).

라이트너가 제기한 반박은 미국과 유엔이 민주주의와 인권을 지키기 위해 한국에 와서 싸우고 있는데, 대통령 자신이 민주주의를 무너뜨리고 인권을 유린하고 있다, 그런데도 우리가 가만히 앉아 있으란 말이냐는 식이다. 즉 그는 내정 불간섭의 원칙과 민주주의 및 인권 존중의 원칙을 비교할 때 한국의 경우 후자에 무게 중심이 있다고 반론을 펴는 것이다. 이는 헨더슨이 1950년 11월 쓴 정치비망록에서 주장한 '간섭의 정치'의 논리를 그대로 반영한 것이다.

라이트너는 1952년 5월 말의 어느 날 밤 늦게 한국 육군 총참모장(참모총장) 이종찬 장군이 그를 찾아 '무혈 쿠데타'를 제안하는 희한한 체험을 한다. 이종찬이 미국은 '못 본 체'하고만 있어달라고 했을 때 그는 이를 '하늘이 준 기회'라고 하면서 워싱턴에 이를 받아들일 것을 권고했다.

그는 외형적으로 한국 내정에 간섭한다는 부담 없이 독재자 이승만을 제거할 수 있는 절호의 기회라고 여겼던 것이다. 이는 1960년 5월 16일 박정희 장군이 군사 쿠데타를 일으켰을 때, 유엔군 사령관 매그루더 장군이나 그린 대리대사와 함께 이를 강력히 반대한 행동에 동참한 문정관 헨더슨과는 외형상 대조적으로 보인다. 라이트너는 쿠데타 제안을 '하늘이 준 기회'라고 여긴 반면 헨더슨은 박정희 쿠데타를 반대했기 때문이다.

그러나 두 사람은 민주 헌정의 이상을 지킨다는 목적에서 일치하고 있다. 라이트너는 이승만을 제거하는 것이야말로 한국의 의회주의를 회복하는 길이라고 믿은 반면, 헨더슨의 경우 4·19 학생혁명 뒤 모처럼 민선으로 들어선 장면 정권을 박정희 쿠데타가 전복하는 것은 민주주의의 파괴라고 믿은 것이다. 그러나 헨더슨은 1980년 광주항쟁 때 위컴 사령관이 신군부 세력의 피비린내나는 진압 작전을 승인했다고 맹렬히 비난했다(제5장 4절 "광주 학살의 책임을 따지다" 참조). 이는 1952년 헌정 위기 때 라이트너가 클라크 장군을 비난한 일을 연상시킨다.

마지막으로 헨더슨은 1963년 박정희를 둘러싼 회오리 정치의 유탄에 맞아 '기피 인물'이 되는 곤경을 겪고 그해 말에 국무부를 뛰쳐나왔지만(제4장 4절 "국무부를 떠나다" 참조), 라이트너는 그가 끈질기게 요청한 '강경한 행동'이 워싱턴으로부터 묵살당한 뒤에도 국무부에 남아 외교직 경력을 마쳤다. 라이트너는 건의가 묵살당한 뒤 부산 대사관에 남아 무초 대사와 자리를 지키다가 다음 해 1954년 서독 프랑크푸르트 미국 고등위원단 2인자로 되돌아갈 때까지 한국에 남아 있었던 것이다. 그는 그때의 심정을 다음과 같이 회고했다.

나는 이런 체험[쿠데타 제안을 받아들이라고 건의한 것을 워싱턴 본부가 묵살한 겟을 겪은 뒤 국무부를 위해 어떻게 계속 일할 수 있었는가에 관해 질문을 받았다. 그것이 내 사기를 꺾지 않았는가? 이에 대해 내가 할 수 있는 말은 우리는 그때 굉장한 기회를 얻었다는 것이다. 다시 말하면 그런 모험은 해볼 만하다는 것이고, 정당한 행동이라는 것이다. 그러나 나는 미국 정부를 위해 일하고 현장에서 결정되지 않은 정책을 이행해야 한다. 이 경우 내 권고가 라인을 통해 올라갔고 권한 당국이 모든 국면에서 검토한 것으로 되어 있다. 그러나 이 특정 사례의 경우 사정은 달랐다. 즉 이런 결정을 내리게 된 것은 국내 정치가 개입되었기 때문이다.

그런데 일선의 우리는 본부에서 분명히 알려진 것과는 다른 요인을 고려하여 정책을 결정하는 사실에 익숙해 있다. 워싱턴이 정책을 결정하면 싫든 좋든 우리는 그것을 집행할 처지에 있다. 물론 원칙의 문제가 아주 중요하여 계속 일할 수 없는 경우는 다르다. 그러나 내 경우 이런 일은 생기지 않았다. 베트남 전쟁 동안 나는 윤리적 문제가 개입될 수 있는 직책에서 일한 일은 없다. 그리고 이 경우 정부가 내 권고와 다른 결정을 내렸지만, 그 결정은 윤리적인 판단이 아니라 정치적인 판단이었다. 우리가 비록 옳았더라도, 물론 우리가 옳았다고 믿었지만 그것이 보장될 것이라고는 생각하지 않았다. 그러므로 만약 우리의 권고가 폐기되고 다른 정책이 채택될 때 그것이 옳을 수 있다고 보며, 어떻든 그것이 우리 정책이 아닌가. 나는 그런 사고방식에 다른 동료들도 공감한다고 생각한다. 그러나 이 사례가 흥미를 끄는 점은 우리가 그 당시 모험을 무릅썼어야 했다는 것을 시간이 보여주었다는 것이다. 우리는 이승만을 그렇게 많은 해 동안 권력의 자리에 두었던 것에 대가를 치렀다("앨런 라이트너와의 구두 역사 회견", 리처드 매켄지, 1973년 10월 26일).

마지막으로 라이트너는 외교 경력을 두루 쌓은 뒤 44세의 경험 있는 고위 외교관으로 한국에 왔지만 헨더슨은 26세 3등서기관으로 한국에 첫발을 디뎠다. 이렇게 경력과 전문 분야가 차이가 큰데도 두 사람은 싹트는 한국 민주주의에서 의회주의가 차지하는 위치에 전적으로 공감한다. 헨더슨이 국회프락치사건에 대해 적극적으로 대응하고 대사관 지도부의 무대응을 비판했다면 라이트너는 부산 정치파동에 대해 여러 가지 행동으로 대응하고 워싱턴에 '강경정책'을 줄기차게 주문했다.

3. 무초 대사의 내밀한 내정 간여

　존 무초(John J. Muccio)는 이탈리아 이민계 외교관으로 1948년 8월 대한민국 정부 탄생과 함께 서울에 온 미국의 초대대사다.[4] 그는 헨더슨과 함께 격동의 한국 현대사의 주요 국면을 현지에서 관찰한 드문 역사의 증인이다. 무엇보다도 그는 이승만을 지근거리에서 관찰했으며, 그 관찰 중에서도 한국전쟁 초기 서울의 점령이 임박한 시점에서 보인 이승만의 행위는 눈길을 끈다.

---

4 존 무초는 '대통령 미국 특별대표(Special Representative of the President)'로 임명되어 1949년 8월 19일 한국에 도착해 실질적으로 대사직을 수행하지만 1949년 말 미국이 대한민국을 승인한 뒤 특명 전권대사로 공식적으로 임명되었다. 그 이래 1952년 9월 말 한국을 떠날 때까지 초기 이승만 정부 시절 격동의 한국 현대사를 체험한 드문 증인이 되었다. 1900년 이탈리아에서 태어나 5살 때 미국에 이민을 와 교육받고 1920년 국무부 영사과 직원으로 출발해 1962년 은퇴할 때까지 42년간 국무부에서 보냈다. 그는 이승만 정권 시절 서울에서 한국전쟁을 만났으며 부산 피난 정부 시절인 1952년 정치파동을 체험했다. 무초는 1971년 2월 10일, 18일, 그리고 1973년 12월 27일 세 차례에 걸쳐 트루먼 대통령 박물관/도서관이 주최한 구두 역사 회견에서 그가 겪은 한국에서의 체험을 회고했다. www.trumanlibrary.org/oralhist/muccio.

무초는 그날 일요일 아침 8시경 대사관 2인자 드럼라이트로부터 북한군 침공을 보고받고 정동 관저에서 5분 거리에 있는 반도호텔 집무실로 가서 9시경에 워싱턴에 이를 보고한다. 그날 하루 종일 그는 전선의 미 고문단으로부터 들어오는 보고를 받아 전황을 수시로 이승만에게 전한다. 저녁 9시경에는 당시 총리 서리와 국방장관을 겸한 신성모로부터 그를 만나자는 대통령의 전갈을 듣고는 경무대에 간다. 무초가 이승만 대통령에게서 들은 말은 "대통령이 공산군 손에 잡히면 한국으로서는 파멸적이니 …… 서울에서 철수하는 것이 좋겠다고 국무회의가 결정했다"는 것이었다. 다음은 그가 회고한 말이다.

나는 그것을 듣고 불쾌감이 치솟았다. 나는 아주 주의 깊게 그날 상황 진전에 관해 말했던 것을 상기시켰다. 즉 국군이 북한군의 공격에 임하여 훌륭하게 대처하고 있다, 항복한 부대는 하나도 없다, 몇몇 부대는 진압당하여 흐트러진 것도 사실이다. …… 우리는 미묘한 [철수] 시기의 문제에 당면해 있다. 즉 남작군의 사기를 진작시키기 위해 되도록 오래 남아야 하고 동시에 붙잡히지 말아야 한다는 시기 문제다. …… 우리는 약 한 시간쯤 얘기를 했는데, 대통령은 줄곧 공산군에 잡히면 좋지 않다고 우겼고 나는 상황이 그렇게 절망적인 시점에 이르지는 않았다고 주장하면서, 국군이 대통령과 정부가 서울을 철수했다고 듣는 순간 더 이상 정부도 없을 것이며 조직된 군도 없어질 것이라고 반박했다. 나는 일어서면서 말했다. "대통령 각하, 당신 스스로 결정하십시오. 나는 여기 남으렵니다." 나는 무뚝뚝하게 말하고 나왔다("존 무초와의 구두 역사 회견", 제리 N. 헤스, 1971년 2월 10일).

맥아더(왼쪽), 트루먼 대통령(오른쪽)과 함께 있는 무초 대사의 모습(Truman Library).

이와 같은 무초의 회상은 한국 국민을 부끄럽게 만든다. 외국의 대사인 무초는 국군의 사기를 위해 되도록 오래 서울에 남아야 한다고 주장한 반면, 국군 통수권자이며 반공 지도자를 자처하는 이승만 대통령은 서울에서 빨리 떠나야 한다고 우긴다. 이승만은 당시 걸핏하면 북진통일론을 주장한 반공의 선봉장을 자처한 사람이다. 그의 국방장관 신성모도 "명령만 있으면 하루 안에 평양이나 원산을 완전히 점령할 수 있다"고 큰소리치곤 했다. 그런 주장을 폈던 한 나라의 대통령이 서울이 적군의 손에 넘어갈 실질적인 위험이 다가오기도 전에 미국 대사보다 먼저 서울에서 철수하겠다고 우기니 위기의 순간에 누가 더 나라를 생각하는지 어리둥절하게 만든다. 게다가 더욱 황당한 것은 그가 대전에 내려가 '서울 사수'를 다짐하는 방송을 국민을 향해 내보내는 사기극을 벌인 일이었다(이에 관해서는 제7장 1절 "'무대응'에서 '간섭'으로" 참조).

무초 대사에 의하면 다음날 월요일도 이 대통령을 수시로 만나 전황을 알려주는 등 분주하게 보냈는데도 그가 자신에게는 한 마디도 없이 27일 새벽 3~4시 서울을 떠났다고 한다. 왜 이승만은 무초 대사에게도 알리지 않고 도망치듯 서울을 떠났을까? 이 부분에 대해서 무초 대사는 이승만의 인격에 관해 말하기를 꺼리면서 이렇게 말한다.

헤스: 그들이 당신께 알리지 않았습니까?
무초: 네, 알리지 않았어요. 그런데 우리끼리 얘긴데, 이것은 알려져서는 안 된다고 생각하는데요.
헤스: 밖에 새나가지 않게 할 수 있어요.
무초: 그가 내게 알리지 않은 것은 나보다 먼저 서울을 떠났다는 것이 알려지면, 내가 다음 몇 달간 그보다 더 유용한 존재가 되지 않을까 두려워했던 것이겠죠("존 무초와의 구두 역사 회견", 제리 N. 헤스, 1971년 2월 10일).

장면 추대 운동

무초는 전쟁의 와중에서 이승만 대통령의 국가 운영 행태에 크게 실망했던 것 같다. 특히 국민방위군 사건과 거창 양민 학살 사건은 그가 워싱턴에 보낸 외교 전문에 자주 나온다. 그런 점에서 그는 야당으로서 민주국민당(이하 민국당)이 이승만 정부를 비판하는 입장에 동조하고 있던 것으로 보인다. 물론 그는 미국의 이익을 가장 먼저 생각하는 외국의 대사다. 따라서 그가 이승만을 혐오하고 결국 이승만 후계를 계획했던 것이 미국의 이익이라는 관점에 서 있었던 것은 당연한 일이다. 초대 대통령 이승만은 1952년 7월 임기를 마치게 되어 있었으나 국회가 그를 다시 선출할 가능성은 극히 낮았다. 한국전쟁 발발 뒤 그가 보인 행태 중 '서울 사수' 방송은 대국민 사기 행각으로 끝났으며, 국민방위군 사건과 거창 양민 학살 사건 등은 대표적 실정의 상징으로 비판의 표적이 되어 있었다.

이제 우리는 부산 정치파동 이전에 이승만 후계 구도를 둘러싸고 벌어진 이승만 세력과 반이승만 세력 간의 권력 투쟁, 이에 대한 무초의 개입에 눈을 돌려보기로 하자.[5]

무초 대사는 1952년 5월 24일 자정 부산 계엄령 선포 하루 전 이승만을 만났다. 그는 약 "10일 또는 2주간" 국무부와 협의차 한국을 떠나기에 앞서 인사차, 그리고 그가 자리를 비운 동안 대사일을 대신할 라이트너 참사관을 소개할 겸 이승만 대통령을 찾은 것이다. 그 자리에서 그는 떠도는 소문을 언급하면서 해명한다. "무책임한 분자들이 나와 대사관의 내 막료들이 이승만 재선에 반대한다는 취지의 소문을 퍼뜨리고 있다"고 하자 이승만은 그런 말을 들은 적이 없다고 시치미를 뗀다(무초 대사의 대화비망록, 1952년 5월 23일 부산, *FRUS 1952~1954*: 230~231쪽). 무초 대사와 이승만 대통령 사이에 벌어진 이 외교적 수사는 이승만과 주한 미 대사관 지도부 사이에 내재한 갈등이라는 거대한 빙산의 일각에 불과했다.

무초 대사가 일부러 이승만 대통령에게 소문을 해명하려 한 이유는 무엇일까? 소문이 허무맹랑하다면 그냥 침묵하면 될 것을 그는 애써 그렇

---

5 무초가 이승만 후계자로 장면을 지지하는 등 내정에 간여한 행위에 관해서는 이종원(李鍾元, 1994)의 연구가 자세히 밝히고 있다(3~12쪽). 이 부분과 함께 라이트너 대리대사, 또는 국무부 실무자들의 개입 행위에 관해 지은이의 연구는 기존 연구와 다소 중복된다. 그러나 이종원의 연구가 미국의 최후 강경 대응을 잘못 해석한 측면이 있다는 점과, 미국의 개입이 한국의 의회주의에 끼친, 또는 끼칠 수 있는 영향에 무게 중심을 두고 있다는 점을 지적하고자 한다. 전자는 국무부 실무 부서가 1952년 6월 4일 국무부-합참 합동회의에서 이승만 체제 유지를 결정한 뒤, 다시 강경 대응으로 선회하여 이승만을 제거하는 쪽으로 정책을 결정한 것으로, 이 장의 5절 "흔들리는 미국의 대한정책" 중 "이승만 제거안" 참조.

지 않다고 적극적인 해명에 나선 것이다. 무초는 이승만이 다음날 계엄령을 선포하리라고는 예상하지 못한 채 당시 헌법 아래서 국회가 대통령을 뽑을 경우 장면의 당선 가능성을 높게 보고 있었고, 그렇다면 그러한 소문이 장면의 입지를 더욱 곤란하게 할 것이라고 판단하고 있었다. 이는 무초가 워싱턴에 보낸 1952년 2월 15일자 전문에서 확연히 드러난다. 그는 "우리의 최선의 희망은 역시 장면의 당선이다"라고 밝히고 있다. 그러나 국회 안에서는 그것이 장면의 영향력의 기반인 것이 사실이지만, 그가 미국의 지원을 받고 있다고 알려지고 선거에서 이것이 쟁점화된다면 장면에게 미국과의 관계가 "자산이 아니라 부채가 된다"고 무초는 말하고 있다(FRUS 1952~1954: 50~51쪽).

한편 한국전쟁에서 1950년 10월 말 중공군이 참전한 뒤 유엔군은 후퇴했지만 다음해 봄 전선은 다시 안정을 되찾았다. 이와 함께 국회에서는 이승만 정권의 실정에 대한 반대 세력이 형성된다. 이승만 반대 세력은 장면 옹립 운동으로 발전하게 되는데, 무초 대사는 이 운동에 개입하여 성원한다. 그가 어느 때부터 반이승만 운동을 배후에서 지원했는지는 확실하지 않다. 그러나 1951년 4월 이후부터 이승만 정권은 "국회는 한국 국민을 대변하지 않고 외국인의 이익을 위해 뇌물을 받고 압력을 받고 있다"는 등 미국의 내정 간섭과 휴전 협정을 비난하는 강력한 캠페인을 벌였다. 이를 보면 이승만은 그때부터 미 대사관이 반이승만 세력에 동조하고 있는 것을 의심하고 있었던 것 같다.

국회 안의 반이승만 세력은 1951년 말경부터 구체적인 반이승만 운동을 벌이게 되는데, 그것은 이승만의 후임자로 주미 한국 대사 장면을 추대하는 은밀한 운동으로 전개되었다. 그 중심 세력이 '7·7 구락부'라는 이름의 단체였다.[6] 장면 옹립 운동은 원내 한동석(韓東錫) 의원을 중심으로 하되 실무는 김영선(金永善) 의원과 총리 비서실장인 선우종원이 맡기로 했다. 이 운동은 구체적으로 두 가지를 실행했는데, 하나는 이승만이 재집권 문제를 돌파하려고 시도한 직선제 개헌안을 폐기시키는 것이었고, 다른 하나는 그 역공으로 개헌 운동을 펴 내각제를 실현하는 것이었다.

이승만의 직선제 개헌안은 승부가 쉽게 갈렸다. 1951년 11월 이승만은 대통령 직선제와 양원제를 골자로 하는 개헌안을 제출했으나, 1952년 1월 말 출석의원 163명 중 찬성 19, 반대 143, 기권 1이라는 압도적인 표차로 부결되었다. 그러나 또 다른 실행안, 즉 내각제 개헌안은 곧 장벽에 부딪혔다. 이승만이 거리 정치에 군중을 동원하는 무법의 힘으로 대처한 것이다. 이에 대해 반이승만 세력에게 있는 저항의 힘은 대의라는 명분과 미국 대사관의 묵시적인 성원이 고작이었다.

한때 내각제 개헌 운동은 국회의원들의 공감을 얻어 1952년 3월까지 연판장에 도장을 찍은 의원이 146명에 이르렀다. 이 정도의 수라면 국회의원 재적수의 3분의 2보다 24명이 많기에 승리는 확실해 보였다. 그러나 그해 4월 17일 무소속의 곽상훈 의원을 대표로 하여 제출한 내각책임제 개헌안은 123명의 이름이 올라 있다. 123명이라면 통과에 필요한 3분의 2를 1석 넘는 수였으나 불안하기 짝이 없었다. 게다가 이승만이 동원한 무법의 힘 앞에 내각제 개헌안은 풍전등화처럼 보였다. 마침내 5월 24일

---

6 7·7 구락부란 한국전쟁 발발을 전후하여 이승만 정권이 대한정치공작대 사건, 국민방위군 사건, 거창 양민 학살 사건 등 대형 실정을 거듭 저질러 국민의 신망을 잃자 국회에서 반이승만 세력이 결집한 단체였다. 1951년 11월 7일 서민호, 서범석, 정헌주, 권중돈, 엄상섭, 김의준, 이석기 등 7명의 야당 의원이 모였다 해서 붙여진 이름이다. 이 7·7 구락부는 참여 의원은 30명까지 늘었고 그중 15명이 핵심이 되어 정치 운동을 벌이는 단체로 발전했다. 이 운동의 주요 목적은 대통령 선거에서 이승만을 축출하고 새 인물을 추대하자는 것이었다(선우종원, 1998: 165쪽).

자정을 기해 발동된 계엄령 선포로 그 무법의 힘은 흉한 얼굴을 드러냈다. 이 부산 정치파동에 대해 라이트너 대리대사는 강경한 대응을 주문했지만 그 이야기는 다음 절에서 살피도록 하자.

다시 무초 대사가 벌인 내밀한 내정 간여로 돌아와 보자. 무초 대사가 이승만을 '무엇이건 편법을 찾는 좌절한 늙은이'로 보고 반감이 격화된 것은 1951년 7월부터 개시된 휴전 협상에 대해 이승만이 강경하게 반발한 것이 계기가 되었다. 그러나 그는 기본적으로 전쟁 전후 이승만의 국가 운영 능력에 대해 불신하고 있었다. 예컨대 무초 대사는 1952년 2월 12일 지독한 감기에 걸린 이승만 대통령을 병석에서 만나 대통령의 '정치적 획책(political maneuverings)'에 관해 쓴소리를 했다. 무초는 국무부에 보낸 전문에서 "나는 무책임한 대한청년단과 기타 단체들이 '정부 깡패 집단'으로 이용될 수 있다는 점을 걱정한 나머지 2월 12일 대통령을 방문해 그만이 책임져야 할 이런 활동에 관해 내가 많이 알고 있다는 점을 말했다"고 보고한다.

그때 무초 대사가 이승만 대통령에게 국민방위군 사건과 거창 양민 학살 사건의 주모자 김윤근과 김종원을 기용한 점, 전쟁 전인 1950년 5월 일어난 대한정치공작대 사건에 관련된 장석윤을 내무장관에 기용한 점을 힐난한 것이 주목된다. 무초는 자신이 한 말을 듣고 대통령이 병석에서 일어나 약간 충격을 받은 것 같다고 쓰고 있다.

그리고는 나는 대사관과 UNCURK가 국민방위군 사건과 거창 양민 학살 사건에 관해 되도록 호의적으로 보고했다고 말했다. 그런데 다른 소식통을 통해 워싱턴에 다다른 보고는 대통령 측근 장교들의 행동을 인용하고 있는데, 이는 그가 선정한 인물들의 역량에 대해 의문을 제기하는 것이다. 대한

청년단의 최고 간부이며 지난 12월과 1월 후퇴 때 인력을 책임졌던 김윤근 장군은 뒤에 처형당했는데, 이 사람은 대통령이 임명했을 뿐만 아니라 대통령으로부터 직접 명령을 받고 그에게 책임지는 사람이었다. 거창 사건에 관해 우리들 통제 아래 있는 소식통에 의하면 조사위원회에 발포함으로써 거창에 들어오는 것을 막은 사람은 바로 '호랑이' 김종원인데, 이 행위로 그는 3년 징역을 살고 있다. 그 또한 대통령이 임명했고, 대통령에게 직접 보고하며 지령을 받았던 사람이다.

나는 계속해서 '몬타나 장(Montana Chang)' 장석윤이 공금 횡령으로 공개적으로 재판을 받았으며 '악명 높은 정치 공작 음모(the notorious Political Action plot)'[7]를 주도했는데도 내무장관 같은 중요 직책에 임명한 사실에 관해 내 상관에게서 추궁을 받았다고 말했다(무초 대사의 대화비망록, 1952년 2월 12일 부산, FRUS 1952~1954 : 48쪽).

무초 대사는 병석에 누운 이승만을 향해 그의 무궤도한 인사 정책을 힐난하고 있다. 외국의 일개 대사인 무초가 주권국가의 원수인 대통령에게 국가 운영에 대해 추궁하고 있는데도 이승만은 묵묵히 듣고 있는 것이다. 게다가 무초는 김윤근과 김종원과 같은 정치 군인을 요직에 기용하고 특히 장석윤이라는 '악명 높은 정치 공작 음모'의 주동자를 내무장관에 기용한 이승만의 양식과 국가 운영 능력에 불신을 표하고 있다.

---

7 이는 제2권 제8장에서 다루는 이른바 '대한정치공작대 사건'을 말한다. 1950년 4월 하순 터진 이 사건은 내각책임제 개헌을 추진한 민국당 세력에 타격을 가해 다가올 5·30 총선에 영향을 미치려는 정치적 음모극으로, 당시 백성욱 내무장관, 신태영 육군 참모총장, 최영희 헌병사령관, 김병완 치안국장 서리가 배후 인물로 드러났다고 되어 있으나 미국 정보보고서는 대한국민당의 윤치영과 임영신, 이범석, 장윤석이 관련되었다고 보고한다(Joint Weeka, 3권, 1950년 4월 21일: 292쪽).

1951년 여름 이승만이 주도한 휴전 협정 반대 운동도 무초가 보기에는 무모하기 짝이 없었다. 이미 중공의 '의용군'이 대거 한국전에 참전한 처지에서 유엔군이 무력으로 한국 통일을 달성한다는 것은 무망한 일이었다. 이런 처지에서 미국과 유엔군은 우선 적군과 쌍방 간 매일 벌어지고 있는 전투를 휴전(cease-fire) 협상으로 정지시키고, 한국의 통일 문제는 정치 회담으로 해결하자는, 즉 군사 문제와 정치 문제를 분리해서 처리하자는 접근 방법으로 임했다. 1951년 7월 8일 개성에서 정전 협상을 위한 절차 문제가 어렵사리 합의되고, 이틀 뒤 7월 10일부터 본격적인 회담에 들어갔다. 이승만은 이런 정전 협상에 정면으로 반대한 것이다.

무초가 1951년 여름 이승만에 대한 격한 혐오심을 갖게 된 것은 '정전 협상을 고의로 파괴하기 위한 이승만의 음흉한 방법(Rhee's underhanded methods to sabotage talks)' 때문이었다. 이승만은 휴전 회담에 반대하면서도 마지못해 백선엽 장군을 옵서버로 참석시켰지만 백선엽은 회담 중 퇴장하겠다고 으름장을 놓고 있었다. 그러나 무초가 이에 항의하자 이승만은 백선엽에게 퇴장을 지시하지 않았다고 딴청을 부렸다.

이 대통령은 백 장군에게 회담에 참석하지 말라는 명령을 내린 바 없다고 되풀이했지만 그는 백 장군에게 나라의 분할에 동의하라고 명령할 수 없다고 말했다. 계속해서 그는 정전 제안에 백 장군이 따를 수 있기 위해서는 그가 국무회의에 전반적인 상황을 설명할 수 있어야 할 것이라고 말했다. 아마도 후속 정치 회담이 한국의 어떠한 분할도 인정하지 않을 것이라는 확정적 보장이 없는 한, 그가 설명할 길은 없으리라는 말이다. 이것이 그가 트루먼 대통령에게 낸 서한의 요점이다.

내가 가진 인상은 이승만이 이런 상황을 철저히 즐기고 있으며 그가 운전석에 앉아 유엔군 협상을 뒤엎지는 못하겠지만 난처하게 만드는 것을 가학적으로 즐기는 듯하다는 것이다. 따라서 이성에 호소하는 것은 쓸모없는 일이다. 내가 오늘 아침 본 그는 대화로 순치할 수 없는 인물이라는 것을 확실히 해둔다(대사가 국무장관에게, 1951년 7월 31일 부산, *FRUS 1951*: 765쪽).

무초가 국무장관에게 보낸 이 전문에는 이승만에 대한 강한 혐오가 묻어난다. 이런 상황에서 무초는 이승만의 후계 구도를 면밀하게 그리면서 국회 안 반이승만 그룹의 장면 옹립 운동에 암묵적인 동조를 했다고 추론할 수 있다. 그러나 무초가 워싱턴에 상신한 정책 건의는 이승만과 반이승만 세력 사이에서 '중립적인 입장을 공표'하자는 것이었다. 노골적인 영향력 행사보다 간접적 개입이라는 신중한 선택을 하는 편이 좋다는 계산이었다. 즉 특정 후보를 명시적으로 지지하는 것을 피하고 자유로운 선거를 위한 환경을 만들어준다는 것이다. 이는 미 대사관의 다목적인 이승만 후계 구도 전략이었다. 한편으로 '민주적인 절차와 공명 선거'를 요구하여 이승만 그룹의 공포정치를 견제하면서, 다른 한편으로 반이승만 그룹에게는 정치 협박 또는 보복을 무서워하지 말고 자주적으로 투표할 수 있는 정치 환경을 만들어주는 것이 중요하다는 전략이었다. 미 대사관의 간여가 공공연히 드러날 경우 이승만은 민족주의적인 감정에 호소하여 대중 동원을 무기로 사용할 수 있고, 그렇게 되면 장면 그룹은 곤경에 처할 수 있는 위험이 감지되는 상황이었다.

이 정책 건의와 함께 무초는 당시 헌법 아래서 국회가 대통령을 뽑는다는 것을 전제로 하여 1952년 3월 다가오는 대통령 선거의 정세를 예상하고 분석한 상세한 보고서를 낸다. 이 외교 문서는 주요 후보에 관한 정보가 민감하다고 판단하여 아직 비밀이 해제되지 않고 있으나, 이종원은 이 보고서에 근거해 국무부 정보조사국이 작성한 정보 보고를 통해 그 내용을 추론하고 있다(李鐘元, 1994: 11쪽). 이 보고서에 의하면 미국의 이익이라는 관점에서 장면이 가장 바람직한 이승만 후계자로 명시되어 있다. 구체적으로 보면 이승만이 당선될 가능성은 50% 이하이며, 이승만 이외에 유력한 후보인 장면, 신익희, 지청천, 허정, 이범석 가운데 가장 당선 가능성이 높은 후보는 장면과 신익희를 꼽고 있다. 또한 미국의 이익이라는 관점에서 장면과 허정을 바람직한 후보로 지목하고 있다. 특히 장면은 국내 정계에 폭넓은 지지 기반을 갖고 있을 뿐만 아니라 이승만에 비해 '합리적이고 온화'하다고 높은 기대감을 표시하고 있다. 그러나 이범석과 지청천의 경우 "미국의 이익에 극히 불리하다"고 평가했다.

이 보고서는 이승만과 이범석이 아니라면 누가 당선되어도 민국당 중심의 온건한 연립 정권이 성립된다고 예상하면서, 연립 정권은 내부 분열 등 불안정은 피할 수 없지만 권위주의와 부정부패는 분명히 줄어들 것이라고 내다봤다. 또한 지주나 재계를 대변하는 민국당의 영향력이 커지면 대일 관계도 개선될 것으로 기대하고 있다. 요컨대 이 보고서는 이승만의 후계자로서 미국의 입장에서 최선의 선택은 장면, 그 다음은 허정, 세 번째로 신익희 순으로 매기고 있다.

이렇게 볼 때 무초 대사가 이승만 후계자로서 장면에게 높은 기대감을 갖고 있었음은 분명하다. 그러나 그의 정책 건의로 보아 그가 장면 추대 운동에 대한 노골적인 지지를 자제하고 있었다는 것도 분명하다. 그렇다면 그는 뒷짐만 지고 있었나? 그렇지는 않았다. 그는 민주주의라는 대의를 명분으로 하여 이승만의 경찰국가식 통치 행태를 견제하고 있었다. 그러나 그러한 역할은 한계를 지니지 않을 수 없었다.

무초 대사가 미국의 국익상 장면이 이승만 후계자로서 '최선의 희망'이라고 보았다면, 그가 장면 추대 운동에 어떻게 개입했는지가 관심의 대상이 되지 않을 수 없다. 그의 행동 궤적을 자세히 그린다는 것은 불가능하지만, 몇 가지 사례를 통해 그 대략적인 모습을 가늠해볼 수는 있다. 그것은 무초가 1951년 1월 말 장면 대사의 귀국에 개입한 배경과 민국당의 실력자 조병옥과 긴밀한 접촉을 유지한 것에서 드러난다.

먼저 무초 대사가 장면 대사의 귀국에 개입한 배경을 살펴보자. 사실 장면을 주미 대사직에서 불러들여 국무총리에 임명한 것은 이승만 자신이었다. 이승만의 개인 홍보자문관으로 일했던 올리버(1978)는 1950년 11월 장면을 국무총리로 임명한 사정을 알리는 이승만의 편지를 다음과 같이 인용하고 있다.

이승만 대통령은 한동안 숙고한 뒤 장면 대사가 워싱턴 자리에 적합한 인물이 아니라는 결정을 내렸다. 그는 장면에게 이렇게 썼다. "대사가 인기를 얻고 우방국의 신임을 얻는 것은 중요한 일이오. 그러나 외교관은 자기 정부가 처한 입장을 우방국에 알리기 위해 인기를 희생해야 할 때가 있는 법이오." 이 편지에서 그는 장면을 서울로 귀환시키기 위해 "무초 대사와 미국 친구들이 당신이 지금 여기에 있어야 한다고 굳게 믿고 있다"면서 나도 "당신이 곧 돌아오는 것이 좋다고 생각하오"라고 권고한다(Oliver, 1978: 340쪽).

올리버는 이승만과 무초는 당시 휴전 회담을 둘러싸고 이승만이 워싱턴과 첨예하게 대립하는 상황에서 '장 대사의 유연하고 온화한 인격'이 도움을 줄 것임을 공감했다고 한다. 무초는 장면이 미국 정책에 가능한 한 따르겠다는 열망을 증명한 이상 이승만이 더 적게 요구하고 더 많이 양보하는 데 영향을 미칠 것이라고 희망한 반면, 이승만 쪽에서는 장면이 그의 정책(공산군을 무찌르고 통일해야 한다는 입장)을 워싱턴과 유엔군이 받아들일 수 있는 방법으로 소통하리라고 희망했다는 것이다(같은 책: 341쪽).

이승만과 무초는 이런 점에 공감했을 것이다. 그러나 무초가 1951년 1월 초에 워싱턴에 보낸 전문은 장면이 다각도로 이용 가치를 갖고 있음을 열거하고 있다. 그는 장면이 전 국민으로부터 존경을 받고 있다면서, 그의 강점으로 (1) 이승만에게 충고할 수 있다는 점, (2) 행정부의 대국회 관계가 개선될 것이라는 점, (3) UNCURK와의 교섭에 도움이 된다는 점을 차례로 열거하고는 마지막으로 (4) "프린스턴이안(이승만이 프린스턴대학 출신이라는 점을 빈정대는 별칭)에게 무슨 일이 생기면" 장면이 전시 내각의 방향과 응집력을 보여줄 것이라는 점에서 그의 서울 귀환이 더 가치 있을 것이라고 내다보고 있다(주한 대사가 국무장관에게, 1951년 1월 9일, *FRUS 1951*: 41쪽).

무초가 보낸 이 전문을 보면 이승만의 고령을 감안하여 '무슨 일이 생기면', 즉 유고(有故)가 생기면 그의 후계로서 장면을 생각한 것이지 이승만의 후계 구도를 미리 기획하여 장면의 서울 귀환을 계획한 것이라고 볼 수는 없다. 이렇게 볼 때 장면이 1951년 1월 말 귀국하여 국무총리에 취임한 것은 이승만 쪽과 무초의 의도가 동상이몽으로 맞아떨어진 결과라고 보인다. 따라서 무초가 선도하여 장면 후계 구도를 짠 것이 아니라 전반적인 반이승만 분위기가 고조되는 가운데 그가 장면 후계 구도에 동참한 것이라고 봐야 할 것이다.

조병옥은 1950년 7월부터 내무장관에 임명되었지만 이승만 체제 아래 실정이 잇따르자 이승만에 등을 돌리고 있었다. 무초의 전문을 보면 무초가 1951년 1월 장면이 귀국한 이래 국내 정세에 관해 장면, 조병옥과 긴밀한 협의를 하고 있다고 보고한다. 이승만 대통령이 1951년 5월 초 내무장관직에서 조병옥을 해임하자 무초는 이승만 대통령을 찾아가 항의했다. 대통령의 홍보자문관 올리버는 5월 4일자 이승만의 개인 '일지(log, 日誌)'[8]에 나타난 기록을 다음과 같이 옮기고 있다.

무초 대사는 대통령을 찾아와 조병옥의 사표 수리를 항의했다. 조병옥은 **무초의 사람**이며(강조는 지은이), 미국은 그를 통해 다음 선거를 통제하기를 기대했다. 무초는 대단히 화가 나 있었다. 그가 정치적 혼란이 너무 많다고 말하자 대통령은 우리 정치가 미국보다 더 혼란한 것이 아니라고 대답했다. 조병옥이 퇴출된 이상(그 의미는 무초가 내무부 없이는 대통령 선거에 이길 수 없다는 것이다) 그는 또 다른 사람을 찾고 있었는데, 그가 바로 온화한 언변의 장면이다. 무초는 자신의 사람을 잃었지만 여전히 다음 선거에서 이기려고 의도하고 있다. 국무부는 다가올 몇 년간 한국을 손아귀에 장악하려고 한다. 선거는 제한 전쟁을 하겠다는 미국의 계획에 중요하다. 만일 그들이 미국에 동의하는 한국 대통령을 갖게 된다면 그들은 중공이 한국의

---

[8] 영문으로 쓰인 이 일지는 1951년 1월 중공군이 서울을 점령한 이래 이승만 대통령의 주요 활동과 주요 사건에 대한 그의 반응을 적고 있다. 로버트 올리버는 그가 이승만의 요청으로 홍보참모로서 1951년 7월 3일 부산에 도착한 뒤 휴전 협정에 반대하는 이승만의 성명을 기초할 때 배경 자료로 이 일지를 받았다고 기술하고 있다. 올리버가 평가하듯 이 일지는 당시 휴전 협정을 둘러싸고 이승만이 유엔국과 빚은 갈등과, 대통령 선거를 둘러싸고 국회와의 긴장에 대해 그가 어떤 생각을 가졌는지를 잘 보여준다(Oliver, 1978: 376쪽). 이 일지의 기술 형태로 보아 이승만의 구술을 비서가 영문으로 받아 쓴 것으로 보인다.

반을 갖게 할 수도 있다. 이승만의 재선은 이런 계획에 맞지 않을 것이다. 그들은 이승만이 조건 없는 완전한 한국 독립을 계속 고집하리라는 것을 잘 알고 있다(Oliver, 1978: 381~382쪽).

이 일지에 나타난 이승만의 생각은 단순하고 명백하다. 조병옥과 장면은 '무초의 사람'이고 다가오는 선거에서 무초가 자기 사람을 대통령으로 앉히려 한다는 것이다. 그는 또 장면이 당선되면 미국의 입장(제한 전쟁)이 반영될 것이라고 내다본다. 이승만은 대통령 선거에서 무초, 조병옥, 장면을 한 통속인 정적으로 보고 있는 것이다. 어떻게 볼 때 이승만은 자신이 집착한 대통령 재선에 대한 욕망과 애국심을 적어도 그의 마음속에서는 일치시키고 있음을 알 수 있다. 당시 이승만의 일지를 보면 그가 대통령 선거에 관해 조병옥에 대해 가진 의심증은 거의 편집광적이라고 해도 지나친 말이 아닐 것이다. 다음은 4월 24일자 일지의 한 부분이다.

오랫동안 내무장관(조병옥)은 한민당과 흥사단의 목적을 위해 자기의 힘과 돈을 써왔다. 그는 전부는 아니지만 거의 모든 도지사를 한민당계로 임명했는데, 그 유일한 목적은 다음 선거를 위해 경찰과 관청을 통솔하기 위해서다. …… 조병옥은 드디어 신익희를 자기 편에 끌어들였는데, 그 역시 선거운동에 열을 올리고 있다. 그들이 마지막으로 합의한 것은 대통령에 신익희, 총리에 조병옥이라는 것이다. 다른 류의 인적 조합들도 고려되고 있는데, 예컨대 대통령에 신익희, 부통령에 김성수, 총리에 조병옥, 또는 이따금 총리에 장면도 고려되고 있다.

지난 8월 국회는 조병옥 내무장관과 신성모 국방장관의 사임을 요구했다. 대통령은 중대한 시기에 장관들을 갈아치울 수 없다고 생각했다. 조병옥은 비자금으로 국회의원들을 접대하고 후원했다. 그는 한국인들과 무초와 쿨터와 같은 미국인들을 위해 자주 연회를 베풀어 장안의 화제가 되었다. 최근에 가서야 여성 단체와 교회 그룹이 정화 단체를 만들었다. 국민은 떠들썩한 주연과 기생 파티에 분노하고 있다. 조병옥은 지금 어느 때보다 더 많이 술을 마시고 있으며, 그에 반대하는 사람은 누구나 매수한다. ⋯⋯
(같은 책: 380~381쪽).

위 일지에서 이승만은 조병옥을 정적 1호이자 술주정뱅이로, 무초와 쿨터는 술주정뱅이와 놀아난 한 통속의 패거리로 여기고 있다. 이 일지가 쓰인 다음날인 1951년 5월 5일 무초 대사는 미 8군 부사령관 쿨터(John B. Coulter) 중장과 함께 이승만을 면담한 자리에서 강한 어조로 내정 개혁을 압박했다. 그는 부임한 이래 2년 반을 되돌아보면서 "실질적으로 진보가 있었다고는 도저히 생각할 수 없다"고 운을 떼고는 "어떤 국가도 사회적·경제적·정치적인 건강 상태가 좋지 않다면 군사적으로도 방위할 수 없다"고 지적했다. 그는 구체적으로 두 가지를 지적했는데, 하나는 10개 사단 32만 명 규모의 국민방위군을 조직한다고 1월에 발표했는데 유엔군 당국과 사전 협의가 없었다는 것, 다른 하나는 공식적인 한국 채널이나 유엔 채널을 통해 얻을 수 있는 자료보다 준군사적이며 **사설적인 대한청년단, '호랑이' 김(김종원), '몬타나' 장(장석윤)이 제공한 '이른바 정보보고'를 더 선호하여 신뢰성을 상실하고 있다**(강조는 지은이)는 점이다(무초 대사의 비망록, 1951년 5월 5일 부산, *FRUS 1951*: 418쪽).

중요한 것은 무초 대사가 외국 대사의 신분으로 명색이 주권국가의 대통령에게 위와 같은 진언을 한다는 것이 노골적인 내정 간섭이라는 점을 모를 리 없으면서도 이런 말을 마다하지 않았다는 점이다. 그는

"나는 한국 문제에 대한 외국의 간섭을 반대한다. 그러나 17개 자유국가가 보낸 아들들이 이곳에서 싸우고 죽고 있다는 점에서 한국에 대한 전 세계적인 관심은 불가피하다"며 자신을 변호하고 있다.

무초 대사는 6월 6일 워싱턴에서 부산으로 귀임하지만 그가 지참한 정책 지침은 이승만을 계속 유지하는 것을 전제로 국회와 타협하라는 것이었다. 또한 계엄령을 해제하고 구속된 국회의원을 풀라는 점이 덧붙어 있었다. 그러나 무초는 이러한 제한된 정책 지침마저 실행에 옮길 수 없었다. 현지 유엔군 사령관 클라크가 반대했기 때문이다. 이에 관해서는 뒤에서 다시 살필 것이다.

생각건대 무초 대사는 위에서 살펴보듯 이승만 대통령의 독선적인 국정 운영을 견제하고 장면 추대 운동을 암묵적으로 성원하는 등 반이승만 운동에 동참하지만, 그의 한국 내정 간여는 소극적 개입에 그쳤다. 그러나 그의 내정 간여가 국내 정치에 영향을 끼친 부분은 부산 정치파동 뒤에 일어났다. 그것은 이승만의 대통령 재선과 함께 펼쳐진 정계 개편에서 이범석 계열을 배제한다는 그의 공작이었다. 이 점도 뒤에 살필 것이다. 그런 점에서 부산 정치파동에 관한 한 무초 대사의 내정 간여는 대사관 2인자 라이트너가 대응한 내정 간여와는 구별된다. 이제 우리는 라이트너의 행동을 살펴볼 것이다.

4. 라이트너 대리대사가 도모한 간섭의 정치

무초 대사가 미국에 귀국하기 앞서 5월 23일 라이트너 참사관과 함께 이승만 대통령을 찾았을 때 이승만은 이들에게 계엄령 선포를 예고했다. 그 자리에서 이승만은 국회를 규탄하는 가두시위에 언급하면서 "그들이 대통령, 정부의 어떤 각료, 국회의원을 막론하고 반대하는 것은 민주 사회의 구성원으로서 시민의 권리"라면서, "그러나 폭력을 써서는 안 된다"는 것이 그의 입장이라고 말했다. 이승만은 현재의 긴장 상황을 공산당이 이용하는 것을 차단하기 위해 계엄령 선포를 승인했다고 이들에게 통보한다.

> 대통령이 국방장관과 협의했는데, 장관은 [부산] 동래 지역과 인근 두 지역에 계엄 선포를 요청했다고 말했다. 대통령은 그것을 승인했으며, 계엄 지역에 부산을 포함시키라고 국방장관에 지시했다는 것이다. 그는 다시 사태를 잘 장악하고 있으며, 이 사태에 대해 책임을 물어야 할 부패하고 타락하고 비애국적인 분자들이 무도한 목적을 달성하지 못하게 할 것이라고 확언했다. …… 이러한 돌출적 발언에 대한 나의 유일한 답변은 전 세계의 이목이 한국에 집중되어 있고, 이 사태가 자유세계의 눈에 한국을 불신케 할 수 있는 이상, 만일 내부의 사태가 한국 지도자들에게 심각하게 영향을 끼칠 만큼 발전하면, 그것은 한국에 가장 불행한 일이 되리라는 것이었다(주한 미 대사의 대화비망록, 1952년 5월 23일 부산, *FRUS 1951* : 230~231쪽).

다음날 무초 대사가 워싱턴으로 떠난 직후 라이트너 대리대사는 부산 정치파동의 충격적인 장면을 목도하기 시작했다. 5월 25일 자정을 기해 이승만 정권이 부산에 계엄령을 선포하고 그 다음날 아침부터 버스로 출근하는 국회의원들을 버스에 태운 채 통째로 실어가는 유례없는 사태를 맞은 것이다. 라이트너는 그때부터 무초가 6월 6일 다시 귀임할 때까지 약 10일간 일생에서 가장 숨 가쁜, 가장 애타는, 그리고 어떤 의미에서 가장 지루한 나날을 보냈다. 그는 이승만 대통령을 만나 강경하게 항의하고 격렬한 논쟁을 벌이기도 했으며, 워싱턴을 향해 강경한 행동을 주문하기도 했다. 그는 5월 말 야밤에 한국군 총참모장으로부터 쿠데타 제안을 받는 희귀한 체험도 한다. 그가 보인 대응은 확실히 정상적인 외교관 활동의 범위를 넘는다. 어떤 의미에서 그는 한국 민주 헌정이 무너지는 위기에 처하자 무너지는 둑을 막으려고 마치 헤라클레스나 되는 양 혼자 투혼을 불살랐다. 그러나 그것은 애당초 불가능한 일이었다.

현재까지 국내외 연구에서 라이트너 대리대사의 행적을 거론한 연구는 다수가 있으나 진지하게 다뤄진 적(예를 들면 Keefer, 1991; 李鐘元, 1994; 라종일, 1988)은 아주 드물며 그나마도 폄훼하는 모양(조용중, 2004)으로 다뤄지곤 한다. 그러나 지은이는 라이트너가 회고한 대담문과 그가 남긴 외교 문건을 검토한 결과 그가 미국의 이익을 대표하는 외교관의 지위를 넘어 한국의 의회주의를 위해 싸운 신념의 투사라는 인상을 받았다. 그가 부산 정치 위기 때 보인 행동은 당시 신생 대한민국의 자유, 인권, 의회주의에 대한 강한 신념을 보여주는 것일 뿐만 아니라 미국의 대한정책이 나가야 할 바람직한 방향을 제시해주고 있다. 그런 점에서 지은이는 라이트너라는 인물이 한국 헌정사에 새롭게 기록되어야 할 것으로 기대한다.

이승만 정권이 5월 25일 자정 비상계엄을 선포하면서 국회의원들을 잡아들이기 시작하자 라이트너 대리대사가 곧 움직이기 시작했다. 다음 날 라이트너는 국무부의 훈령을 받기 전에 이승만을 만나 항의하고 비상계엄을 풀 것을 요구했다. 라이트너는 21년이 지난 뒤 회고 대담에서 그때 상황을 다음과 같이 술회한다.

라이트너 : 어떻든 이 대통령은 우리가 벌써 여러 달 동안 알고 있었던

것, 즉 국회가 6월 선거에서 이승만을 결코 뽑지 않을 것임을 깨닫게 되자 자기 손으로 돌파하고자 한 것입니다. 그는 비상계엄을 선포하고, 헌정을 중단했으며, 국회의 야당 지도자 16명을 체포했습니다. 더 많은 국회의원들이 몸을 숨기게 되었습니다. 한때 40여 명의 국회의원이 버스에 탄 채 48시간 동안 잡혀 심지어는 화장실조차 가지 못했습니다. 그는 국회의원들이 다른 사람을 대통령으로 뽑을까 두려워서 정족수를 채우지 못하도록 한 짓이지요.

이런 조치에 대해 그가 밝힌 이유는 이들이 공산당이라는 것이었습니다. 그것은 낡은 마녀사냥이었지요(강조는 지은이). 혐의 내용도 우스꽝스러운 것이었습니다. 이들 국회의원 중 많은 이들이 그들 가족이 공산당의 동조자로 북에 끌려갔다는 식이었어요. 사태가 악화일로로 치닫자 나는 훈령도 받기 전에 항의를 했습니다.

매켄지 : 누구에게 항의를 한 것이죠?

라이트너 : 이승만에게죠. 나는 이승만을 만나러 갔습니다. 내가 쓴 방법은 "지금 전쟁이 벌어지고 있는 마당에 당신이 이럴 수는 없소. 특히 우리가 자유와 민주주의 원칙을 위해 싸우고 있다는 사실에 비춰보면 말입니다. 당신은 그 원칙을 버려서는 안 됩니다"라고 말하는 것이었습니다. 나는 유엔 위원단을 만났는데, 그들도 똑같이 경악을 금치 못했습니다. 그들 또한 항의를 했습니다. 내가 긴급하게 한 일은 우선 워싱턴에서 트루먼 대통령이 내가 말한 것과 같은 취지로 강경한 어조의 서한을 쓰도록 한 것입니다("앨런 라이트너와의 구두 역사 회견", 리처드 매켄지, 1973년 10월 26일).

비상계엄이 선포된 뒤 라이트너 대리대사가 벌인 행동은 크게 세 가지로 분류할 수 있다. 첫째는 외교적 항의와 압력이다. 여기에는 라이트너 대리대사가 이승만 대통령을 만나 제기한 구두 항의와 비판, 트루먼 대통령의 친서 전달, 그리고 UNCURK, UNC와의 협의를 동원한 압력이 포함된다. 이 외교 압력이 전혀 효과를 보지 못한 것은 아니다. 예컨대 6월 3일 라이트너는 국무회의를 주재하던 이승만 대통령에게 트루먼의 친서를 전해 국회를 해산하겠다는 이승만의 위협을 잠시나마 잠재웠다. 둘째는 외교적 압력의 범위를 넘어서지만 군사 개입에는 이르지 않는 중간 정도의 압력, 즉 경제 원조의 중단이다. 라이트너는 이런 행동을 국무부에 강력하게 요청했으나 실현되지 않았다. 셋째는 노골적인 군사 개입을 주문한 것이다. 라이트너가 건의한 강경 대응은 국무부 동북아국의 공감을 이끌어내 구체적으로 검토되었으나 결국 여러 가지 요인이 복합적으로 작용한 결과 실현되지 않았다.

이제는 이승만 정부가 1952년 5월 25일 자정 비상계엄을 선포한 뒤인 6월 4일 국무부-합참 합동회의에서 이승만 체제 유지 쪽으로 대한정책이 정리되기까지 약 10일간 라이트너 대리대사가 도모한 '간섭의 정치'를 본격적으로 살피고자 한다. 지은이는 미 대사관의 지도부를 구성하는 무초 대사와 라이트너 대리대사가 수행한 역할이 당시 한국의 의회주의가 장차 어떤 행보를 보일 것인가를 결정하는 중대한 변인이라고 생각한다. 왜냐하면 당시 이들 미국 외교관들은 이승만의 초법적인 행동을 유일하게 견제할 수 있는 위치에 있었기 때문이다. 이들의 '간섭'은 어떻게 승(勝)하고 쇠(衰)하게 되었는가?

최후통첩을 요청하다

비상계엄령이 부산에 선포된 뒤부터 라이트너 대리대사와 무초 대사는 부산과 워싱턴에서 한국 사태를 대처하기 위해 연일 숨 가쁜 긴장의 나날을 보냈다. 무초 대사는 워싱턴에 도착하여 그의 모교에 가기 전[9] 라이트너로부터 날아온 전문들을 읽었다. 그는 5월 27일 저녁 6시 49분발(미국 시간)로 라이트너에게 전문을 보내 이승만을 만나 압박하라고 지시한다. 즉 자신이 29일 트루먼 대통령을 만나 한국 사태를 설명하고 언론에도 해명해야 하는데, 이승만이 왜 비상계엄을 선포했는지, 또 법과 안정을 회복하기 위해 취할 조치가 무엇인지를 물어 대답을 얻으라는 것이다. 그리고 "밤낮을 가리지 말고(niact)" 이승만의 답변을 보내달라면서 이 메시지의 요점이 이승만을 억제하는 데 이용되었으면 한다는 희망도 전했다(국무장관 대리가 한국대사관에게, 1952년 5월 27일 6시 49분 워싱턴, *FRUS 1952~1954*: 251~252쪽).

라이트너 대리대사의 답전은 한국 시간으로 5월 27일 자정에 국무부에 보내졌다. 이 전문은 그날 오후 6시 라이트너 대리대사와 밴플리트 장군이 이승만을 만나 회의한 결과로 5쪽에 달한다(라이트너가 국무부에게, 1952년 5월 27일 자정 부산, *FRUS 1952~1954*: 252~256쪽). 이 회의에서 밴플리트 장군은 비상계엄이 그와 총참모장이 모르는 사이 선포되었으며, 군의 개입이 불필요하다고 지적했다. 라이트너 대리대사도 비상계엄 아

---

[9] 무초 대사는 5월 30일 그의 모교 브라운대학에서 수여하는 명예 법학박사 학위를 받는 식전에서 3,000자에 이르는 연설을 하면서 미국의 한국전쟁 참전을 옹호했다. 이상하게도 그는 이 연설에서 북한 공산군이 자유 한국을 침략했다고 규탄하면서도 이승만에 관해서는 한마디도 하지 않았다. 미국을 대표한 주한 대사가 반공 지도자로 알려진 주재국 대통령 이승만에 관해서 주요한 공식 기념 연설에서 한마디도 하지 않은 것은 이례적인 일이다. 이것은 이승만에 대한 그의 적대감을 보인 것이지만 그 이상으로 트루먼 행정부 안에서 이승만이 지도자로서 적합한지에 대한 재평가가 이뤄지고 있었다는 반증이다(Keefer, 1991: 146쪽).

래서의 국회의원 체포가 가져올 좀 더 광범한 정치적 악영향에 관해 이승만을 힐난하듯 추궁했다.

밴플리트 장군의 지적에 대해 이승만 대통령은 총참모장 이종찬에게 전화로 알렸으며 그는 국방장관이 명령을 내리는 데 합의했다고 답변했다. 그러면서 이승만은 밴플리트가 바란다면 계엄을 해제할 것이라고 말했다. 그러나 이승만은 느닷없이 이종찬 총참모장이 대통령을 겨냥한 음모에 관련되었다는 말을 들었다고 하면서 총참모장직에서 해임될 것이라고 말했다. 이승만의 역습이었다. 밴플리트는 믿을 수 없다고 하면서 이종찬은 국가와 이승만 대통령에 충성을 다 바쳐온 유능한 군인이라며 "군이 내정에 초연해야 한다는 것은 거의 그의 집념"이라고 말했다. 결국 이 회의는 밴플리트가 비상계엄을 인정하는 대신 이종찬의 총참모장 해임은 유보되는 식으로 타결되고 말았다. 이는 노회한 정치인 이승만의 작전에 군인 밴플리트가 넘어간 꼴이었다.

그 자리에서 라이트너 대리대사가 이승만 대통령과 격렬하게 나눈 대화는 그 이후 그가 벌인 행동의 지침이 되기에 그것을 자세히 인용해보자. 라이트너는 국회와 국회의원들을 체포한 경찰 행동이 가져올 파문에 관해 따지자 이승만이 다음과 같이 말했다고 적고 있다.

이승만은 그의 적들이 현재 문제되고 있는 이슈에 관해 거짓말을 퍼뜨리고 있다고 말했다. 사실 깡패 집단이 국회의 다수를 차지했고 그들 중 많은 자들이 한국의 적들과 반역적인 내통을 하여 뇌물을 받았으며, 반국민적인 민국당과 공모하여 정부를 접수하기로 했다는 것이다. 또한 그들이 이미 자신들의 깡패 대통령을 뽑을 계획을 짜놓고 미래 내각도 구성해놓았으며, 그들이 반역자들이라는 것을 의심의 여지없이 증명할 증거가 오랫동안 쌓여왔다고 했다. 지금까지 그는 그들에 대한 단속을 주저해왔는데, 그것은 극약 처방 없이 그들이 목적 달성에 실패하기를 바랐기 때문이라는 것이다. 그러나 그는 극약 처방을 내리면 그것이 자기가 대통령이 되기 위해 하는 짓이라는 비난을 받지만, 그것이 한국과 민주주의의 원칙을 구하는 것이기에 어쩔 수 없다는 것을 깨달았다고 했다. 그러나 그는 사실 그 극약 처방이 한국의 미래가 걸릴 만한 일은 아니라고 확언하면서, 국회의원들이 아닌 자신이야말로 민주주의의 옹호자라고 말했다(대리대사가 국무부에게, 1952년 5월 27일 부산, *FRUS 1952~1954* : 254쪽).

이승만은 이른바 '국제공산당 음모'를 장황하게 설명한 것이다. 라이트너는 이에 대해 대사관은 헌법 개헌과 기타 논쟁거리에 관해 국회가 옳고 그른지 관심을 갖고 있지 않다면서 두 가지 점을 지적했다. 그것은 국회에 대한 현재의 조치가 대내적으로 어떤 정당성을 가졌든 간에 대외적으로 가져올 인상은 두 가지 사실로 귀결되는데, 행정부가 민주적으로 선출된 국회를 열지 못하도록 했다는 것과 이승만의 정치적 반대자들이 체포되었다는 것, 요컨대 극단적인 경찰 행동으로 말미암아 한국의 국회가 제 임무를 수행할 수 없게 되었다는 것이다. 라이트너는 미국을 비롯해 전 세계 민주주의 국가들은 이런 한국의 모습밖에는 보지 못할 것이라고 강조했다. 그는 이러한 경찰 행위가 한국을 위한 군사 및 경제 원조에 미칠 파장을 생각하면 놀라울 뿐이라고 이승만을 압박했다. 또한 이러한 파장은 아시아 공산주의 국가에도 미칠 것이라고 덧붙이면서, 이에 대해 이승만이 보인 반응을 다음과 같이 전한다.

대통령은 흥분하기 시작했다. 그는 이미 말한 몇 가지 사항을 되풀이하면서 국회를 깡패들이 통제하고 살인을 합법화하는 법률을 통과시킨 집단에 빗댔다. 그는 그런 상황에서 국민들이 무엇을 해야 하느냐고 반문했다. …… 그는 만일 세계의 모든 나라들이 잘못된 정보를 듣고 그를 비판한다 해도 그것에 아랑곳하지 않을 것이라고 말했다. 왜냐하면 그가 옳다는 것을 알기 때문이라는 것이다. 그는 외부 압력에도 불구하고 자신의 정당한 목적을 위해 나아갈 것이며 두 달의 시간이 주어지면 사태는 잘 해결될 것이다, 질서는 회복되고 아무도 걱정할 이유가 없게 될 것이라고 말했다.

나는 이때 두 달 뒤에는 민주 정부가 들어서게 되느냐고 물었다. 그는 침을 튀기면서 무슨 뜻이냐고 물었다. 나는 그 민주 정부에 간섭 없이 임무를 수행할 수 있는 정당하게 선출된 의회가 포함되느냐고 물었다. 대통령은 상당히 격렬하게 물론 그러한 의회가 생길 것이며, 두 달 동안 국회의 주요 반역자들은 체포되고 자리를 비우게 될 것이며(물론 그들은 국민에게 공개된 공정한 재판을 받을 것이다), 그들의 자리는 민주적 보궐선거를 통해 국민을 진정으로 대표하는 사람들로 채워질 것이라고 말했다(같은 책: 같은 쪽).

이승만과의 회견을 끝내고 라이트너는 이승만의 생각을 네 가지로 정리했다. 즉 이승만은 무슨 수단을 써서라도 '정적'을 제거하고 권력을 차지할 결심을 굳혔다는 점, 이전에는 세계 여론에 민감했으나 이제는 해외의 비판을 감수하려 한다는 점, 미국과 유엔이 그의 행동을 돌려놓을 정도로 강경하게 개입하지 않으리라고 믿고 있다는 점, 그리고 UNCURK, 밴플리트 장군, 대사관의 비공식적인 항의가 비효과적이라는 점이다. 따라서 그는 '더욱 강경한 행동'이 요청된다고 결론을 지었다. 라이트너가 이승만을 평가한 말 가운데 그가 미국과 유엔이 강경하게 개입하지 않을 것이라고 본다는 점은 적중했다. 뒤에서 보듯 6월 2일 유엔사령관 클라크 장군이 부산에 와서 이승만에게 군사적 개입이 없을 것임을 확언했기 때문이다.

라이트너가 주문한 더욱 강경한 행동이란 무엇인가? 라이트너는 워싱턴에 보낸 5월 28일자 전문(1171호)에서 이를 밝히고 있다. 그는 "만일 전통적인 불간섭 정책 노선에 따른다면 우리의 행동은 기록상 외교적 항의만으로 제한될 것"이라며, 우리가 한국 헌법과 유엔의 후원 아래 설립된 민주 정부를 전면적으로 지지하기로 결정한다면, 일련의 더욱 강력한 조치가 속히 필요하다고 역설한다. 다시 말해 이승만에게 보내는 최후통첩으로 다음의 조치를 요구하고 경고해야 한다는 것이다.

(1) 서민호 의원을 제외한 국회의원들을 즉시 석방할 것, (2) 국회 회의가 열리도록 완전히 보호할 것, (3) 앞으로 경찰 체포와 폭도들의 폭력으로부터 국회의원과 가족들의 안전을 보장할 것, 마지막으로 (4) 만일 이승만 정부가 24시간 안에 행동을 취하지 않을 경우, 유엔군이 필요한 보호조치(국회의원들을 안전한 곳으로 이동시킬 수 있음)를 취할 것이라고 경고한다 (주한 대리대사가 국무부에, 1952년 5월 28일 부산, *FRUS 1952~1954*: 264쪽).

라이트너는 한국이 유엔군과 유엔 기구들이 안보, 정치, 경제를 지원하고 있는 특별한 위치에 있다는 점을 주목해야 한다면서 "만일 이 나라에서 민주 절차가 유린되는 것이 묵인된다면 우리는 세계와 극동의 새 나라들에게 우리가 천명하는 정치 제도와 이데올로기를 지지하려 하지 않는다는 인상을 주게 될 것"이라고 덧붙인다.

라이트너가 일종의 최후통첩을 요청하자 국무부 동북아국은 이승만을 방관해서는 안 된다고 하는 상황 인식을 공감하게 된다. 이종원(李鐘元, 1994)의 연구에 의하면 동북아국의 영(Kenneth T. Young) 국장은 (1) 헌정의 원칙과 국회에 대한 미국의 지지 방침을 명백히 할 것, (2) 장면, 신익희 등 국회 지도자들과 계속 만나 "민주적 절차의 유지에 대한 미국 정부의 지지를 확신시킬 것" 등을 골자로 하는 라이트너에게 보내는 전문의 초안을 기초했다고 한다(18쪽).[10]

그러나 최종적으로 동북아국이 내린 훈령은 그의 뜻대로 되지 않았다. 5월 29일 국무부가 라이트너에게 내린 훈령에 의하면, 이승만 대통령과 야당 국회가 합리적 타협을 모색하기 위해 모든 외교적 압력을 행사해야 한다는 것이다. 이 훈령의 입장에 의하면 한국의 정치 위기는 정쟁의 관점에서 대통령과 국회가 벌이는 '격렬한 정파적 갈등'이라는 것이다. 따라서 이 갈등에 대해 이승만과 야당 의원들은 어떤 '합리적인 타협 수단'을 찾아야 하는데, 이를 위해 무초 대사가 곧 한국에 귀임할 것이며, 그 전에 클라크 유엔사령관을 부산에 보내 이승만을 설득한다는 것이다. 워싱턴의 훈령은 강경한 조치보다는 외교적 압력을 통한 타결을 희망한다는 데 강조점이 있었다. 따라서 라이트너는 이승만과 야당의 화해를 위해 모든 외교적 노력을 경주하라는 훈령을 내렸다. 이에 대한 가장 심각한 걸림돌은 '밴플리트의 애매한 행동'으로 미국 정부의 대응이 정책 목적에 어긋나게 되어 오히려 이승만의 완강한 저항을 유발시킨 것이라고 했다

---

10 국무부 동북아국장 영이 기초한 이 전문은 부산 미 대사관에 직접 전달되지는 않았던 것으로 보인다. 이 초안이 동북아시아과 내부 파일인 Lot File에만 있고 대사관과 국무부 사이에 오간 전문 파일인 Decimal File에는 발견되지 않았다는 것이다(李鐘元, 1994: 28쪽, 주 4). 이로 미뤄볼 때, 이때 국무부 실무국은 라이트너와 같이 강경 대응에 공감했던 것으로 보인다.

(영이 애리슨에게, "한국 내정 상황에 관한 권고", 1952년 5월 29일, RG 59, Lot File 60D330, box 9; 李鐘元, 1994: 28쪽, 재인용).

국무부가 이승만 대통령과 야당 국회가 타협해야 한다는 타결 방향을 정한 것은 이승만을 대체할 인물이 마땅치 않다는 점이 크게 작용했다고 한다. 그러나 국무부가 내세운 명분은 '한국의 내정 불화(Korean disunity)'가 한국에 가져올 불이익이었다. 한국의 내정 불화는 한국에 대한 국제적인 신임을 해칠 것이며, 한국의 장단기 이익에 역행할 것이라고 주장하면서 UNCURK, 클라크, 밴플리트로 하여금 "가능한 한 [대통령에게] 항의의 책임을 많이 지도록 하여" 한국 내정의 필수적인 단결을 도모해야 한다고 했다. 만일 정치 위기가 계속된다면 이승만이나 야당 국회는 다음과 같은 불리한 결과에 대한 책임을 져야 한다고 경고를 보내는 방식이었다.

1. 한국 안의 내정 불화는 공산군이 호기로 이용하여 새로운 대공세를 취할 위험을 커지게 한다.
2. 현재 참전국들로부터 한국 작전에 추가 파병을 획득하려는 노력에 해로운 역효과를 가져온다.
3. UNKRA의 추가 경제 지원과 UNKRA 및 UNCACK의 유능한 인력을 확보하기가 더욱 어려워진다.
4. 마이어 경제사절단의 한국 경제 상황에 대한 평가가 이뤄지는 바로 그 시점에서 한국 정부가 실질적인 달러 지불을 보장할 수 있을 만큼 충분히 안정적인지 의심이 커지고 있다.
5. 한국군을 위한 추가 군사 원조를 확보하기 위한 미국 정부 안에서의 심도 있는 고려가 점점 어려워지고 있다(국무부 장관대리가 주한 대사관

에게, 1952년 5월 29일, *FRUS 1952~1954* : 265쪽).

정치 위기가 계속된다면 위와 같은 불리한 결과가 나올 것이라는 경고는 논리적으로 말하면 이승만 정부나 국회 모두에게 엄청난 부담일 것이다. 특히 전쟁을 치르는 상황에서 국가를 운영할 책임을 지고 있는 이승만 정부에게는 더할 나위 없는 압력이라고 워싱턴은 합리적으로 생각했을 것이다. 이는 적어도 국무부의 입장에서는 외교적 압력을 넘어서는 경제적·군사적 원조의 중단을 시사한 것이기 때문이다. 말을 바꾸면 외교적 압력과 군사적 개입 사이 중간 단계의 행동을 취할 수 있다는 신호인 셈이다.

그러나 당시 이승만 대통령에게는 그러한 외교적 경고가 먹혀들어가지 않았다. 아마도 이승만은 그것을 단순한 수사학적 공갈로 생각했거나 이미 라이트너가 평가를 내리듯 미국이 강경한 군사 개입은 하지 않을 것으로 믿고 두려워할 일은 아니라고 생각했을지도 모른다. 실제로 이 전문은 '조기에 비상계엄을 해제하면 한국 밖에서 유리한 반응'을 얻을 것이라고 이승만을 달래고 있으나 재집권욕에 사로잡힌 이승만에게는 귀에 들릴 리가 없었다. 적어도 라이트너는 이러한 점잖은 압력이 이승만에게 먹혀들지 않으리라는 것을 알고 있었다.

라이트너 대리대사는 워싱턴의 훈령을 받고 그의 입장을 다시 강한 어조로 되풀이한다. 그는 5월 29일(한국 시간) 보낸 답전에서 워싱턴의 훈령이 현실적이 아니라고 단정하면서, 훈령이 강조하는 "한국 내정의 필수적인 단결과 이승만과 야당의 화해는 합리적으로 들리지만 그것은 실질적인 문제를 외면하고 있다"고 반박한다. 그는 "[이승만과 야당 간의] '첨예한 대립(sharpness of cleavage)'을 고려하지 않았다"고 지적하면서,

"이 대립은 죽기 살기의 싸움이다. 즉 이승만이 이기느냐 또는 지느냐"라고 규정한다. 라이트너는 결론적으로 이전에 보낸 대사관 전문 1171호에서 권고한 강경한 조치를 상기시키면서, 몇 주가 지나면 "소 잃고 외양간 고치는 격이 될 것이다(horse will be stolen and too late lock barn door: 말 잃고 뒤늦게 외양간 문 잠그기)"라고 경고한다.

클라크 장군이 걸림돌

라이트너는 또한 클라크 장군이 이승만을 만나 군사적 위험을 경고하는 것을 환영한다면서도 달갑지 않은 속내를 보인다. 그는 이렇게 쓴다. "이승만은 물론 완전히 [군사적 위험에 대해] 공감할 것이며 몇 주가 지나면 [경찰국가의] 침묵이 회복될 것이라고 말할 것이다." 그는 클라크 장군의 임무에 관해 비관적인 전망을 하면서 사태의 긴박성을 다음과 같이 전한다.

이 점에서 내가 걱정하는 것은 군의 주요한 관심이 후방 지역의 안보와 법 질서 유지에 있다는 점에서 그것이 이승만식(페론식)[아르헨티나의 독재자 후안 도밍고 페론을 말함]의 법과 질서, 즉 입헌 정부와 법치의 쇠퇴를 가져오는 법과 질서를 마음 내키지 않지만 받아들이게 된다는 점이다. 이승만의 최근 행동은 이전의 친근한 지지자였던 많은 사람들을 소외시키고 있으며, 대중은 무관심하지만 책임 있는 계층은 그에 대해 점차 적대적이 되어간다.

이승만은 지금 우리 정부를 깔보고 있다. 그는 시간을 즐기고 있고 많은 것을 요구하지 않는다. 그는 공식 방문자들을 몇 명이고 거리낌 없이 만나며 그들의 의견도 듣고, 유명한 레코드판도 돌리면서 '더러운 일'을 계속한다. 내가 강조하는 점은 사태는 분명하다는 것이다. 미국 정부는 무엇이 일어날지 몰랐다는 핑계로 후퇴할 수 없으며 이런 사태가 흘러가도록 놔두든지 아니면 그것을 막을 필요한 조치를 취하든지 지금(다시 말하지만 '지금') 결정해야 한다(주한 대리대사가 국무부에게, 1952년 5월 30일 부산, *FRUS 1952~1954*: 268~269쪽).

부산 현지의 외교 대표로부터 다시 긴박한 전문을 받은 국무부는 강경 조치의 필요성을 재차 생각하게 된다. 국무장관 대리는 라이트너에게 다시 훈령(894호)을 보내 "당신의 군사적 힘을 동원하자는 입장을 인정한다"고 전제하면서, 이 단계에서 정쟁 불화를 완화하기 위해 UNCURK와 대사관 가용수단을 통해 모든 노력을 다 하는 것이 필수적이라고, 다시 말하면 "전문 1171호의 노선에 따라 더욱 적극적인 조치가 내려지기 전에 타협안을 찾기 위해 가능한 모든 것을 시도하는 것이 필수적이다", "우리가 계엄령[유엔의 계엄령]을 정치적 목적으로 선포하는 것은 중대성을 내포하기 때문에 그런 강경조치에 이르지 않는 모든 노력을 사전에 다 소진해 보자는 것"이라고 해명한다. 이 훈령은 더 나아가 "당신이 1171호에서 권고한 사항을 채택하는 데 도움을 얻기 위해 밴플리트 및 플림솔과 비밀리에 만나 다음 사항에 관한 해답을 가장 빠른 시간 안에 보내라"고 지시한다.

1. UNCURK와 밴플리트는 유엔사령부가 한국 경찰권 행사를 접수한다든가 유엔군의 부산 지역 계엄령 선포를 바람직하다고 생각하는가?
2. 만일 사태가 지속된다면 UNCURK가 유엔 사무총장에게 그런 조치가 바람직하다는 권고를 할 용의가 있는가? 일단 결정이 된다면 우리는 주요 우방국가와 UNCURK 참여 정부에 적절한 설명을 하여 그런 조치를

취하기 위한 토대를 구축하려고 한다.
3. 한국이 유엔군 사령부에 대해 내부 소요를 일으킬 위험은 없는가? 이승만, 추종자들, 그리고 한국군은 어떤 반응을 보일까? 계엄령이 해제되거나 유엔군이 접수한다면 이승만이 국회를 계속 무시하고, 시위와 폭도의 난동을 사주하거나, 목적을 달성하기 위해 어떤 수단을 동원하여 비상행동을 취할 가능성은?
4. 특히 헌법 개정과 대통령 선거와 관련해 한국 내의 정치적 결과는 어떻게 귀결될 것인가? 실행 가능하다면 국회가 새 대통령을 선출할 가능성, 그리고 새 대통령을 선출했음에도 불구하고 이승만이 경찰과 군을 통제하여 긴급 권한을 쥐고 대통령으로 행세할 가능성은?
5. 만일 유엔의 계엄 선포가 가능하고 바람직하다면, 가장 좋은 선포 절차와 그 실행 범위와 방법에 관해 의견을 말해달라(국무부 장관대리가 주한 대사관에게, 1952년 5월 30일, *FRUS 1952~1954*: 269~270쪽).

국무부의 훈령은 '이런 성격의 간섭 결정이 아직 내려진 바 없음'을 경고하고 있지만 라이트너가 건의한 강경조치가 이 시점에 이르러 국무부에서 심각하게 고려되고 있음을 보여준다. 그러나 라이트너 대리대사는 클라크 장군이 이승만 대통령을 만나 군사적 위험을 강조함으로써 정치위기를 타결한다는 방안에 불안을 감추지 못한다. 그는 5월 31일자 전문을 다시 쓰면서 국무부에 6월 2일 클라크 장군이 부산에 와서 자신 및 UNCURK와 협의한 뒤 밴플리트 장군을 만난다고 알리고 클라크 장군을 견제하기 위한 훈령을 요청한다. 그는 6월 2일 오전까지 다음과 같은 훈령을 내려주면 감사하겠다고 전한다.

유엔군 사령부가 걱정하는 이유를 강력하게 제시한 뒤 두 장군이 이승만을 만날 때 UNCURK 성명의 **두 가지 요점**[비상계엄의 해제와 국회의원들의 **석방을 이행하기 위해 즉각적인 조치를 요구할 수 있도록 '허락해야' 한다**(강조는 지은이). 또한 그들은 요구가 곧 이행되지 않을 경우 무엇이 일어나는지에 대해 어떤 답을 해야 하는지 훈령을 받아야 한다. 이는 이승만이 혼자 책임을 지는 중대한 결과를 초래하는 문제일 수 있다(주한 대리대사가 국무부에게, 1952년 5월 31일 부산, *FRUS 1952~1954* : 277쪽).

라이트너는 이런 제안을 하는 것이 "선수가 신호총을 쏘기 전 출발선을 떠나는 반칙"인지 모르지만 걸려 있는 이슈들을 문제가 되기 전에 예방하고 시간을 아끼는 것이 핵심적인 요소라는 나의 심정을 국무부가 이해하길 바란다고 호소한다. 이런 요구는 정상적으로는 외교 대표가 해야 하지만 두 장군이 이승만 대통령이 존경하는 명성을 가졌기에 그들이 하는 편이 효과적이라 생각한다고 덧붙였다.

이에 대해 국무부는 라이트너의 제안을 거부하면서 묵시적인 위협을 지속해야 한다고 강조한다. 그러나 국무부는 만일 클라크가 이승만을 만난 뒤에도 "여전히 고집을 굽히지 않는다면 자신의 전문 1216호에서 제안한 조치 가운데 1차적 단계로서 국회를 위한 안전지역 확보와 보호조치를 취하기 위해 필요한 구체적인 사항을 건의하라"고 훈령을 내린다. 또한 "어떤 조치든 한국 국회가 UNCURK에 요청하고 다시 UNCURK가 연합군 사령부, 즉 미국 정부에 요청하는 절차를 밟는 것이 중요하다"고 하면서 "당신과 클라크의 권고를 받는 즉시 미국 정부가 결정을 내리도록 조속한 조치를 취할 것"이라고 전한다(국무장관이 주한대사관에게, 1952년 6월 1일, 워싱턴, *FRUS 1952~1954* : 278쪽).

또한 미국 정부는 주요 당사국 정부와 즉시 협의할 것이라고 하면서 주요 당사국들이 한국 국회와 UNCURK가 요청하기 전 결정을 내리는 것이 중요하다고 강조한다. 국무부는 또한 UNCURK가 그러한 계획을 실행으로 옮기기 위해 필요한 조치를 취하도록 라이트너의 노력을 당부한다. 마지막으로 국무부는 라이트너가 국회 지도자들을 만나 적절한 방법으로 미국 정부의 취지를 설명하여 협력을 얻도록 훈령을 내렸다.

강경조치의 조짐

국무부의 훈령은 라이트너 대리대사가 건의한 강경조치가 이제 현실화될 것 같은 인상을 갖기에 충분한 어휘를 담고 있었다. 국회 지도자들을 만나라는 훈령은 야당 지도자가 UNCURK에 헌정 회복을 요청하게 하라는 말이다. 이는 이승만 반대 공작을 하라는 훈령인 셈이다. 라이트너는 5월 30일(미국 시간)자 국무부 훈령(894호)을 5월 31일(한국 시간) 늦은 밤 받고 다음날인 6월 1일 아마도 가장 바쁜 날을 보냈을 것이다. 그는 플림솔 UNCURK 의장(6월 의장)과 밴플리트 8군 사령관의 부산 대표인 헤렌 소장을 만나 유엔사의 계엄령 선포 문제를 협의했다. 또한 야당 국회의원들과 몇몇 지인을 만나 교섭을 하고 협의를 했을 것이다. 그는 협의한 결과와 의견을 담아 6월 1일 당일 밤 11시와 자정 두 차례에 걸쳐 전문을 보냈다.

6월 1일 밤 11시 전문

1. 원칙적으로 클라크 장군이 의견을 표명[도쿄의 클라크 유엔사령관이 5월 31일 합참에 보낸 전문으로 뒤에 설명할 것이다]한 대로 유엔의 계엄령은 한국의 내정 상황이 전투 작전에 악영향을 끼칠 때까지 또는 사회·경제

적 상황에 끼친 악영향이 다시 전투 작전에 악영향을 끼칠 때까지 선포되지 않는다는 데 동의를 표한다. 그러나 나년[라이트네] 이 조건이 하나 또는 둘이 존재하느냐에 대해서는 해석의 여지가 넓다고 본다. 이러한 중대한 고려와 관계 당사국 정부의 동의를 얻는 것이 '위험한 시간 지체'를 끼치지 않기를 바란다.

2. 플림솔(UNCURK 6월 의장, 호주 대표)은 미국 정부가 군사작전이 악영향을 미친다고 생각할 정도로 사태가 악화된다면 위원단(UNCURK)은 유엔군 사령부의 계엄 선포를 권고할 것이다.

3. 한국 계층에 끼치는 계엄령의 효과에 관해 우리 생각으로는 이승만은 억제를 받지 않는다면 전국적 조직을 통해 내부 소요를 일으킬 능력이 있다. 계엄령이 선포됐다고 해서 국회를 무시하는 그의 행위가 종식된다고 믿을 만한 이유가 없다. 그러나 유엔사령부가 계엄을 선포하면 그의 행위는 주로 허용된 범위에 한정될 것이다.

4. 유엔 계엄의 정치적 결과에 관하여 우리[주한 미 대사관] 생각으로는 새 대통령이 정권을 접수하는 순간 국민은 그를 받아들일 것이다. 교육 받은 층은 변화를 환영할 것이며, 수동적 대중은 말썽 없이 상황을 받아들일 것이다. 유엔사령부나 유엔사의 계엄령으로부터 최고 수준의 압력이 없을 경우, 이승만이 새 대통령 선출을 무효라고 우기면서 계속 대통령직에 남으려 할 가능성이 있다고 보인다. 현재의 공갈과 협박 아래 국회는 하루하루 기능이 축소될 가능성이 있다.

5. 계엄령을 선포하는 절차, 범위, 방법에 관해 한국과 전 세계에 걸쳐 그런 행동의 이유와 목적을 선언하고 이를 최대한 홍보해야 한다. 여기에 천명한 목적에는 계엄령을 헌정의 회복을 위해 필요한 기간 동안 부산에 제한해 선포했다는 사실이 포함되어야 한다. ……

이승만을 연금하라

즉각적으로 시행될 업무는 다음 사항을 포함한다.

(1) 이승만과 국무회의 전면적인 협조를 요구하고 수락을 보장받기 위해 필요한 감시를 시행할 것. 만일 거부하는 경우 대통령을 '보호연금 (protective custody)'.
(2) 한국 경찰권과 부산의 군 시설을 접수.
(3) 국회의원과 가족을 보호하고 국회가 열리도록 자유를 보장하며, 구속되거나 체포된 사람을 석방함.
(4) 정보 매체에 지령을 발함.
(5) 현지 당국에 대한 적절한 통보를 포함해 이런 조치를 취한 이유에 관해 최대한 홍보를 함(주한 대리대사가 국무부에, 1952년 6월 1일, 부산, *FRUS 1952~1954*: 279쪽).

6월 1일 자정 전문

유엔의 계엄령을 대신할 수 있는 다른 대안(대사관 전문 1216호]. 그것은 내가 이전 메시지에서 밝힌 조치로서 유엔사령부의 간섭도 아니고 정상적인 외교적 접근 방법도 아닌 조치다. 이 조치는 돌이킬 수 없는 행동을 개시하기 전 결정과 승인 절차를 밟는 동안 취할 수 있다고 생각한다.

(1) 5월 31일 대사관 전문 1216호가 언급한 노선에 따른 경제 원조 중단 발표(단 구호 원조는 제외).
(2) 부산항으로 해군 함정 이동.
(3) 부산 근역으로 유엔군 부대 이동.
(4) 요구[계엄령 해제와 국회의원 석방를 함.
(5) 유엔사령부 계엄이 상정한 똑같은 방식으로 한국군과 해군 부대가 행동

하도록 가능성을 탐색함(*FRUS 1952~1954*: 280~280쪽).

위의 6월 1일 밤 11시 전문은 군사적 개입을 위해 구체적으로 필요한 사항과 절차에 관한 것이며, 12시 자정 전문은 군사적 개입에 이르지 않는 경제 원조 중단 등을 시행하기 위한 조치들에 관한 것이다. 두 방안은 모두 라이트너 대리대사가 이전에 보낸 전문에서 요청한 것이다. 그는 6월 1일 아침부터 숨 쉴 틈 없이 서둘러 여러 사람을 혼신을 다해 만난 듯하다. UNCURK 플림솔 대표를 비롯해 밴플리트를 대리한 헤렌 소장, 그리고 야당 중진 의원들을 만나 협의를 거듭한 끝에 그는 밤 11시에 전문을 띄울 수 있었던 것 같다. 전문을 띄운 1시간 뒤 12시 자정에 다시 전문을 띄우는 열성을 보였는데, 그것은 강경조치의 대안으로 경제 원조 중단을 포함한 중간 단계의 대안 조치 또는 강경조치 시행에 따른 중간 조치에 관한 것이다. 이는 그가 한국의 의회주의를 살리고자 얼마나 열정적으로 뛰었는지를 엿볼 수 있게 하는 대목이다.

강경 대응으로 선회하다

한편 라이트너의 전문을 받은 국무부 고위 실무자들은 강경조치가 필요하다는 논지로 입장을 정리했다. 국무부 극동문제 담당 부차관보 존슨(U. Alexis Johnson)은 6월 2일자(미국 시간)로 국무장관에게 보낸 장문의 비망록에서 한국 내정에 직접 간섭해야 함을 역설하면서 개입 이슈를 설명한다. 그는 당장 처리할 당면 문제로 국회의원들의 석방, 국회에 대한 위협과 강압의 종식, 국회 기능의 재개, 부산 지역 계엄령 해제를 들면서 '이승만과 그 패거리'에 대한 공식적인 압력이 효과가 없다면 미국 정부와 이해 당사국 정부는 "대의제 정부의 몰락과 개인적 독재의 발흥"을 허용할 것인지 여부에 대해 '중대한 결정'을 내려야 한다고 권고했다. 그가 말한 중대한 결정이란 무엇인가?

(a) 미국 정부가 UN 기구 및 당사국 정부와 협의하여 한국의 정치 안정을 회복하기 위해 계엄령에 이르지 않는 모든 조치를 취할 것인가의 여부. 이들 조치에는 5월 30일 미국의 각서[비상계엄의 즉각 해제와 5월 8일 UNCURK 성명의 지지] 공개 발표, 관계 정부의 외교적 항의, 추가 경제 원조의 유보, 이승만의 거부 행위에 대해 최대한 홍보, 국회를 위한 안전 지역과 성원을 유엔이 후원하고 유엔사가 제공, 안정을 회복하기 위해 충성을 지키는 한국군과 협조하여 유엔군의 군사력 과시, 이승만과 그 추종자들이 국회의원들을 대체하기 위해 또는 새로운 정부를 창설하기 위해 실행할 수 있는 모든 선거에 대한 인정 거부를 포함한다.

(b) 위의 조치가 바람직한 결과를 가져오지 못하거나 추가 조치를 필요로 할 경우 미국 정부는 한국 경찰을 접수하고 유엔군을 통해 계엄령을 선포하며, 국회와 함께 이승만 대통령의 안전을 확보하며, 국회가 새로 선출하는 대통령을 지지함으로써 정치적 안정을 회복하기 위해 전면적으로 간섭해야 하는지의 여부(국무부 극동문제 담당 부차관보가 국무장관에게, 1952년 6월 2일, 워싱턴, *FRUS 1952~1954*: 284~285쪽).

이는 부산에서 라이트너가 건의한 두 가지 강온 조치를 그대로 따른 것이다.

결론적으로 존슨 부차관보는 "중대한 단일 문제는 국회와 헌법의 정체성을 보장하는 것"이라고 단언한다. 만일 이것이 되지 않으면 사태의 진행은 미국과 유엔의 이익을 심각하게 훼손할 것인데, 그 까닭은 유엔의 전 임무가 내부 분열로 중대한 위험에 처하며 한국을 위한 전 세계적인 지원도 끊길 것이기 때문이다.

그러나 국무부 동북아국을 중심으로 마련된 이 중대한 결정을 둘러싸고 군부는 군사적 개입을 강경하게 반대하고 나섰다. 클라크 장군은 5월 31일 합동참모회의에 장문의 보고서를 보내 반대를 표명했다. 이는 그가 6월 2일로 예정된 이승만 대통령과의 면담에 앞서 입장을 천명한 것이다. 이에 관해서는 다음 절에서 다룰 것이다. 결국 6월 4일 국무부와 합동참모회의 공동회의에서 군사 개입안은 제쳐놓게 되었다. 애치슨 국무장관 주재로 열린 이 회의에는 귀임을 앞두고 있던 무초 대사도 참석했다. 이 회의에서는 유엔군이 개입하여 이승만을 배제한다는 행동안은 최종적으로 거부되고 사실상 이승만 대통령을 유지하는 쪽으로 가닥을 잡았다. 미국은 군사 개입이 아닌 정치 외교적 수단을 통해 대처한다는 방침을 결정한 것이다. 주된 이유는 이승만을 대신할 유효한 대안이 없다는 것이었다.

하늘이 준 기회

국무부 동북아국이 마련한 위의 비망록을 볼 때 라이트너가 혼신의 힘을 기울여온 이승만 반대 캠페인이 적어도 국무부 실무진의 전폭적인 지지를 받은 셈이었다. 게다가 라이트너는 이승만을 거세할 의외의 기회를 만난다. 그는 한국군의 최고 지도층으로부터 이승만을 제거하겠다는 쿠데타 제안을 받은 것이다. 이 은밀한 제안은 바로 한국군 총참모장 이종찬 장군으로부터 나왔다. 라이트너는 흥분을 감추지 못하고 이것을 '하늘이 준 기회'라며 워싱턴에 이를 받아들일 것을 긴급히 요청했다. 그는 당시 상황을 다음과 같이 회고했다.

라이트너: 분명히 기억합니다만, 어느 날 밤 늦게 지프차 한 대가 내가 살고 있는 대사관 관저 문 앞까지 와서 멈추더니 한국군 총참모장이 나오는 거예요. 그는 다른 군 총장도 대변한다고 했습니다. 그는 군은 전쟁을 치러야 하지만 더 이상 앉아서 집안이 무너지는 것을 볼 수 없다는 것입니다. 그가 믿기로는 지금 행동을 취할 때가 왔다는 것입니다. 그는 말하기를 소수의 병사와 해병 몇 명을 동원하면 대통령, 내무장관, 계엄군 사령관을 연금할 수 있다고 했습니다. 피를 흘릴 필요가 없다는 것이에요. 그들은 지금 감옥에 갇힌 40~50여 명의 국회의원들을 풀고, 그들과 숨어 있는 의원들을 나오라고 하여 선거를 실시하려고 한다는 것입니다. 그는 군이 정부를 접수하기를 바라지 않는다고 확언하면서 새 대통령이 취임하면 일주일 뒤에 철수한다고 했습니다. 그리고 말하기를 그가 총참모장으로 있는 한국군은 유엔군 휘하에 있는 이상 행동하기 전 미국 정부의 승인이 필요하다고 했습니다. 그가 필요한 전부는 미국 정부는 모른 체하겠다고 내가 한마디만 해달라는 것이었습니다. 즉 미국의 개입이 필요치 않다는 것이에요. 그런데 이 이야기는 발표된 것을 본 적이 없는데요. 나는 워싱턴에 전문을 보내 받아들이라고 요청했고, 유엔 위원단에도 전했습니다. 그들은 하늘이 준 기회라고 생각했습니다.

매켄지: 부산의 유엔위원단 말이지요?

라이트너: 네.

매켄지: 당신은 그들과 이 문제를 충분히 협의했나요?

라이트너: 나는 호주 대표인 짐 플림솔에게 말했고, 그가 다른 몇 사람들에게 말했을 거예요. 플림솔은 지금 워싱턴 주재 호주 대사이며 그 전에는 호주 외상이었어요. 나는 위기 동안 위원단과 긴밀한 접촉을 유지하고 있었지요. 유엔이 아주 깊게 [한국에] 개입하고 있었기 때문에 그들의 지지

가 중요한 것입니다. 우리 대사관 핵심 직원들, 특히 정치과 직원들도 이것이 대단한 기회라고 생각했습니다. 그래서 나는 이승만이 국회를 압박하여 강제로 그의 의도를 관철하려 하지만 우리는 한국 문제에 관여할 수 없는 상황인 점을 전문에 말하고는, 지금 이승만은 우리에게나 한국에나 도움이 되지 않는 인물인데, 그를 없앨 수 있는 하늘이 준 길이 열렸다고 했지요. 누가 다음 대통령이 될지 예측할 수 없었다는 것은 인정해요. 국회도 몰랐구요. 그러나 네다섯 후보는 논리적으로 말할 수 있었어요. 나는 이승만의 대타가 되는 후보에 관해 국회의원들과 논의한 적이 있었어요. 그래서 나는 그들 이름을 워싱턴에 전했지요("앨런 라이트너와의 구두 역사 회견", 리처드 매켄지, 1973년 10월 26일).

위 회견에서 총참모장이 쿠데타를 제안하면서 그가 필요한 모든 것이 "미국 정부는 모른 체하고만 있어달라, 미국이 개입하지 말아달라"는 것이라고 한 대목은 인상적이다. 그러나 미국 정부는 모른 체하지 않고 이에 간섭하여 이승만 독재를 승인한 것이다. 이는 전통적인 미국의 대한정책 패턴에서 나온 대응이었다.

당시 한국의 육군 총참모장(참모총장)은 이종찬이었다. 이종찬은 이 쿠데타 제안에 관한 기록을 남기지 않았지만, 이를 뒷받침하는 한국 측 문헌이 보인다.[11] 선우종원은 부산 정치파동의 진원지에 있던 사람이며

---

[11] 여기서 인용한 선우종원의 증언 이외에 조갑제(趙甲濟)의 글이 이승만 제거 쿠데타를 뒷받침하고 있다. 그에 의하면 5월 25일 계엄령으로부터 약 일주일 뒤인 5월 말 내지 6월 초 어느 날 심야에 육군본부에서 긴급참모회의가 열려 사실상 반이승만 쿠데타를 의미하는 2개 대대(또는 연대) 병력을 부산에 파견하는 안이 의제로 토의되었다는 것이다. 이종찬 총참모장 자신은 참석하지 않은 이 회의에서는 그러나 참모차장 등 측근이 (1) 총참모장이 군이 정치에 관여하는 것을 반대한다, (2) 미군이 지지할 것인지

1949~1950년 국회프락치사건 재판에 관여한 검사 중 한 사람이다. 그가 부산 정치파동 때 터진 국제공산당 음모 사건의 주모자로 몰린 것은 역사의 아이러니다. 그런데 그는 이종찬의 쿠데타 모의를 뒷받침하는 증언을 남겼다.

이렇게 부산 시내가 소란에 빠져 있던 5월 14일 밤, 돌연 지금은 고인이 된 육군본부 작전교육국장인 이용문(李龍文) 준장의 방문을 받았다. 그는 비밀을 지키기 위해 자기가 직접 운전을 하고 왔노라고 말하면서 손으로 '커버'가 씌워진 별판을 가리켰다. 그것은 3성 장군의 표지였다. 그것으로 이 준장은 자기의 내방 목적이 중대하다는 것을 말하는 듯싶었다. 이 준장이 차를 얻어 탈 수 있는 3성 장군이라면 육군 참모총장(당시는 총참모장이라고 불렀다)인 이종찬 중장밖에는 없다. 일부러 그 차를 타고 왔다는 것은 곧 이 중장의 특명을 받고 왔음을 무언중에 설명하는 것이었다(선우종원, 1965: 28쪽).

선우종원이 그때 이용문에게서 들은 이야기는 쿠데타를 일으키자는 것이었다. 그는 "실장(나)[장면 총리 비서실장]이 허락만 해준다면 장 박사를 추대하고 곧 혁명을 일으키겠다고 열을 띠었다"고 쓰고 있다.

라이트너가 이 쿠데타 제안을 받은 시점은 언제인가? 전후 사정과 문맥을 보면 5월 30~31일(한국 시간) 중 어느 날 밤이라고 보인다. 무초 대사는

명확하지 않다는 등의 이유로 파견하지 않기로 결정했다고 한다. 조갑제는 이 결정을 당시 이용문-박정희 라인이 주도했다고 보면서 그 배후에 밴플리트 장군이 작용한 결과라고 추측하고 있다. 당시 박정희는 이용문 장군 보좌관의 지위에 있었다. 조갑제, "이승만 대통령 제거 계획", ≪월간조선≫, 1984년 6월호, 266~270쪽.

5월 30일(미국 시간) 모교인 브라운대학에서 연설을 마치자마자 특별기를 타고 급히 워싱턴으로 돌아왔는데, 그 이유는 바로 이 쿠데타 제안을 두고 국무부에서 긴급회의가 열렸기 때문이다.[12] 또한 국무부 동북아국장 영이 '5월 31일 06:00시 현재(미국 시간)'라고 쓴 메모는 "48시간 안에 우리들이 취하지 않으면 안 될지도 모르는 행동"을 감안하여 미국 정부의 직접 행동에 대한 국방부의 동의를 '늦어도 일요일 정오'까지 받아야 하며, "그렇지 않으면 라이트너의 제안은 '무효(dead issue)'가 된다"고 밝히고 있다(李鐘元, 1994: 20~21쪽).

이런 급박한 상황에서 라이트너 대리대사는 한국군 총참모장으로부터 이승만을 제거하겠다는 쿠데타 제안을 받는가 하면 국무부로부터는 이승만에 대한 강경조치를 위한 훈령을 받은 것이다. 그러나 쿠데타 제안은 국무부 회의에서 받아들여지지 않았다. 또한 국무부가 준비한 강경한 조치는 다시 좌초되고 만다. 6월 4일 애치슨 장관이 주재한 국무부-합참 합동회의에서 이승만 대통령 유지를 전제로 이승만과 국회 간에 타협을 결정한 것이다.

한편 도쿄에서 날아온 클라크 장군은 라이트너가 제안한 강경 대응과는 정반대의 행보를 보인다. 즉 그는 이승만이 내정에 관해 어떤 조치를 취하든 군 작전에 영향을 주지 않는 한 유엔군의 군사 개입은 없을 것이라고 언질을 준 것이다. 당연히 쾌재를 부른 이승만은 그를 만난 뒤 오히려

---

[12] 키퍼는 쿠데타 제안 시점을 '5월 말'이라고 하면서 이에 관한 국무부 회의 기록은 없다고 했다. 라이트너는 이 제안을 민감성을 감안해 아마도 극비 통신을 이용해 암호로 전했다고 보인다. 따라서 회의 기록도 남기지 않았을 것이다(Keefer, 1991: 158쪽). 라이트너는 앞의 구두회견에서 "눈으로만(eyes only)" 또는 '최고 기밀(top secret)'로 전문을 보냈으며, CIA 채널을 이용했다고 회고했다("앨런 라이트너와의 구두 역사 회견", 리처드 매켄지, 1973년 10월 26일).

더욱 강경한 자세로 돌아섰다. 뒤에서 보듯 무초 대사는 6월 6일 귀임한 뒤 국회와의 타협을 종용했으나 이승만이 이를 들을 리가 없었다.

이승만은 클라크를 만난 다음날인 6월 3일 라이트너가 트루먼 대통령의 친서를 전했을 때 계엄령 해제는커녕 국무회의에서 국회 해산을 논하고 있었다. 상황은 이승만이 6월 2일 국회에 최후통첩을 보내 24시간 안에 직선제 개헌안을 통과시키지 않으면 국회를 해산하겠다고 협박하는 데까지 발전했다. 이승만은 무초 대사가 부산에 돌아오기 전에 트루먼의 친서에서 '돌이킬 수 없는 행위(no irrevocable acts)'를 하지 말라는 메시지를 보고서야 '당분간' 국회를 해산하지 않겠다고 동의했다고 한다. 라이트너가 '돌이킬 수 없는 행위'에는 국회의 '자의적인' 해산이 포함되어 있다고 구체적으로 설명해준 데 대한 이승만의 반응이었다(주한 대리대사가 국무부에, 1952년 6월 3일, 부산, *FRUS 1952~1954*: 290~292쪽).

대통령과 라이트너의 논전

라이트너는 트루먼 대통령이 시의에 맞게 메시지를 줌으로써 '아주 바람직한 효과'가 나온 것 같다고 하면서도 이승만이 물러서는 기색을 보이지 않았다고 보고한다. 이어 이승만 대통령과 라이트너 대리대사 간에 민주주의와 의회주의를 둘러싸고 격렬한 논쟁이 벌어졌다(같은 책: 같은 쪽). 당시 누구도, 야당이든 여당이든, 국무총리든 국회의장이든 대통령 앞에서 그와 맞서 논쟁을 벌이는 것은 희생을 각오하지 않는 한 엄두도 못 낼 상황이었다. 따라서 이 44세의 진보적 자유주의자와 77세의 노회한 대통령 간에 벌어진 논쟁은 그 자체가 드문 민주주의적 담론이었다. 두 사람은 프린스턴대학 동문으로 한 사람은 반공 투사를 자처하는 한국의 대통령이고 다른 사람은 진보적 '뉴딜리즘'을 신봉하는 주한 미 대사관 대표였다.

먼저 논쟁은 국회를 해산하지 말라는 트루먼 대통령의 메시지로부터 시작되었다. 이승만은 트루먼 대통령이 이곳 사정에 어두운 것 같다고 언급하면서 이곳의 모든 것은 완전히 합법적으로 행해지고 있다, 따라서 트루먼 대통령, 국무부, 무초 대사는 민주주의의 파괴자가 아니라 신봉자로서의 자신의 명성에 좀 더 신뢰를 가져야 한다고 주장했다. 그는 무초 대사가 한국 안의 '사악한 무리'들에 속아 대통령과 정부를 파괴하려고 하는 자들과 합세함으로써 한국인이 그에 대해 가진 애모의 정을 깨지 말기를 바란다고 말했다.

그는 지방으로부터 수천 명의 애국 시민이 국회를 규탄하는 국민 의지를 표명하기 위해 부산으로 오고 있어 어떤 일이 벌어질지 모른다면서 사태를 바로 잡고, 질서 있는 정부를 회복하고, 법과 질서를 보장하는 조치를 빨리 취해야 한다고 강조했다. 이승만은 관제 데모설을 의식한 듯 몇몇 사람은 대통령이 지방에서 오는 사람들에게 영향력을 갖고 있어서 시위를 막을 수 있다고 주장하고 있으나 그것은 전혀 사실과 다르다고 주장했다. 이승만은 이어 트루먼 대통령, 국무부, 외국 정부가 그를 오해했다면 할 수 없는 일이며, 그는 미국의 친구를 통해 미국 국민이 진상을 알게 할 것이라고 확언했다.

이승만은 UNCURK와 미국의 내정 간섭 문제에도 자기 주장을 폈다. "미국 정부는 내정에서 손을 떼야 하며 내정은 한국의 일인데 간섭한다면 이는 두 나라 간의 우정을 해치게 된다"고 경고했다. 한국 국민은 이미 UNCURK와 미 대사관의 간섭에 놀라 격분하고 있다고도 말했다. 이승만은 대사관이 자신보다도 공산 음모자들의 말을 믿는다면서 그들과 한패가 된 것 같다고 주장했다. 그러면서 그는 국회의 '도당배 두목들(ring leaders)'이 공산당에게서 돈을 받았다는 주장을 꺼내들고는 이들은 이미 새 대통령과 각료들을 뽑아놓았고 정부를 세워 북한 공산주의자들과 협상하여 한국 통일을 추진할 것이라고 주장했다. 그들은 국회의 다수를 차지하는 데 성공했는데, 이는 공산당이 돈으로 매수한 것이었다고 우기면서 대통령으로서 그것을 어떻게 용인할 수 있느냐고 반문했다. 즉 이승만은 내무부가 발표한 '국제공산당 음모'를 내세운 것이다.

다음은 라이트너가 반박할 차례였다. 그는 대사관이나 미국 정부는 한국의 어떤 개인과 정치 집단 사이에 편들고 싶어 하지 않는다고 지적하면서, 그러나 "우리들은 대통령의 방법이 이 나라의 헌법과 국민이 선출한 입법부 대표들 다수를 무시한 것을 대단히 우려한다"고 반박했다. 그것은 "원칙의 문제이다", "많은 민주주의 나라들이 집단행동으로 원칙을 지키기 위해 싸우는 마당에 후방에서 원칙이 무시되는 사태가 발전하는 것을 우리가 어떻게 외면할 수 있는가?", "많은 나라들이 지키기 위해 싸우고 있는 원칙이란 민주 헌정, 인권 그리고 자유다."

라이트너는 원칙이 무너진다면 현 사태는 많은 위험에 노출된다는 주장을 펴면서, 그 위험이란 정전 이후 유엔군 유지를 포함하여 장차 유엔의 한국 지원에 미칠 영향, 공산군이 대규모 공세를 취할 수 있는 상황 전개, 연합군의 전쟁 노력에 해를 끼칠 수 있는 영향이라고 일깨웠다. 이어 라이트너는 위에서 말한 원칙의 문제는 모순에 직면하고 있다고 강조했다. 즉 그는 "우리가 민주주의 질서를 지키기 위해서 공산당 전체주의와 싸우고 있는데도 그러한 질서가 한국에서 무너지고 있다는 모순에 당면하고 있다. 이 점이 나를 가장 괴롭히는 점이다", "만일 한국에서 민주 질서가 무너진다면 한국을 지원하는 민주 국가들은 대한민국에 대한 전반적인 정책을 재고하지 않을 수 없게 될 것이다"라고 말했다.

이어서 라이트너는 그가 가장 이해할 수 없는 것은 대통령이 합법적인 방법만이 동원된다고 주장하고 있는데, 이러한 주장과 부산 지역 계엄령 선포, 계엄령 아래 벌어진 행동, 계엄을 해제하지 않는 행위가 어떻게 부합하느냐고 캐물었다. 또한 그는 대통령이 국회를 해산할 수 있는 어떠한 헌법 규정도 없다고 힐난했다.

이승만은 마지막 질문에 대해서만 답변하면서, 헌법에 국회 해산을 금지하는 규정도 없고 게다가 국민이 그것을 요구하기 때문에 합법적인 행위라고 반박했다. 그리고는 대사관 대표들이 지방에 내려가서 어느 누구에라도 물어달라, 그들이 누구를 지지하는가, 국회인가 대통령인가 하고 반문했다. 요컨대 이승만은 관제 민의를 물어달라는 식이었다.

이에 대한 라이트너의 반론은 미국의 정치과정을 설명하는 것으로 대신한다. 즉 "우리는 미국에서 하원의원과 상원의원들에게 이해 단체와 개인들이 청원을 내고 전보를 보내는 관행에 익숙해 있고, 흔히 의회의 다수가 백악관에 반대하는 상황이 자주 벌어진다", 그렇다고 "행정부가 의회를 없애는 법이 없으며 그런 기간을 견디며 살아왔다", "우리는 의회를 거부하라는 결정적인 국민의 의사 표현이 있어도 그런 표현이나 갤럽 여론 조사에 의존하는 일은 없다", "우리는 대의제도가 항상 국민의 바람을 실현하는 완벽한 제도라고 생각하지는 않지만 그것은 민주적 절차의 중추인 것이다", 그러므로 "대통령이 주장하는 논거는 미국인이나 다른 민주주의 나라 국민들이 이해하기 힘들다"고 하며 반론을 맺었다.

이어서 라이트너는 이승만이 주장하는 국제공산당 음모에 대해서도 반론을 폈다. 그는 수십 명의 국회의원들의 반공 투쟁 기록이 잘 알려져 있는데도 중대한 공산당 음모에 관련되었다는 것은 믿기 어렵다고 주장하면서 이를 증명할 무슨 증거가 있느냐고 따졌다. 이에 대해 이승만은 라이트너가 잘못 알고 있으며 곧 진상이 밝혀질 것이라고 대꾸했다.

위의 논쟁에서 누가 이기고 졌는지는 독자들이 판단할 수 있을 것이다. 그러나 중요한 점은 당시 라이트너, 무초 또는 플림솔 UNCURK 의장과 같은 미국 외교관 또는 유엔 대표만이 이승만과 대적하여 논쟁을 벌일 수 있었다는 것이다. 이승만이 그를 반대 또는 반박하는 국내 정치인들을 누구라도 '빨갱이'라고 몰아치는 상황에서 어느 누구도 그와 맞설 수 없었다. 간혹 이승만과 맞서는 경우 조봉암의 사례가 보여주듯 '간첩'으로 몰리는 희생을 당해야 했다.

라이트너의 마지막 편지

라이트너 대리대사는 그가 주문한 강경한 행동이 워싱턴 본부에서 열린 국무부-합참 공동회의에서 묵살당한 것을 모른 채 또는 그 시점에서는 거의 체념한 듯, 6월 5일 국무부 동북아국장 케네스 영에게 장문의 서한을 보내 그의 입장을 전한다. 그것은 다음날인 6월 6일 아침 무초 대사 귀임을 앞두고 대리대사로서 그의 임무를 넘기기 전 그가 쓴 마지막 서한이었다. 또한 그의 휘하의 두 외교관이 6월 3일 자정에 장택상 총리를 만나 그가 마련한 '타협안'의 내용도 보낸 뒤였다. 따라서 그가 보낸 서한에서 그는 자신이 주문한 강경 행동의 정당성을 설파하지만 워싱턴이 그 제안을 받아들이도록 요구하기보다는 자신의 입장을 기록으로 남기고자 했을 것으로 보인다. 라이트너는 이것을 국무부로 보내는 전문이 아닌 개인 서한으로 보냈다(대리대사가 동북아국장에게, 1952년 6월 5일, 부산, *FRUS 1952~1954*: 305~308쪽).

라이트너는 여기서 무초 대사가 자리를 비운 약 2주간 그와 대사관의 직원들이 벌인 행동을 되돌아보면서 자신의 입장을 명백히 천명하고 있다. 먼저 그는 대사관의 모든 직원, 곧 정치과의 '젊은 친구들', 속기사들, 암호실의 '젊은 친구들'이 모두 사무실 안팎에서 아침부터 다음날 아침까지 상당히 일에 충실했다면서 이들의 이름을 적어 표창을 추천하는 서한을 보내려 한다고 적고 있다. 또한 그는 "보고가 분량이 많은 것은 여기서 일어나는 모든 일에 관해 당신에게 말하려" 했기 때문이라면서 그러나 '글로 쓴 단어'가 모든 이야기를 전할 수 없기 때문에 "생각이 정확히 반영되지 않았다는 인상을 받는다"고 쓰고 있다.

라이트너는 이어 몇 가지 대목을 추가로 기술하고 있는데, 이는 그가 부산 정치 위기의 분위기와 그에 대해 건의하게 된 내용을 분명하고 정확한 말로 정리한 것이다. 먼저 그는 이승만 대 국회 대결에서 그가 야당 편만을 들었다는 것은 오해라고 말한다. 그는 이승만의 반대파 야당 핵심 인물들에게 "우리가 속았다고 생각하지 않기를 바란다"고 말한다. 물론 위기 동안 이승만 쪽 사람보다는 야당 인사들이 그들에게 더 자주 찾아온 것은 사실이지만 그것은 당시 상황에서 당연한 것이라고 변호한다. 라이트너는 이승만은 당연히 대사관이 한쪽 편을 들었다고 생각하겠지만 그것은 그가 헌정 과정을 방해했기 때문에 나온 반응이 아닌지 반문한다.

라이트너가 제시한 또 다른 대목은 "우리 모두가 과거 2주일간 도달한 확신"이라면서, 그것은 이승만이 국가 원수로서 계속 남아 있게 허용할 것인가의 문제라고 지적한다. 이 견해는 플림솔과 몇몇 UNCURK 회원들도 공감하고 있는데, 그것은 이승만 자신이 야당을 없애고 '무슨 수단을 써서라도' 재선되려 했기 때문에 자초한 일이었다. 여기에 야당과의 화해 가능성은 전혀 없었고 그것은 "죽기 아니면 살기의 싸움"일 뿐이었다. 그러므로 "미국 정부는 이승만의 승리를 허용하든가 그것을 막기 위해 필요한 모든 조치를 취하고 헌법 개정은 헌법이 정한대로 한다는 원칙을 지키든가를 결정할 일이었다."

라이트너는 여기서 이승만을 대체할 후보 부재론에 대해 그의 입장을 밝힌다. 그는 대한민국과 같은 '유치국가(embryo state)'는 의심할 필요 없이 "처음에 키를 굳게 잡아야 한다"면서, 그러나 "**분명한 대체 후보가 보이지 않고 따라서 이승만 없는 미래 정부가 우리가 익숙한 정부보다 덜 효율적일지도 모른다는 어느 정도의 모험이 따른다**"(강조는 지은이). 그러나 "이곳 대사관의 우리들은 (플림솔과 함께) 현재 당면 원칙이 이 모험보다 더 중요하다"고 판단했다. 라이트너는 "지금 대한민국 정부는 이승만의 1인 정부 체제에 대해 이미 대가를 치르고 있다"고 지적하면서 "장관들은 두세 명 예외는 있지만 사소한 문제까지 대통령에게 의지하지 않고는 자기 영역에서 결정내리기를 두려워한다"고 지적한다. 이어서 그는 UNCACK의 분권화 업무가 장관 단계의 중요한 일과 관련되어 있어 실패할 공산이 크며, 상황은 차관 또는 국장 단계에서 더욱 난처한데, 그들이 "자기 그림자에 놀랄 만큼" 겁을 먹고 있기 때문이라고 말한다.

라이트너는 "이승만 없는 정부가 특히 내각제가 채택될 때 수많은 분파 작용에 시달릴지도 모른다"면서 "우리는 그 체제가 어떻게 운영될지 앞을 내다볼 수 없다"고 인정한다. 그러나 "**우리가 여러 가지 이유로 내린 결론은 이승만이 지금 [민주주의에] 너무 큰 위협적 존재이기 때문에 문자 그대로 '누구라도 [이승만]보다 나은 인물**'(강조는 지은이)이 될 것"이라는 것이다. 바꿔 말하면 워싱턴의 고위 정책결정자들이 이승만 외의 대안 부재라는 생각에 집착하고 있지만 라이트너는 그것이 잘못된 판단이라고 반론을 편 것이다.

마지막으로 라이트너는 그가 권고한 강경 행동이 무엇을 의미하는가를 설명하면서 이종찬 총참모장의 쿠데타 제안에 미련을 버리지 못한 듯 한국군 참모회의를 통한 한국군 이용을 탐색해야 한다는 제안을 하고 있다. 그는 이승만의 계획을 좌절시키기 위한 최후의 수단은 유엔군의 완전한 장악이고 그 부작용도 크다는 것을 인정한다. 그러나 미국이 강경한 입장을 굳건하게 보이고 이승만으로 하여금 그것이 진정이라고 믿게 한다면 실제로 "끝(강경조치)까지 갈 필요가 없다"고 단언한다. 문제는 "오늘 저녁 현재 상황이 클라크와 밴플리트 장군이 방문한 뒤 이승만이 우리가 끝까지 간다고 믿지 않는다는 점"이었다.

따라서 "만일 정말 강경한 행동으로 나갈 필요가 있다면 한국군 총참모장을 통해 한국군 이용 실현 가능성을 진지하게 고려해야 할 것"이라고 강조한다. "중요한 점은 만일 이승만이 그의 계획대로 가게 내버려둔다는 인상을 갖게 되면 우리가 진다"는 것이다. "이승만에게 야당과 타협하라고 말하는 것은 야당에게 링에서 내려오라"고 말하는 것과 같다. "야당이 이길 수 없다고 확신하게 되면(개헌 문제에 관해 미국/유엔이 전폭적인 지지를 보내지 않는다는 것을 깨닫게 된다면) 그들은 항복하고 말 것이다." 또는 그들은 이른바 '타협안', 즉 이승만의 재선을 인정하고 권력에 추가적인 견제 장치를 설정하는 방안으로 갈 수도 있다.

그러나 라이트너는 그것이 '체면치레 장치(face-saving device)'에 불과하다고 일소에 부친다. 그 타협안에 대해 "어떤 층의 사람들은 분명한 해법이라고 반기면서 안도의 숨을 쉴 것이다." 그러나 "우리가 이승만에 대해 느낀 대로라면, **그것은 체면치레 장치 외에 아무것도 아니다**"(강조는 지은이). "현행 헌법이 약점은 많지만 그런대로 견제와 균형을 유지하는 장치를 지니고 있다." 그러나 "이승만은 이 균형장치를 무력화시킬 방법을 찾은 것이며, 우리는 어떤 장치로도 그가 권한의 자의적 행사를 억제할 수 있다고 믿지 않는다." 따라서 이승만이 국가원수로 남는다면 한국이

"겁에 질린 온순한 의회를 지닌 일당 독재의 경찰국가(a one-party police state with a cowed, docile legislature)"가 되리라는 것은 피할 수 없는 귀결이다.

마지막으로 라이트너는 "무초 대사가 내일 귀임하기를 고대한다"면서, "그러나 내가 상황을 감지한 대로 그의 새로운 훈령이 듣기가 두렵다"고 그가 느끼는 불안한 심정을 토로한다. 그러나 상황은 그가 감지한 대로 전개되었다. 국무부는 애치슨 장관의 이름으로 6월 4일(미국 시간) 무초 대사에게 새로운 훈령을 내렸다. 그것은 라이트너가 우려한 대로 이승만에게 일방적인 승리를 안겨주는 대통령과 야당 국회 간의 '타협안'이었다. 그 밖에 라이트너가 우려한 다른 대목도 사실로 드러났다. 즉 클라크와 밴플리트 장군의 신호를 받은 이승만이 더욱 기고만장해졌다는 것과 야당이 미국으로부터 외면당하자 백기 투항한 것이었다.

5. 흔들리는 미국의 대한정책

미국의 전통적인 대한정책에는 한국 정치의 중요한 고비마다 자석처럼 작용하는 한 가지 패턴이 있다. 윌리엄 스텍(William Stueck, 1998)은 1980년 및 1987년 한국의 정치 위기를 비교분석하면서 분명히 그것이 '안정과 안보(stability and security)'에 공헌할 때에만 미국은 민주주의를 지지한다는 결론을 얻었다. 1952년 부산 정치파동에 대한 미국의 정책대응도 이 유형에서 크게 벗어나지 않는다. 미국은 이승만의 비민주적 행태를 감수하면서 이승만 체제 유지를 선택한 것이었다. 즉 미국은 민주주의보다는 안정과 안보를 택한 것이다.

미 국무부는 1952년 6월 4일 합동참모본부와 고위 합동회의를 열고

"결국 이승만이 대통령으로 계속 남는 것이 미국과 유엔의 이익에 가장 기여할 것이다"라고 결론을 내렸다. 그 과정에서 명분상 돌파구를 찾은 것이 대통령 직선제를 허용하는 장택상 총리의 이른바 '발췌개헌안'이었다. 이 정책 결정에서 "이승만이 '내심으로만 저항하고 겁에 질린 국회'보다는 국민의 투표로 선출된다면 그는 한국 내외에서 더 높은 위상을 누릴 것이다"라는 논리가 이승만의 직선제 주장을 뒷받침했다. 애치슨 장관의 이름으로 무초 대사에게 내려진 훈령은 한쪽이나 양쪽을 강제하기보다는 "서로 받아들일 수 있는 해법을 찾으라고 명했다"(국무장관이 주한 대사관에게, 1952년 6월 4일, 워싱턴, *FRUS 1952~1954*: 302~305쪽). 그러나 이 훈령은 사족(蛇足)을 달았다. 장택상 국무총리가 마련한 개헌안 중 "대통령에 대한 국회의 견제 장치를 설정하는 것이 좋겠다"는 것이다.

부산 미 대사관이 6월 3일 국무부에 보고한 장택상의 개헌안은 (1) 대통령 직선제, (2) 대통령의 국무총리 지명과 국회 인준, 그리고 국무총리에 대한 국회의원 3분의 2 이상의 불신임 투표제, (3) 국무총리 제청으로 대통령이 각료를 지명하고 국회에서 인준하는 것을 골자로 한다(주한 대리대사가 국무부에, 1952년 6월 3일, *FRUS 1952~1954* : 295~296쪽).[13] 국무부가 단 사족이란 대통령에 대한 견제 장치로서 위 개헌안 중 2)와 3)을 말하는 것이다. 그러나 이런 국회 견제 장치는 명목뿐이었다. 뒤돌아보면 이 장택상의 타협안은 "이승만에게 승리를 안겨준 장식품"(Keefer, 1991:

---

[13] 장택상이 마련했다고 대사관이 보고한 이 개헌안은 뒤에 이승만을 지지하는 원내의 신라회와 삼우장파가 마련한 발췌개헌안과는 차이가 있다. 후자는 정부 개헌안 가운데 (1) 대통령 직선제와 (2) 민의원과 참의원 양원제를 따왔고 내각책임제 개헌안 중 '국무원 불신임제'를 따와 발췌개헌안을 마련한 것이다. 미 국무부에서는 대사관이 보고한 장택상 개헌안의 골자 중 국회가 국무총리 인준권과 각료 인준권을 갖는다는 것을 국회의 견제 장치라고 판단했던 것 같다.

162쪽)에 지나지 않았다.

도대체 미국은 이승만에게 일방적인 승리를 안겨준 '타협안'을 왜 선택했을까? 여기에는 미국 대한정책에 한 패턴으로 자리 잡은 '불안한 민주주의'보다 '안정된 독재'를 선호하는 전통이 자석처럼 관성으로 작용했다고 보는 것이 합리적일 것이다. 게다가 이 전통에 결정적으로 공헌한 것이 미국의 대내정책이라는 변인이었다. 1952년에 들어와 트루먼 행정부는 산적한 국내 문제로 인기를 잃어가고 있었다. 로즈메리 풋(Rosemary Foot, 1985)이 쓴 『잘못된 전쟁(The Wrong War)』이 암시하듯 다수의 여론은 미국의 한국전 참전이 잘못이라고 생각하고 있었다. 이를 반영해 1952년 3월 대통령 자신에 대한 미국 국민의 인기도에서 62%가 불찬성을 보였다(189쪽). 4월 트루먼 대통령은 강철 산업을 국유화하는 대담한 조치를 취했으나 두 달 뒤 미국 대법원은 이를 취소하는 결정을 내렸다. 게다가 트루먼 자신은 재선 불출마를 결정했지만 민주당 대통령 후보 지명자들과 논쟁에 휘말려들었다.

이런 국내 정치 요인들 때문에 트루먼 대통령은 한국 사태에 깊이 주의를 기울일 여유가 없었다. 트루먼의 정책 참모들은 이승만의 독재에 대해 찬성하지 않았지만 이승만 없는 한국 민주주의의 불안한 앞날을 받아들일 수가 없었다. 따라서 적당한 통제 아래 이승만 체제를 유지하는 '체면치레 장치'를 선택한 것이다.

무초 대사는 국무부 훈령을 지참하고 6월 6일 부산에 귀임했다. 그날 무초는 이승만 대통령을 만나 그가 지참한 정책 노선에 따라 먼저 계엄령을 해제하고 국회를 정상화할 것을 종용했다. 무초는 다음날 신익희 등 야당 지도자들도 만나 타협을 종용했다. 그는 이어 UNCURK 플림솔 의장에게도 양쪽 간의 타협을 중재해달라고 협조를 요청했다. 이러한 무초 대사의 태도는 그동안 라이트너 대리대사가 주문해온 강경 대응으로부터 일대 후퇴를 의미할 뿐만 아니라 종전에 장면 추대 운동을 내밀하게 지지해온 그의 입장과도 전혀 맞지 않는 행동이었다. 다시 말하면 그는 6월 4일 새로운 미국의 정책 노선에 따라 국회와 이승만 간의 '타협'을 중재하기 위해 움직인 것이다.

그러나 이승만으로서는 직선제 개헌안의 통과가 보장되지 않는 한 무초의 타협안을 들을 리가 없었다. 게다가 클라크와 밴플리트가 군사적 개입의 가능성을 배제한 이상 이승만은 두려워할 것이 없었다. 무초 대사는 다시 12일 이승만을 만나고는 "이승만 대통령과 헛되이 시간을 보냈다"고 토로할 정도였다(주한 대사가 국무부에게, 1952년 6월 12일, *FRUS 1952~1954*: 324쪽). 부산 거리를 휩쓰는 시위대는 연일 국회와 내정 간섭 규탄에 열을 올리고 있었다. 급기야 6월 12일 시위대는 '반민족국회해산국민총궐기대회'라는 이름으로 그때까지 최대 규모인 8천 명의 군중을 동원하여 국회가 "외세의 앞잡이로서 매국노"라고 비난하면서 "외국의 내정 간섭을 배격"한다며 그중 수백 명이 국회와 미국 대사관에 난입하려 하는 사태에까지 이르렀다. 무초는 더 이상 이승만의 이성에 호소한다는 것은 무의미하다고 판단하고는 그 배후에 경찰을 장악한 이범석 세력이 움직인다고 믿었다.

정치 목적에 어긋난 군인들의 행동

여기서 잠시 이승만의 완고한 '고집'을 더욱 고무시킨 클라크와 밴플리트의 행동에 눈을 돌려보자. 먼저 우리는 밴플리트가 라이트너와는 상의도 없이 부산 계엄령을 인정하게 된 경위를 상기할 때 부산 정치파동 초기 대응에서 군인과 민간 외교관 간에 보조를 맞추는 데 실패했음을 알 수 있다. 국무부 동북아국의 입장에서는 초기 대응에서 유엔군 사령부, 특히 밴플리트와 통일된 행동을 취했더라면 이승만의 행동을 억제할 수 있었을 것으로, 즉 밴플리트의 애매한 행동이 미국의 '정책 목적에 어긋난 (cross-purpose)' 결과 이승만의 완강한 저항을 유발했다고 볼 수 있었다.

게다가 클라크 장군은 5월 31일 합참에 제출한 보고서에서 유엔군의 군사 개입을 거부하는 의견을 상신했다(유엔 최고사령관이 합참의장에게, 1952년 5월 31일, 도쿄, *FRUS 1952~1954*: 274~276쪽). 그가 6월 2일 이승만을 만나기에 앞서 자신의 입장을 밝힌 이 전문은 물론 국무부를 통해 라이트너에게도 전달되었다. 라이트너가 이전부터 우려하던 그대로였다. 클라크에 의하면 한국 사태에 대한 대응은 단지 두 가지 선택만이 가능한데, 하나는 이승만이 이성을 찾아 말을 들을 때까지 '절망적인 희망이나마 버리지 말고' 그가 불법적인 위헌 행동을 완화하도록 계속 요청하는 것이고, 또 하나는 어떤 형태의 과도 정부를 세우는 것이었다.

클라크는 "민간 소요가 군사작전에 방해가 되지 않는다면", 첫째 대안을 강력히 권고한다고 밝혔다. 그가 내세운 이유는 전선에서 공산군의 공세를 막으면서, 거제도의 공산 포로들에 대한 통제권을 다시 회복하고, 후방 지역의 대규모 소요를 동시에 다스릴 군부대가 충분치 않다는 것이다. 그가 가장 우려하는 문제는, 만일 미국이 이승만을 너무 세게 밀어붙이면 이 대통령이 한국군을 유엔군 지휘하에서 이탈시켜 전선에 대혼란을 가져올 수 있다는 것이다(*FRUS 1952~1954*: 같은 쪽).

클라크는 6월 2일 부산에 와서 한국 내정 '불간섭' 입장을 되풀이했다. 그는 라이트너와 플림솔 UNCURK 의장을 만난 자리에서 미국은 독재 정권과도 종종 흥정을 해야 하고 '자부심을 삼키고' 이승만이 민주주의를 전복할지라도 그와 계속 함께 일해야 한다는 근거를 내세우면서 계엄령 해제마저 요구하지 않겠다고 '고집을 피웠다'. 그는 또한 국회를 보호하자는 플림솔과 라이트너의 요구를 거절하면서 군대에 여유가 없다는 이유를 들었다. 그는 이승만을 친구로서 설득하겠다고 약속했으나 라이트너의 동반을 거부하고 혼자 이승만을 만나겠다고 했다.

한국전쟁 당시 유엔군 사령관 마크 웨인 클라크.

이는 라이트너와 국무부가 대비한 강경조치와는 완전히 다른 상황 전개였다. 플림솔 UNCURK 의장이 클라크에게 이의를 제기했다. 먼저 군사적 시각으로 문제를 접근하는 것은 유용하다고 전제하면서, 그러나 그는 이승만이 정치 목적을 달성하게 허용한다면 '전체 상황의 장기적 의미'를 짚어야 한다고 지적했다. "유엔이 민주 국가를 건설하기 위해 의존하고 있는 바로 그 인물들이 사법 처리를 당하고 있고 많은 이들이 상황이 끝나기 전 생명을 잃을 수 있다"고 상기시키면서 플림솔은 '이승만 폭정'이 확립되면 이곳의 민주주의의 모든 희망은 끝이며 이 나라는 짧은 시간 안에 공산화될 것이라고 경고했다(주한 대리대사가 국무부에게, 1952년 6월 3일, *FRUS 1952~1954*: 287~288쪽).

라이트너는 클라크 장군이 어떻게든 이승만에게 비상계엄 해제와 국회의원 석방을 요구하도록 설득하기 위해 안간힘을 쓴 듯하다. 그러나 그가 얻어낸 것은 고작 빈말의 약속이었다. 클라크는 라이트너가 이의를 제기하자 UNCURK와 대사관이 전달한 미국 정부의 입장을 지지하겠다고 말할 뿐이었다. 이 부분에 관해 라이트너는 다음과 같이 국무부에 보고한다.

> UNCURK와 회의를 끝낸 뒤 나는 클라크와 혼자 만났는데, 그가 이승만에게 줄 계획으로 만든 문건[그가 위에서 말한 내정 불간섭]을 보았다. 나는 클라크에게 말하기를 그의 방침은 군사적 시각에서 동의하지만 국무부가 적어도 오늘 이승만을 만나 말하는 것은 그동안 벌인 일련의 외교 접촉의 하나라는 인상을 갖는다, 따라서 그가 이미 대사관이 행한 외교 접촉에 무게를 실어주길 기대한다고 말했다. 그는 5월 28일 UNCURK 성명[계엄령 해제와 국회의원 석방 요구]와 5월 30일 대사관 서한[UNCURK 성명과 같은 취지]을 보자고 했다. 그는 그것을 읽은 뒤 이승만을 만날 때 다음과 같이 화두를 꺼내겠다고 했다. "UNCURK 성명과 미국 정부의 입장을 철저하게 지지하면서 나는 오늘 군사적 상황에 끼치는 영향의 관점에서 당신과 만나는 것입니다." 그는 또한 이러한 말을 했으니 준비한 서면 문건을 건네지 않겠다고 했다(주한 대리대사가 국무부에게, 1952년 6월 3일, 부산, *FRUS 1952~1954*: 289쪽).

클라크는 밴플리트와 함께 그날 오후 진해에서 이승만 대통령을 만났다. 이 회의에서 클라크가 이승만에게 무엇을 말했는지는 정확히 알려지지 않았지만 확실한 것은 '가장 강경한 말로(in the strongest terms)' 미국 정부의 입장을 대변한 것과는 거리가 먼 것이었다. 라이트너는 클라크가 이전에 한 말을 되풀이했다고 전하면서, 회의 전반이 "대단히 우호적이면서 정중한" 분위기에서 진행되었다고 전한다(*FRUS 1952~1954*: 같은 쪽). 무초 대사는 당시 클라크의 행동을 다음과 같이 회고했다.

마크 클라크가 미 극동사령관 및 유엔사령관 자리를 리지웨이로부터 넘겨받았을 때였지요. 이승만이 11명의 국회의원들을 체포한 문제가 국무부에서 논의되었을 때, 국무장관이 내가 한국에 도착하기 전에 클라크 장군이 이승만을 만나보는 것이 좋겠다고 승낙한 것이죠. 즉 그에게 군사적 사태는 좋기는 하나 후방에서 소요를 감당할 만큼 썩 좋지는 않다고 말하라는 것이었어요. 그래서 클라크가 구체적인 훈령을 지니고 진해로 가서 이승만을 찾은 것입니다. 그런데 그는 훈령을 제대로 지키지 않아 결과적으로 '요령부득'이 되고 말았지요.

또한 클라크는 이승만에게 '전선의 청년들'에게 지장을 주지 않는 한 그가 무엇을 하든 괜찮다는 생각을 전해준 듯합니다. 말을 바꾸면 우리의 행동이 오히려 '역효과(counter-productive)'를 낸 것이지요("존 무초와의 구두 역사 회견", 제리 N. 헤스, 1973년 12월 27일).

무초 대사는 클라크 장군이 워싱턴의 훈령을 제대로 지키지 않아 '요령부득'으로 오히려 일을 그르쳤다고 말한다. 이 부분에 관해 라이트너의 회고는 좀 더 구체적이다.

라이트너: 어떻든 내가 있는 자리에서 이 사태를 논의할 때 클라크 장군은 이승만에게 미군은 전쟁 노력에 영향을 주지 않는 한 한국의 정치사태에는 관심이 없다고 했다는 것입니다(이는 아마도 클라크가 UNCURK와의 회의석상에서 한 말일 것이다). 이런 맥락에서 이승만은 자신의 입장 지지에 쾌재를 불렀지요. 길거리에서 대규모 시위를 조직하고 공장 일꾼과 학생들을 동원하여 길거리에서 아우성을 치고 깃발을 흔들게 했던 것입니다. 클라크 장군은 부산의 군수물 공급로, 즉 철도와 트럭길과 연결 항구에 지장이

없길 바란다고 분명히 말했습니다. 군수 물자가 부산으로 들어오는 한 그는 한국 정치에 무슨 일이 일어나든 상관하지 않는다고 한 것입니다. 말을 바꾸면, 보급로에서 시위를 하지 말라, 일선에서 군부대를 부산으로 이동시키지 말라는 것인데, 이것은 바로 이승만이 필요로 한 것이었습니다. 이승만은 일선 부대를 필요로 하지 않았으며, 즉시 보급로에서 시위를 중단시켰기 때문에 부산을 통한 군수 물자 보급은 아무 문제가 없었습니다. 그는 미국 정부를 잘 알고 있었으며, 그가 이길 것이라고 자신하고 있었습니다. 어떻든 무초 대사는 자기 모교 브라운대학에서 명예 학위를 받고 워싱턴에 불려가서 국무부의 중대한 모임에 참석했습니다. 거기서 그들은 이승만에게 간섭하지 않기로 결정했던 것입니다. 즉 아무것도 하지 않기로 한 것입니다.

매켄지: 못 본 체하지 않는다는 뜻에서 간섭하지 않기로 한 것이지요?

라이트너: 네, 동조하지 않기로 한 것이지요. 무초는 뒤에 제게 말했지요. 워싱턴의 결정은 대체로 과거 방식대로 되었다는 것인데, 그 까닭은 무초는 나와 같이 국회가 이승만 대신 누구를 후임자로 선출할지 말할 수 없었기 때문이었습니다. 우리는 누가 다음 대통령이 될지 말할 수 없었습니다. 그런데 나는 아직도 거명되었던 네다섯 명의 후보자들 가운데 어느 누구도 이승만의 10년보다는 훨씬 나을 것이라고 생각하고 있습니다. 그들은 물론 유용한 행정부 경험을 쌓지 못한 것은 사실입니다. 그러나 그들은 대부분 각료직을 맡아 일한 뒤 무슨 일을 할 수 있기 전에 도중하차한 사람들입니다. 또한 전직 국회의장과 몇 명의 잠재적 의회 지도자들도 있었습니다("앨런 라이트너와의 구두 역사 회견", 리처드 매켄지, 1973년 10월 26일).

국무부에 보낸 전문의 내용이 보여주듯 클라크 장군이 이승만 대통령을 만나는 일은 무초 대사가 귀임하기 전 현지 사령관에게 계엄령을 해제하고 국회의원을 석방하라고 이승만에게 종용하여 압력을 가하기 위함이었다. 그러나 오히려 군사작전에 지장이 없는 한 후방 정치는 상관하지 않겠다는 신호를 줌으로써 이승만에게 유엔군이 어떠한 경우에도 간섭하지 않을 것이라고 확신을 주게 되었다.

클라크가 유엔군 사령관에 새로 임명된 처지에서 한국 정치에 관해 무지하다는 것은 당연했다. 그의 행동은 1945년 9월 미 점령군 사령관으로 한국에 상륙한 하지 장군이 보인 행동을 연상케 했다. 게다가 그는 한 연구자가 일깨우듯 1942년 알제리 내정에 간여하여 처칠 수상으로부터 호된 비판을 받은 일이 있었다(Keefer, 1991: 160쪽).

이승만 체제의 대체안

다시 부산에 귀임한 무초 대사로 돌아와 보자. 무초는 1952년 6월 6일 귀임한 당일 이승만 대통령을 만났으며, 그 뒤 일주일간 이승만 대통령과 국회 야당 간에 중재를 위한 노력을 기울였다. 그러나 무초는 이승만이 이에 아랑곳하지 않고 여전히 공포정치를 휘두르는 데 좌절하고 만다. 그는 6월 12일 워싱턴에 낸 보고에서 이승만에게 더 이상 "효율적인 지도력을 기대할 수 없다"라고 결론짓고는 문제는 "그가 육체적으로나 정신적으로 극단적으로 쇠약해져 있는 것"이라면서 "이범석 그룹이 그를 완전히 장악했다"고 지적했다. 따라서 "우리가 당면한 긴급과제는 이범석 그룹이 전권을 장악하지 못하도록 하는 것"이라고 강조했다. 무초 대사는 "이범석 그룹은 지금 경찰을 거의 다 장악했고 계엄사령관 원용덕을 끌어들였으며, 한국군에 모종의 손을 뻗치고 있다"고 심한 우려를 표했다.

이러한 무초 대사의 상황 인식은 워싱턴이 6월 4일 이승만 대통령을 유지하기로 결정했지만 그의 지도력이 이범석 등 '사악한 무리'에게 휘둘리는 상태에서는 더 이상 기대할 수 없다는 쪽으로 기울어지고 있었다. 즉 이승만 체제 유지를 전제로 국회와의 타협이라는 노선을 결정했지만 이제 이승만 주변 강경파 그룹이 권력을 장악해가자 현지 대사로서 이승만 체제 자체에 심각한 회의를 표명한 것이다. 이러한 상황 전개에 대응하여 국무부 동북아국은 6월 13일 극동 문제 담당 앨리슨 차관보에게 미국의 개입에 관한 종합보고서를 상신했다. 영 국장이 기초한 이 개입안은 초기 라이트너에게 내려진 훈령을 기초로 한 이승만에 대한 강경 압박과 그를 배제한다는 대안으로 되돌아간 것이다. 그 골자는 이승만 대통령 체제의 심각한 위험을 감내하기보다는 '새로운 관리 아래 새로운 출발'을 하자는 것이다. 영은 "우리의 정책이 이승만의 입장을 고립시키고 **이범석·임영산·윤치영 3인방을 제거하는 것**(강조는 지은이, to circumscribe Rhee's position and eliminate the Lee-Yim-Yun trio)이 되어야 한다"고 강조했다.

이러한 영의 정책 의도를 두고 한 연구는 "이승만에 대한 반감이 문서 전체에 흐르고 있지만 그의 주안은 이승만 체제의 전복은 아니고 어디까지나 미국의 정책 목표에 적합한 방향으로 개선하는 것에 있었다는 것이 최대의 특징이었다"라고 해석한다(李鐘元, 1994: 34쪽). 그러나 이러한 해석은 이 문서의 전반적인 문맥을 잘못 읽었거나 연구자의 관점에 기인한다고 보인다. 영의 의도는 바로 이승만 체제의 전복이자 그 대안이라고 해석해야 한다. 이 군사 개입안은 국무부-합참 합동회의에서 공식적인 미국 정책으로 결정되었다는 점에서 중요할 뿐만 아니라 지은이의 관점에서 한국 의회주의의 성패를 가를 수 있는 충분한 인과성을 가진 중대 변인이기에 자세히 살펴보도록 하자.

국무부 동북아국장 영이 1952년 6월 13일 작성하여 극동 문제 차관보

앨리슨에게 상신한 장문의 비망록은 "한국 내정위기에 대처하는 일반적 접근과 가능한 적극적 조치(General Approach and Possible Active Measures to Meet the Korean Internal Political Crisis)"라는 제목을 단 종합적인 정책보고서다(동북아국장이 극동 문제 담당 차관보에게 상신한 비망록, 1952년 6월 13일, FRUS 1952~1954: 328~337쪽). 총 10쪽에 달하는 이 장문의 보고서는 무엇보다도 그에 앞서 10일 전에 국무부-합참 합동회의에서 결정한 현실주의적인 정책 결정을 뒤엎는 방향에 무게 중심을 두고 있다. 이 정책보고서는 모두에서 다음과 같이 이승만에 대한 불안한 상황 인식을 제시한다.

한국의 내정 상황은 대통령[트루먼]이 이승만에 전달한 메시지가 국회 해산을 중단시킨 이상 점차 잦아들 것이라는 외형상의 모습을 보여주고 있다. 그러나 모든 외교적 또는 정치적 항의를 해봐도 이승만과 추종자들이 노리는 목표에서 벗어났다는 아무런 징후도 없다. 이들은 국회를 무력한 존재로 만들어 완전한 독주를 노리고 있다. 오히려 불안한 징후가 보이는데, 그것은 이승만이 우리의 충고에 아랑곳하지 않고 교활한 수단으로 정쟁에서 이기려 한다는 것이다. 그가 말하는 타협안은 전혀 타협이 아닐 수 있다. 왜냐하면 국회를 거세해버리기 때문이다(같은 비망록, FRUS 1952~1954: 328쪽).

영은 한국 내정에 대한 이러한 상황 인식을 전제로 불간섭정책 대 간섭정책의 장단점을 거론하고는 미국은 강경한 간섭정책에 나서야 한다고 권고한다. 이 권고안은 6월 4일 이후 상황 변화에 대해 유엔군에 의한 계엄령 선포를 포함한 군사 개입을 다시 정식으로 제안한 것이다. 이 개입안은 '정치 부흥(political rehabilitation)' 프로그램을 제안하고 있는데,

그 골자는 이승만에 대한 대안 체제를 세우고 "국회가 한국의 민주 과정과 법치의 상징이 된" 까닭에 그 '온전성'을 지켜야 한다는 것이다. 이는 6월 4일 결정된 이승만 대안 부재론을 우회적으로 거부한 것이다. 영은 다음과 같이 말하고 있다.

[이승만의] 대안의 문제는 해답을 찾는 어려움이 시사하는 것보다 더 중요한 것이 아니다. 지금 한국에는 이승만을 대신할 '전국적인 인물(national 'brand' name)'이 없다는 것을 인정하자. 그러나 또한 전국적인 인물, 이승만에 견줄 만한 전국적인 위상을 갖춘 다른 인물이 필요하고, 또는 이승만 그 자신을 위해서도 좋은 인물이 필요하다는 것도 인정하자. 미국으로서 중요한 것은 몇몇 지주(支柱)가 떠받쳐주는, 장차 공산 전복 활동에 대항하여 스스로 버틸 수 있는 '건강하고, 건설적이며 안정된 정권'을 발전시키는 일이다. 그러한 의미에서 지금이 대안들을 생각해야 할 아주 좋은 때인데, 그것은 정치가 아니라 '자연(nature)'[이승만의 고령을 가리킴]이 한국인들 스스로에게 결정을 강요하고 있기 때문이다. 지금은 이승만-이범석 정권에 대한 어떠한 대안도 우리의 이익을 위해서 이의를 달 여지가 없다. 만일 대부분의 민간 및 군사 지도자들이 새로운 관리 아래 새로운 출발을 원한다면 그들의 활동을 성원해야 할 것이다(같은 비망록).

영 국장이 위에서 한 말은 대단히 암시적이다. 그것은 10일 전 결정된 대한정책을 뒤엎는 것에 대해 군부를 의식한 완곡한 표현일 것이다. 그러나 그 행간에는 이승만 1인 독재자, 또는 이승만-이범석 정권을 대체해야 한다는 절실한 느낌이 묻어나고 있을 뿐만 아니라 이승만 체제의 대안을 마련한다는 의미를 명백히 하고 있다. 그는 '몇몇 지주가 떠받쳐 주는

…… 건강하고, 건설적이며, 안정된 정권'이 이승만에 대한 대안이라고 역설하고 있는 것이다. 그는 '이승만-이범석 정권에 대한 어떠한 대안'이라도 더 나쁠 것이 있느냐고 반문하고 있다. 이는 라이트너 대리대사가 6월 5일 영 국장에게 쓴 마지막 편지에서 "이승만 없는 정부가 특히 내각제를 채택할 때 수많은 분파 작용에 시달릴지도 모른다"면서도, "우리가 여러 가지 이유로 내린 결론은 이승만이 지금 [민주주의에] 너무 큰 위협이기 때문에 문자 그대로 누구라도 보다 나은 인물이 될 것"이라고 말한 대목을 연상케 한다.[14] 사실 영은 부산 현지의 무초 대사 및 라이트너와 긴밀한 교감 속에서 위의 보고서를 작성했다고 보인다.

영이 제안한 '간섭' 정책안은 라이트너가 부산의 긴박한 상황에서 6월 1일 밤 건의한 강경조치와 같은 맥락이고 내용도 비슷하다. 다만 영이 쓴 비망록은 논리가 정연하고 미국이 취해야 할 마지막 단계의 조치로서 '정치 부흥 계획'을 포함하고 있다. 그가 제안한 단계적 조치는 무엇인가? 여기에는 4단계의 조치가 포함되는데, 제1단계는 외교적·정치적 수단을 동원한 억제, 제2단계는 경제 원조 중단 등 경고와 제재 압력, 제3단계로서 유엔군 후원 아래 감시체제의 실행, 마지막으로 제4단계로서 정치 부흥 계획을 실행하여 이승만-이범석을 대체하는 '건강하고 건설적이며 안정된 정권'을 발전시킨다. 이 단계적 조치를 구체적으로 보면 다음과 같다.

---

[14] 라이트너는 부산 정치파동이 일어난 지 40년 뒤 이승만 외의 대안부재론을 다시 회상하면서, "당시 이승만을 대신할 마땅한 인물을 선뜻 말할 수 없었다는 것이 대사관의 '약점'이기는 했지만 거론되었던 네댓 명 후보 중 어느 누구도 10년 더 권좌에 있었던 이승만보다는 나았을 것"이라고 말하면서, "나의 최악의 예상이 들어맞았다"거나 "우리는 대가를 치렀다"고 개탄했다. "앨런 라이트너와의 구두 역사 회견", 리처드 매켄지, 1973년 10월 26일.

1. **'정지 포기'(cease and desist) 조치**: 이승만과 추종자들이 불화의 교착 상태와 분열로 치달을 뿐인 '돌이킬 수 없는 행위'를 못 하도록 노력을 강화한다. 이를 위해 대통령[트루먼]의 메시지, 무초 대사의 이승만 면담, UNCURK의 이용 등 모든 노력을 경주해야 한다. 이 노력이 만족스런 시정을 가져오지 않는다면, 공적 매체를 이용하여 이승만에 대한 압력을 가해야 한다. 동시에 대사관과 UNCURK는 양 당사자[이승만과 국회]가 받아들일 수 있는 타협안을 마련하도록 하되 국회를 옥죄어서는 안 된다.
2. **금지와 규제 압력**: 만일 위 조치가 실패하거나 이승만이 반대자들에 과격한 행위를 할 경우 (a) UNKRA의 경제 재건 사업 중단, (b) 여러 나라 정부들이 UNKRA에 재정 지원 출연을 유보하거나 재고, (c) 미국 정부의 추가 대한 군사 원조와 안보 협정을 고려하지 않는다.
3. **유엔군 사령부 후원 아래 보호감시체제의 실행**: 이 체제는 이승만 정부의 외형 아래 실제는 준군정을 실행한다는 안이다. 만일 이승만이 돌이킬 수 없는 행위를 저지른 경우, 즉 정당하게 선출된 국회나 기타 반대자들을 '잘라낼(snuff out)' 경우, 미국 정부는 주요 동맹국들과 함께 적극적인 시정 조치를 취한다는 것이다. 이 경우 '돌이킬 수 없는 행위'란 구체적으로 (a) 국회의원의 추가 체포, (b) 국회 해산, (c) 공갈, 암살 위협, 또는 이승만 지지자들의 불출석으로 인한 국회의 정상 기능 방해, (d) 국회를 규탄하는 부산 지역의 대규모 시위 조직, (e) 체포되거나 은신한 국회의원들을 대신할 보궐선거다.

만일 이승만이 화해 노선에 따라 행동하기를 거부하고 고압적이고 불법적이며 사악한 술책으로 반대자들에 대한 위와 같은 행동을 계속한다면 미국 정부는 클라크 장군에게 지시하여 필요한 모든 조치를 취해 국회의 정상 기능을 보장하고 국회의원들의 안전을 제공해야 한다.

이 미군의 감시 체제는 UNCURK는 물론 가능한 많은 국가와의 협력 아래, 특히 영연방 국가들의 협력 아래 실행해야 하며 안전 관리는 한국의 지휘 아래 믿을 수 있고 잘 훈련된 한국군에 의해 실행되어야 한다. UN군의 계엄령은 피하고 '압도적인 힘(force majeure)'으로 밀어야 한다.
4. **한국 정부의 정치 부흥:** 이 단계의 조치는 이승만이 정치적으로 '정화된' 뒤 그의 재선을 지지하든가 그렇지 않으면 '어떤 신뢰할 만한 대안(some respectable alternative)'을 지지하는 선택이다. 여기서 정치적으로 정화된다는 것은 '이범석-임영신-윤치영 3인방(the Lee-Yim-Yun trio)'을 없애고 국회를 온전하게 살린다는 의미다. 그러나 무게 중심은 이승만을 대체하는 '건강하고, 건설적이며, 안정된 정권'을 발전시키는 데 있다. 요컨대 정치 부흥 계획이 제시한 정치 프로그램은 미국이 (1) 이범석과 원용덕을 제거하고, (2) 유능한 국방장관을 기용하며, (3) 유엔군 사령관으로부터 한국군 총참모장을 거쳐 모든 군부대와 경찰에 이르는 일사불란한 지휘명령체제를 재확립하고, (4) 전쟁 기간 통합 내각과 애국적인 연립 정권을 발전시키며, (5) 1952년 8월 15일 발효될 건전한 헌정 개혁을 계획 및 수립하는 것으로 구성된다. 미국은 이승만이 위의 정치 프로그램의 모든 안에 완전한 협조를 시행할 때만 그를 지지한다(동북아국장이 극동 문제 담당 차관보에게 상신한 비망록, 1952년 6월 13일, *FRUS 1952~1954*: 331~337쪽).

요컨대 영의 정책 제안은 첫째, 이승만에 대한 극도의 반감을 표명하고 그의 수족인 이범석과 원용덕을 잘라내 대통령 체제를 실질적으로 거세하자는 것이다. 영은 이승만이 계엄령을 선포하고 '국제공산당 음모' 혐의를 씌워 국회의원들을 체포한 행위를 '국회에 대한 테러적 공격'이라고 표현하면서 그가 의심할 나위 없는 반공 지도자라고 하더라도 "자기 나라의 진정한 복지에 헌신하는 덕성이나 위상이라고는 거의 찾아볼 수 없는 교정 불가능한 독재자"로 못박고 있다. 둘째, 국회를 보전해야 한다는 데 무게 중심을 두고 있다. 이런 점에서 영의 제안은 6월 4일 결정된, 장택상 식의 '발췌개헌안'에 근거하여 타협을 결정한 미국의 정책을 뒤엎는 것이다. 그는 '국회의 파산'은 동북아국이 지적한 온갖 해로운 결과를 초래할 것이라며, 대의 정부와 법의 정당한 절차가 중단되면 그것이 집단 안보를 위한 진정한 노력을 '완전한 웃음거리'로 만들 것이라고 단정하고 있다. 셋째, 마지막으로 장기적으로는 이승만 개인이 아니라 '건강하고, 건설적이며, 안정된 정권'을 발전시켜야 한다고 역설하고 있다. 이 제안은 당장 이승만 체제를 유지하면서 장기적인 비전을 제시한 것으로 잘못 읽을 수 있는 대목이다. 그러나 영은 이승만을 지지할 수 있되, 이범석과 원용덕 제거나 '애국적인 연립정권 구성' 등 모든 정치 혁신안에 '완전한 협조'를 시행하는 것을 조건으로 들고 있기 때문에 사실상 이승만의 재선을 막는 것이라고 봐야 할 것이다.

유엔 참전국의 격앙

이러한 영의 정책 대안이 한국의 문제를 둘러싸고 새로운 사태 발전을 반영하고 있다는 측면에 주목할 필요가 있다. 새로운 사태 발전이란 무엇인가? 그 하나는 한국전에 참전하고 있는 유엔 회원국들의 격앙된 반응이고 다른 하나는 부산 현지에서 나타난 새로운 상황이다. 유엔 담당 국무차관보 히커슨(John D. Hickerson)은 6월 13일 국무차관 매튜스(Francis P. Matthews) 차관에게 비망록을 제출해 이승만의 행동이 미국의 국제 위신에 악영향을 끼쳤다고 지적하고는 미국 정부의 신속한 개입을 정식으로 요청했다. 그는 한국전에 참전하고 있는 유엔 회원국 정부가 이승만을 극도로 의심하고 있으며 "그들이 희생하고 있는 것이 이런 것을 위해서인가?"라고 힐난하면서 미국의 조속한 개입을 요청하고 있다고 일깨웠다.[15] 그는 이승만이 트루먼 대통령의 항의를 실질적으로 거절했다면서 국회가 굴복하지 않으면 국회를 해산할 것이라고 공개적으로 천명했다는 점을 지적했다.

부산 현지에서 일어난 또 다른 사태 발전이란 한국 현지의 야당뿐만 아니라 한국군과 정부 지도자들의 불만과 동요를 전하는 보고서가 워싱턴에 이른 것이다. 예컨대 이승만의 오랜 측근이며 전 국방장관인 이기붕이 무초 대사를 만나 "유엔군이 계엄령을 선포하고 한국군을 동원하여 상황을 장악해야 한다"고 요청했다는 것이다.[16] 또한 많은 한국군 장교들이 이승만의 행동을 억제하기 위해 유엔군이 계엄령을 선포할 필요가 있다고 주장하고 있다는 대사관 주재 무관의 보도도 담았다. 어떤 경우든 이는 이범석 등 '사악한 무리'에 대한 반감이 그 저류에 흐르고 있다고 무초 대사는 보고했다.[17]

---

15 히커슨은 이승만의 행동이 유엔 안에서 미국에 다음과 같은 악영향을 줄 것이라고 열거하고 있다. 대단히 해로운 UNCURK 보고서, 계속적인 공산주의자들의 선전 공격, 어떤 나라들에 가해지는 한국으로부터의 철군 압력, UNCURK에 대한 출연금 확보의 어려움, 휴전이 안 될 경우 유엔의 엠바고나 해상 봉쇄와 같은 추가 조치 확보에 대한 커다란 저항, 휴전 이후 통일 한국의 계획에 대한 한국 내 지지 결여, 그리고 한국의 유엔 회원국 신청에 대한 지지 결여. 유엔 담당 국무차관보가 국무차관에 전하는 비망록, 1952년 6월 13일, *FRUS 1952~1954*: 327쪽.

16 무초 대사가 국무장관에게, 1952년 6월 19일 및 6월 20일 795.00/6-1952 및 795.00/6-2052, RG 59, Decimal File, 1950~54, NA; 李鐘元, 1994: 43쪽, 주 5, 재인용.

17 무초 대사가 국무장관에게, 1952년 6월 19일, 795.00/6-1952, RG, Decimal File, 1950~54, NA; 1952년 6월 20일, 795.00/6-2052, NA; 李鐘元, 같은 글: 34~35쪽, 재인용.

이렇게 상황이 변화하면서 사태가 새롭게 발전하자 6월 중순경부터 미국은 드디어 부산 정치 위기에 대해 강경 대응으로 돌아서게 된다. 물론 여기에는 국무부 동북아국장 영이 주도적 역할을 했음은 말할 필요도 없다. 6월 25일 국무부-합참 합동회의는 영이 마련한 군사적 개입 지침을 승인하고 그 지침에 따라 클라크 장군에게 군사적 개입 계획을 작성하라고 명한다. 무초 대사도 계획 작성과 관련하여 두 가지 요점을 보고했는데, 그 하나는 개입 기준이고 다른 하나는 유엔군 개입의 형태에 관한 것이다. 먼저 무초의 보고에서 개입 기준을 보면, (1) 국회 해산이나 의원들의 추가 체포, (2) 이승만의 돌연한 정신적·육체적 쇠약 상태, (3) 이범석이 무력으로 경찰이나 청년단 조직을 장악하려 기도할 경우, (4) 이범석 그룹이 한국군에 간섭할 경우, (5) 심각한 폭력사태가 발생할 경우를 들고 있다. 이어서 그는 개입작전의 형태에 관해 (1) 유엔군의 이름 아래 행할 것, (2) 사람들이 이승만이나 그의 이름으로 반미·반유엔 및 애국적 감정에 호소하여 저항하는 것을 차단하기 위해 사전에 주의 깊게 준비된 계획에 따라 신속하고 결정적으로 행동할 것을 주문했다. 요컨대 무초 대사는 군사적 사유뿐만 아니라 정치적 사유도 개입 기준으로 포함시키고, 군사작전은 속전속결로 완수하여 장기화하는 데 따른 정치적 부담을 최소화함으로써 군부의 반대를 우회적으로 돌파하려는 의도를 표명한 것이다.

다음으로 국무부-합참이 승인한 군사 개입 계획 지침안을 기초로, 합참이 클라크 장군에게 하달한 군사 개입의 계획 작성 지침은 무엇인가를 살펴보자. 합참이 6월 25일 하달한 이 훈령은 "**클라크 유엔군 사령관과 동시에 무초에게도 전해지면서 양 부서[국방부와 국무부]가 가장 빠른 시일 안에 서로 협의하고 정치적·군사적 구체 계획을 마련하여 워싱턴에 제출할**

것"(강조는 지은이)을 명하고 있다. 이 훈령은 계획 작성의 지침을 다음과 같이 지시한다.

1. 계획의 실행 필요성은 충분히 미리 예상해 본국 정부의 재가를 얻는 것을 원칙으로 하지만 긴급한 경우 유엔군 사령관 재량에 맡긴다.
2. 긴급 정도가 상대적으로 낮은 경우 계획은 다음의 노선에 따라 행동할 것을 숙고해야 한다. (a) 사정이 허락하면 UNCURK, 대사관, 유엔사령관이 이승만 또는 기타 책임 관료로 하여금 세 기관의 판단에 의해 필요하다고 간주하는 행동을 즉시 취할 것을 요구한다. (b) 사정상 위의 요구를 할 수 없을 경우 또는 대한민국 정부가 요청한 행동을 취하지 않을 경우, 유엔군 사령관은 되도록 UNCURK의 요청에 따라 미국 정부에 간섭의 재가를 권고한다.
3. 미국 정부가 간섭을 재가한 경우 유엔군 사령관은 유엔의 집행 기구로서 다음 노선에 따라 행동을 취한다. (a) 한국의 총참모장에게 한국군, 준군사단체, 유엔군이 필요하다고 생각하는 전국 내지 지방 경찰력을 장악하라고 지시하고, 부산 지역에 계엄 통치를 관장한다. (b) 계엄 통치는 한국 주권의 상징으로서 가능한 한 최대한 정도로 한국 정부 조직의 권능을 보전한다. 이런 상황 아래 한국 총참모장에 내린 명령은 부산 지역 계엄 통치가 계속적으로 기능할 수 있는 한국의 문민정부 기관들이 보완하는 성격을 지닌다. 이런 명령들은 헌정의 보전과 문민권이 불가피하게 정지된 경우 조속한 회복을 규정한다. 한국의 필요한 인사와 조직은 완전한 보호를 받아야 하며, 질서가 회복되는 대로 곧 헌정의 정상적인 기능을 발휘하도록 필요한 조치를 취한다. (c) 위 조치들은 한국군의 사용만을 고려하고 있으며, 또한 그것이 바람직하지만 사정상 필요한

경우 기타 유엔군의 사용을 제한하지 않는다.
4. 한국군 총참모장 및 한국군의 신뢰성을 평가해주기 바란다. 특히 이승만이 1950년 7월 14일 한국군을 유엔군의 지휘권 아래 넘긴 명령을 취소하는 경우를 염두에 두기 바란다.
5. 위의 지침을 시행함에 있어 유엔군 사령부, UNCURK, 대사관 간에 최대의 조정이 있어야 한다(합참이 클라크 유엔사령관에게, 1952년 6월 25일, *FRUS 1952~1954*: 358~360쪽).

그러나 문제는 합참이 내린 훈령의 취지대로, 또는 동북아국이 의도한 대로 현지 사령관이 움직이지 않았다는 것이다. 먼저 클라크는 계획 작성이 무초 대사와의 긴밀한 협조 아래 이루어져야 한다는 훈령에 아랑곳하지 않았다. 무초 대사와는 전혀 상의하지 않은 채 군사 개입 계획을 마련한 것이다. 이에 무초 대사는 6월 30일 극동 문제 부차관보 존슨에게 전문을 보내 유엔군 사령부가 "그 [군사 개입의] 구도에 관한 그들의 생각에 관해 아무런 통보도 없다"고 알린다. 그러나 그가 입수한 정보에 의하면, '도쿄 [유엔군 사령부]의 생각'은 "미국의 인력 수백 명을 요구하는 군정 성격을 가진 기구인 듯한 징후가 보여 걱정"이라고 일깨우고 있다(주한 대사가 극동 문제 담당 부차관보에게, 1952년 6월 30일, *FRUS 1952~1954*: 368쪽). 그는 그런 군정의 개념은 위험하고 불필요하다면서, 개입의 필요가 생기면 "유엔군이 적절한 지침을 근거로 책임을 떠맡아 한국군 참모총장을 통해 행동해야 한다"고 계획 작성 지침을 상기시킨다. 또한 그는 개입하기로 결정하면 "우리는 결정적으로 순식간에 행동하고 '아주 소수의 썩은 놈(the very few bad eggs)'을 고립시키고 가능한 한 한국 정부의 행정 체제를 유지해야 한다"고 자신의 생각을 전한다.

그러나 클라크는 한국군 총참모장을 통해 계엄 통치를 시행하라는 합참 지침의 취지를 비켜가는 계획을 세웠다. 뒤에서 보듯 그는 내전이 발생할 수 있다는 이유를 내세워 한국군 총참모장을 계획 실행의 주체로 삼거나 한국군을 사용한다는 내용을 배제하고 유엔군을 주축으로 사태를 직할한다는 계획을 세운 것이다.

여기서 의문이 생긴다. 왜 클라크는 합참이 내린 지침의 취지를 어기는 모험을 무릅쓰고 한국군 총참모장을 계획 실행에서 배제했을까? 그 대답은 어렵지 않게 추론할 수 있다. 당시 한국군 참모총장은 이종찬 장군이었다. 그는 부산 지역에 한국군을 파견하라는 이승만의 명령을 거부했을 뿐만 아니라 5월 말 라이트너 대리대사에게 반이승만 쿠데타 거사를 제의한 인물이다. 부산 지역에 계엄령이 선포된 직후인 5월 27일 저녁 라이트너 대리대사가 밴플리트 장군과 함께 이승만 대통령을 찾아가 계엄령 해제를 요청했을 때 이승만이 이종찬에 대해 보인 적대감을 상기해보자. 그때 이승만은 이종찬이 대통령을 겨냥한 음모에 관련되어 총참모장직에서 해임될 것이라고 말했지만 밴플리트 장군의 반대로 이종찬은 총참모장직을 유지하고 있었다. 이런 사정을 꿰뚫고 있는 클라크로서는 이종찬 총참모장에게 반이승만 군사 개입 실행의 대권을 넘긴다는 것은 애당초 불가능한 일이었다.

사후 약방문이 된 군사 개입

클라크가 마련한 군사 개입 실행 계획은 7월 5일 전해졌다. 그러나 바로 전날 7월 4일 야밤에 국회는 이른바 '발췌개헌안'을 통과시키는 의식을 치른 뒤였다. 따라서 부산의 정치 위기가 해소되었기 때문에 어떤 군사 개입 계획의 필요성도 소멸된 뒤였다. 중병에 걸린 이승만 체제에 대해 외과수술을 하라는 합참의 명을 받은 클라크가 질질 끌다가 환자가 죽자 부랴부랴 사후 약방문을 쓴 셈이 되었다. 이 사후 약방문이 워싱턴에 전달된 시점도 절묘하다. 도쿄 시각으로 7월 5일 새벽 4시 22분으로 되어 있다. 부산에서 발췌개헌안이 찬성 163, 반대 0, 기권 3으로 통과된 시각이 전날 밤 7월 4일 9시 35분이니 도쿄의 실행 계획은 그 이후 8시간 안에 전격적으로 보내진 셈이다. 게다가 그 실행 계획을 담은 전문(電文)은 "전날 밤 타협적 개헌안"이 통과되었음을 인지하고 있었다는 것을 드러낸다. 이는 도쿄의 클라크 유엔사령부가 부산 국회의 추이를 그 전날 밤 늦게까지 주시하면서 다음날 새벽 워싱턴에 용의주도하게 보냈다는 말이 된다. 다시 말하면 클라크는 군사 개입의 구체적 실행 계획안을 손에 쥐고 있다가 발췌개헌안이 국회를 통과하자 아마도 더 늦기 전에 합참의 지령을 지키는 것으로 군사 개입 계획을 끝내려 했던 것이다.

클라크가 마련한 군사개입안은 무초 대사가 우려한 대로 유엔군이 주체가 되고 대규모 행정 요원을 필요로 하는 군정 실시안이었다. 합참이 내린 계획 작성 지침은 유엔군의 지휘 아래 어디까지나 한국군 총참모장이 실행 주체가 되어 단기간의 결정적인 작전으로 군사 개입을 완수하는 것인데도, 클라크가 작성한 안은 개입 실행의 주체로서 한국군 참모총장을 거부하고 유엔군이 커다란 짐을 떠맡는 실질적인 군정 실시안이었다.

이종원(李鐘元, 1994)은 클라크가 작성한 실행 계획안에 대해 "미국 정부에 팽대한 실행의 부담을 과한다는 것 자체가 그 **'실행의 문턱**(実行の敷居)' (강조는 지은이)을 높이는 효과를 가졌다는 것을 부정할 수 없다"(38~39쪽)고 평했다. 그러나 이는 실행의 문턱을 높인 것을 넘어 실행 자체를 무산시킨 효과를 노린 것이라고 보인다. 미국이 1945년 9월 한반도 남부를 점령한 이래 군정의 짐으로부터 벗어나려고 얼마나 노력했는지는 하지 군정의

역사를 조금만 주의 깊게 보아도 알 수 있다. 미국은 1948년 8월 대한민국 정부가 세워지자 그해 말 미군을 철수하려 했다가 여의치 않자 1949년 6월 말 허겁지겁 한국에서 철수한 것이다.

사실 클라크 장군은, 6월 4일 국무부-합참 합동회의에서 결정된 미국 정책, 즉 이승만의 대통령직을 유지한다는 전제에서 훈령을 받은 대로 계엄령을 해제하고 국회의원을 석방하기 위해 함께 노력하자는 무초 대사의 제안도 거절하는 태도를 보였다. 무초가 이승만의 행동이 더욱 완강해진 것은 두 장군(클라크와 밴플리트)이 이승만의 행동에 '무언의 지지'를 한다는 잘못된 인상을 이승만의 마음속에 심었기 때문이라고 하자 두 장군은 이를 일소에 붙였다. 클라크는 주일 대사 머피를 내세워 그의 생각을 솔직히 털어놓았다. 이곳 도쿄의 군부 쪽은 "[한국] 국회가 100% 옳을 수도 이승만이 100% 틀릴 수도 없다"고 생각하고 있다면서, "클라크가 한국 국내 정치에 개입함으로써 무초는 무엇을 얻기를 기대하는가?"라고 반문한다(무초가 클라크에게, 1952년 6월 16일; 머피가 무초에게, 1952년 6월 20일, *FRUS 1952~1954*: 338~340쪽 및 346~347쪽). 이는 클라크가 작성한 군사 개입이 무엇을 노리는지 암시하는 대목이다. 라이트너는 당시 클라크의 행동을 국무부와 국방부와의 관계에서 다음과 같이 회고한다.

국무부가 못 본 체하자는 제안에 동조하지 않은 또 다른 이유는 국무부가 국방부와 '격렬한' 싸움이 될 것으로 보이는 문제에 관해 국방부와 논쟁하기를 지극히 꺼렸다는 것이다. 나는 한국의 정치 사태에 대한 군의 태도에 관해, 즉 클라크 장군과 밴플리트 장군이 이승만 대통령에게 한 말에 대해 국무부에 자세히 보고했다. 나는 국무부가 이 문제에 대해 대결을 꺼린 것을 이해한다. 그렇지만 — 아마도 이것이 커다란 지구적 문제를 보지 못한 현지의 견해를 나타낸 것인지도 모르지만—그 문제는 국무부가 국방부와 논쟁을 벌일 만큼 중요하고, 따라서 대통령에게 결정을 맡겨야 할 것이었다. 그러나 이 문제는 국방부나 대통령에게 올라가지도 못했다("앨런 라이트너와의 구두 역사 회견", 리처드 매켄지, 1973년 10월 26일).

클라크가 세운 군사 개입의 실행 계획안은 무엇을 담고 있는가? 그는 군사 개입 실행 주체로서 한국군 참모총장을 거부하고 있는데, 그 이유로 "한국군의 사용이 일종의 내전을 촉발할 수 있다는 점, 또는 뒤에 한국군의 행동으로 야기된 적대감이 한국군 내부 군인들의 상호 적대 행위와 같은 심각한 반향을 일으킬 수 있다"는 점을 들었다. 그는 간섭이 필요할 경우 다음과 같은 구체적인 계획 행동 시나리오를 제시한다.

(a) 이승만 대통령을 부산에서 나오게 하기 위해 서울이나 다른 지역으로 유도한다.
(b) 적절한 때 유엔군 사령관이 부산 지역으로 이동해 이승만의 독재 행동을 주도했던 5명에서 10명의 핵심 분자를 체포하며, 바람직한 유엔군 시설과 한국군 시설을 보호한다. 또한 계엄령이 해제될 때까지 한국군 총참모장을 통해 계엄 업무를 장악한다.
(c) 이승만에게 취해진 행동을 '기정사실'로 알린다. 그에게 요구하여 국회에 행동 자유를 허용하는 계엄령 해제를 서명케 하며, 여러 강력한 군 기관의 간섭으로부터 신문과 방송의 자유를 확립한다.
(d) 만일 이승만 대통령이 계엄 해제 서명을 거부하면 면담 소통을 금지하고 보호연금 조치를 취하며, 장택상 총리에게 유사한 서명을 하게 한다.
(e) 총리는 서명에 동의할 것으로 생각한다. 그러나 만일 그가 동의하지

않으면, 유엔군의 과도 정부에 접근하는 추가 조치가 필요할 것이다.
(f) 이승만이나 장택상이 동의하는 경우, 군사적 행동이 필요했으며 적당하다면 전쟁에 참여한 국가들의 요청으로 유엔군이 개입하여 불법 행위를 범한 자들을 제거했다는 취지의 성명을 언론 매체에 배포한다(유엔군 사령관이 합동 참모본부에, 1952년 7월 5일, 도쿄, *FRUS 1952~1954*: 377~378쪽).

그런데 이 군사 개입 계획안에서 가장 흥미를 끄는 부분은 제7절로 "국회의원 10명이 풀려났으며, 국회가 어제 저녁 타협적인 개헌안을 통과시킨 이상 한국의 정치 상황은 곧 정상화될 것으로 본다"고 말하고 있는 점이다. 마치 군관이 군사 개입의 임무를 맡을 주요 지휘관들 앞에서 실행 계획을 자세히 브리핑한 뒤 마지막 순간 계획안이 쓸모없게 되었다고 말한 셈이다. 사실 클라크는 말미에 실행 계획은 '만일의 경우(for any eventuality)'에 대비한 것으로 "완결되어 이곳 서류철에 보관할 것"이라고 부언하여 사실상 폐기되었음을 스스로 인정하고 있다.

돌이켜 볼 때, 1952년 5월 25일 부산 정치파동이 요동치기 시작할 즈음 라이트너 대리대사가 처음 요청한 강경 대응으로 시작된 미국의 대응은 반전에 반전, 그리고 또 재반전을 거듭하다가 다시 원위치인 무대응으로 돌아온 셈이었다. 이 정치파동의 마지막 국면에서 이승만에 대한 견제를 둘러싸고 무초 대사와 클라크 유엔사령관이 갈등한 양상을 두고 그 현장을 취재한 한 연구는 미국 정부 안의 '문관과 무관의 대립'(조용중, 2004: 264쪽)이라고 표현하고 있다. 그런데 클라크가 부산 정치파동의 중요 국면에서 이승만을 옹호한 행위는 미국의 대한정책과 관련하여 본부의 정책과 현장의 집행과의 관계에 관한 역사 연구에 중요한 과제를 던져준다.

그는 위에서 본 바와 같이 6월 4일 국무부-합참이 합동회의에서 결정한 대로 이승만의 대통령직 유지를 전제로 계엄령 해제 또는 국회의원 석방을 공동 요청하자는 무초의 요구를 거절했다. 게다가 그는 6월 25일 합참이 내린 군사 개입 계획 작성 지침의 취지를 어겨가면서 군사행동 실행 계획을 실질적으로 무산시켰다. 지은이의 관점으로는 부산 정치 위기의 경우 미국의 군사 개입이 한국 의회주의의 운명을 가를 수 있는 '충분한 인과성'을 가졌다고 볼 때, 이념형으로 구성한 원인(A-군사 개입)이 현실의 원인(A'-무대응)으로 변질된 결과, 한국 의회주의가 A의 결과(의회주의의 생존)로 가지 못하고 A'의 결과(의회주의의 붕괴)로 이르게 되었다고 상정할 수 있다(제1장 4절 "국회프락치사건의 역사적 복원과 재조명" 중 〈그림 I-1〉"이념형과 실제 사건의 행보 비교" 참조).

미국 정책의 변질과 의회주의의 몰락

무초 대사는 6월 6일 부산에 귀임한 이후 국무부 훈령에 따라 이승만 대통령과 국회 사이를 중재하려고 노력했으나 완전한 실패로 끝났다. 이승만은 더욱 완강해져 완전히 이성을 잃고 대들었으나 '이 다루기 힘든 늙은이'를 다스릴 마땅한 방도가 없었다. 그가 받은 훈령대로 계엄령을 해제하고 국회의원을 석방하려고 가한 정치적·외교적 압력은 무용지물이었다. 위에서 본 대로 밴플리트 미 8군 사령관이나 클라크 유엔군 사령관이 이승만을 지지한다는 인상을 주었다고 항변했으나 두 무관의 비웃음을 샀을 뿐이었다. 이런 딜레마 상황에서 무초 대사는 7월 4일 부산 대사관에서 조촐한 미국 독립 기념 리셉션을 열었다. 그러나 이 리셉션장은 그동안 부산 정치파동에서 야당이 이승만에 대해 버텨온 저항의 둑이 무너진 현장이 되었다. 40년 뒤 무초는 그 광경을 다음과 같이 회상한다.

나는 조병옥의 움직임에 관해 듣고 있었어요. 우리가 7월 4일 리셉션을 가져야 할지 말아야 할지 문제가 나왔어요. 나는 말했지요. "자, 리셉션을 엽시다. 사태가 약간 가라앉은 것 같습니다. 한국 사람들이 와서 인사나 나눌 기회를 가집시다." 그리고 나서 조병옥과 그 그룹의 두 명이 4시 반에 와서는 "우리는 정부 당국자들과 함께 자리를 하지 않습니다만 인사를 드리고 싶어서 좀 일찍 왔습니다"라고 말하는 거예요. 함께 한 잔을 마셨지요. 그러자 조병옥이 나를 밖으로 끌고 나가더니 이렇게 말하는 것이에요. **"오늘 아침 장군이 발표한 성명 말인데요, 미국 정부가 이승만에 환멸을 느꼈다는 말인가요?"** 나는 그가 무엇을 유도하려는지 잘 알고 있기에 **"조 박사, 미국 정부가 발표할 성명이 있다면 확실히 합니다. 추측할 필요가 없습니다"** (강조는 지은이). 그랬더니 그가 말하더군요. "아, 그렇군요." 그것으로 상황은 끝난 것입니다("존 무초와의 구두 역사 회견", 제리 N. 헤스, 1973년 12월 27일).

라이트너가 목도한 광경도 이와 비슷하다. 라이트너는 그에게 쿠데타를 제안한 이종찬 총참모장과 신익희 국회의장을 만나 비슷한 이야기를 해줬다고 회상했다.

그래서 부산에서 나는 7월 4일 '리셉션'에 온 총참모장과 신익희 국회의장에게 미국 정부는 국회를 지지할 각오가 되어 있지 않다고 말해야 했습니다. 이 말을 듣고 곧 국회의장은 의원들에게 게임은 끝났다고, 즉 저항해야, 숨어 있어야 소용없다는 말을 전했지요. 그 다음날인가 이틀 뒤인가 국회의원들이 숨어 지내다가 나와 정족수를 채우고 대통령 직선제 개헌안을 통과시켰습니다("앨런 라이트너와의 구두 역사 회견", 리처드 매켄지, 1973년

10월 26일).

무초 대사와 라이트너 참사관은 7월 4일 미국 독립 기념 리셉션장에서 그들이 체험한 일을 회상하면서 그날이 야당 저항의 마지막날이라는 데 의견이 일치하고 있다. 그들은 국무부가 추진해온 군사 개입 계획은 이미 물 건너간 일이라고 판단하고 미국 개입에 마지막까지 미련을 버리지 못한 조병옥이나 신익희 등에게 미국의 입장을 확실히 전해준 것이다.

그런데 위에서 무초가 말한 회고담에서 조병옥이 말했다는 '오늘 아침 장군이 발표한 성명'이란 무엇을 말하는지가 흥미롭다. 그는 마지막 순간까지 군사 개입의 가능성을 은밀히 묻고 있었다. 이것은 미스터리다. 7월 4일 아침 도쿄의 클라크 장군이나 서울의 밴플리트 장군이 어떤 성명을 발표했다는 기록은 없다. 그러나 조병옥은 클라크가 그 다음날 워싱턴에 보고한 군사 개입 실행 계획안에서 '이승만의 보호연금'이라든지 '군정'을 실시한다 등 다소 충격적인 내용에 관해 소문을 들은 것 같다. 이른바 국제공산당 혐의로 6월 3일 구속당해 39일 만에 풀려난 서범석 의원은 7월 1일 한 청년으로부터 조병옥이 전한 은밀한 메시지를 전달받는다. "내일 4시까지 버티라는 연락입니다. 미 8군이 이 박사를 체포하여 감금한 뒤 군정을 실시하기로 했다는 소문이 파다합니다"(부산일보사, 1983, 상권: 332~334쪽). 그러나 위 기록은 몇 시간 뒤 복도에서 안면 있는 미 대사관 참사관이 서범석에게 다가오더니 일본말로 "기세키와 아리마셍(기적은 없습니다)"이라고 말하고는 돌아가버렸다고 전한다.

이 기록은 구체적인 정황을 서범석의 말로 전하고 있어 사실일 가능성이 높다. 도대체 조병옥은 어디서 이 소문을 귀동냥했을까? 아마도 그 소문의 진원지는 밴플리트 장군과 이종찬 총참모장일 것이다. 도쿄에서 군사 개입 실행 계획이 마련되는 과정에서 그 초안의 내용이 그때쯤 밴플리트에게도 알려졌을 것이며(워싱턴에 보고한 실행 계획안은 밴플리트 장군과 협의했다고 밝히고 있다), 밴플리트는 이를 그의 측근인 이종찬 총참모장에게 알렸을 공산이 크다. 이종찬 장군은 이를 다시 친한 사이인 이기붕, 조병옥에게 귀띔해주지 않았을까? 그러나 이 실행 계획은 '만일의 사태'에 대비한 것이기에 그 내용이 잘못 알려진 것이지만 조병옥은 그 소문에 크게 고무되었을 것이다.

이렇게 7월 4일 열린 미국 독립 기념 리셉션장은 이승만의 고압적인 경찰국가적 탄압에 맞선 야당의 마지막 저항선이 무너진 날이었다. 이제 무초 대사에게 남겨진 일은 무엇인가? 그는 곧 한국에서의 임무를 마치게 되어 있었다. 5월 24일 워싱턴에 업무협의차 귀환했을 때, 그는 유엔 신탁통치이사회의 미국 대표로 임명을 받은 처지였다. 따라서 그는 6월 23일 클라크 장군을 대리한 머피 주일 대사에게 쓴 답장에서 "나는 약간 방관자입니다(I may be a bit of an ostrich)"라고 말하여 한국 문제가 이제 자기 손을 떠났다는 점을 암시하고 있다. 국무부 극동 문제 담당 부차관보 존슨은 7월 21일 무초 대사에게 "우리는 당신의 후임에 관해 열심히 노력하고 있는데, 내주 안에는 결정이 날 것으로 기대하며, 그러면 당신은 뉴욕의 매연을 위해 부산의 먼지를 발에서 털어낼 수 있을 것이다"라고 통보해준다. 무초 대사는 그로부터 40여 일을 머물다가 9월 8일 한국을 떠났다.

그렇다면 무초 대사는 7월 4일 야밤에 발췌개헌안이 통과된 뒤 한국에서의 임무를 마치고 이한(離韓)할 때까지 뒷짐만 지고 있었는가? 그렇지는 않은 것 같다. 그 개헌안이 통과된 전후에 그가 남긴 전문에 의하면 무초는 이승만을 실각시키는 군사 개입에 대한 희망을 접는 대신 자신의 관점에서 경찰국가적 체제를 순화하는 데 힘을 쏟고 있다. 그리고 그의 노력이 한국 의회주의의 온존과는 상관없이 일정 부분 영향을 끼쳤다는 징표가 보인다. 무초는 발췌개헌안을 통과시키기 위한 마지막 작업이 진행되는 중이던 6월 28일 쓴 전문에서 "이승만은 승리의 순간까지 계엄령을 밀고 나갈 것이며, 체포된 국회의원들에 대한 재판도 진행하는 이상 우리는 그의 승리가 자유세계에 받아들여지는 방식과 관련해 어려움에 처할 것"이라고 우려를 표명했다. 그는 남은 과제에 대해 다음과 같이 쓰고 있다.

> 문제의 관건은 이승만 주변 무리의 품격이 될 것이다. 만일 체제 안의 집단인 이범석-임영신-안호상-윤치영-원용덕 무리가 계속 힘쓰는 자리에 있는 이상 고상한 정부, 효율적인 경제 운영 등은 전혀 기대할 수 없다. 반면 지금의 갈등에 휩싸이지 않고 **이전에 행정 능력, 정직성과 성실성을 보여준 좀 더 온건한 집단이 있는데, 이승만이 현재 권좌에 있는 자들을 쫓아내면 이들이 핵심적인 자리를 차지할 것이다. 그들은 지금 대단히 환멸을 느끼고 분개하고 있지만, 근본적으로 선량한 사람들이기에 역경을 극복하기 위해 도움을 요청하면 이에 응할 것으로 기대한다**(강조는 지은이, 주한 대사가 국무부에, 1952년 6월 28일, *FRUS 1952~1954*: 363쪽).

무초 대사가 희망을 건 문제의 '좀 더 온건한 집단'이란 누구를 이르는 말인가? 그는 누구라고 밝히지 않고 다만 이범석 그룹을 대체할 수 있는 '선량한 사람들(men of good will)'들이라고만 언급한다. 그는 같은 보고에서 "이범석과 일당이 이승만을 위해서도, 한국과 유엔을 위해서도 위험하다는 것을 이승만의 마음속에 씨를 뿌리는 데 조금 성공을 거두었다"고

자평하고 있다. 무초는 7월 12일 전문에서 이범석이 대선에서 이승만과 러닝메이트가 되어 부통령 후보로 나온다면 당선될 것이 확실시된다고 우려하면서 이범석을 실각시키기 위한 '막후 운동(behind-scene efforts)'을 벌이고 있음을 시사하고 있다.

그는 이 막후 운동이 성공을 거둘 수 있을지 말하는 것은 아직 시기상조라면서도 '이승만과의 대화'에서 '[이범석에 대한] 헐뜯는 말(Rhee's disparaging remarks)'을 들었으며 또한 이범석이 각의에서 몇 번 비판을 받았다는 사실로 보아 "어느 정도 성공을 거두고 있다"고 말한다.

그런데 그 뒤 전개된 대선 정국에서 무초 대사가 한 말이 그대로 실현되었다. 이승만은 원외 자유당의 부통령 후보로 지명받았던 이범석을 거부하고 노령의 함태영(咸台營)이라는 인물을 전 경찰력을 동원하여 부통령으로 당선시켰다. 이범석은 원외 자유당 부당수로서, 또한 내무장관으로서, 경찰과 족청세력을 동원하여 이승만의 직선제 개헌안을 실현시키는데 맹활약한 일등 공신이다. 그로서는 예상도 못했던 배신이었다. 그 뒤 이범석이 거느리던 족청세력도 자유당으로부터 점차 '숙청'되었다.

이종원(李鐘元, 1994)은 무초가 주도한 '공작'으로 인해 이범석 세력을 대체하여 자유당의 새로운 실력자로 부상한 이들은 이기붕을 중심으로 한 이른바 '전문 관료집단'이라고 시사했다(41쪽). 그는 "이러한 이범석 체제로부터 이기붕 체제로 자유당의 권력 구조가 변화한 것은 이승만의 정치적 술책의 산물로 설명하는 경우가 많다"면서, "그러한 변화의 배후는 미국의 관여도 고려하여 바로잡을 필요가 있다"고 주장한다.

그러나 이승만이 이범석 그룹을 숙청하고 그 대신 이기붕 그룹을 선택한 것에 무초 대사의 공작이 얼마나 작용했는지는 명확하지 않다. 무초 대사의 '공작'이 있었더라도 그것이 작용하여 영향을 준 측면보다는 이승만이 자신의 정치적 필요에 의해 자유당 권력 구조의 변화를 선택했다고 보는 것이 보다 합리적이라고 생각한다. 당시 곧 이한할 처지에 있는 무초 대사가 막후 공작한 이범석 퇴진 운동에 이승만이 동조하는 의사를 표했다고 해도 그것은 어디까지나 자신의 정치적 필요와 맞아떨어졌기 때문이었을 것이다. 노회한 이승만은 이임하는 미국 대사의 종용을 넘어서 재선 이후 그가 마음대로 요리할 수 있는 정치 지형의 전개를 마음속에 그리고 있었을 것이다.

　이승만이 그린 한국 정치 지형은 그가 시달려오고 거추장스럽던 국회의 견제와 균형 기능 장치가 사라진 일당 독재 또는 '지배정당제(hegemonic party system)'(Sartori, 1976: 230쪽) 아래의 원시적 독재였다. 지배정당제는 공식적인 또는 실질적인 권력 경쟁이 허용되지 않는 정치체제다. 그런데도 미국이 적어도 1958년까지 이승만-이기붕 자유당 체제를 구성하는 이기붕 중심의 자유당 과두 체제에 대해 '자유당 온건파'에 의한 '정당정치'의 확립이라고 환영하고 있는 것은 흥미롭다(李鐘元, 1994: 41쪽). 그러나 역사가들의 평가는 다르다. 그것은 의회주의의 붕괴이며, 양당제의 정당 정치가 아니라 잘해야 '1.5 정당제' 아래 운영되는 원시적인 독재 정치에 지나지 않는 것이다. 결국 이승만·이기붕 체제는 1954년 '사사오입' 개헌으로 이승만 1인 장기 집권을 제도적으로 확립한 뒤, 다시 1958년 '2·4 파동'을 통해 스스로 무덤을 파고 말았다.

　결과적으로 미국의 흔들리는 대한정책은 이승만 독재의 현상 유지냐? 그렇지 않으면 이승만의 제거냐? 두 가지 선택의 기로에서 국무부-합참이 6월 4일 결정한 대로 전자 쪽으로 되돌아오고 말았다. 6월 4일 이후 이승만이 국회와의 타협을 계속 거부하자 미국은 국무부의 주도 아래 후자 쪽으로 대한정책의 방향을 틀었으나 이번에는 현지 군사령관 클라크 장군이 다시 원점으로 방향을 되돌려놓은 것이다.

이렇게 흔들리는 미국의 대한정책은 한국 민주주의에 어떤 결과를 가져왔는가? 한마디로 의회주의의 몰락이었다. 그것은 라이트너 대리대사가 6월 2일 워싱턴에 경고한 대로 이승만이 남한을 "겁에 질린 온순한 의회와 함께 일당 독재의 경찰국가에 이르는 일방통행로로 몰고" 가는 형국이 되고 말았다. 부산 정치파동을 회고한 한 연구자는 당시 미국의 정책 대응을 다음과 같이 평한다.

만일 트루먼 행정부가 이승만이 국회의 반대자들을 수용하도록 밀고 나갔다면 이승만의 완전한 독주와 그에 따른 정치 제도로서의 국회의 몰락이라는 결과는 피할 수 있었을 것이다. **남한에 온전한 민주주의가 정착하지는 못했을지라도 적어도 1950년대에 좀 더 대의적인 정부가 들어섰을 것이다**(강조는 지은이). 1952년 헌정 위기에서 트루먼과 그의 보좌관들은 이승만의 초법적인 행동을 수용할 것인가, 그렇지 않으면 그를 쫓아낼 것인가, 두 가지 선택만을 생각했다. 그들은 전자를 선택함으로써 이승만의 정치 위기 해법을 용인했는데, 그 결과 남한에서 국회는 정치 세력으로서 배제되고 말았다(Keefer, 1991: 149쪽).

요컨대 키퍼의 연구는 트루먼 행정부가 제3의 선택을 했더라면 한국의 의회주의는 잔존했을 것이라고 추정하고 있다. 결국 트루먼 행정부는 미국의 민주주의의 관점에서 1952년 부산 헌정위기를 봄으로써 위기에 이분법적으로 대처했으며 이승만이 국회 반대자들과 권력을 공유하도록 강제할 수 있는 기회를 상실했다는 것이다(같은 글: 148쪽).

1970년대 초 어느 일요일 무초, 라이트너, 본드(Niles Bond)가 부부 동반으로 워싱턴 본드의 집에서 점심을 들며 정담을 나눴다. 어느덧 화제는 그들이 1952년 한국의 부산 정치파동에서 겪은 체험에 관한 것으로 흘러갔다. 무초는 1948~1953년 한국 대사, 라이트너는 1951~1953년 참사관, 본드는 1947~1950년 국무부 한국 문제 담당관이었기에 그들 모두가 그 격동기에 대한정책에 관여한 이들이었다. 그런데 느닷없이 무초가 부산 정치파동에 관해 말을 꺼낸 것이었다.

> **무초**: 나일즈, 여보게. 1952년 때 기회가 있었는데 우리가 그걸 놓쳤어. 그때 우리가 라이트너의 권고를 들을 만큼 현명했더라면 말일세. 그 오래 전 이 모든 재앙을 피할 수도 있었을 텐데. 우린 그때 그 늙은 ××를 없앨 수 있었는데 말야. 그것이 '우리의 큰 실수(our big mistake)'였어.
> **본드**: 그렇군요.
> **라이트너**: (미소만 짓는다) ······("앨런 라이트너와의 구두 역사 회견", 리처드 매켄지, 1973년 10월 26일).

6. 국제공산당 음모 사건

이승만 정권은 1952년 5월 25일 자정에 부산 일원에 비상계엄을 선포하면서 국회의원들이 국제공산당과 관련된 음모를 꾸몄다고 주장했다. 헌병과 경찰은 그날 새벽부터 이 음모 혐의가 씌워진 국회의원들을 잡아들이기 시작했다. 이 국제공산당 음모를 제일 먼저 통고받은 사람은 무초 대사였다. 5월 23일 무초 대사는 10여 일 예정으로 본국으로 돌아가게 되어 인사차 라이트너 참사관과 함께 임시 경무대의 이승만을 찾았다. 무초는 그때의 비화를 40여 년이 지나서 한 인터뷰에서 다음과 같이 털어놓았다.

…… 내가 신탁문제 이사회에 임명되었을 때인데, 나는 그 임명에 관해 비밀에 부쳐달라고 했지요. 그렇지 않으면 이승만에 대한 나의 영향력은 없어질 것이니까요. [5월 23일] 면담에서 안 일이지만 이승만은 국회의원 11명을 체포한다는 생각을 굴리고 있었습니다. 그는 내가 그것에 동조해야 한다고 생각한 모양입니다. 그는 거듭해서 말을 꺼냈습니다. 이들이 모두 나쁜 사람들이며, 공산당과 관계를 맺고 있다는 등등. 나는 "이 박사님, 이 문제는 당신과 당신 사법 당국이 결정할 문제입니다. 내가 결정할 문제가 아닌 내정 문제입니다"라는 입장을 취했지요.

그러나 그는 이 사람들을 체포하는 조치에 내가 동조해야 한다고 조르는 것이었습니다. **그는 심지어 내게 인상을 주기 위해 50달러짜리 빳빳한 지폐가 꽉 찬 가방 두어 개를 보여주기도 했는데, 그 돈이 북에서 홍콩을 거쳐 그들에게 오다가 가로챈 것이라고 했습니다. "이걸 왜 내게 보냅니까? 왜 수사당국에 보내지 않습니까?"라고 했지요**(강조는 지은이). 그는 내가 있는 동안 전혀 내색을 보이지 않았는데, 참 어처구니없지요. 내가 떠난 다음날인 1952년 5월 25일 그는 11명을 체포한 것입니다("존 무초와의 구두 역사 회견", 제리 N. 헤스, 1973년 12월 27일).

공안 당국의 발표에 의하면 이들 국회의원들이 국제공산당원들과 모의하여 대한민국 정부의 '국체 변혁'을 도모했다는 것이다. 이 범죄 혐의에 관해 내무부가 5월 30일 '정부혁신위원회 사건'을 발표한 데 이어 치안국이 6월 8일 '어마어마한' 음모 사건을 발표했다. 이 발표에 의하면 전 국무총리 비서실장 선우종원(鮮于宗源) 등 주모자들이 장면을 대통령으로 만드는 추대 운동을 벌이기로 하고, 이에 장애가 되는 이승만, 이범석, 백성욱, 장택상, 이시영 등을 암살하며, 이어서 장면 대통령을 '로보트'로 내세워 과거 한독당, 사회당 계열, 중간파를 망라하면서 일부 민국당원을 포섭하여 제3세력을 확충하고, 북한과 협상하여 '무혈 통일 정부' 수립을 모의했다는 것이다. 이는 얼른 보아도 너무 충격적인 내용이다.

그러나 어떤 영문인지 이 사건의 재판에 관해서는 쉬쉬 하는 모양이었다. 5월 21일 공보처는 비공개로 진행된 이 재판에는 특별히 UNCURK, 미국 대사관, 중국 대사관, 영국 공사관, 프랑스 공사관 등 각 외교사절단으로부터 두 명씩 참관인을 초청했다고 밝혔다. 6월 19일 부산지법에서 열린 첫 공판에 출정한 피고인은 국회의원 일곱 명, 민간인 일곱 명으로 모두 14명이었다. 그런데 공판 경과에 관해서는 아무런 발표도 없었다.

계엄사령관은 공판을 비공개로 한 까닭에 대해서, "전쟁 또는 [이 사건에 관련된] 해외 거주자들의 안전 때문"이라고 발표했다. 이 재판은 7월 4일 국회가 발췌개헌안을 통과시킨 뒤까지 계속되었으나 7월 28일 비상계엄이 해제되자 그 다음날 열린 공판에서 군 검찰은 공소를 취하하는 것으로 끝내고 말았다. 피고인들에게 씌워진 범죄 혐의는 너무 충격적인 반면, 공소를 취하한 이유는 쉽게 납득하기 어려웠다. 군 검찰은 "수사 기관의 기소 사실을 입증할 만한 증거가 희박하기 때문에 도저히 그대로 재판을 진행할 수 없다는 사정을 군 재판부에 요청한 결과"라고 기자들에 흘렸다고 한다(《동아일보》, 1952년 7월 31일자).

이러한 재판 경과를 볼 때 국회의원 등에게 씌워진 국제공산당 혐의가 조작되었음이 드러난 셈이었다. 즉 이 혐의를 입증할 만한 증거가 없다고 검찰 당국이 스스로 자백한 것이다.

위에서 본 바와 같이 국제공산당 사건은 애초 발표한 충격적인 내용에 비해 너무 싱겁게 끝났다. 그야말로 '태산명동 서일필(泰山鳴動 鼠一匹)'이었다. 군 검찰이 기소한 그 자세한 혐의 내용은 발표된 것이 없다. 그러나 비상계엄을 선포한 지 5일 뒤인 5월 30일 내무부는 '정부혁신위원회 사건'을 발표했다. 전 장면 총리 비서실장 등이 남로당 간첩들과 모의하여 그들의 돈을 받고 이 대통령을 비롯한 정부 요인을 암살하고 대통령으로 장면을 추대하려는 음모를 꾸몄다는 것이다. 이것이 국제공산당 음모 사건의 제1차 발표문이다.

제1차 발표문

지난 [1952년] 3월 중순 이래 연속적으로 시내 각 극장을 위시한 여러 곳에서 소위 대한민국 정부 혁신 전국 지도위원회라는 명칭 아래 정부를 비난 공격하고 민심 이반을 기도하는 불온 삐라가 살포되어 자못 민심이 혼란한 바 있어, 그간 수사 당국에서는 예의 그 출처를 내사해오던 바, 5월 25일 그 일당 10명을 체포하고 목하 수사 중인데 지금까지 판명된 일부 내용을 약기하면 한국전쟁 발발 전 서울에서 발생한 소위 '대한정치공작대 사건'의 주모자 정 모는 북한 괴뢰집단 최고인민위원회 대의원으로서, 남한 중간파 정당 단체 침투 포섭 공작의 비밀 지령을 받고 남하하여 남로당 중앙 특수 조직부원인 홍 모 형제와 접촉하였는데, 홍은

1. 단기 4281년(1948년) 말 경찰에 피검되어 일시 전향을 가장했다가, 한국 전쟁이 발발하여 괴뢰군이 수도에 침입한 직후인 4283년(1950년) 6월 30일경, 서울시 효자동 남로당 중앙특수조직책이었던 북한정치보위부 국 특수부책인 김한경으로부터 소위 인민공화국을 위하여 큰 공로를 세우라는 지령을 받고 이에 대한민국 국체를 변혁할 것을 결의, 모의를 거듭하여오던 중,

2. 지면인인 전 국무총리 비서실장 선우종원과 3월 초순경 상봉하게 되자, 동인으로부터 과거의 지하 조직을 살려 동인(선우)이 추대하는 대통령 입후보자의 선거 공작을 감행키 위한 비합법투쟁에 참가하는 것이 어떠냐는 의뢰를 받고 전기 목적을 달할 기회는 이것이라고 간파하고 이를 쾌히 승낙하는 동시에, 그 공작비로 수차에 걸쳐 일금 1천 3백만 원을 교부받았고, 즉시 부산극장 부근 소화의원(小花醫院, 선우종원 친동생의 집) 2층을 비밀장소로 정하는 동시에, 정 모와 밀회하여 선우종원이 추대하는 자를 대통령으로 출마하게 하여 그를 '로보트'로 내세우고 과거 한독당, 사회당 계열 및 중간파를 망라하는 동시에 일부 민국당원을 포섭하여 국체의 변혁을 결의하고,

3. 그 목적을 달성하고자, 3월 15일경 동 장소에서 선우종원, 홍 모 등을 주동으로 하여 소위 그 모체적 역할을 할 '대한민국 정부 혁신 전국 지도위원회'를 구성하고 세력 확충에 노력하는 동시에, 그 실천 제1단계로서 (1) 정부에 대한 비난 공격과 민심 이반 및 인심 현혹을 목적으로 불온 삐라 1만여 매를 인쇄 또는 등사하여 국회의원 및 정계 요인 기타 단체에 송달 및 시내에 살포케 하고 (2) 홍 모, 정 모로 하여금 그들의 이용 대상인 선우종원이 추대하는 대통령의 선거 공작에 일대 암적 존재인 이승만, 이범석, 백성욱, 장택상, 이시영 등 요인을 교묘한 수단 방법으로 살해할 목적하에 무기를 구입하려 하고 있었으며,

4. 선우종원은 직접 또는 기타 관계자로 하여금 국회의원 각파를 포섭할 의도하에 사회당원인 민영수, 한웅길, 이각래 등을 획득하고 국회의원 포섭 공작비로 10억 원을 제공 방출할 것을 약속, 우선 원내 자유당에 3억, 민국당에 2억, 민우회에 2억, 무소속에 1억, 의원 개별 공작비로 2억 원을 계상하여 5월 26일 하오 2시에 그 일부를 교부토록 하고, (1) 민영수(원내 자유

당)에게 자유당 의원 및 민국당 의원을 포섭하게 하는 동시에 그 공작비로 5월 26일 1억 원을 제공하기로 약속, 5월 16일 4백 20만 원을 교부하고, (2) 한웅길은 개별적으로 의원을 포섭하기로 하고, 금 1백 70만 원을 교부 받았고, (3) 이각래는 민우 회원을 포섭하기로 하고, 금 1백 70만 원을 교부 받은 사실이 있으며, (4) 선우종원은 작년 11월경부터 동인이 추대하는 대통령 선거 공작비로 자기 동창생과 친지 국회의원을 규합한 소위 7·7 구락부를 통하여 1억 수천만 원을 방출한 사실이 있으며, 점차 본 사건이 수사당국에 탐지되었음을 알아차린 일부 의원 중에는 스스로 사실을 고백하는 등, 본 사건의 실증을 확실하게 할 뿐만 아니라, 대한민국 정부 혁신 전국위원회의 명칭으로 비합법투쟁을 감행 중인 전기 선우종원, 홍 모, 정 모가 지도하는 국체 변혁에 결연되는 범죄가 확실하여 수사를 확충 강화하는 동시에, 본 사건에 가담한 자에 대하여는 여하 부류를 막론하고 일망타진하여 국가 백년대계를 위해 의법 처단할 것이다(선우종원, 1965: 31~33쪽).

선우종원이 부산 정치파동에서 국제공산당 사건의 주모자로 몰린 것은 역사의 아이러니가 아닐 수 없다. 그는 1949~1950년 국회프락치사건 재판의 관여 검사였다. 비록 그는 이 사건 수사에 직접 관여하지는 않았지만 오제도 검사와 함께 관여 검사로 이름이 올라가 있었던 것이다.[18] 그러니까 국회프락치사건 재판의 관여 검사였던 선우종원이 전쟁 뒤 이 사건과 유사한 국제공산당 사건의 주모자가 된 것이다. 게다가 당국이 발표한

---

18 선우종원은 국회프락치사건 재판의 관여 검사로 이름이 나와 있으나 실질적으로 수사나 기소에 참여한 흔적은 없다. 즉 오제도 검사가 수사와 공소를 담당하고 공판에도 참여했다. 모든 피고인 신문 조서, 참고인 조서에도 그의 이름은 보이지 않는다.

주모자 정의철 등이 연루되었다는 이른바 '대한정치공작대 사건'은 바로 선우종원이 밝혀낸 날조극이 아니었던가! 선우종원은 기가 막혔을 것이다. 내가 이 희대의 정치 브로커와 모의한 주모자라니!

사실 선우종원은 1950년 4월에 있었던 대한정치공작대 사건에 직접 관여하여 그 정치 음모극의 진상을 알아낸 사람이다. 이 사건은 저급한 날조극이었다. 김성수, 김준연, 백관수, 조병옥 등 민국당 지도자들이 군 경찰에 잠입한 남파 간첩들과 내통하여 선거를 방해하고, 나아가서는 이승만 대통령과 정부 요인을 살해하고 정부를 전복할 '천인공노'할 음모를 꾸몄지만 그 연출과 시나리오가 너무 치졸하고 조잡해 그 날조극이 검찰에 의해 드러나고 말았다(제2권 제8장 4절 "대한정치공작대 사건" 참조).

그런데 당국이 발표한 국제공산당 사건이 대한정치공작대 사건과 놀랍게도 닮았다. 이것은 아주 빼어나게 조작된 닮은 꼴의 정치 음모극이었다. 다만 반공 사상 검사로 이름을 날렸던 선우종원이 공산당원과 모의했다는 것이 특이했다.

사실 선우종원이 이승만 독재와 실정에 신물을 낸 국회의원들을 포섭하여 장면을 대통령으로 추대하는 공작을 벌이고 있었던 것은 사실이다. 이 사건으로 드러난 것은 이승만은 그의 라이벌 정적이라면 반공 사상 검사든 국무총리든 누구든 가리지 않고 공산당으로 몰아 죽이는 '빨갱이 마녀사냥'을 무제한 벌이고 있다는 사실이다. 이들에게 씌워진 범죄 혐의는 선우종원 등 주모자들에게 씌워진 제1차 발표문의 굴레에 있었다.

치안국은 6월 8일 제2차 발표문을 발표했지만(선우종원, 1965: 35~36쪽) 이승만 대통령과 정부 요인 암살계획을 조금 구체적으로 표현하고 있을 뿐 제1차 발표문을 재탕하고 있다.

한 다큐멘터리 기록은 이 발표문에 나오는 '홍 모'와 '정 모'가 각각 남로당원이며 북조선 최고인민회의 대의원 홍원일(洪元一), 한독당원이며 정변 음모를 꾸민 죄로 복역하다가 한국전쟁 때 탈옥한 정의철(鄭義鐵)이라고 밝힌다(동아일보사, 1975, "5·26 정치파동" 편). 여기서는 이들과 또 달리 일본공산당과 국제공산당원 김한경(金漢卿)이 장면 총리 비서실장이었던 선우종원과 모의하여 이승만 대통령을 비롯한 정부 요인을 암살하고 정부 전복을 도모했다고 했다. 또한 선우종원은 장면을 대통령으로 추대하는 공작을 꾸미고 이를 실현하기 위해 "일본을 통해 김일성으로부터 36억 원"을 받아(선우종원, 1992: 163쪽) 원내 자유당 51명, 민우회 27명 등 국회의원을 포섭 공작했다는 것이다.

이 발표문에 나오는 이른바 '7·7 구락부'는 이승만 대체 운동을 벌이고 있었다. 이들이 이승만의 후계로 정한 정부 지도자가 장면 국무총리였다. 장면을 대통령으로 추대하는 운동은 원내 한동석(韓東錫)을 중심으로 하되 실무는 김영선(金永善)과 총리 비서실장인 선우종원이 맡기로 했다. 이승만 그룹이 이 운동을 필사적으로 저지하려 했다는 점에서 충돌은 불가피했다. 그것이 부산 정치파동을 불러들인 동인이 된 것이다. 이승만 그룹은 비상계엄을 선포하고 이들 장면 대통령 추대 그룹을 국제공산당으로 몰았다.

이런 경위로 국회의원 10명이 국제공산당 음모 혐의로 구속당했다. 이들은 부산 토성동에 있다 하여 '토성장(土城莊)'이라는 별명이 붙은 특무대 건물에 연금당하여 수사를 받았다 한다. 수사관들의 일부 의원들에 대한 "심문은 '반이승만' 차원을 넘어 '반국가' 차원으로 몰아가고 있었다"(동아일보사, 1975: 69쪽). 수사관들이 따진 것은 7·7 구락부에 관한 것이었다. 그런데 한 다큐멘터리가 재현한 이 수사관과 피의자(권중돈) 간에 오고 간 대화는 한 토막의 희극이었으며,[19] 물론 이 다큐멘터리가 오락성을 가미했다 하더라도 여기서 7·7 구락부를 집중 표적으로 삼은 수사 당국의 시선을 엿볼 수 있다. 그러나 문제는 이러한 수사 기록을 가지고는 군 검찰이 공소를 유지하기가 어렵다는 데 있다. 과연 군 검찰은 비상계엄이 해제된 다음날인 7월 29일 공판에서 공소를 취하했다. 이렇게 국회의원들의 어마어마한 국제공산당 협의로 기소된 재판은 싱겁게 끝나고 말았다.

이승만의 음모 개입

이 국제공산당 음모 사건은 조작된 것으로 판명이 났지만, 특이한 것은 미국 측 문헌에 의하면 이승만 대통령이 이 사건에 직접 개입하고 있음이 나타나 있다는 것이다. 더 나아가 이승만의 주장에도 불구하고 미 국무부는 이 사건이 조작되었음을 시사하고 있다.

앞에서 소개한 무초 대사의 회고가 눈길을 끈다. 무초 대사가 협의차 본국으로 떠나기 앞서 5월 23일 이승만 대통령을 만났을 때, 이승만이 무초에게 국회의원 11명이 공산당과 관련을 맺고 공산당 돈을 받았다고 말했음은 이미 언급했다. 무초 대사가 회고한 이 비화 가운데 눈길을 끄는 것은 이승만이 "50달러짜리 빳빳한 지폐가 꽉 찬 두어 개의 가방"을 보여주면서 이 돈이 북한에서 홍콩을 거쳐 이들 국회의원들에게 전달되려던 것을 압수한 것이라고 하는 대목이다. 이는 이승만이 국제공산당 음모와 관련해 무초 대사에게 사건의 극적인 면모를 부각시키기 위해 상당히

---

19 예컨대 수사관이 7·7 구락부라는 글자가 한자로 칠(七), 칠(七)인데, 그것은 북(北)을 해자(解字)한 것이라고 따진다든가, 7·7 구락부 회원들이 처음 만난 11월 7일(1950년)이 러시아 혁명 기념일이 아니냐고 신문하는 따위의 일을 말한다(동아일보사, 1975: 423~426쪽).

치밀하게 준비했음을 말해준다. 이승만은 분명 치안국장을 은밀히 불러 "50달러짜리 빳빳한 지폐가 꽉 찬 두어 개의 가방"을 준비시키고 무초 대사에게 강한 인상을 심으려고 연기를 한 것이다("존 무초와의 구두 역사 회견", 제리 N. 헤스, 1973년 12월 27일).

비상계엄이 선포된 뒤 라이트너 대리대사가 이승만을 찾아 항의하고 논쟁을 벌일 때마다 이승만은 이 음모 사건을 누누이 설명하고 있는데, 이는 그가 내무부와 치안국으로부터 이 사건의 수사 경과에 관해 세세히 보고받고 있음을 보여준다. 예컨대 라이트너가 5월 30일 트루먼 대통령의 메시지를 이승만에게 전하는 자리에서 '입헌 정부'가 위협받고 있다는 인상을 바깥 세상에 주고 있다고 말하자 이승만은 "민주주의의 적들이 공개 재판을 받게 되면 곧 모든 것이 드러날 것"이라고 말했다.

이어서 그는 "요 며칠 전 '악명 높은 빨갱이 지하 간첩 두 놈'이 잡혔으며 굉장한 음모가 진행되고 있었다"면서, "민주주의의 수호자로서 필요한 모든 조치를 취하는 것이 나의 의무"라고 말했다(주한 대리대사가 국무부에게, 1952년 5월 30일, *FRUS 1952~1954*: 266쪽). 여기서 이승만이 말하는 "악명 높은 빨갱이 지하 간첩 두 놈"이란 치안국이 6월 8일 발표한 정의철(대한정치공작대 사건의 주모자)과 홍원일(전 남로당 중앙특수조직부원)인 듯하다. 이들은 치안국 발표에 의하면 이승만, 이범석, 백성욱, 장택상, 이시영(뒤에 정의철의 반대로 보류) 등을 암살할 것을 모의하고 실천 방법으로 정의철이 군인을 가장하여 접근, 사살한다는 계획을 세웠다고 했다. 따라서 이승만은 치안국이 이 조작 사건을 세상에 발표하기 전에 이를 보고받아 상당한 이론적 무장을 하고 있었다고 볼 수 있다.

라이트너가 이에 대해 "체포된 모든 사람이 대통령을 반대하는 국회의 야당 의원들인데 그들이 '반역자'들과 일치한다는 것은 믿을 수 없다"고 말하자 이승만은 격노하면서 미국과 UNCURK가 한국 내정 문제에 분명히 간섭하고 있다고 말했다. 라이트너는 이어 이승만과의 논쟁을 다음과 같이 보고한다.

나는 두 공산당원과 국회의원들의 체포가 어떤 관계가 있느냐고 물었다. 그는 이 질문에 대해 빈정거리는 투로 "여러 번 분명히 말했는데, 이해하지 못한다면 다시 되풀이하겠다"고 하면서 "체포된 공산당원이 자백한 증거에 의해 많은 자들이 체포되지 않을 수 없었으며 국회의원들이 포함된 것이다"라고 말했다. 나는 몇몇 국회의원들은 국회에서 정부가 제안한 헌법 개정안에 대한 반대를 포함한 정부 반대 행동을 했기 때문에 체포된 것으로 알고 있다고 말했다. 이승만은 그것은 새빨간 거짓말이라고 말했다. 나는 29일 UNCURK가 내게 알려준 것을 되풀이할 뿐이라고 대답하자, 이승만은 UNCURK가 자신을 잘못 인용했다고 말했다. 내가 그렇다면 체포된 국회의원 모두가 공산당 음모로 기소될 것이냐고 묻자 그는 분을 삭이지 못하면서 내가 사건에 둔감하다고 비난했다. 이어서 그는 내부 음모에 대처해야 한다면서 "기소된 자가 국회의원이든 아니든 고려할 수 없다", "죄 있는 모든 자들은 처벌받을 것이다. 해외의 적들이 이 사건을 이용할 수 있겠지만 사건은 내가 대처해야 할 내부 문제이며 바깥 세상은 손을 떼는 편이 좋겠다"고 말했다(*FRUS 1952~1954*: 266~267쪽).

라이트너 대리대사가 6월 3일 "돌이킬 수 없는 행위"를 하지 말라고 경고하는 트루먼 대통령의 친서를 전하는 자리에서도 이승만은 "국회의 도배(徒輩) 두목들이" 공산당 돈을 받았다는 말을 되풀이하면서 그들이 새 대통령과 정부의 주요 각료를 뽑아놓고 북한의 공산당과 통일을 뒷거

래할 것이라고 말했다.

이승만 저격 사건

부산 정치파동이 전개되는 과정에서 이 수많은 사건들이 부침한다. 그중에는 서민호 의원 사건(1952년 4월 24일 서창선 대위를 사살한 사건)과 같은 돌출 사건도 있지만 이승만 대통령 저격 사건과 같이 국제공산당 음모 사건과 관련되어 터진 사건도 있었다. 1952년 6월 25일의 이승만 대통령 저격 사건은 공안 당국이 발표한 국제공산당 음모 사건의 맥락에서 읽을 필요가 있다. 이 사건은 겉으로 보아서는 충격적이고 극적이다. 게다가 공안 당국이 국제공산당 음모가 이승만의 목숨을 노린다고 발표한 내용과 연계성을 갖는다. 당시 치안국은 발표문에서 이승만, 이범석, 백성욱, 장택상, 이시영 씨 등은 장면 씨 대통령 당선에 장애가 되므로 암살할 것을 모의했다고 공표했다.

1952년 비상계엄 선포 뒤 전쟁 발발 2주년 기념식장에서 이승만 대통령을 겨눈 권총 사살 미수 사건이 일어났다. 이승만이 이 기념식에 참석하여 기념사를 시작했을 때 한 노인이 귀빈석에서 일어나 중절모에 숨겨둔 권총을 꺼내 이승만을 겨눠 두 발을 발사했으나 불발로 그쳤다는 것이다. 그 다음날 공보처는 "대통령 암살 흉모(凶謀) 사건은 하수인이 유시태(柳時泰)요, 그 주모자는 현직 국회의원 김시현(金始顯)으로 김은 하수인인 유에게 영도 등지서 8회에 걸쳐 권총작동법을 교습시킨 뒤……" 대통령을 암살하게 했으나 불발로 그쳤다고 발표했다.

그러나 이 사건은 당시 걸핏하면 터진 대통령 암살 사건과 같은 유형을 띠고 있다는 점이 드러난다. 따라서 이 사건의 의미는 이른바 국제공산당 음모 사건에서 선우종원을 비롯한 주모자들이 이승만 대통령을 비롯한 정부 요인을 암살하려 했다는 정치 음모의 맥락에서 읽을 필요가 있다. 당시 야당인 민국당은 수사 당국이 당원 몇 명을 구속하고 배후 조종을 했다고 지목하자 "악랄하기 짝이 없는 정치 조작극"이라고 주장했다. 게다가 변론을 맡았던 장후영(張厚永) 변호사는 "경찰의 양해 아래 김시현이 연출한 연극"이라고 폭로하여 파문을 일으켰다(부산일보사, 1983: 409쪽). 미국 측 기록도 "암살 기도에 사용된 것은 빈총으로 연출된 것이 아닌가 생각한다"고 시사하고 있다(국무부-합참 합동회의에서 톨론실체의 비망록, 1952년 6월 25일 워싱턴, *FRUS 1952~1954*: 357쪽). 이승만 인물 평전을 쓴 알렌(Richard C. Allen)은 이 사건에 관해 다음과 같이 평한다.

> 그다음[1952년 6월 23일 국회가 이승만의 임기 연장안을 정족수가 미달함에도 의결하고 난 다음] 행정부의 술수는 6월 25일 이승만이 한국전쟁 2주년 기념 연설을 하던 차 나왔는데, 연로한 한 신사가 연단으로 접근해 권총을 꺼냈다는 것이다. 현장에 참석한 외교관들에 의하면 그 '암살 기도'는 분명히 연출된 것이며 자신의 재선을 방해하기 위한 공산 세력의 음모를 주장하는 이승만의 비난에 근거가 있음을 보이기 위한 것이었다고 했다. 한국의 관례에 따라 이 '공격자'는 계속 '접견이 불가능한 상태'였고 경찰은 그와 이승만의 적대자를 연계시키는 증거를 찾고 있었다. 이 사건은 국회의원들을 문 안으로 숨어들게 하는 또 하나의 이유를 만들었다(Allen, 1960: 147~148쪽).

당시 이승만의 목숨을 노린다는 암살 음모극은 흔히 벌어졌다. 1950년 4월에 일어난 대한정치공작대 사건이 전형적이다. 그 뒤에도 국제공산당 사건에서 이승만을 포함한 주요 인물 암살 모의, 1953년 조병옥 테러

사건과 관련된 이승만 암살 모의 사건,[20] 1953~1954년 김성주 사건에 관련된 이승만 살해 모의 사건,[21] 1955년 김준연이 고발한 '동해안 반란 사건'과 관련된 이승만 저격 모의 사건[22]이 이어졌다.

이들 암살 음모는 거의 조작으로 밝혀졌지만 당시의 전형적인 특징을 보여준다. 야당 인사들이 공산당과 모의하여 이승만을 제거하고 북한 정권과 연립 통일 정부를 수립하거나 이승만의 정적인 김성수, 장면 또는 조봉암을 대통령으로 추대한다는 각본이다. 사상 검사 출신의 선우종원이 주모자로 몰린 국제공산당 음모 사건도 이런 각본에 따른 것이었다.

도대체 이승만 내지 이승만 측근 세력은 왜 이러한 국가 원수 암살 음모 사건을 꾸민 것일까? 박정희 시대에 만들어진 중앙정보부 같은 전문 테러 기관이 들어서기 전이었기에, 이런 암살 음모 사건은 치밀한 계획도 없이 엉뚱한 발상과 엉성한 기획으로 꾸며지기 일쑤여서 각본이 그대로 드러나기 십상이었다. 위에서 언급한 대한정치공작대 사건이 좋은 본보

---

20 조병옥은 1953년 이승만이 반공 포로를 석방하자 괴한들로부터 테러를 당하고 육군 형무소에 수감되어 조사를 받는 중에 그를 조봉암과 관련지어 대통령 암살 사건을 꾸몄다는 "가장 기괴한 일"이 일어났다(조병옥, 1959: 350~354쪽)고 회고했다.
21 김성주는 1952년 대통령 후보로 출마한 조봉암 후보의 선거 사무차장이었다. 그는 1953년 헌병 총사령부에 연행되어 9월 고등군법회의에 회부되었는데, 죄목은 (1) 조봉암 등과 사회민주당 추진위원회를 결성하여 국가 변란을 목적으로 하는 집단을 구성했다는 것, (2) 1952년 8·15 대통령 취임식장에서 대통령 살해를 모의했다는 것이다. 그는 헌병대에서 취조받다 고문으로 살해당해 암매장되었다(서중석, 1999, 상권: 77~78쪽).
22 김준연이 고발한 이 사건은 조봉암을 위해하려는 조작 사건으로, 이 대통령이 속초에 있는 제1군단에 시찰을 오면 인사참모인 김화산 대령이 이 대통령을 저격하고 일부 병력을 부산에 진격하도록 하여, 육본 정보국장 김종평 준장이 부산에서 이들을 지휘하여 임시 경무대를 접수하고 조봉암을 대통령으로 추대한다는 시나리오로 짜여졌다. 이 사건은 특무대장 김창룡과 특무대 고문 김지웅이 조작한 각본으로 알려져 있다(《동아일보》, 1960년 11월 27일자; 이영석, 1983: 200쪽).

기다. 제2권에서 살피겠지만 사상 검사인 선우종원은 이 사건이 엉성하게 조작되었음을 쉽게 밝혀냈다. 그런데도 대통령 암살 음모라는 조작극은 계속해서 연출되었다.

이는 얼른 보아 이승만 세력이 무모하고 바보 같은 술수를 꾸며 정치적 자해 행위를 자초한 것이 아닌가 하는 의심을 들게 한다. 그러나 그 배경에는 이승만의 치밀한 정치 계산법이 작용했을 것이다. 흔히 공산당이 모의했다는 이승만 암살 조작극은 이승만이 위기에 처할 때마다 미국의 극우 정치인과 군부에게는 매력적인 반공 홍보 소구라는 점을 놓칠 수 없다. 이 점을 누구보다도 이승만이 잘 알고 있었다고 보인다.

예컨대 전쟁을 치르는 나라에서 누가 봐도 당치 않은 이유로 이승만이 비상계엄을 선포하고 국제공산당 음모 혐의로 국회의원들을 체포했을 때 미 8군 사령관 밴플리트 장군은 뚜렷한 증거가 없으니 이승만이 적어도 '무죄 추정(benefit of the doubt)'을 받아야 한다고 주장했다(Keefer, 1991: 156쪽). 클라크 유엔사령관도 이승만의 반공주의를 높이 사고 있었다. 게다가 미국 의회의 극우 정치인들, 예컨대 인디애나 주의 젠너(William Jenner)와 윌슨(Earl Wilson) 하원의원이나 캘리포니아의 놀랜드(William F. Knowland) 상원의원 등이 이승만을 지지하고 있었다(같은 글: 159쪽). 공산당이라면 치를 떠는 이들 군인과 극우 정치인들에게 이승만의 암살 음모 사건은 반공 전선의 자유 투사로서의 이승만의 이미지를 효과적으로 재현했을 것이다. 뒤에 밝혀지지만 이승만은 클라크 유엔사령관이 보낸 거의 노골적인 지지 아래 비상계엄을 해제하고 국회의원을 석방하라는 미 국무부의 압력에 저항할 수 있었다. 클라크는 부산 정치파동 때 이승만 대통령의 행동을 다음과 같이 회고한다.

그렇게 오랫동안 단 한 가지 목표[한국의 독립과 자유 성취]만을 위해 싸워온 뒤 이승만은 적이든 친구든 자신의 전략적 개념에 방해가 되는 어떤 사람도 가리지 않고 없애버리려 했다. 나는 그의 전 생애에 걸쳐 유지되고 경력을 형성한 굳건한 목표에 경의를 표해야 했다. 나는 그가 1904년 오이스터 만(灣)에서 루스벨트를 방문했을 때도, 1953년 서울에서 월터 로버트슨과 빈틈없이 협상[한미 상호방위조약 협상]했을 때도 똑같은 동기로 움직였다는 인상을 받았다. 매번 이승만은 한국을 자유 통일 국가를 만드는 방향을 위해 싸웠던 것이다.

한국전쟁 때에 이르면 이승만은 독립과 통일을 위해 그렇게 오랜 기간 일해왔기에 한국에서 애국심의 살아 있는 표상으로, 한국인을 통일과 자유의 길로 인도할 수 있는 유일한 예언자로 자리매김했다. 이승만의 생각을 반대하는 것은 '반이승만이 아니라 반한국(anti-Korean, not anti-Rhee)'인 것 같았다. 나는 두 번째 그를 만났을 때 그런 느낌을 받았다. 당시 문제가 된 것은 1952년 당면한 대통령 선거를 둘러싼 국회와의 싸움이었다. 그는 당시 고령 때문에 통일 독립 국가의 초대 대통령이 되겠다는 일생의 욕망으로 인간적인 인내심을 잃고 있었다. 그 목표를 달성하는 데 도움이 되는 것은 어떤 것이든 좋은 것이고 그것을 방해하거나 연기하는 것은 휴전을 포함해 어떤 것이든 나쁜 것이었다(Clark, 1954: 142~143쪽).

그런데 이승만 저격 사건이 연출되었든 아니든 미 국무부가 국제공산당 음모 사건 자체를 믿은 것 같지는 않다. 6월 4일자 훈령에서 국무부는 처음으로 이 사건에 관해 입장을 밝힌다.

만일 실제로 국회의원들이 관련되고 한국 외부와 관련을 갖는 내부 공산당 음모가 있다면, 그것은 유엔군의 안보와 관련된다는 점에서 미국은 물론 유엔사령부에 가장 중대하고 우려되는 문제다. 이 경우 이승만이 이를 대사관과 유엔사에 알리지 않은 것은 놀라운 일이다. 그 까닭은 미국 정부와 유엔사령부의 자원이 한국에 불리한 모든 가능성을 제거하고 군사적 상황에 주는 지장을 피할 수 있도록 위협을 폭로하고 대처하는 데 상호 협의하여 한국 정부를 지원할 수 있기 때문이다. 만일 사태에 특별한 조치가 필요하다면 미국 정부와 유엔사는 제일 먼저 한국과 협조하여 필요한 모든 조치를 취할 것이다. 만일 음모 혐의가 그러한 성격을 지니지 않는다면, 그 사건이 정상적 법 절차에 따라 처리될 수 없고 처리되어서는 안 된다는 정당한 이유가 없다. 어떻든 미국 정부는 유엔사령관과 미 8군 사령관과 협의 없이 그리고 명백한 성명에 반하여 중요한 부산 배후 지역에 계엄령을 선포하고 이를 유지하고 있는 것에 항의해야 한다(국무장관이 주한 미 대사관에, 1952년 6월 4일, 워싱턴, *FRUS 1952~1954*: 304쪽).

위의 국무부 훈령은 이승만이 국제공산당 음모 사건을 대사관이나 유엔군 당국에 알리지 않은 것을 '놀라운 일'이라고 했지만 이승만의 입장에서는 사건을 알려 개입을 자초했다가는 조작이 들통날지도 모를 일이다. 국무부는 이 사건이 '국제적 성격'의 사건이라기보다는 국내적 정치 사건이라고 암시하면서 정상적인 법 절차에 따라 처리하라고 주문하고 있다.

국제공산당 음모 사건은 이 책의 제2권이 본격적으로 다루게 될 국회프락치사건의 복사판과 같다. 국회의원들이 헌병대에 체포되어 수사를 받은 끝에 재판에 회부되었다는 점, 그들에게 씌워진 범죄 혐의가 공산당에 연루되었다는 것으로, 중간파 등을 망라한 제3의 정치 세력이 북한 괴뢰정권과 '무혈 통일 정부'를 세우려고 모의했다는 점, 무엇보다도 이승만 정권이 라이벌 정치 세력을 때려잡기 위해 재판이라는 수단을 동원한 점 등이다. 그러나 이 사건은 프락치사건과는 달리 실질적으로 사법 제도 밖에서 일어나 처리된 사건이었다. 이런 점에서 이 사건은 프락치사건과 같은 사법 사건이 아니라 정치 사건이지만 권력의 실상을 좀 더 적나라하게 보여주며, 헨더슨이 모델화한 회오리 정치의 모습을 가장 생생하게 보여준 사건 중 하나였다. 독자들은 이 책의 제2권에서 국회프락치사건이 본격적으로 다뤄질 때 그 사건과 비교할 수 있는 예비지식을 갖게 된 것이다.

이 장에서 우리는 한국전쟁이 치러지던 1952년 여름 부산에서 터진 정치파동의 격랑을 되돌아보고 대리대사 라이트너, 무초 대사, 국무부 실무 부서가 대응한 행동을 살펴보았다. 그중 라이트너가 보인 행동은, 특히 그가 약 10여 일간 밤낮없이 이승만에 대항해 싸운 논리와 미 국무부에 주문한 '간섭의 정치'는 우리나라 헌정사의 한 족적으로 남을 만하다. 아울러 우리는 부산 정치파동의 마지막 국면에서 워싱턴 본부가 군사 개입 계획을 결정하지만 현지 사령관이 그 실행 계획의 취지를 변질시켰을 뿐만 아니라 실행 자체를 실질적으로 무산시켰음을 보게 되었다. 이는 미국 정책이 당시 한국 의회주의의 운명를 가름할 수 있는 '충분한 인과성'이 있는 상태에서 '이념형'의 원인이 현실에서 어떻게 변질되어 한국 의회주의의 몰락을 가져왔는지에 관한 중요한 역사적 연구 과제를 던져준다.

마지막으로 우리는 국회프락치사건의 연장선상에서 국제공산당 음모 사건을 음미해보았다. 이 사건의 경우 국회프락치사건 재판의 관여 검사요, '반공 사상 검사'로 알려진 선우종원이 이 공산당 음모 사건의 주모자로 몰린 것은 역사의 아이러니기도 하지만 더욱 중요한 것은 반공 투사를 자처하는 이승만 대통령이 정적을 때려잡는 전가의 보도로 흔히 반공주의를 사용했다는 점을 이 사건이 그대로 보여주었다는 것이다.

되돌아보건대 국회프락치사건이나 국제공산당 음모 사건이나 결국 헨더슨이 정형화한 회오리 정치의 상승 기류를 타고 이승만 시대의 정치 지형을 만들었던 수많은 정치 사건의 두 모습일 뿐이다.

제7장

헨더슨의 한국 정치 담론 I

미국의 대한(對韓)책임론

헨더슨은 1950년 10월 한국에서의 임무를 마치고 서울을 떠나게 된다. 1948년 7월 중순 서울 대사관에 온 지 2년 이상을 보낸 뒤였다. 그의 감회는 남다른 것이었다. 그는 1948년 7월 중순 서울에 온 뒤 격동의 '회오리' 정치를 현장에서 목격했다. 여순 사건, 국회프락치 사건, 6·6 반민특위 사건, 김구 암살, 무엇보다도 한국전쟁의 회오리……. 그가 교유한 고려대 교수이자 천부적 재능을 가진 영문학자 이인수는 서울이 북한군에게 넘어간 뒤 영어 방송을 했다는 죄로 형장의 이슬로 사라졌다. 헨더슨은 전쟁의 화마가 휩쓴 서울을 '황무지'로 비유하며 이인수가 최초로 번역한 시인 엘리엇의 「황무지」를 상기했다. 그는 국회 소장파를 포함한 중도파가 사라진 서울을 정치 중간 지대의 상실이라고 표현하면서, 이를 "서울의 비극"이라고 개탄했다. 무엇보다도 그가 제헌 국회를 담당하면서 인간적으로 사귄 많은 소장파 국회의원들이 모두 사라진 것을 알고 남북한 극한지대의 냉혈 정치에 고개를 저었을 것이다.

그는 유엔군이 서울을 수복한 것을 보고 한국을 떠났지만 서울을 마음에서 쉽게 지울 수 없었다. 그는 새 임지 독일로 떠나기 전인 1950년 10월 17~19일 이틀 반 동안 폐허가 된 서울을 방문하여 '서울의 비극'을 기록해두었다(헨더슨 프락치사건 자료, "친구들에게", 1950년 10월 26일). 한국을 향한 그의 마음은 1950년 11월 30일 그가 쓴 장문의 한국 정치비망록에서 읽을 수 있다. 헨더슨은 고향인 매사추세츠 케임브리지에 머물면서 이 비망록을 썼다. 이 비망록은 "한국에서의 미국의 정치 목적에 관한 비망록"이라는 제목을 달고 있는데, 2단 형식으로 58쪽에 이른다(헨더슨 문집, 상자 1호, 헨더슨 정치비망록, 1950년 11월 30일). 이 비망록은 초기 이승만 정권이 저지른 실정을 낱낱이 분석하면서 미국의 대한정책 목표를 달성하기 위해 대사관이 '무대응'에서 '간섭'으로 나가야 한다고 역설하고 있다. 여기서 우리는 진보적 자유주의 사상을 가진 한 젊은 미국 외교관이 한국 정치의 병리를 보는 관점과, 그 병리를 치유하기 위해 미 대사관이 수행해야 할 대한정책의 비전을 읽을 수 있다.

헨더슨이 미국이 무대응에서 간섭으로 나가야 한다고 주장한 배경에는 그가 관찰한, 미국이 한국 문제에 관여할 때의 역사적 패턴이 자리 잡고 있다. 그는 1945년 해방 뒤 미국이 한반도 분단에서 한국전쟁 발발을 거쳐 민주주의의 실패에 이르기까지 한국에 대해 '하늘만큼'이나 역사적 책임을 지고 있는데도 '무대응'으로 또는 '내정 불간섭'이라는 미명 뒤에 숨어 책임을 회피하고 있다고 비판하고 있다.

헨더슨이 이 비망록을 쓸 당시 미 국무부는 이른바 매카시즘 선풍에 휘말려 있었다. 그런데도 이 비망록의 한 대목에서 그는 이승만 정권의 극우 반공주의를 비판하고 있다. 그는 이승만 정권이 맹목적인 반공주의의 이름 아래 공산주의자들에게 엄청난 피해를 당한 사람들을 박해하고 있다는 사실에 주목한다. 그는 많은 시민들이 미처 피난하지 못해 공산 지배 체제 아래 남아 있었는데도, 그 이유로 우익 단체로부터 무차별 테러를 받음으로써 반공적인 국민들이 오히려 이승만 정권을 증오하게 되고 있다고 지적한다.

이 장은 헨더슨이 한국의 회오리 정치와 미국의 개입과의 상관 관계를 따지는 그의 정치 담론을 논한다. 그것은 미국이 한국에 지고 있는 대한책임론으로 귀결된다. 여기서는 이 책임론의 서장으로서 먼저 (1) 1950년 11월 그가 쓴 정치비망록을 소개하고, 그 연장선상에서 (2) 그 핵심 내용인 정치 프로그램을 살피고자 한다. 이어서 헨더슨이 미국이 무거운 역사의 짐으로 짊어져야 한다고 주장하는 대한책임을 그려보고자 한다. 그 대상이 바로 (3) 하지 군정(1945~1948)이 범한 중대한 정책 실패와 뒤이은 (4) 1949년 미국의 철군 정책이다. 마지막으로 헨더슨은 (5) 분단에 이은 한국의 과잉 군사화와 과소 문민화에 대한 미국의 책임을 따지고 있다.

1. '무대응'에서 '간섭'으로

헨더슨의 한국 정치 담론은 그가 초기 이승만 정권의 회오리 정치를 2년 이상 현장에서 관찰하고 난 뒤 쓴 심층 정치보고서에서 그 화두를 찾을 수 있다. 그는 이 정치비망록에서 미국 대한정책의 '우유부단(indecision)' 과 그에 따른 미 대사관의 '무대응(inaction)'을 비판하고 그 대신 '간섭의 정치(politics of intervention)'[23]를 주문했다. 그 후 국무부를 떠나 학계에

---

23 헨더슨은 이 비망록에서 '간섭'의 논리를 주장했지만 그것은 폭넓은 뜻에서 '간섭의

들어선 뒤 헨더슨은 이 간섭이라는 주제를 더욱 정교하게 발전시켰다. 그는 1973년 9월 미국 정치학회 초청 강연에서 미국이 박정희 대통령의 유신 독재에 대해서 내정 불간섭이라는 구실로 손을 떼면서도 군사 원조를 제공하는 것은 독재 정권을 지원하는 '간섭'이라고 비판했다.[24] 이러한 맥락의 논리는 그가 1974년 8월 초 프레이저 인권청문회에서 행한 증언에서도 이어진다. 여기서는 먼저 그가 26세의 젊은 외교관으로서 쓴 정치비망록을 살펴본 뒤 다시 발전된 간섭의 논리와 그 연장선상에 있는 미국의 대한책임론에 우리의 줌 렌즈를 돌려보자.

미국의 역사적 책무

헨더슨은 역사적으로 미국이 한국에 대한 무거운 책무를 지고 있는데, 그것은 민주주의의 수립이라고 믿고 있다. 이를 위해 그는 정치 분야에서 대사관은 '간섭'(또는 '개입')을 해야 한다고 주장한다. 바꿔 말하면 한국의 경우 내정 불간섭 원칙은 미국이 지고 있는 책무에 반한다는 것이다. 외교관 헨더슨은 프랑스의 정치가이자 외교관인 탈레랑(Charles Maurice de Talleyrand)[25]이 한 말, 즉 "불간섭이란 괴상한 장치이며 그것은 거의 간섭과 같은 것이다"를 인용한다. 한국의 주권이란 마치 볼테르의 신성로

정치'일 것이다. 이는 1952년 부산 정치파동을 다룬 논문에서 한 연구자(Garry Woodward, 2002)가 제목으로 사용한 말이다. "간섭의 정치: 제임스 플림솔과 1952년 한국의 헌정 위기" 참조.

24 "미국 대외정책에서의 한국: 현 정책의 효과와 전망", 1973년 미국 정치학회 연차 총회 (루이지애나 뉴올리언스 Jung 호텔, 9월 4~8일) 발표.

25 탈레랑(1754~1838)은 프랑스의 성직자 출신의 정치가이며 외교관으로, 나폴레옹 몰락 이후 유럽의 전후 처리를 위해 열린 빈 회의에 참석했으며, 정통주의를 내세워 프랑스의 이익을 옹호했던 인물이다.

마제국처럼 "전형적인 허구(classic fiction)"라는 것이다.

헨더슨은 반문한다. 불간섭이 과연 한국을 위한 것인가? 만일 경제 분야에서 우리가 불간섭을 따랐다면 어떻게 되었을 것인가? 군사 분야에서는? 정치적 간섭의 경우 왜 정당화될 수 없는가? 그는 한국을 조건 없이 주권 국가로 간주하는 전통적인 외교 개념은 한국의 현실에 맞지 않는다고 지적한다. 과거 2년간 미국은 경제 문제에 점진적으로 깊이 간섭하여 결국 강력한 경제안정위원회를 만들었는데, 이는 헨더슨에 의하면 경제적 파멸을 동반하는 완전한 주권을 존중할 것인지, 또는 마찰과 의심을 수반하는 완전한 종속을 부과할 것인지, 이 두 가지 정책적 선택 간의 타협이었다.

헨더슨은 정치 분야에서도 비슷한 어떤 '간섭'이 필요하다고 주장한다. 이를 위해 그는 미국 대사관은 내정 불간섭이라는 원칙보다 현실적인 간섭의 방향으로 나가야 한다고 주장한다. 그는 미국 대사(무초)와 참사관(드럼라이트)이 그동안 인내심을 가지고 잘 쌓아올린 귀중한 대한관계(이승만 대통령과의 관계)를 너무 자주 간섭함으로써 상실하는 것과, 이 관계로 인해 오히려 너무 간섭을 하지 않음으로써 미국의 필수적인 정책 목적이 무너져 버리는 것, 이 두 가지 선택 사이의 중간노선을 택할 수 있다고 진언한 것이다.

헨더슨에 의하면 한국은 개혁을 시행함으로써 정치적으로 강력해질 수 있는 정부의 경영 능력을 보여주지 못했으며, 따라서 재건과 통일의 문제에 대처할 수 없었다고 지적한다. 헨더슨이 간섭의 정치를 주문한 시점이 1948~1950년 제헌국회 시절, 즉 국가 체제 형성기라는 점을 상기할 필요가 있다. 게다가 이승만 정권은 '1949년 6월 공세'(박명림, 1996)를 시작으로 국회프락치사건, 6·6 반민특위 습격 사건, 김구 암살 사건 등을 일으켜 신생 대한민국의 민주 제도는 붕괴 일보 직전에 있었으며, 이어 발발한 한국전쟁으로 반공 체제를 빙자한 극우 파시스트적 독재가 맹위를 떨치는 분위기에 있었다는 점을 유의할 필요가 있다. 이런 상황에서 헨더슨은 한국의 민주 제도 만들기 작업에 미국이 '간섭'해야 한다고 주장한 것이다. 헨더슨이 간섭을 주장한 배경에는 주한 미 대사관이 국무부의 지시에 따라 경제 문제에는 인플레이션을 방지하기 위해 분명히 요구하는 등 적극적으로 간여하고 있으나 "정치 문제에는 간여하지 않는다"는 내정 불간섭 노선을 따르고 있어 민주 정부를 세운다는 미국의 대한정책의 목표가 실패하고 있다는 상황 인식이 자리 잡고 있다. 그는 이렇게 말한다.

일반적으로 한국의 법과 법 절차가 권력에게서 개인을 보호하지 않으면 한국의 민주주의는 개선되지 못할 것이라고 인정된다. 이런 상황을 개선하기 위해 미 군정은 몇 가지 법령을 마련했는데, 그중 하나가 인신보호법이다. 다른 하나는 경찰이 법원으로부터 체포 영장을 받아야 한다는 법령이다. 대사관은 2년 반 동안 인신보호법이 실행된 예를 한 건도 발견하지 못했다. 공적인 기록이 보여주고 있지만 법원은 체포 영장 청구에 대해 한 건도 거부한 일이 없다. 체포가 수만 건에 이르렀고(1950년 9월 이래 5만 5,000건) 거의 모두가 증거 불충분이라는 이유로 검찰에 의해 기각된 이상, 이것은 법원이 경찰에 종속되었다는 사실을 분명하게 보여준다. 대사관은 1950년 2월 국무부에 보낸 전문에서 군정이 최소한의 법치를 위한 기초적 토대를 쌓기 위해 충분한 일을 하지 않았다고 불만을 표한 적이 있다. 대사관은 다른 분야에서의 훌륭한 업적에도 불구하고 군정이 성취한 기초적인 인신보호법령이 적절히 실행되도록 하는 아무런 조치도 취하지 않았다. 물론 이 일이 어렵다는 것은 인정한다(Henderson, 1950, "정치비망록": 7쪽).

이어서 헨더슨은 "우리들은 잠재적인 민주적 기구를 촉진하거나 보호했는가?"라고 묻고는 1949년 여름, 정부가 '분명한 쿠데타'를 저질러 "한국 국회의원의 8%가 체포되고 야당 최고지도자 김구가 암살되었다"고 지적했다. 그는 국회프락치사건이 국회에 대한 테러이자 협박이며, 후속된 재판에서 정부는 이들 국회의원에 대해 유죄를 입증하지도 못했고, 최소한의 대륙법적 기준에 부합하는 사법 절차도 허용하지 않았다고 주장했다. 그런데도 대사관은 아무 대응도 하지 않았다는 것이다.

대사관은 관심을 표했다. 그러나 대사관도 유엔 위원단도 그런 테러를 방지하거나 사법 절차 개선의 필요를 지적하는 효율적인 조치를 취하지 않았다. 1950년 8월 7일 또 다른 국회의원이 체포되었을 때 사정은 비슷했다. 이때 조 박사[조병옥 내무장관]는 분명히 헌법을 위반했는데, 그것은 국회 회기 중 승인 없이 국회의원을 체포했고 국회가 석방을 요청했는데도 그를 석방하지 않았기 때문이다. 국회의원들이 조 박사를 비판하자 대사관은 오히려 국회 지도층에게 개인적으로 그들을 자제시켜달라고 했다. 이런 무대응에서 한국인들은 어떤 결론을 얻을 수 있을까 묻는 것이 현명하지 않을까?(같은 글: 8쪽).

헨더슨이 위에서 국회프락치사건을 예시한 것은 한국의 민주주의를 수립하기 위해서는 국회가 정치적 기반을 넓혀주는 기구가 되어야 하는데도 오히려 행정부에 예속되고 있는 민주주의의 역전을 지적하기 위해서다. 그는 1949년 유엔 한국위원단이 권고한 대로 "정부의 정치적 기반을 넓혀야 한다"는 과제는 대한민국이 한 나라로서 생존하는 데 장기적으로 가장 중요하다고 강조한다. 이는 미 대사관이 이승만이 주도하는 행정부를 중시하고 국회를 경시하는 입장을 취하고 있다고 생각한 나머지 헨더슨이 제기한 비판이다.

문제는 헨더슨이 주장한 '간섭의 정치'를 오늘의 관점에서 생각한다면 외국이 주권 국가의 내정에 간섭한다는 말로 듣기 쉽다는 점이다. 헨더슨이 말하는 간섭의 의미는 1974년 그가 프레이저 인권청문회에 참석해 진술한 증언에서 좀 더 명확해진다. 그는 박정희 정권이 유신 독재에 반대하는 정치인이나 시민들에 대해 자행한 인권 유린에 대해 미국이 귀를 막고 눈을 감고 "이것은 주권 국가의 내정 문제다"라고 '무대응'하는 것이 불간섭을 정당화하는지 반문한다. 더 나아가 미국의 대한 원조는 오히려 독재자와 그 정권을 지지하는 간섭이라는 것이다. 또 다른 예를 들면 1972년 여름 도쿄호텔에서 김대중이 대낮에 납치당하여 목숨이 경각에 달린 상황에서 미국의 '간섭'이 그의 목숨을 살렸다고 할 수 있다. 이 경우 그것이 주권 국가의 내정에 대한 간섭이라고 하여 부당하다 할 수 있는가? 이렇게 볼 때 헨더슨이 제안한 간섭의 정치는 국가 간의 전통적인 불간섭주의 원칙에 대한 예외로서 인정받는 영역이거나 한미 관계의 특수성에서 기인하는 미국의 책임이라고 보아야 할 것이다.

헨더슨이 주장한 '간섭'은 그가 '우유부단'이라고 특징지은 전통적인 미국의 대한정책 패턴과 관련하여 음미해볼 필요가 있다. 그는 미국이 한국에 대한 역사적 책무를 우유부단하게 회피하는 것은 무책임하다고 생각한다. 미국이 지는 역사적 책무는 미국이 한국을 분할 점령함으로써 파생되는 모든 책임을 포함한다. 한국 분단에 대한 책임을 비롯해 정치·경제·사회에 대한 광범한 책임을 포함하는 것이다. 그렇다면 헨더슨이 주장한 미국의 '간섭'이란 한국에 대한 역사적 책무를 이행하는 일이 된다.

따라서 그가 주장하는 간섭은 대국주의적인 간섭과는 거리가 멀다. 그것은 1945년 8월 소련군이 북한에 진주해 소비에트의 시스템을 강제적으로 심는 식의 고압적인 간섭이 물론 아니다. 그렇다고 같은 해 9월 미군이 한국을 점령해 실시한 미 군정이나, 그 유산을 물려받은 미 대사관의 '무대응'도 아니다. 헨더슨이 보기에 미국 대사관은 한국의 민주화 정책에 손을 놓는 식으로 포기하는 자세를 취하고 있었다. 그는 '우정 있는 설득'을 통한 현실과의 타협으로 민주적 제도를 유지하고 강화해야 한다고 주장한다. 그는 구체적으로 이승만의 경찰국가가 국회를 죽이는 독주를 막기 위해 행정부와 국회가 권력을 균점하는 헌법 개정을 제안한다. 이를 위해 그는 국회를 보호하기 위해 '의원 사법원'을 헌법기관으로 설치해야 한다고 주장한다.

놀랍게도 국무부의 한 역사가는 41년 뒤 헨더슨과 같은 주장을 펴고 있다. 키퍼는 1952년 부산 정치파동을 다룬 논문(1991)에서 당시 트루먼 행정부가 두 가지 선택 중 하나를 선택하는 문제에 당면했는데, 그것은 잘못이었다고 지적한다. 즉 이승만의 독재 체제 유지인가 또는 퇴출인가 하는 두 가지 선택 중 전자를 선택해 결국 한국 민주주의가 실패의 길로 들어섰다는 것이다. 만일 그때 트루먼 행정부가 이승만에게 국회의 반대자들과 권력을 나눠 가지게 하는 제3의 선택을 했었다면 이승만의 완전한 독주와 '그에 따른 정치 기구로서의 국회의 소멸'은 막을 수 있었을 것이라고 그는 말하고 있다. 남한이 온전한 민주주의 국가는 되지 못했더라도 1950년대에 걸쳐 '적어도 좀 더 대의적인 정부'를 세울 수 있었으리라는 것이다(제6장 4절 "라이트너 대리대사가 도모한 간섭의 정치" 참조). 이제 헨더슨이 주장하는 간섭의 실체가 무엇인지 좀 더 자세히 살펴보자. 먼저 헨더슨은 정치 분야에서 미국의 대한정책은 한국이 공산주의에 넘어가는 것을 막는 것이 전제이자 최고 목표라고 하면서, 그러나 이 목표를 달성하는 데 미국의 정책이 실패했다고 지적한다. 그는 한국이 공산주의에 넘어가는 길은 두 가지가 있는데, 하나는 북한이 군사적 공격으로 남한을 제패하는 것이고, 다른 하나는 내부 파괴 활동, 게릴라 전투, 그리고 내부 국민의 불신에 의한 점진적인 전복이다. 헨더슨은 미국의 대한정책이 후자에서 실패했다고 본다.

신망을 잃은 이승만 정부

헨더슨이 후자에서 실패했다고 하는 데는 국민의 신망을 저버린 이승만 정권의 실정과 부패가 자리하고 있다. 그리고 이 실정, 부패, 비능률은 무능한 이승만 체제의 야만적 독재성에 그 책임이 있는데도 미국 대사관이 '무대응'으로 일관했다는 것이다.

헨더슨은 이승만 정권의 '주요 정치적 약점(chief political weaknesses)' 여섯 가지를 열거하고 있는데, 여기에는 (1) 이승만 대통령의 리더십 부재, (2) 경찰국가적 행태, (3) 광범한 정치 부패와 미국 원조의 남용, (4) 과잉보수주의, (5) 개혁적 상징의 결여, (6) 무차별 반공주의가 포함된다. 특히 그는 이승만의 리더십 결여와 경찰국가적 행태에 대해 신랄한 비판을 가한다. 그가 보기에는 여기에 민심이 이승만 정권으로부터 이반한 이유가 있었다.

그는 이승만의 리더십 부재가 능력 있는 인사와 같이 일할 수 없는 그의 개인적 성격에 있다면서, 이승만은 자신의 경쟁자라고 생각하는 어느 누구에게라도 평생 동안 거의 '병적인 의심(pathological suspicion)'을 했다고 한다. 따라서 헨더슨에 의하면 이승만의 인사 임명 기준은 능력이 아니라 무능력이라고 하면서, 이는 함태영(이윤영을 잘못 적은 듯하다)을 총리로 지명하면서 그 이유로 그가 개인적인 권력을 구축하지 않을 것이라고 말한 데서 잘 드러났다고 한다. 이승만의 병적인 의심에 관해서 당시 무초 미국 대사도 다음과 같이 회고했다.

> 그(이승맨)는 대단히 의심이 많았으며 그것은 아주 비정상적이었다. 그는 어느 누구도 믿지 않았다. 나는 그가 자신도 믿었는지 의심한다. …… 그는 자신이 제퍼슨적인 민주주의자라고 자부했고 그의 수사법은 대부분의 미국 방문객을 매료시킨 것도 사실이었다. 그러나 내 생각으로는 그는 자기 명칭을 '독재자 이승만(Rhee Autocrat)'으로 바꿨어야 한다고 생각한다 ("존 무초와의 구두 역사 회견", 제리 N. 헤스, 트루먼 박물관/도서관, 1971년 2월 10일).

이승만의 병적인 의심증은 유능한 사람을 멀리하고 무능한 사람을 가까이 불러들여 결국 국사를 그르치고 민심의 이반을 가져왔다. 또한 그의 독선적인 사고방식의 국사 운영에 이의를 제기하는 사람은 이단으로 몰았다. 일단 이단으로 몰린 사람은 '빨갱이'가 되기 일쑤였고 그렇게 되면 관용이란 털끝만치도 보이지 않는 성품의 소유자였다.

헨더슨이 보기에 이승만 정권의 민심 이반은 한국전쟁 초기에 보인 이승만의 행태에도 있었다. 이승만은 전쟁 발발 바로 다음날인 26일 위험의 최초 조짐이 보이자 서울에서 철수했으며(27일 새벽 3~4시 기차로 서울 철수) 다음날 내각도 뒤따랐다. 국회는 서울 사수를 결의했으나 의원들은 뿔뿔이 흩어지고 말았는데, 중도파는 물론 우파 의원들도 아직 서울에 남아 있었던 때였다. 정부가 서울에서 철수한 것은 군과 정부 고위층,

그들의 가까운 친지, 경찰 수뇌를 제외하면 어느 누구도 몰랐으며, 사태의 심각성 또한 아무도 몰랐다.

헨더슨은 서울 시민은 이 사실을 통보받지 못했음은 물론 노골적으로 '기만당했다'고 말한다. 신문과 방송은 육군 정훈국이 발표한 낙관적인 전황 보도만을 쏟아놓을 뿐이었다. 6월 25일 오후 정훈국장 이선근(李瑄根) 대령은 "만전의 방어 태세로 저들이 불법 남침할 때 이를 포착 섬멸할 수 있는 준비와 태세가 구비되었으니 전 국민은 이북의 모략 방송 및 유언비어 등에 속지 말 것이며, 안심하고 특히 국부적 전황에 동요하지 말라"는 담화를 발표했는데, 이는 신문 호외로 뿌려졌다. 이선근은 헨더슨이 박정희의 유신 독재 체제에 대항해 싸울 즈음, 1974년 6월 18일 문화재보호협의회 회장 자격으로 국내외에 기자 회견을 열어 이른바 '도자기 사건'을 터뜨린 장본인이다(제5장 3절 "도자기 사건에 휘말린 헨더슨" 참조). 이는 당시 헨더슨이 미국 의회의 인권청문회를 앞두고 증인으로 출두하게 된 헨더슨의 인격에 손상을 주기 위한 모함이었다.

이승만 정권의 거짓말 캠페인은 여기에서 끝나지 않는다. 27일 오후 공산군이 서울시 외곽까지 진입했을 때도 방송은 의정부를 탈환했다고 보도했는데, 이는 새빨간 거짓말이었다. 이 거짓말 캠페인의 절정은 이승만 대통령이 대전에서 녹음해 27일 저녁 몇 차례 방송한 내용인데, "우리 국군이 적을 반격하고 있으니 모든 국민은 군과 정부를 신뢰하고 동요하지 말 것이며, 대통령도 서울을 떠나지 않고 국민과 함께 서울을 지킬 것"이라는 것이 요지였다. "국민의 사기를 위해서"라고는 하지만 참으로 놀라운 사기극이었다. 이는 서울 시민이 갈망한 방송이기도 했다. 그러나 다음날 새벽 2시 반경 한강교가 폭파되어 수많은 인명이 희생의 대가를 치르고 난 뒤 서울 시민들이 이 사기 방송에 대해 느낀 삭이기 힘든 분노,

허탈감과 환멸감은 어떠했을까?

서중석(1996)은 이 도저히 납득할 수 없는 사기 방송에 대해 이승만의 정치 행태로 볼 때 "그의 '정적'들이 미처 피난가지 못하게 할 의도도 있었던 것은 아닐까"(302쪽 및 323쪽)라고 추정한다. 사실 당시 김규식, 최동오, 김붕준, 조완구, 엄항섭, 조소앙, 원세훈, 안재홍 등 많은 중도파 지도자들이 미처 서울을 빠져 나오지 못해 납북당하는 신세가 되고 말았다. 특히 안재홍이 피난하지 못한 경위에 관해 강원용이 인용한 대목은 눈길을 끈다.

민세가 납북되었다는 소식은 그의 비서였던 조규희를 통해 알게 되었다. 나는 피난 가기 전 탑골공원에서 조규희를 만난 적이 있다. 안재홍 선생이 피난가셨는지 궁금해하고 있는 내게 그는 서울 어딘가 숨어 있다고 알려주었다. "피난을 가고 싶어도 이승만이 전쟁이라는 기회를 이용해 자신의 정적을 모조리 공산당으로 몰아 총살을 한다는 얘기가 있어 내려가지 못하고 있어요. 그래서 피난도 못 가고 숨어 계신답니다"(강원용, 2003, 제2권: 100쪽).

헨더슨은 이 국민적 사기극에 대해 미국에서 교육을 받은 몇몇 저명 인사들의 말을 인용하여 정부에 대한 분노가 "백배나 늘었다"고 기술하면서 과반수 국회의원들도 같은 분노를 느끼고 있다고 적고 있다.

연립 정부가 해법

헨더슨은 이승만 정권에 실망한 당시 한국민의 민심이 1950년 5·30 총선에서 이미 나타났다고 지적했다. 그는 친대통령 인사들이 모두 낙선하고 중도파 명사들이 대거 당선되었다면서 이는 한국민들이 이승만 정파로만 구성된 정부가 아니라 정파로부터 독립한 '명사(名士)'가 정부에 참여하기를 원한다는 것을 '틀림없이' 보여준 것이었다. 그는 '평균적인 한국인'의 정서를 다음과 같이 전한다.

> 이런 [민심의] 반응은 정치적으로 자연스럽고 아마도 현명한 것이리라. 거의 2백 년간 정파주의가 지배했으며, 일제 강점과 같은 정치적인 쓰라림을 겪은 뒤 오히려 역풍을 맞아 분단이라는 대가를 치르고 1945~47년 사이에 격동을 겪었던 한국민, **이들 한국민들이 지금 연립 정부를 향한 강력하고 깊은 정서를 갖게 된 것이다. 1948년 평균적인 한국인이 원하는 것은 이승만 박사, 김구 그리고 김규식 박사 모두가 지분을 갖는 정부였다**(강조는 지은이). 이들 세 사람의 이름은 평균적인 한국인이 알고 있는 정치가의 전부였으며, 이들은 진정한 애국자이며 비공산주의자들이었다. 그런데도 왜 그들이나 적어도 그들의 대표자가 최초의 독립 정부에 참여할 수 없었는지 그 이유를 평균적인 한국인들은 납득할 수 없는 것이다(헨더슨 정치비망록: 18쪽).

헨더슨은 이 문제에 대한 해법은 1949년 유엔 한국위원단이 권고한 대로 '정부의 정치적인 기반을 넓히는 것'이라며, 이는 장기적으로 한국 정부의 대의적 성격과 안정을 위해서 가장 중요한 요인이라고 주장했다.

경찰국가적 행태

다음으로 헨더슨이 신랄하게 규탄하는 표적이 이승만 정권의 경찰국가적 행태다. 여기서 그가 말하는 '경찰'이란 헌병은 물론이고 치안, 스파이 활동, 체포, 테러 등 지하 임무를 맡은 수없이 많은 기관을 말하며, 일정한 범위의 청년 단체도 포함한다. 그가 본 경찰의 문제는 (1) 수적인 엄청남과 무소불위의 권력, (2) 친일 분자들의 경찰 수뇌 구성, (3) 초법적인 고문, 테러 등 잔인하고 비인간적인 행태에 있었다. 그 결과 경찰은 국민들로부터 보편적 증오의 대상이 되어 이승만 정권이 국민의 신망을 잃은 직접적 원인이 되고 있었다. 결론적으로 헨더슨은 경찰이 한국의 민주주의에 가장 심각한 제도적 위협이 되고 있다고 주장하면서, 경찰의 개혁 없이는 한국 민주주의의 장래도 암울하다고 내다본다.

광범한 정치 부패

헨더슨은 한국 사회에 만연하고 있는 부패가 국민의 생존을 위협하고 있을 뿐만 아니라 정부의 도덕적 기반을 무너뜨리고 있다고 지적했다. 동반되는 악이 정부에 대한 국민의 기대와 신임을 떨어뜨린다는 것이다. 헨더슨은 부패가 기업, 상거래, 군, 정부 등 한국 사회 곳곳에 광범하게 번져 있다면서 그중에서 "가장 큰 범법자는 정부 자체"라고 지적한다.

이에 관해 깜짝 놀랄 만한 경제적 결과가 지난 달 대사관에 의해 발견되었는데, 예컨대 모든 정부 세입의 약 70%가 이른바 '자발적 갹출'이라는 형태로 불법적인 기관으로부터 거둬들인 것이라는 점이다. 경찰, 군, 청년 단체, 가짜 또는 진짜 여러 정보 기관들이 갈취 또는 준갈취 행위를 저지르고 있어 남한 곳곳에 저주가 하늘을 찌르고 있으며, 그 정도가 너무 심해 재산가들 중 많은 사람들이 안전하게 자기 집에서 살 수 없을 정도가 되었다. 이런 갈취 행위의 관행이 정부 불신의 주요 요인인 것은 당연하다(헨더슨 정치비망록: 25쪽).

그 결과 정부에 대한 국민의 신임이 점차 무너지고 있으며 협조를 기피하게 된다. 이는 불길한 징조를 낳고 있는데, 그것은 정부에 대한 반항과 반란을 조장하는 '비옥한 땅'을 만든다는 것이다.

과잉 보수주의

다음으로 헨더슨이 지적한 이승만 정권의 정치적 약점은 과잉 보수주의다.

헨더슨이 이르는 과잉 보수주의란 국민이 바라는 개혁 입법을 외면하는 이승만 정권의 태도다. 가장 중요한 개혁 입법인 토지개혁법과 지방자치법의 경우, 정부가 거부권을 행사해 저항했을 뿐만 아니라 국회가 1949년 봄에 통과시킨 법도 시행을 미뤘다. 토지개혁법의 경우 통과된 지 1년이 지난 1950년 5월까지 시행을 미뤘으며, 지방자치법의 경우 시행할 의도를 전혀 보이지 않았다고 했다. 또 하나의 개혁 입법인 귀속재산처리법의 경우 시행을 미루다가 이제는 대통령과 국회와 내각 간에 맹렬한 줄다리기 싸움의 대상이 되고 있다. 대통령은 법이 규정하지 않는 공개 입찰 방식을 고집하여 결국 전쟁 발발 일주일을 앞두고 시행했는데, 이는 부유층에게 재산을 늘려줄 것으로 예상되었다.

그 밖에 정부는 개혁 입법이 절실하게 필요한 분야, 곧 법원과 사법 절차, 경찰과 불법 관행, 노동과 언론에 전혀 손도 대지 않았다. 언론의 경우 헌법이 언론의 자유를 명시적으로 천명하고 있음에도 일제가 강제로 만든 조선 왕조 시대 법(광무신문지법, 1907년)을 유지하는 '우스꽝스런 해법'으로 개혁이 미뤄지고 있다는 것이다. 이러한 과잉 보수주의가 특히 학생, 교원, 노동자 등과 같은 젊은층을 소외시키고 있는데, 이들이야말로 공산주의 선전이 노리는 표적이 되고 있다.

맹목적인 반공주의

마지막으로 헨더슨이 약점으로 지적한 거짓말 캠페인이란 맹목적인 반공 캠페인을 말한다. 그는 반공 캠페인 그 자체를 탓한 것이 아니라 "아무리 부적절하고 무차별적인 것이라도 반공 캠페인이라면" 무조건 받아들이는 가정은 잘못되었다는 것이다. 그는 전쟁 중 국민의 반공 의식이 강화된 것은 다행스런 일이라고 말한다. 그것은 북한군이 약 2개월간의 점령 기간에 국민에 대한 테러를 가중시키고 민중을 끌어들이는 초기 정책을 포기한 결과라며, 이는 한국 국민이 좀처럼 잊기 힘든 쓰라린 체험이며 또한 어떤 의미에서 반공주의를 위해서는 다행한 일이라고 인정한다.

그러나 헨더슨은 정부가 맹목적인 반공주의를 표방하는 것은 잘못이라고 지적한다. 특히 공산주의자들에게 엄청난 피해를 당한 사람들이 적 체제 아래 남아 있었다는 이유로 우익 단체로부터 테러를 당하면서 반공 국민들이 오히려 이승만 정권을 증오하고 있다고 지적한다.

헨더슨은 이렇게 남한 정치에 산재해 있는 '주요 정치적 화산'을 열거하고 있는데, 그는 이 화산이 언제 어떻게 터질지 모르고 터질 때 무슨 조치가 필요할지 예측할 수 없다면서, 그러나 한국의 정치 병리를 치유하기 위해서는 정치 프로그램이 필요하다고 제안한다. 이것이 그가 '간섭의 대상과 목적'이라고 적시하는 '정치 프로그램'이다. 헨더슨은 미 대사관이 '간섭'을 통해 이 정치 프로그램을 시행해야 한다고 생각한다.

2. 헨더슨의 정치 프로그램

헨더슨이 작성한 이 정치비망록의 하이라이트는 그가 제시한 정치 프로그램이다. 그는 이 정치 프로그램에서 행정부·입법부·사법부, 곧 정부를 구성하는 3부의 개혁을 주문하면서 현재 행정부에 치우친 권력의 힘을 견제해 국회의 힘과 균형을 회복할 필요가 절실하다는 점을 역설하고 있다. 그는 국회가 내정을 '바로잡는 전선'이라며 정부의 '정치적 기반을 넓혀주는 당연한 기구'임을 강조한다. 또한 그는 경찰의 개혁에 무게를 두면서 언론 자유의 보장을 특히 강조하고 있다. 그 밖에 그는 농지개혁법, 지방자치법, 귀속재산처리법 등 개혁 입법을 서둘러야 한다고 주장한다.

그런데 헨더슨이 이 비망록을 완성한 시점이 1950년 11월 30일, 즉 한국전쟁에서 중공군이 막 개입한 시기라는 점을 염두에 둘 필요가 있다. 그는 중공군 개입으로 한국전이 장기화됨에 따른 정치의 유동 요인을 고려한 것 같지는 않다. 특히 주목을 끄는 점은 이승만 체제 이후를 대비해야 한다면서, 권력을 계승할 수 있는 후보 그룹으로 (1) 김규식-안재홍 그룹, (2) 김성수를 중심으로 한 보성 그룹, (3) 신익희 국회의장을 중심으로 한 그룹을 열거하고 각각 장단점을 평가한 것이다.

이 중 헨더슨은 김규식-안재홍 그룹이 가장 바람직하다면서 이 그룹은 한국 전체에 가장 잘 알려졌고 인기가 높을 뿐만 아니라 중도적 태도로 통일의 문제를 그르치기보다는 원만히 처리할 것으로 보인다고 말한다. 그는 북한 측이 김규식과 안재홍에게 강제로 방송하게 한 것은 사실이나 그것은 오히려 그들이 겪은 고초에 대해 국민의 동정심을 살 것이라고 덧붙이기까지 한다.[26]

---

[26] 헨더슨은 김규식-안재홍 그룹의 지도자들이 '행방불명'이라고 말하면서도 이 '그룹의 충분한 성원을 모은다면'이라는 전제를 달고 있으나, 이는 당시의 제한된 전시 정보 환경에서 나온 생각일 것이다. 김규식, 안재홍, 조소앙 등 중도파 지도자들은 물론 국회프락치사건 관련 국회의원들은 거의 모두 1950년 9월 28일 서울이 수복되기 전에

헨더슨이 제시한 정치 프로그램은 구체적으로 민주 정치 시스템과 그 시스템을 구성하는 주요한 작동 메커니즘을 개혁하자는 방안이라고 말할 수 있다. 먼저 그가 마련한 정치 프로그램은 남한에서 국민의 기본권이 보장되는 민주 정부 설립을 위한 청사진을 제시한다. 그는 여기서 대한민국 정부를 구성하는 입법부·행정부·사법부 3부의 개혁을 포함하여 경찰 개혁과 언론 자유 보장을 위한 제도적 장치를 주문하고 있다. 즉 이 정치 프로그램은 신생 대한민국의 민주 제도 살리기에 초점을 맞추면서 각 부문의 필요한 개혁을 종합하고 있다.

이 정치 프로그램이 먼저 강조한 것은 현 행정부와 국회 간의 역학 구조가 행정부에 일방적으로 쏠린 것을 시정하는 일이다. 이를 위해서는 현 헌법 개정이 필요하다고 역설한다. 이 헌법 개정의 요점은 내각책임제와 대통령제를 진정한 의미에서 절충하여 행정부와 국회가 한국의 현실에 맞게 권력을 균점하도록 새로운 제도적 장치를 마련할 필요가 있다는 것이다.

헌법기구로서의 의회 사법원

헨더슨이 보기에는 1950년 1월 국회가 제출한 내각책임제 개헌은 대통령의 힘을 무력화하려는 것으로 현실에 맞지 않는다. 그렇다고 대통령이 경찰을 수단으로 프락치사건의 경우처럼 국회의원을 자의적으로 체포하는 것이 허용된다면 국회는 무력해진다. 이를 막기 위해 다음과 같은 개헌이 필요하다. 첫째, 국회의원에 대한 수사와 사법 처리에 관한 독자적

납북된 상태였다. 이들이 납북된 경위에 관해서는 이태호, 『압록강변의 겨울: 납북 요인들의 삶과 통일의 한』(1991)을 참조.

권한을 갖는 독립적인 '의회 사법원(Assembly Board)'을 헌법기관으로 설치해야 한다. 이 의회 사법원은 국회의원의 범죄 혐의에 대한 증거를 독자적으로 조사하고 결과를 공표하고 사법 처리에 관한 권고를 한다. 둘째, 행정부의 모든 각료 임명은 국회의 동의를 받도록 한다. 1948년 헌법은 총리에 대해서는 국회의 동의가 필요하다고 규정하고 있었으나 이를 모든 장관 임명에까지 확대한다는 것이다.

헨더슨이 제안한 의회 사법원이라는 헌법 기관은 지금의 시각으로는 쉽게 용인하기 어려운 개념이다. 1948년 헌법은 회기 중 국회의 동의가 없는 한 국회의원을 체포할 수 없다는 회기 중 불체포권을 부여하고 있으며, 국회 안의 발언에 대해서도 면책을 규정하고 있었다. 그러나 국회프락치사건으로 체포된 의원들의 경우처럼 회기 중 불체포권은 너무 쉽게 남용될 여지가 드러났고, 헌병대의 조사 과정에서 국민의 대표라는 국회의원들이 가혹한 수사와 고문을 받은 것이 공연한 비밀이 된 마당에 헨더슨은 행정부의 자의적인 국회의원 체포를 막는 헌법적 장치를 강화할 필요가 있다고 보았다. 즉 헨더슨은 국회의 행정부 견제 기능을 보장하기 위해 국회의원들의 사법 처리를 관할하는 의회 사법원의 설치를 주장한 것이다. 1952년 부산 정치파동 때 국회의원들이 출근 도중 어처구니없는 국제공산당 음모 혐의로 대량 체포되는 지경에 이르면 그의 아이디어에 더욱 수긍이 가게 된다.

다음으로 이 정치 프로그램은 사법부와 법원의 개혁을 중시한다. 헨더슨은 사법부가 국민으로부터 지지도 반대도 받지 못하는 사각지대라면서, 그러나 법의 지배가 없거나 권력으로부터 핍박받는 층을 보호하는 피난처로서 법원이 존재하지 않는다면 민주주의가 어떻게 뿌리내릴 수 있겠느냐고 반문한다. 그는 사법부는 정부를 구성하는 3부 중 '어글리 시스터(ugly sister)'라면서, 먼저 법원 위에 군림하는 행정부의 영향력이 배제되어야 한다고 주장한다. 그는 법원에 대한 행정부의 우위는 동양 세계의 오랜 특징이라면서 행정부의 영향력이 명백하게 드러난 경우 이를 폐지해야 하며, 잠재적인 경우에는 억제해야 한다고 말한다.

헨더슨은 법원의 개혁을 다루면서 사법 절차 관행의 문제점을 사뭇 구체적으로 다룬다. 그는 특히 국회프락치 사건 재판에서 드러난 공판 관행 문제를 비판하면서 채증법칙의 난맥상을 거론한다. 피고인이 자술했다는 서명 자백이 공판정에서 강제적으로 이루어진 것으로 드러났는데도 법정이 이를 증거로 받아들인다. 이는 경찰로 하여금 자백을 받기 위해 가진 수단을 모두 동원하라고 권장하도록 만들며, 이를 위해 고문이 습관적으로 자행된다. 또한 헨더슨은 검찰이 구속 영장을 신청하면 거의 '자동적으로' 받아들여지는 관행도 고쳐야 할 것이라고 한다.

다음으로 정치 프로그램이 강조하는 개혁 분야는 경찰과 언론이다. 먼저 현재 경찰은 민주주의 발전에 대한 위협이며, 동시에 한 나라로서의 한국에 대한 평판을 더럽히고 있다. 또한 경찰은 국민의 보편적인 불평 대상이며, 이것이 정부의 평판을 좀먹고 있다. 이를 시정하기 위해서는 경찰의 지방 분권화가 필요하다. 그는 일본의 경우 맥아더 최고사령관(SCAP)이 가타야마 수상에게 1947년 9월 16일자 서한으로 경찰의 지방 분권화를 명령했다며 한국에서도 똑같은 경찰 개혁이 이뤄져야 한다고 역설한다.

언론 자유의 보장

마지막으로 이 정치 프로그램은 언론의 자유 보장에 역점을 두고 있다. 헨더슨은 국회프락치사건이 일어난 1949년은 초반기부터 언론 탄압이

기승을 부렸음을 기억했을 것이다. 1949년 2월 김동성(金東成) 공보처장은 언론에 대해 아홉 가지 지시사항을 내렸는데,[27] 이는 본질적으로 언론의 자유를 부정하는 조치였다. 또한 정부는 1949년 5월 정부에 비판적인 논조를 펴던 ≪서울신문≫을 정간하는 한편 내무·국방·법무·공보 등 4개 부처가 공동으로 기사 게재 금지사항 7개항을 발표했는데, 이는 언론의 비판기능을 효과적으로 봉쇄할 수 있는 조치였다.[28]

이 당시 이미 국회는 정부에 대한 견제 기능을 포기한 조짐을 보인다. 1949년 5월 후반기부터 국회프락치사건의 서막이 올라 이문원 의원 등이 체포되고, 노일환 의원 등의 2차 체포가 임박한 시점에 노일환 의원은 "보도의 자유를 구속하는 소위 7개 항과 같은 불법적인 게재 금지 명령을 일체 취소할 것, ≪서울신문≫을 즉시 속간하고 김동성 관리인 임명을

---

[27] 이 아홉 가지 지시사항은 (1) '북조선 인민공화국'은 '북한 괴뢰정부'라 할 것, (2) 김일성 수상 운운 정식 예우를 하는 듯한 문구를 사용하지 말 것, (3) 봉화를 올린 것과 인공기 단 것을 보도하지 말 것, (4) 미군 철퇴를 보도하여 민심에 어떤 정치적 불안을 끼치는 논조를 피할 것, (5) 미군 주둔을 훼방하는 논설과 기사를 게재하지 말 것, (6) 미국 매입 성적의 불량 혹은 지지 등 기타 형식으로 매입에 악영향을 끼치는 보도를 하지 말 것, (7) 반란군 혹은 인민군을 동정하거나 이를 의거로 취급하여 민심에 악영향을 주는 논조를 금할 것, (8) '동족상잔'이라는 문구는 반도와 국군경(國軍警)을 동일 위치에서 보게 하므로 금후 사용을 중지할 것, (9) 국가 사회적으로 무익한 개인의 비방이나 명예에 관계되는 중상적 기사를 취급하지 말 것 등이다.『국회 속기록』제2회 31호, 1949년 2월 15일자 참조.

[28] 이 7개 항 보도 게재 금지사항은 (1) 대한민국의 국시, 국책에 위반되는 기사, (2) 대한민국 정부를 모해하는 기사, (3) 공산당과 이북 괴뢰 정권을 인정 내지 옹호하는 기사, (4) 허위의 사실을 날조·선동하는 기사, (5) 우방과의 국교를 저해하고 국위를 손상시키는 기사, (6) 자극적인 논조나 보도로 민심을 격앙, 소란케 하는 외에 민심에 악영향을 끼치는 기사, (7) 국가의 기밀을 누설하는 기사 등이다.『국회 속기록』제3회 12호, 1949년 6월 4일자 참조.

취소할 것"이라는 동의안을 제출했다. 그러나 그것은 노일환 의원이 체포되기 전 그의 마지막 저항 운동이 되었다. 그 동의안은 표결에 부쳐진 결과, 재적 126에 찬성 32, 반대 48표로 폐기되고 말았다(『국회 속기록』, 제3회 12호, 1949년 6월 4일자).

헨더슨은 정치 프로그램이 성공할지 여부는 언론 자유의 보장에 달렸다면서, 이를 위해 미국과 유엔은 최소한의 후견인 노릇을 해야 한다고 주문한다. 언론의 자유 없이는 경찰에 대한 국민의 압력이 작용할 수 없을 것이며, 또한 다른 고질적인 문제에 대한 여론의 힘이 분출될 수도 없다. 이 여론의 힘은 신문이 매개하는데, 그는 신문들이 부패와 수뢰 행위, 나약한 각료 임명, 개혁 입법의 필요, 반공 캠페인의 과잉 등 한국이 당면한 고질적인 문제에 대해 여론의 힘을 통해 압력을 가한다고 지적한다.

언론 자유에 대해 반대하는 사람들은 신문기자들이 무책임하며, 한국은 언론 자유에 대해 아직 준비가 안 되었다고 말한다. 이에 대해 헨더슨은 명쾌하게 말한다. "그렇지 않다. 한국은 완전히 준비가 되어 있지 않고, 신문기자들이 흔히 무책임하기는 하지만, 신문들이 보도를 실행함으로써 책임을 배우지 못하면 한국이 어떻게 준비 단계에 이를 수 있단 말인가?"

헨더슨은 언론 자유를 보장하기 위해서는 첫째로 중세적인 법률을 대체하는 새로운 신문법을 제정해야 한다고 역설한다. 이 법의 주요한 목적은 당시 공보처가 신문을 정간하고 폐간하는 권한을 없애고, 또한 공보처가 보유한 신문사 주식을 공매해야 한다는 것이다. 요컨대 이 법은 신문을 통제하는 정부의 권한을 박탈하고 그 대신 신문이 행정부가 아니라 사법부에 책임을 지게 해야 한다는 것이었다.

결론적으로 헨더슨은 이 비망록에서 한국에 기본권이 보장되는 민주 정부를 세우는 일이 한국을 공산주의로부터 구하는 길이며 이는 미국의 대한정책에서 가장 중요한 정치적 목표라고 지적한다. 이를 달성하기 위해 미국은 '간섭'을 통해 정부의 정치적 기반을 넓혀주는 국회를 보호해야 하며, 만일 자유의 기본 원칙이 위반된다면 "좌시해서는 안 된다"고 못박는다. 요컨대 헨더슨의 정치비망록은 한국의 민주주의는 의회주의를 살림으로써 회복되어야 하고 이를 위해 미국은 역사적 책무를 버려서는 안 된다고 주장한 것이다.

3. 하지 군정의 실패

헨더슨이 주장한 간섭의 논리는 미국이 한국에 대해 지고 있는 책임에 관한 정치 담론으로 귀결된다. 그는 미국이 한국에 대해 '하늘만큼 역사적 책임'을 지고 있다면서 해방 뒤 미국이 한국 문제에 개입한 행적을 추적하고 있다. 구체적으로 그는 38선의 구획, 한반도 분단, 미 군정의 실패, 이승만 극우 정권의 성립과 경찰국가적 통치, 그리고 1949년 6월 미군의 완전 철수, 이어서 발발한 한국전쟁을 열거한다. 그가 미국이 개입한 한국 문제에서 가장 비중을 두어 강조한 책임은 하지 군정이 해방 뒤 남한에 온건한 중도파 정치 세력을 키울 수 있었는데도 오히려 친일 반공 극우 정권을 세워 북쪽의 소련 군정과 함께 한반도의 대결정치를 주조(鑄造)했다는 것이다.

그는 이어 1952년 여름 발생한 부산 정치파동과 의회주의의 몰락, 그리고 1961년 박정희 군사 쿠데타를 다루면서 미국의 책임을 거론한다. 여기까지는 그가 1968년 발표한 주저 『회오리의 한국 정치』에서 다루고 있다. 그가 20년 뒤인 1988년 써낸 수정판과 후속 연구에서는 박정희 유신 정권이 자행한 인권 유린, 전두환 신군부 세력의 1979년 12·12 쿠데타, 곧 이어진 광주 만행과 전두환 정권의 탄생 과정에서 미국이 개입한 역할을 다루고 있다.

이렇게 헨더슨이 제기한 미국의 대한책임은 그가 표현한 대로 '하늘만큼' 거의 무한하다. 여기서는 이 중에서 미국이 해방 뒤인 1945년 9월 한반도 남반부를 서둘러 점령하고 그로부터 3년 10개월 뒤인 1949년 6월 말 철군을 끝낼 때까지의 행적과 그 책임을 주로 다루고자 한다. 그 이후의 간섭에 대한 헨더슨의 관점에서의 미국 대한책임론은 이 책 곳곳에서 다루고 있기 때문이다. 예컨대 1980년 광주 만행과 전두환 신군부 정권의 탄생 과정에서 미국의 역할과 책임에 관해서는 제5장 4절 "광주 학살의 책임을 따지다"에서 다루고 있으며, 1970년대 박정희 유신 정권이 자행한 인권 유린과 관계된 미국의 책임은 제5장 2절 "한국 인권청문회"에서 다루고 있다. 따라서 여기서는 남북한의 분단 고착과 그 배경을 이루는 군비경쟁에 따른 남한의 '과잉 군사화' 및 '과소 문민화'에 연루된 미국의 책임을 헨더슨이 제기한 입론(立論)에 따라서 다룰 것이다.

헨더슨은 전후 미국의 대한정책이 첫 단추를 잘못 낀 것은 38선을 서둘러 그은 것이라고 주장한다. 일본의 항복이 임박한 시점에서 소련이 대일 개전을 선포하고 소련의 한반도 점령이 분명해지자 그제야 한반도 전체가 소련의 지배 아래 떨어질 것을 우려한 미국이 서둘러 38선을 긋고 한반도 분할 점령을 제안하기에 이르렀다는 것이다. 소련은 이 제안을 이의 없이 받아들여 38선 북쪽은 소련이, 남쪽은 미국이 점령하게 되었다. 이것이 한반도 분단이라는 비극의 시작이다.

그러나 헨더슨에 의하면 이 분단의 '역사'를 기정사실로 간주할 경우, 미국의 대한정책이 범한 가장 큰 실패는 하지 군정(1945~1948)의 행적이다. 그것은 하지 군정이 여운형의 중도파를 키우지 못하고 친일 극우 세력에 의존하여 정치 질서를 유지하고 극우 정권을 세운 것을 말한다. 구체적으로 헨더슨은 (1) 여운형의 '인민공화국'을 좌파로 몰아 불법화한 점, (2) 최초 일본 식민 체제를 청산하지 않고 오히려 그 체제에 의존하여 통치와 행정을 꾸리려고 했던 점, (3) 친일 한국인 경찰을 해방 뒤 경찰의 골간으로 삼아 민중의 격분과 저항을 산 점, (4) 극우 청년 단체의 폭력에 의존하여 마구잡이 '빨갱이 사냥'을 용인한 점을 들었다. 그 결과 한국 사회가 '혼돈의 문' 앞에 서게 되고 '폭력 사회'로 치닫게 되었다는 것이다.

여기서 하지 군정의 실패를 집중 조명한 까닭은 이 기간 미국의 행적이 대한정책의 속성과 특징을 가장 생생하게 보여줄 뿐만 아니라 헨더슨이 책임을 추궁한 이유를 극명하게 드러내주고 있기 때문이다. 이 기간에 헨더슨이 연구한 미국의 대한정책은 그가 주한 미 대사관 소속 외교관으로 참여하여 관찰한 중요 부분을 포함할 뿐만 아니라 당시 대한정책을 마련하는 데 직접 참여한 인사들을 인터뷰하거나 그들이 남긴 문서를 면밀하게 추적했다는 점에서 그의 치열한 학자적 연구 자세 역시 엿볼 수 있게 한다. 예컨대 그는 1945년 9월 미국의 남한 점령 초기에 대한정책을 담당했던 국무부 극동 문제 담당국장 존 카터 빈센트를 직접 만나 대화를 나눴으며(Henderson, 1968: 416쪽, 주 26 및 30), 당시 국무부 한국과장 조지 매큔 박사를 만나 대화했고(같은 책: 417~428쪽, 주 52), 1945년 9월 초 하지 사령관을 따라 정치고문직으로 한국 땅을 처음 밟은 베닝호프를 만나 하지 군정 초창기 모습을 추적했다(헨더슨 문집, 상자 3호, "US and Korea Project: Interviews and Letters", 베닝호프 서한, 1979년 1월 31일자에 동봉 자료, 5~6쪽). 이러한 치열한 그의 연구 행적은 이 기간을 연구한 다른 이들의 성과물과 두드러진 차이를 보인다.

헨더슨이 1988년 10월 16일 느닷없이 세상을 떠나는 바람에 그가 구상하고 집필해온 미국의 대한책임론에 관한 연구는 햇빛을 보지 못했다. 그는 하버드대학 출판부와의 계약 아래『한미관계론(The United States and Korea)』이라는 연구서를 완성하기 위해 1970년대 말부터 치열한 연구를 멈추지 않고 있었다. 예컨대 그는 1979년 5월 8일 웨드마이어(A. C. Wedemyer) 장군에게 서한을 보내 하지 군정이 김구 주석을 비롯한 임시정부 요인들의 귀환이 늦어진 배경을 캐묻고 있다. 이는 당시 충칭에 있었던 웨드마이어 장군과 임시정부 요인들의 귀국 지연과의 관련성을 알아보기 위한 것이었다.

재미있는 사실은 웨드마이어가 장문의 답장에서 이승만을 평하며 "한국민의 지도자"로서 자격을 갖추고 있는 "고상하고 솔직한 신사(a decent, straightforward gentleman)"라고 느꼈다고 쓰면서 임시정부 요인들의 "지나친 [귀국] 지연(inordinate delay)"에 "내 자신에 관한 한 '어떠한 술수(any chicanery)'(작은따옴표는 지은이)도 없었다"고 강조하고 있다는 것이다(헨더슨 문집, 상자 3호, 1979년 5월 8일 헨더슨 서한; 1979년 6월 24일 웨드마이어 서한). 만일 그가 좀 더 살아『한미관계론』을 완성할 수 있었다면 또 하나의 노작을 남겼을 텐데! 안타까운 심정을 떨쳐버릴 수 없다.

마지막으로 지은이는 헨더슨이 하지 미 군정의 실패를 조명한 논의가 한 유명 종교인이 해방 정국의 소용돌이 속에서 직접 참여하고 관찰한 것과 놀랍게도 일치한다는 사실을 발견했다. 이 종교인은 개신교의 거목으로 2006년 8월 17일 타계한 강원용 목사다. 그가 남긴『역사의 언덕에서』(2003)에서 강원용은 하지 군정 기간 일어난 중요한 사건을 기술하고 있는데, 이것이 헨더슨의 주장을 뒷받침하고 있다. 예컨대 뒤에서 자세히 살피겠지만, 여운형에 관한 평가, 친일 기득권 세력의 기용과 유지, 미곡 공출 사업을 둘러싼 민중 폭동의 실상, 대구 폭동의 근본 원인 등에서 강원용은 헨더슨의 관점을 거의 완벽하게 공유하고 있다.

우유부단의 정치

헨더슨은 전후 미국의 대한정책이 실패한 것을 우유부단의 '전통'에서 찾고 있다. 그는 여기서 하지 군정이 저지른 최대의 실패는 일제 기득권 세력을 국정의 파트너로 삼고 한국인 중심의 중도파 정치 세력을 무너뜨린 것이라고 지적한다. 그는 먼저 대한정책의 실패가 한국을 점령 지역의 범주에 편입시킨 것에서 시작되었다고 보고 있다. 그 이후의 정책 실패가 정치적 식견과 경험이 전무한 하지 장군 선정부터 하지 군정이 응집력을 가진 온건 정치 조직을 배제하고 극우 세력을 후원하여 경찰국가 성립에 이르게 하는 데까지 계속되었다는 것이다.

헨더슨은 미국이 1945년 9월 남한을 점령한 뒤 시행한 군정이 연속적인 정책 실패를 범했으며, 그 결과 남한은 '혼돈의 문' 앞에 서게 되었다고 개탄하고 있다(Henderson, 1968: 113~147쪽). 그 원인을 그는 미국의 대한 정책의 속성에서 찾는다. 이 속성은 그의 익숙한 표현에 의하면 '우유부단' 또는 '무대응'이다. 특히 그는 점령군 사령관 하지 장군 아래 미 군정의 행적을 '우유부단의 정치'라고 특징짓는다(같은 책: 113~136쪽).

헨더슨은 "전쟁 종료 뒤 우유부단의 오랜 망령이 다시 깨어났다"고 기술한다(같은 책: 121쪽). 먼저 그가 지적한 미국 정책의 '오랜 망령'이란 무엇을 이르는가? 그것은 미국의 전략가들이 전통적으로 한국에 대해 갖고 있던 편견으로 모아진다. 즉 한국은 미국의 국익상 일본에 비해 쓸모없는 땅이라는 것이다. 이러한 편견이 전후 미국의 극동 정책에서 일본은 미국 안보에 '중대한(vital)' 또는 '필수적(essential)'인 이익을 갖고 있으나 한국은 그 자체가 아니라 일본의 방위를 위해서 중요할 뿐이라는 논리로 나타난다. 일본은 미국 이익의 중심부요, 한국은 주변부라는 것이다. 미국이 한반도에 적극적인 행동을 취할 수 없는 '능력 부재'는 이런 '전통'에서 나온 것이라고 헨더슨은 설명한다.

도대체 미국의 전략가들이 한반도에 대해 이런 편견에 가까운 고정관념을 갖게 된 배경은 무엇일까? 몇몇 연구자(Grajdanzev, 1944; Cumings, 2005)들은 지난 세기 말 조선인과 조선의 풍경을 인상적으로 관찰한 일부 서구인들의 여행기가 전한 기록에서 연유한다는 것을 강조한다. 그 좋은 예로 조지 케넌(George Kennan)의 한국 여행기를 들 수 있다. 케넌은 종전 뒤 소련과의 냉전에 대처하기 위해 이른바 봉쇄 정책을 마련한 동명이인, 조지 케넌의 사촌형이며 루스벨트 대통령의 친구이기도 하다. 그는 영향력 있는 문필가였는데, 1905년 한국을 방문하여 일련의 여행기를 썼다. 이 글이 당대의 영향력 있는 잡지 ≪아웃룩(Outlook)≫에 실려나갔다. 그는 조선을 전반적으로 폄훼한 이 글의 한 대목에서 조선 정부를 다음과 같이 회화적으로 묘사하고 있다.

[조선] 정부라는 조직의 머리 부분은 a) 9인의 각료[3정승과 6판서]로 구성되는 황제의 내각[의정부], b) 입법에 영향을 끼치고 흔히 장악하는 마술사, 점쟁이, 예언자, 무당(또는 영매), c) 13개도 관찰사, d) 도를 분할한 344개 지역 단위의 군수와 목사로 구성된다. 이 중 c)와 d) 계층의 모든 관리들은 명목상 황제가 임명하지만 그들의 선정은 정실과 음모로 가득한 궁정의 영향력 아래 놓이며, 대개는 돈을 가장 많이 낸 사람에게 관직이 매매된다. 지방 군수와 목사는 그 자릿값으로 1만 내지 4만 냥을 내지만 무방비의 백성들을 강탈하여 그 돈을 벌충할 뿐만 아니라 막대한 재산을 모은다. 독립된 법원이 없고 관찰사나 군수가 행정관이자 재판관이기 때문에 강탈

당한 한국인은 강탈자로부터 보상을 받아야 한다.…… (Kennan, ≪아웃룩≫, 1905년 10월 7일자, "퇴락한 조선(Korea: a degenerate state)": 310쪽; Grajdanzev, 같은 책: 34쪽, 재인용).

이 저자는 그가 본 조선인을 '코믹 오페라에 나오는 조연자들'이나 '서커스의 광대들' 같다면서 계속해서 다음과 같이 묘사한다.

하층민의 집안 환경과 개인적 습관을 보면 더럽고 불쾌하기까지 하다. 하급 관리들의 둥근 달같이 무표정한 얼굴과, 부채를 부치거나 긴 담뱃대를 물고 거리를 거니는 한가한 양반은 아무런 특징도 없고 경륜의 흔적도 보이지 않는다. 면으로 만든 더러운 흰 저고리와 헐렁한 바지를 입고 있는 백수 노동자들은 흔히 길거리 여기저기 누워 있으며 감은 눈꺼풀에 파리들이 붙어 있다. 이들이 일본인 노동자들의 말쑥하고 민첩하며 부지런한 모습과 어떻게 비교될 수 있단 말인가. 일반적으로 말해 한국인은 전체적으로 품위, 지성, 활력을 결여한 것 같다. **우리가 관찰의 범위를 도시와 시골을 포함시키고 아울러 도덕적, 체격적, 지성적인 특성을 함께 아우를 때 처음 본 인상은 더욱 굳어지게 되며, 이 사람들에 대한 나쁜 의견은 확신으로 자리 잡게 된다**(강조는 지은이). 그들에 대한 정신적 또는 종교적 관심을 갖지 않은 서양인에게 그들은 매력도 없고 동정을 사지도 못하는 사람들이다. 이 사람들은 게으르고, 더럽고, 뻔뻔스럽고, 부정직하고, 믿을 수 없을 만큼 무식하며, 또한 개인의 힘과 가치를 의식함에서 오는 자존심이 전반적으로 없다. …… 그들은 퇴락한 동양 문명에서 나온 썩은 산물이다(Kennan, 같은 글: 409쪽; Grajdanzev, 같은 책: 35쪽 재인용).

사무라이 백 명을 조선에 데려와야

케넌이 본 당시 조선인들의 모습은 그의 육안에 비친 '사실'이겠지만 그가 내린 '확신'에 찬 판단에는 서양인의 인종 편견이 묻어 있다. 더욱 놀라운 것은 그가 조선 문제에 대한 해답을 일본에서 찾고 있다는 점이다. "이 [조선이 처한] 곤경을 타파하기 위해서는 지적인 사무라이 순경 백 명 정도와 12명 내지 15명의 경관을 일본에서 데려오는 것이 좋을 것"이라고 그는 제안한다. 커밍스는 케넌의 기록이 "마주친 한국 문명의 그루터기를 잘못 본 것(the misleading visible edge of the Korean civilization)"이라고 하면서 그가 "인종이 발전을 가로막는 영원한 원인이며 지울 수 없는 특성이라고 믿었던 '세기말에 널리 퍼졌던 가정(the widespread turn-of-the century assumption)'에 몰입된 것"(작은따옴표는 지은이)이라고 평가했다(Cumings, 2005: 129쪽).

그러나 문제는 한국 문명의 그루터기를 잘못 관찰한 케넌류의 기록이 미국의 대한정책에 영향을 끼쳤다는 점이다. 그라잔제프(Andrew J. Grajdanzev)는 한국에 관한 그의 선구적인 저서 『현대 한국(Modern Korea)』(1944)에서 "케넌의 견해가 루스벨트 대통령에게 영향을 끼쳤다"고 지적한다(34쪽). 즉 루스벨트가 한국인이 자치 능력을 결여한 민족이라고 본 데는 케넌류의 편견이 영향을 끼쳤다는 것이다. 루스벨트가 "한국인은 제 나라를 지키기 위해 총 한 발 쏠 수 없는 사람들이라고 말할 만큼 혹평했다"(33쪽)는 기록도 보인다. 헨더슨은 미국의 대한정책이 단호함을 보인 적이 있다고 하는데, 그것은 루스벨트가 한국을 일본의 지배하에 넘긴 결정이었다(Henderson, 1968: 121쪽). 그는 전후 대한정책이 우유부단했던 것은 루스벨트 정책의 아류가 미국 전략가들의 생각을 지배했기 때문이라고 생각한다.

[일본의] 항복과 전후 미국의 우유부단한 정책은 거의 개선되지 않았다. 미국의 대한책임과 정책 결정은 1947년까지 거의 믿어지지 않을 정도로 의견이 분분하고 혼란스러운 상태에 머물러 있었다. 점령이 '군사적인' 문제이기 때문에 그 책임이 육군부에 떨어졌는데, 거기에는 한국에 관심을 갖고 있거나 한국 문제에 지식이 있는 사람은 하나도 없었다. 카이로 선언 뒤 20개월이 지났는데도 한국 문제에 대한 준비가 전혀 없었다. 육군장관 로버트 패터슨(Robert P. Patterson)과 그의 막료 대부분은 한국과 같은 지엽 말단 지역의 '수렁에 빠지기'를 극히 싫어했다고 알려져 있다. **그들은 미국이 한반도에 중대한 이익이 없으니 빠져나와야 한다는 '테디 루스벨트류의 필수 연주곡(Teddy Roosevelt-like obbligato)'으로 정책의 음악당을 채웠다** (강조는 지은이, Henderson, 1968: 122쪽).

미국의 전략가들이 루스벨트류의 대한관에서 벗어나지 못하는 한 한국 문제는 전후 처리의 우선순위에서 밀려날 수밖에 없었다. 당시 국무부는 점령 지역에 대한 책임을 떠맡고 있었지만 육군장관 패터슨의 거듭된 간청에도 아랑곳하지 않고 번스(James F. Byrnes) 장관은 "유럽과 태평양에서 우리의 점령 조직 관할권 이양을 끝내 거부했다"고 했다(같은 책: 같은 쪽). 그 대신 국무부를 돕기 위해 힐더링(John Hildering) 육군 준장이 점령 지역 담당 국무차관보로 임명되었다고 했다. 힐더링 차관보와 그의 막료는 유능했지만 한국 문제에 대한 경험과 지식이 없었다. 헨더슨에 의하면 이들은 독일과 일본에 초점을 두고 있었다.

해방지역인가? 점령지역인가?

헨더슨은 2차 대전 종료 뒤 연합군이 점령한 네 국가 중 한국이 가장 부당한 처우를 받았다고 지적한다. 오스트리아의 경우 히틀러와 그의 반유태주의를 교육하는 행위를 했는데도 해방지역으로서 '가벼운 간접 점령'이 주어졌고 심지어는 전범국 일본도 간접 점령이 허용되었다. 그러나 한국의 경우 가장 무고한 나라인데도 고압적인 직접 점령 국가가 되었다는 것이다(Henderson, 1988년 수정판, 제5장 "혼돈의 문").

먼저 그는 하지 군정이 남한을 처우한 행태부터 잘못되었다고 지적한다. 1945년 9월 6일 하지 장군이 밟은 한국 땅이 우방인 '해방지역'인데도 하지 군정은 적국 '점령지역'에 적용되는 매뉴얼(행동 지침)에 따라 행동했다. 헨더슨은 '점령지역 대 해방지역'의 구별이 중요한데도 "놀랍게도 어느 미국의 비판가나 지식인도 그 당시나 이후에 두 지역 간의 구별 문제를 간파한 것 같지 않다"고 일깨운다(같은 책: 416쪽, 주 29). 예컨대 하지 장군은 인천 상륙 뒤 점령지역 행동 지침서인 '육군 민정 매뉴얼(Army Civil Affairs Manual)' 외에 아무런 구체적인 문서를 지니고 있지 않았는데, 이 지침서는 "어떠한 조직된 정치 집단도 비록 정서상 건전할지라도 군정 정책을 결정하는 데 참여시켜서는 안 된다"고 못박고 있다(같은 책: 125쪽).

이에 따라 미 점령군은 재빨리 모든 군인의 군영 바깥출입을 금지하는 조치를 취했다. 즉 주한미군은 7만 2,000명의 장병을 건강하고 말썽 없이 유지하는 데 중점을 둔 것이다. 한국인과 친분을 가지는 것을 엄격하게 금지하는 명령 때문에 심지어 책임 있는 자리에 있는 미국인들이 상황을 파악한다든지, 미국의 정치 목적을 돕는다든지, 또는 미군 주둔에 대한 신뢰를 구축하는 데 필요한 접촉이나 친선을 맺는 일마저 할 수 없었다. 그 결과 '우정'을 이용해 첩보부가 정보 수집을 했는데, 이는 '인간관계의 가장 혐오스런 수단(human relations's least amiable handmaiden)'이었다(같

은 책: 124쪽).

그런데 이런 점령지역 행동 지침은 하지 군정에 대해 한국인이 갖는 신뢰도에 심각한 영향을 주었으며, 더 나아가서 해방 공간의 정치 안정에도 중대한 영향을 끼치게 되었다. 예컨대 하지 장군은 맥아더의 훈령에 따라 일본인을 계속 관리직에 두고 있었다. 하지는 아베 총독과 엔도 정무총감의 경우 9월 12일까지, 어떤 계층의 하급 관리의 경우 그 뒤 몇 주간 함께 행정을 폈다. 이는 한국인의 환영 분위기를 갑자기 썰렁하게 만들었고, '인민공화국'을 포함한 좌파들을 격분시켰다. 하지는 당황하여 서둘러 일본인들을 해고하지 않을 수 없었다. 이런 최초의 실수 때문에 정작 필요한 일본인 핵심 기술자들은 존속시킬 수가 없었다. 1946년 1월까지는 7만 명의 행정직 일본인 중 60명만이 남았고, 그들마저 그해 봄까지 일본으로 전원 귀환하고 말았다.

그러나 헨더슨에 의하면 당시 하지의 정치고문으로 따라온 베닝호프는 매큔 국무부 한국 담당 자문관이 준비한 비망록을 지참하고 있었는데, 그것이 최고위층 일본인 관리를 즉시 투옥하고 하위직 일본 기술자들을 이용하라는 지침을 내리고 있었다고 한다. 헨더슨은 베닝호프가 이 지침을 주머니에서 꺼내 실행하지 못한 것은 그가 '너무 군사적인 분위기'에 압도당했기 때문이 아닌가 생각한다는 매큔의 말을 전하고 있다(같은 책: 417~418쪽, 주 52).

이렇게 하지 장군은 아무런 준비도 없이 정책의 사각지대인 남한 땅을 밟았다. 국무부가 임명한 정치고문으로 베닝호프가 따라왔지만 그는 일본에서는 근무한 경력이 있었으나 한국어는 물론 한국에 관해 아무것도 모르는 사람이었다. 하지는 8월 12일 소련군이 한반도에 진입하기 시작하자 이에 대항하기 위해 허겁지겁 보내진 야전군 사령관이었다.

그가 지참한 정책 지침은 "정치와 경제 문제에 대해 즉시 취해야 할 구체적 조치에 관한 권고가 없는 '임시 명령'이 고작이었다." 1946년 1월 29일이 되어서야 최초의 '정책 안내(policy guidance)'가 내려졌고, 7월에 가서야 '최초로 구체적인 정치 정책 지령(the first detailed political policy directive)'이 떨어졌다(같은 책: 125쪽). 그러니까 하지 장군이 9월 8일 인천에 발을 들여놓은 때부터 거의 10개월이나 남한은 정책의 사각지대에서 혼돈을 거듭하고 있었던 셈이다. 매큔이 말하듯 이 중대한 기간에 "미국은 2,000만 명 이상이 사는 나라 한국에 대해 거의 아무런 생각을 하지 않았다"(같은 책: 같은 쪽).

헨더슨은 하지 같은 인물이 2,000만 국민을 다스리는 실질적인 총독으로 선정된 것부터 잘못이라고 지적한다. 처음에는 두 명의 '자격을 갖춘 장군'[29]이 거론되었으나 결국 마지막 순간에 '순전한 편의주의(the sheerest expediency)'로 하지 장군이 선정되었다. 소련군이 한반도에 진입하고 있는 상황에서 무엇보다 점령군 수송이 급박하다는 것이 그 이유였다.

수송이 촉박했다. 따라서 한국으로부터 되도록 가까운 지역에서 점령을 해야 했다. 시간이 더욱 절박했다. 소련군이 8월 12일 한반도에 진입하기

---

[29] 이들 두 명의 자격을 갖춘 장군이란 누구인가? 한 사람은 웨드마이어 중장으로 당시 북중국에 있었는데, 급속한 사태 악화로 말미암아 그의 경륜이 필요했기에 탈락했으며, 다른 한 사람은 조지프 스틸웰 중장으로 그의 제10군이 한국을 점령할 예정이었다. 그러나 스틸웰 장군의 한국 사령관 지명 뉴스가 국부중국 장제스의 귀로 들어가자 장 총통은 맥아더 장군에게 강력한 항의 서한을 보내 만일 그를 한국 사령관으로 선정하면 협력을 거부할 것이라고 경고했다. 그리하여 스틸웰도 탈락했다고 한다 (Henderson, 1988년 수정판: 418쪽, 주 32).

시작했다. 가장 가까운 지역의 대규모 부대는 600마일 떨어진 오키나와에 주둔한 제24군이었다. 따라서 이 부대가 한국 점령에 적당한 부대로 차출되었으며 사령관 하지가 함께 오게 된 것이다. 하지 장군은 강인하고 열성적이고 결단력 있는 일리노이 농장 출신의 전투 사령관이지만, 웨스트포인트 교육의 혜택을 보지 못하고 사병에서 장군으로 승진한 사람이며, 지성적이지도 않고, 맡은 정치적 업무에는 자격이 전무한 전형적인 군인이다. 하지는 아마도 틀림없이 그저 수송 시간이 촉박하다는 이유로 약 2천만 명의 인구를 가진 나라의 행정권을 행사하는 자리에 선택된 사상 초유의 사람일 것이다. 그는 일을 맡기면 철저하게 했다. 역사가들이 그에 대한 판단을 내릴 것이나 도쿄나 워싱턴의 상사들에 대한 판단과 마찬가지로 가혹하지는 않을 것이다. 그러나 결국 서투른 일 처리와 판단 실패로 그의 군정은 자신이나 많은 양심적인 미국인들에게 쓰라린 고통의 원천이 되고 말았다(같은 책: 123쪽).

하지 사령관의 점령 초기 행보는 북한에 진주한 소련군 사령관의 그것과 잘 대비된다. 박명림(1996)의 연구에 의하면 8월 24일 소련 제25군 사령관 치스차코프(Ivan M. Chistiakov)는 함흥에 도착한 이후 상부 지침에 따라 용의주도한 행보를 보였다.

…… 그는 소련이 점령하기로 되어 있는 분계선 북부 한국의 중심지 평양과 지방 수도를 전부 돌며 (1) 일본인으로부터의 항복 접수, (2) 행정권의 한국인으로의 이양, (3) 한국인 정치 조직의 결성 또는 내부 구성의 재편을 주도했다. 이러한 일들이 그가 지방 수도를 다녀간 뒤에 취해졌다. 그는 입한과 함께 8월 24일 함흥(함남), 8월 26일 평양(평남), 8월 30일 신의주(평북)를 순회했고, 9월 8일 해주(황해)를 끝으로 전 지방 수도를 순회하며

중요한 많은 것을 결정했다. 이는 그가 상부로부터 어떤 명령이나 지침을 받았음을 강력하게 증좌한다(같은 책: 69쪽).

분계선 남쪽에 뒤늦게 도착한 하지 사령관이 본부로부터 아무런 정책 지침도 받지 못한 채 우물쭈물하는 사이 소련군 사령관 치스차코프는 북한에서 일본군으로부터 항복을 받은 뒤 상부의 지침에 따라 재빨리 한국인에게 행정권을 이양해 좌파 중심의 정치 조직을 챙기고 있었던 것이다.

혼돈의 문

헨더슨은 미국의 초창기 우유부단의 정치가 남한을 혼돈의 문 앞으로 이끌었지만 더욱 불행한 것은 '폭력의 사회'가 오게 한 것이라고 지적한다. 우리는 제3장 "회오리 정치를 참여 관찰하다"에서 이승만 체제가 어떻게 '이원국가' 통치를 했는지 살펴보았다. 잠깐 상기해보면 대한민국 체제의 근저는 두 개의 정부로 구성되는데, 하나는 공식적인 조직체인 반면 다른 하나는 비공식적인 조직체, 즉 '그림자' 조직체라는 것이다. 이 그림자 조직체란 '국가 안의 국가'로서 폭력으로 휘두르는 우익 청년 단체들을 말한다.

후기 자본주의 사회를 분석한 비판론자들(예컨대 프랑스의 루이 알튀세)에 의하면 사회의 질서 유지는 '상부 구조'의 몫으로 그것은 경찰이나 군과 같은 '압제 국가 기구'와 교육, 종교, 매스미디어와 같은 '이념 국가 기구'로 구성된다고 설명한다. 1948년 성립된 대한민국의 '48년 질서'가 이 이론의 정형에 맞는 것은 아니지만 국가가 사회를 배제하는 성향을 지녔다는 점에서 유사성을 띠고 있다. 특이한 점은 사회 질서의 몫을 맡은 경찰과 함께 우익 청년 단체들이 미 군정의 지원으로 운영되었다는 점이다.

헨더슨에 의하면 1946년 중반 미 군정은 비밀리에 약 500만 달러와 미군 장비를 제공하고 한 미군 중령을 훈련 책임자로 배속하여 전국적인 청년 단체를 조직했고, 그 수장으로 광복군 제2지대장 이범석을 선정했다(헨더슨, 1968: 141쪽). 이것이 조선민족청년단(족청) 세력이 한국 정치에 뿌리를 내리게 된 시작이었다. 미 군정의 목적은 장차 소련과의 협상이 결렬될 것에 대비하여 청년들을 훈련시켜 반공 국군을 창설하자는 것이었다. 미 군정이 이범석을 수장으로 선정한 배경에는 2차 대전 말기 중국에서 미군 정보 기관이 대일 비밀 작전을 위해 그를 활용하고자 공조한 것이 인연으로 작용했을 것이라고 했다.

문제는 이범석의 정치 철학이 중국의 국민당 활동가들과 유사하다는 것이었다. 이범석은 안호상 박사를 정신적 지도자로 영입해 수원 훈련소 운영을 맡겼는데, 안호상은 나치 시대 독일 예나대학 졸업생으로 헤겔의 학도였으며, 히틀러 유겐트를 공개적으로 예찬한 인물이었다. 그의 지도 아래 청년들에게 반공 이념 교육이 실시되었다. 1947년 7월까지 훈련을 받은 청년은 약 7만 명에 이르렀고 그해 말까지 10만 명이 목표였다(같은 책: 141쪽).

헨더슨이 족청 세력으로 대표되는 청년 단체에 주목한 것은 이 무궤도한 세력이 이승만의 이원국가 통치의 지하 부문을 맡은 정치 세력이었기 때문이다. 제3장에서 보았지만 이들 청년 단체들은 자발적이라고 포장된 강제적 기부금에 의존했는데, 이 기부금은 정부 수립 이후인 1949년 국가 세입의 절반에 달했다고 한다(같은 책: 142쪽). 문제는 이 지하 정치 세력이 지하에만 남아 있지 않고 남한의 군과 정치의 지도직으로 가는 등용문으로 작용했다는 것이다. 많은 국회의원들과 군 장성이 이 세력에서 나왔다. 이 세력은 한국 정치에 폭력의 지배를 낳았는데, 이는 헨더슨의 정치 용어에 따르면 회오리 정치의 한 유형으로 굳어지는 결과를 초래했다. 이 세력은 "사회적·정치적 유동성을 갖는 거대한 비공식적인 채널로 작동하여 각각의 동등한 집단이 도시적인 난폭성과 현대적인 긴박성이라는 환경 아래서 권력을 쫓아 경쟁하는 집단 행태를 주조해냈다"(같은 책: 같은 쪽).

이 기간 공식적인 치안 조직은 경찰, 비공식 치안 조직은 우익 청년 단체로 구성되는 이원 체제가 이원국가 통치 체제의 하부 구조를 이루고 있었다. 프랭켈이 꿰뚫어 보듯 '그림자 정부'가 더 효율적이어서 우익 청년 단체가 경찰을 지배했다고는 단정할 수 없지만 군림하고 있었다고 봐야 한다. 경찰은 그들이 좌익 인사에 대해 저지르는 폭력을 비호하는 형국이었고, 이는 그들의 독자적인 질서 유지 영역이었다. 경찰도 좌익이라고 음해를 당하거나 소문난 인사들에게는 가혹 행위와 고문을 마구잡이로 자행했다.

미 군정은 이들 경찰과 준경찰에 치안 유지를 맡기고 그 외에도 민생과 직결되는 막강한 권한을 주었다. 예컨대 경찰은 전국적인 양곡 공출 사업에서 고정 가격으로 배급할 양곡 공출의 양을 결정했을 뿐만 아니라 각 농가당 공출 쿼터를 배정할 때 참여하여 실질적인 결정권을 행사했다. 헨더슨은 당시 물가가 천정부지로 오르는 상황에서 "그런 권한은 막강한 힘으로 작용했으며, 격렬한 격분을 일으켰고, 물론 정치적으로 동원되었다"(같은 책: 144쪽)고 지적했다.

당시 미 군정 아래 부당하게 배당된 양곡 공출에 대해 농민의 '격렬한 격분'을 일으킨 사태가 속출했고 민중 폭동으로까지 발전했음은 강원용이 증언하고 있다. 그는 1947년 3월 22일 발생한 전남 부안 농민 폭동 당시 안재홍 민정장관의 지시에 따라 조사단원으로 참가해 실정을 조사한 바 있다. 그가 발견한 사실은 "군정 당국이 각 지역의 공출량을 할당하면서 농촌 실정을 도외시한 채 일제 시대 총독부 공출 관계 자료만을 근거로 삼았"기에 "실제 수확 실적과 배당된 공출량 사이에 커다란 모순이 있을 수밖에 없다"는 것이었다(강원용, 2003, 제2권: 291~292쪽). 게다가 문제를 더욱 심각하게 한 것은 정실이 개입하여 공출 행정이나 경찰에 연결된 사람에게는 적게 배당하고 영세 농민에게는 과하게 부과하니 "농민들의 불만이 폭발할 수밖에 없었다." 공출에 저항하는 농민들에 대해 경찰은 "테러를 일삼는 우익 청년 단체와 연계해 강제 공출에 들어"갔으며, 게다가 저항하는 농민을 공산당으로 몰아 협박했다. 농민들이 산으로 도망쳐 모이게 되었고, 이들이 "조직을 구성해 3월 22일 경찰관서를 습격한 것이 '부안 농민 폭동'의 발단이었다"고 강원용은 보고했다(같은 책: 294쪽).

전남 해도의 사례

초기 미 군정이 시행한 양곡 공출 사업에 대해 한국의 가난한 소작농들이 어떻게 받아들였는지는 당시 미 군정 민정팀원으로 참가한 미드(E. Grant Meade)의 '양심적인 이야기'(헨더슨의 표현)가 밝히고 있다(Meade, 1951: 230~233쪽). 그것은 전남 무안에 속한 해도라는 섬사람들의 이야기다. 해도의 경우 일제 때는 동양척식회사가 농지의 지주가 되어 매년 생산 양곡의 50%를 탈취해갔다고 했다. 이들 소작농은 그 땅이 옛부터 그들이 점유해온 농지라고 주장했지만 소용이 없었다. 미 군정이 시행되자 그들은 땅을 되찾을 수 있다는 희망에 부풀었다. 서울 중앙에 미 군정이 선포되었지만 초창기 행정 공백으로 군정의 관할 능력이 육지에서 떨어진

섬까지 닿을 수가 없었다. 섬사람들은 군정이 실시된 지 일 년이 지나도록 지주로부터 아무 소식이 없자 이제야 농지를 찾았다고 믿게 되었다.

그것은 그들의 착각이었다. 미 군정이 동양척식회사의 권리를 적산(敵産)을 관리하는 신한 공사에 넘겼다는 사실을 섬사람들이 알 리가 없었다. 1946년 여름 양곡 공출 사업과 관련하여 신한 공사 직원이 운곡리에 와서 그들이 신한 공사의 소작농이며 보리 수확의 대부분을 바쳐야 한다고 말하자, 그들은 깜짝 놀라지 않을 수 없었다. 그들은 격분했다.

문제는 신한 공사가 배정한 쿼터가 일제 때의 공출량보다 많다는 것이었다. 게다가 그것은 권한 남용이었다. 공출량의 결정은 면장이 참여하는 회의에서 결정하도록 되어 있고 가구 소비에 충분한 양과 더불어 내년 파종을 위해 필요한 양도 보유하도록 되어 있었다. 섬사람들이 이를 거절하고 저항한 것은 당연했다. 그런데 경찰은 신한 공사의 편에 서서 섬사람들을 구타하면서 이를 강제로 집행하려 했다. 그러나 그것은 섬사람들의 인내를 무너뜨린 행위였다. 1946년 8월 2일 해도 폭동이 시작된 것이다. 그들은 해도 파출소와 운곡리 신한 공사 지점 건물을 불태우는 등 폭도로 변했다. 그 뒤 목포 경찰서의 지원병이 출동해 16명을 체포하자 섬사람 600명이 들고 일어나 경찰과 민간인 몇 명이 중상을 입는 사태로 발전했다. 그러나 경찰 70여 명의 증원 부대가 출동해 사태를 수습했고 섬사람들을 난폭하게 다뤘다. 이 사실은 섬에서 탈출한 몇 사람이 해도 민정을 관할하던 제33중대에 배속된 미군 장교에게 전함으로써 알려지게 되었다.

미드가 소개한 이 사례에서는 이 장교가 8월 8일 섬에 상륙하여 섬사람들의 고충을 경청하고, 부당한 공출량을 조정하는가 하면, 종국적으로 그의 권고에 따라 섬사람들의 전래적인 농지 소유권을 회복시켜 주었다고 한다. 그 장교는 양곡 공출이 나라 전체가 당면한 식량 문제를 해결하기 위해 필요하다는 점을 차분하게 이야기하여 섬사람들을 설득했다. 그 결과 섬사람들은 3주 안에 배정된 공출량의 90%를 이행했다고 한다.

이 이야기는 한 외딴 섬에서 양곡 공출 사업을 둘러싸고 일어난 민중 폭동이 한 미 군정 민정팀의 노력에 의해 잠재워진 미담이다. 여기서 주목해야 할 점은 이 하나의 에피소드에서도 경찰이 양곡 공출 사업을 농민에게 마구잡이식으로 난폭하게 강제하고 있다는 점이다. 따라서 이 미담은 당시 양곡 공출 사업을 둘러싸고 남한 곳곳의 농민들의 불만이 민중 폭동으로 폭발하는 배경을 설명해주는 반증이 된다.

헨더슨은 1946년 9월 24일 일어난 철도 노조 파업과 이어서 광범위하게 발생한 동조 파업, 10월 1일 폭발한 이른바 '대구 폭동'을 폭력 사회가 가져온 불가피한 결과로 보고 있다. 정치 기반이 없는 하지 군정으로서는 사회의 무질서가 증가하면 할수록 준경찰 몫을 하는 청년 단체와 이들과 야합한 경찰에 의존할 수밖에 없었다. 이런 상황에서 생존 자체가 위험해진 민중은 소외되었고, 고통과 불만이 고조되는 가운데 민중 폭동의 기운이 쌓이고 있었다. 분명 공산주의자들이 퓨즈를 점화시킬 만한 위치에 있었지만 헨더슨은 폭동의 원인은 다른 데 있었다고 진단한다.

무질서한 폭력의 난무는 하지가 생각한 것처럼 냉전의 불가피한 결과가 아니다. 그것은 급격한 도시화, 산업화, 1937~1945년간의 전시 동원, 여기에 경제 붕괴, 해방 후 첫해의 지도력 결여에서 온 결과다. 공산주의자들은 도화선에 불을 붙일 수 있는 위치에 있었다. 그러나 보다 본질적으로 중요한 점은 10월 폭동[대구 폭동]이 원자 사회의 즉발적인 대중 동원성의 위험을 노출시켰다는 사실이다. 그 격렬성과 잔혹성은 이런 사회가 내포하고 있는 힘의 변태를 생생하게 보여준 것이다. 중간 매개 조직이 배제된 사회에서 불어난 도시 인구는 오직 대중 활동으로만 표현할 수 있는 분노를 느꼈던 것이다. 미 군정이 인민위원회를 인정하지도 이용하지도 않고 지방 현지의 다른 정보 채널도 찾으려 하지 않겠다고 결정한 것이 이러한 사회 불안을 키운 것이다. 나약한 통치는 권력 쟁탈을 선호하는 옛 본능에 불을 지폈다. 그러나 무질서의 힘 자체가 그 사회의 정치적인 특성을 보여준 것이다. 그러한 힘은 민주주의나 중용을 위한 희망적인 길조는 물론 아니지만, 계속 남아 있을 터이다. 부분적으로는 미국의 정책 표류 때문에, 대부분은 통제 불능한 폭력의 횡행 때문에, 한국 사회는 혼돈의 문 앞에 서 있다. 어떠한 응집력으로 사회를 재결합시킬 것인가?(Henderson, 1968: 147쪽).

강원용은 10·1 대구 폭동이 일어난 배경에 대해서도 헨더슨과 관점을 같이한다. 그는 "폭동의 배후에 공산 세력이 있었던 것은 부인할 수 없지만, 일이 그렇게까지 심각해진 것은 일제 잔재의 청산은커녕, 친일파가 계속 득세하는 현실과 토지 개혁이 지연되고 …… 통일 정부 수립에 대한 기대가 어긋나면서 생긴 국민의 좌절감이 한 원인이었다"고 말한다(강원용, 2003, 제2권: 286쪽). 폭동이 거의 진정된 후인 10월 26일 미 군정은 좌우 합작 위원회와 한미 공동회의를 열어 이 사건을 논의했는데, 이 자리에서 합작위는 군정청에 일제 잔재 청산을 요구하는 건의안을 제출하고 조병옥 경무부장의 파면을 요구했으나 실질적으로 받아들여진 것은 없었다(같은 책: 285쪽).

헨더슨은 남한 사회가 혼돈의 문 앞에 서고 게다가 폭력 사회로 진입하게 된 것을 한국 사회의 원자성에 책임을 돌리면서도 해방 첫해 미 군정이 일제 통치 세력을 유지하고 친일 기득권 세력을 지지함으로써 민중의 뜻을 소외시킨 치명적인 잘못을 저질렀으며, 여운형의 조직화된 중도 정치 세력을 키우지 못한 정책 빈곤에 큰 책임이 있다고 주장한다. 해방 정국의 드문 온건 개혁 성향 지도자인 여운형 자신도 바로 이 폭력 사회의 희생자라고 헨더슨은 지적하면서 여운형이 1947년 7월 19일 백주에 암살당하기 전 아홉 번이나 암살 음모의 대상이 되거나 폭행을 당했다고 일깨운다.

문제는 1948년 이승만의 단독정부가 들어섰을 때 이런 정치 폭력이라는 검은 유산을 고스란히 물려받았다는 점이다. 그 극명한 사례가 1948년 10월 경찰 간부진이 전문 정치 테러리스트를 고용하여 암살을 획책한 '국회의원 테러 살해 계획'이다(서중석, 1996: 131~132쪽, 이하 인용). 다행히 이 암살 계획은 실행에 옮겨지기 전 양심에 가책을 받은 테러리스트가 자수하는 바람에 무산되고 말았지만, 이는 이승만 정권이 주도한 이른바 '48년 질서'의 한 단면을 보여준다. 1948년 10월 수도청 수사과장 최난수(崔蘭洙)를 비롯해 홍택희, 노덕술 등 친일 경찰 간부들이 모여 반민특위 내의 '악질적인' 김웅진, 노일환, 김장열 3명의 국회의원을 암살할 계획을 세우고 이를 위해 전문 테러리스트 백민태(白民泰)를 고용하기로 했다.

백민태는 원래 중국 국민당원이자 지하 공작대원으로서 일본군을 상대로 테러와 파괴 활동을 전문적으로 하다가 귀국한 전문 테러리스트였다. 그는 여운형의 집에 폭탄을 던진 사건을 계기로 당시 수도청 수사과장이던 노덕술과 인연을 맺게 되었다고 한다. 이들이 세운 암살 계획에 의하면 위 3명의 국회의원을 납치하여 의원 사퇴서를 쓰게 하고 살해한 다음 "국회의원 3명이 조국을 배신하고 월북하려는 것을 발견해 즉결처분했다"고 보고하기로 되어 있었다.

그런데 얼마 뒤 백민태는 최난수로부터 암살 표적으로 통보받은 15명의 명단을 보고 적지 않은 고민에 빠져들게 되었다. 이들 암살 대상자들은 대법원장 김병로, 법무장관 권승열, 국회의장 신익희를 비롯해 김상돈,

김상덕과 특별재판관 서순영, 오택관, 홍순옥, 최국현, 특별검찰관 서용길, 서성달, 곽상훈, 청년 단체 관계자인 유진산, 김두환, 이철승 등이었다. 백민태는 비록 테러리스트이긴 하지만 중국에서 항일 투쟁을 벌였던 경력의 소유자로 일말의 양심의 가책으로 고민하다가 결국 한민당의 조헌영과 김준연 의원에게 제보하기에 이르렀고, 그 뒤 검찰에 자수함으로써 이 가공할 사건이 세상에 알려지게 되었다. 이 사건으로 최난수, 홍택희, 노덕술은 기소되었으나 6·6 반민특위 습격 사건 뒤 노덕술은 증거 불충분으로 무죄 방면되었고, 최난수, 홍택희는 2년형을 선고받았다.

이러한 정치 폭력의 직접적인 희생자가 여운형 같은 중도파나 김구 같은 이승만의 정적이었다. 중도파가 몰락하고 난 뒤 헨더슨의 스승 조지 매큔도 한국의 장래에 대해 비관적인 전망을 한다. 그는 사후 출판된 그의 책 『오늘의 한국』(1950) 서두의 총론에서 "마지막으로 한국 문제는 한국인들의 몫이다. 그들은 책임을 기꺼이 지려고 하지만, 만일 38선이 유혈 내전 없이 철폐될 수 없다면, 또 러시아나 재생된 일본으로부터의 압력을 줄이거나 피할 수 없다면, 자유를 얻을 기회는 이미 존재하지 않는 것과 다름없다"(McCune, 1950: 7쪽). 그는 이 책의 결론에서(1948년 시점에서) '분단된 한국의 미래'를 전망하면서 "남북한 간 공개적인 전쟁은 임박한 것 같지는 않지만"이라고 희망적인 관측을 하지만, "한국에 주둔한 많은 미국인들 간에 불안감이 번져 있는데, 그것은 평양 방송이 시사하는 공개적인 전투가 한가한 위협이 아니며 침입이 임박했다는 징후"(같은 책: 278쪽)라고 토를 단다. 매큔은 이승만 극우 정권과 김일성의 극좌 정권은 마주 달리는 열차처럼 언제든지 굉음을 내고 충돌할 수 있음을 경고하고 있었다.

여운형의 '인민공화국'

헨더슨은 하지 사령관이 1945년 9월 8일 인천에 상륙할 당시 여운형의 정치 조직인 '인민공화국'이 파견한 환영단을 문전박대하는 중대한 실수를 범했다고 지적한다. 이들은 여운형의 친동생으로 미국 우스터대학을 졸업한 여운홍(呂運弘), 1905년 브라운대학을 졸업한 온건 성향의 백상규(白象圭), 여운형의 비서로 역시 온건파인 조한영(趙漢永)으로, 이 3인의 환영단은 인천에 정박한 하지 기함에 다가가 미 군정에 대한 협조를 다짐했지만 하지는 면담을 거절했다. 하지는 본국의 훈령이 없는 상황에서 이들이 '인민공화국'이라는 말을 사용하고 있는 데 놀랐고, 이들이 일본인들의 지원을 받는 것이 아닌가 의구심을 가졌으며, 따라서 그들과 정치적인 속말을 나누는 것을 꺼렸다고 한다. 이런 상황에서 하지는 "이들 그룹이 온건파이며 미 군정이 좋은 관계를 가지는 것이 이로우리라는 사실을 알 길이 없었다"(Henderson, 1968: 126쪽).

서울에 사령부를 차린 뒤 하지 장군은 이들 인민공화국의 정체가 무엇인지 개인 소식통으로부터 서둘러 정보를 얻고자 했는데, 그들은 선교사 가문 출신인 한 해군 장교의 친구이며 영어를 말할 줄 아는 한국 기독교 신자들이었다. 하지는 이 해군 장교가 한국말을 하는 것을 듣고 그를 정치고문에 임명했다. 그러나 이들 한국 기독교인들은 본능적으로 보수적이어서 하지가 인천에서 품었던 의구심을 확인시켜줄 뿐이었다. 이윽고 여운형 그룹이 공산주의자라는 소문이 하지 장군의 귀에 들어왔고 도쿄와 워싱턴에서도 듣게 되었다. 헨더슨은 다음과 같이 하지 장군의 잘못을 지탄한다.

아군 아니면 적이라는 단순한 세계에서 수년간 전투를 겪어온 이 미국

군인에게는 '인민공화국'이 적이며 라이벌이라는 이미지가 재빨리 굳어갔다. 워싱턴 본부가 미국의 영향력 아래 연립 정부를 희망하는 처지에서 "미국 정책은 미군이 여하한 임시 정부나 기타 정치 조직을 정치 목적으로 인정하거나 이용해서는 안 된다는 것"이라고 선을 그었다. 주한미군은 애초에 사적으로, 뒤에는 공개적으로 '공화국'과 그 정부라는 주장을 혹평했다. 여운형은 한 달 넘게 하지를 만날 수 없었다. 결국 하지는 12월 12일 인민공화국을 불법화하고 말았다. 혼돈의 상황에서 처음 일본인과 한국인은 정치적 응집력을 모으려는 노력을 했지만, 미국이 이를 깨부수고 만 것이다(같은 책: 126쪽).

헨더슨은 여운형의 정치 조직 '인민공화국'을 중시했는데, 그 까닭은 무엇일까? 그것은 해방 정국에서 인민공화국이 당시 정치적 응집력을 모을 수 있는 거의 유일한 온건파 정치 조직인데도 하지 군정이 이를 적대시함으로써 정치 안정의 씨앗이 싹을 틔우기도 전에 짓밟아버렸다는 것이다. 인민공화국의 모태인 '조선건국준비위원회'(이하 건준)는 1945년 8월에 지방에 145개 지부가 있었으며, 이들 지부는 도 단위에서는 모두, 군 단위에서는 대다수, 면 단위까지 더러 설치되었다고 한다. 헨더슨은 이 정치 조직을 일본 식민 통치가 급격히 무너진 뒤 불가피하게 생길 통치 권력의 공백을 메울 수 있는 정치 집단으로 보았다.

헨더슨이 위에서 말한 것처럼, 일본의 마지막 조선 통치자인 아베 총독과 엔도 정무총감은 여운형이나 안재홍과 같은 중도파 그룹과 각각 정치적 목적은 달랐지만 해방 한국에서 "정치적 응집력을 모으려는 노력을 했지만, 미국이 이를 깨부수고 만 것"이라고 하지의 무지한 행동을 개탄하고 있다. 이들 마지막 조선 통치자들의 목적은 물론 재한 일본인들의 재산과 생명을 보호하여 질서 있게 철수하는 것이었지만, 마지막 순간의 절박한 상황에서 여운형의 정치적 요구에 응해 마지못해 정치범을 석방하는 등 조치를 취하고 치안권을 넘기지 않을 수 없었다.

사실 인민공화국이라는 정치 간판은 급조된 것이기는 하지만[30] 그 모태가 된 건준은 일본 패망 뒤 새로운 국가 창설을 준비하기 위해 여운형과 안재홍이 주도하여 조직한 전국적인 단체다. 그것은 더 깊게는 1942~1943년부터 여운형 등 좌파의 통일전선 세력과 우파 민족주의자들이 일제의 패망에 대비하여 비밀 지하 조직으로 설립한 '건국동맹'에 뿌리를 두고 있다. 건준은 좌우 지도자를 아우르는 전국적인 '인민위원회' 조직망을 갖춘, 상당한 응집력을 지닌 온건파 정치 조직체로 발전하고 있었다. 그런데도 미 군정은 인민공화국을 불법화하여 그 대가를 톡톡히 치러야 했다고 헨더슨은 지적한다.

이 때문에 생긴 혼돈과 불만의 대가를 뒷날 톡톡히 치러야 했다. [주로 지방에서] 공적인 자리에 있던 '인민공화국'의 요원들은 즉결 해고되었다. 이는 인민공화국이 비교적 단일한 정치 조직으로 지배했던 지역에서 적개심을 불러일으켰다. 남원에서는 미군이 인민위원회를 접수했을 때 소규모 충돌이 일어났다. 하동에서는 인민공화국이 읍을 장악하고 군정을 거부했

---

30 해방이 되자마자 출범한 '조선건국준비위원회(건준)'는 여운형의 건국동맹이 모체가 되고 안재홍이 긴밀히 협력하여 만들어진, 좌우 각계각층을 아우르는 진보적인 중도 노선의 정치 단체로 출발했다. 9월 6일 미군 상륙이 임박한 시점에 비상 소집된 인민대표자 대회에서 '인민공화국'으로 급조되었다. 그것은 박헌영계가 주도한 것으로 알려지고 있다. 그들은 인민공화국으로 정부 조직을 급조함으로써 다가올 미군 점령 당국과의 협상에서 정부를 기정사실로 밀고 가려고 했으나 오히려 역효과를 일으킨 셈이 되었다(서중석, 1991: 218~220쪽).

다는 보도가 올라왔다. 창녕에서는 '독립당'이라는 유사한 집단이 읍을 장악하여 읍장에게 경찰을 해산하라고 명령했는데, 경찰이 이에 따라 해산되었다. 동해안의 3개 군에서는 미군이 '공화국' 관리를 합법화하는 것이 현명하다고 판단하고는 그대로 방치했는데, 불온 상태가 수개월간, 불만은 수년간 계속되었다. 제주, 완도, 그 밖의 몇 지역에서는 불법화된 인민공화국 산하의 인민위원회가 지역에서 신뢰를 받고 있던 관계로 사실상 계속 지배했으며, 불만과 타도의 저류가 흐르고 있었다. 인민을 바탕으로 세운 정부의 싹은 이렇게 뿌리째 뽑히고 말았다. 해방으로 용기를 얻은 많은 영민한 사람들이 그들 지역 문제에 대해 선도적으로 일을 처리하고자 했으며, 또한 일정한 책임을 지기 시작했으나 결국 분개하고 환멸하여 뒤로 물러서고 말았다(같은 책: 126~127쪽).

헨더슨은 이른바 '인민공화국'이 지역 기반을 가진 정치 조직인데도, 미 군정이 이를 키우지 못하고 오히려 싹을 잘라낸 것이 하지 군정이 저지른 씻을 수 없는 잘못이라고 생각한다. 다시 말해서 만일 하지 장군이 여운형의 인민공화국을 군정의 파트너로 인정하여 지원을 아끼지 않았더라면 해방 뒤 남한의 사태가 '회오리 정치'로 치닫는 비극은 막을 수 있었거나 적어도 완화할 수 있었다는 역사적 가정을 생각한 것이다. 하지 장군이 그 휘하의 오키나와 주둔 제24군을 데리고 왔지만 이들 '전술 군력(tactical forces)'은 38선 이남 일본군의 항복을 받기 위한 무력이었지 남한의 행정과 정치 공백을 메울 행정 인력은 아니었다. 그렇다면 논리적으로 중국 땅 중경에 있는 임시정부를 제외하면 비상시국의 행정과 치안을 맡을 조직화된 세력은 전국적 조직을 갖춘 인민공화국이 유일한 대안일 수밖에 없었다.

이러한 헨더슨의 견해는 당시 미 군정의 '민정' 팀에 참가한 장교가 관찰한 '양심적인 이야기'(같은 책: 415쪽, 주 25)가 뒷받침하고 있다. 이 양심적인 이야기의 주인공은 군정 시행 초창기 전남 지역 민정관으로 참여한 미드(E. Grant Meade)라는 이름의 장교였다. 그는 이 참여 관찰을 바탕으로『한국의 미 군정(American Military Government in Korea)』(1951)이라는 드문 학술적 연구서를 써냈는데, 여기서 미 군정이 일본인의 판단에 따라 인민공화국을 적대시했다고 하며 다음과 같이 쓰고 있다.

> 아마도 가장 심각한 잘못은 미국인들의 무식과 우파라는 조건부에 있었던 것 같다. 민정 팀은 일본의 통제와 이데올로기로부터 사람(한국인)들을 해방시키려 전남에 온 것으로 되어 있다. 그런데 사실상 미국인들은 전직 일본인 지방 경찰 간부의 판단을 옹호할 정도로 일본 지배 체제를 그대로 유지했다. 이 일본인 경찰 간부의 판단인즉, "지금 권력을 잡고 민중을 지휘하는 자들은 일제 때 불법적인 사상이나 변칙적인 성향 때문에 죄수였거나 감시 아래 있던 자들"이며, 이들의 행동에 "온건한 민중, 지식인, 부유층은 현 상황에 대해 불안해하고 있으며, 미 군정에 의해 민주적인 통치가 가능한 빨리 시행되기를 희망하고 있다"는 것이다. 이런 판단이 나온 1945년 10월 30일 미 군정은 인민공화국과 소속 단체를 지목하여, 그들이 좌파로서 토지 개혁, 친일 관료 배제, 조합제, 즉각적인 독립과 같은 '불법적인 사상이나 변칙적인 성향'을 가졌다고 규탄했다(Meade, 1951: 228쪽).

미드는 이 일본인 경찰 간부를 '아키라 사카모토(Akira Sakamoto)'라고 실명으로 지목하면서 그가 미 군정에 제출한 "공안 상태에 관한 보고서"(1945년 10월 30일)를 인용하고 있다. 그는 이 보고서가 **"일본의 전체주**

의와 미국의 민주주의를 동일시하는 **뻔뻔스러움을 보이고 있다**(강조는 지은이)"고 썼지만, 한편으로는 미 군정이 이런 일본인의 판단에 의존해 인민공화국과 여운형을 적대시한 '무식'을 개탄했다.

그는 이어 전남 지역의 민심이 온건 좌파로 기울고 있는데도 미 군정 당국은 친일 극우파를 지원하고 있어 민심이 군정을 떠나고 있다고 다음과 같이 지적한다.

이곳의 현실은 한국인의 과반수가 이러한 기본적인 목적[토지 개혁, 외세 추방, 보통 선거권 확대, 자연 자원 국유화에 집착하고 있다는 점이다. 우익 세력이 등장했다고 해서 그들이 다수를 대표한다는 보장은 없다. 전남 지역의 민정 관할 지역 중 좌파가 우세한 몇 지역은 협력할 기회가 주어지면 민정에 전폭적인 지원을 제공했다. 놓쳐서는 안 될 중요한 차이점은 이들 좌파가 민중 과반수의 지지를 받고 있다는 점이다. 이들 좌파 중 많은 사람들이 실은 온건파로 부를 수 있다. 이들은 미국의 후원 아래 그리고 한국인의 관리 아래 일본 체제를 유지하는 것을 바라지도 않으며, 또한 민정 체제를 전복하려는 좌파의 시도를 찬성하지도 않는다. 그렇지만 그들의 목적은 좌파와 같다. 전남 지역의 존경받는 대부분의 지도자는 부지사를 포함해 이런 온건파에 속한다. 미 군정이 극우파로 점차 기울수록 이들은 군정 지지를 거둬들이고 있다. 만일 온건파가 지지를 받는다면 공산주의 선동가들이 활동할 여지는 줄어들 것이다. 불행하게도 온건파들은 조직이 결여되어 있다. 그들 중 많은 이들은 한국 독립이라는 목표를 이루기 위해 지금만큼 정치가 필요한 때도 없다고 생각하고 있다. 미국인들은 이들에게 어떤 조직된 행동의 필요성을 납득시킬 수 있으며, 그들이 '대의 정당'을 세우도록 지원할 수도 있을 것이다(같은 책: 229쪽).

이는 헨더슨의 스승 매큔 교수가 밝힌 견해와 일치한다. 매큔은 1946년 2월 발표한 "한국의 점령 정치(Occupation Politics in Korea)"에서 하지 군정이 인민공화국을 불법화했으나 이 조직이 지방에서는 오히려 강력한 힘을 모으고 있다는 미국 신문의 서울발 기사를 인용하면서[31] 조심스럽게 자기의 견해를 밝힌다. 그는 미 군정이 중립을 지킨다고 했지만 실은 우익 소수파를 밀고 있다고 비판하면서 한국인들은 좌파 정권을 지지한다고 말한다.

이런 상황을 고려할 때 남한의 미군 사령부가 한국 국민의 갈망이 좌파 정부로 기울고 있다는 틀림없는 신호를 과연 인정할 것인지 여부에 대해 질문을 던지는 것이 타당하다. 미군 사령부가 사태를 파악한다고 할지라도 과연 한국인의 다수 의사에 따라 행동할 것인가?(McCune, 1946: 37쪽).

미국이 군정 기간 내내 여운형의 중도적 리더십을 전적으로 외면한 것은 아니었다. 미 국무부는 점령 초기의 중대한 시기를 놓치고 거의 10개월 이상 지난 1946년 7월 하지 군정에 중도 세력을 과도 정부의

---

[31] 《뉴욕 타임스》 특파원 존스턴(Richard J. H. Johnston)은 1946년 1월 5일자 서울발 기사에서 한국의 정치 집단 가운데 "임시정부를 지지하는 보수파가 급진파는 물론 진보파에 훨씬 뒤졌다"고 보도했다. 《크리스천 사이언스 모니터》의 워커(Gorden Walker) 특파원은 남한에서 몇 개월을 보낸 뒤 당시 한국 정치 지형을 다음과 같이 보도했다. "한국의 정치적 사상의 흐름을 관찰한 사람들은 한국인들이 전반적으로 좌익으로 기울어지는 경향을 갖고 있음을 알 수 있다. 이는 미국 점령 지역에서 두드러지는 현상인데, 사회주의자들과 공산주의자들로 구성된 이른바 인민공화국이 어떤 정치 집단보다도 한층 높은 국민의 지지를 얻고 있다는 데 의견이 일치하고 있다"(1949년 1월 3일자). 이들 외국 특파원들의 현지 기사들은 당시 국내 언론이 정파성을 띠었다는 상황을 감안할 때 상대적으로 객관성을 가진 것으로 평가할 수 있을 것이다.

주축으로 키우라고 지시했다. 그것은 여운형과 김규식을 중심으로 하는 세력이었다. 최초의 정책적 지령이지만 때늦은 대응이었고, 게다가 실패가 예고되어 있었다. 그 이유는 첫째 초창기 여운형이 주도하던 '인민공화국'은 이미 온건파 내지 온건 좌파 성격에서 박헌영 중심의 공산 좌파로 넘어간 뒤였다. 둘째, 미소공동위원회 채널을 통한 소련과의 협상에 미련을 버리지 않고 미국이 취했던 중도파 세력 지지는 2차 미소공위의 실패에 따라 이승만의 극우 반공 세력으로 선회할 수밖에 없었다. 마지막으로, 1947년 7월 19일 백주에 경찰서가 빤히 보이는 거리에서 일어난 여운형 암살 사건으로 중도파 리더십은 사라지고 말았다. 헨더슨은 온건파(중도파)가 실패한 데는 여러 요인이 있지만 미국의 우유부단한 대한정책이 결정적으로 책임을 져야 한다고 주장한다.

여러 가지 다른 실패가 있었다. 미국의 지원이 너무 늦었다. 하지의 지지가 너무 미온적이어서 신뢰감을 줄 수가 없었다. 온건파들은 우파가 통제하는 경찰에 의해 끊임없이 협박을 받고 있었으나 주한미군은 이를 거의 저지하지 않았다. 경찰서 문전에서 여운형 암살이 자행되었으며, 그에 앞서 아홉 번이나 그의 생명을 노린 암살 기도 중 여럿이 경찰서 문전에서 일어났다. 폭력과 협박의 분위기에서 힘의 행사를 절제하듯 피하는 행위는 원칙 있는 행동보다는 공권력의 나약한 몰골로 보였다. 처음부터 지지를 받았다 하더라도 온건파의 정치적 노력은 아마 실패로 끝났을 것이다. 그것은 진정 비극이었다. 김규식이나 여운형 또는 그들의 위대한 재능을 아는 사람이라면 누구나 그들이 한국 토양에 뿌리를 내리지 못하고 실패한 것에 대해서, 그리고 그들이 실패의 원인이 된 정치적 원자화 현상에 대해 고뇌했다는 것을 깨닫게 된다. 잘못은 그들의 리더십에 있는 것이 아니라 전후 세계 정치의 비타협성과 그들 사회의 성격과 전통에 있다고 봐야 한다 (Henderson, 1968: 135~137쪽).

하지 군정 아래 초창기 중도 세력을 대표하는 여운형의 몰락은 보수 세력에 대한 지원과 표리 관계로 볼 필요가 있다. 위에서 헨더슨이 지적하듯 극우 세력은 온건파를 물리적으로 협박하고 있었지만 하지 군정은 이를 거의 저지하지 않았다. 예컨대 여운형은 1945년부터 무려 20차례에 달하는 테러를 당했다고 한다(강원용, 2003, 제1권: 333쪽). 하지 군정이 시작된 첫해부터 여운형을 암살하고자 하는 움직임이 있었던 것이다. 1945년 12월 송진우를 암살한 한현우가 법정에서 "자기는 여운형과 송진우 둘을 다 죽일 것"을 결심해 여운형을 먼저 죽이려고 그를 미행했다고 한 얘기는 미 군정의 시작과 함께 여운형의 목숨이 얼마나 아슬아슬한 지경에 있었는지 실감케 한다. 한형우가 여운형을 미행해 종로 파고다 근방에서 쏘려고 했을 때, 여운형이 눈치를 챘는지 웃으면서 다가와 "어이 한 군!"하며 손을 내미는 바람에 차마 쏠 수가 없었다고 토로했다는 것이다(같은 책: 333~334쪽).

하지 사령관의 정치고문으로 따라와 1945년 9월 6일 한국 땅을 밟은 베닝호프의 증언도 눈길을 끈다. 헨더슨은 베닝호프에게 회견을 요청해 1979년 3월 말 워싱턴 D.C.에서 만나기로 약속했다. 베닝호프는 그의 한국에서의 체험을 딸에게 구술하여 작성한 기록(이하 진술록)을 헨더슨에게 보냈다. 그는 이 진술 기록에서 하지 사령관이 군정을 차린 뒤 자신을 대한 태도를 다음과 같이 회고한다.

나는 사령관의 정치고문이라는 직책으로 한국에 왔지만 하지 장군은 나와

상의하는 것이 적절치 않다고 생각했다. 나는 약간 기분이 상했고 지금도 다소 분개하고 있다. 나는 그것이 내가 일본말은 알지만 한국말은 모르고, 게다가 하지 장군이 일본인에 대한 강렬한 증오로 잘 알려진 인물이기 때문이라고 생각했다. 그 뒤 내가 무시당한 진짜 이유가 내가 국무부 소속 외교관이며 따라서 공산주의자 또는 '그 아류(parlor pink)'로 여겨졌기 때문이었다고 들었다. 미군은 당시에 그리고 그 문제에 관한 한 그 이래로 줄곧 공산주의자들이 [국무부] 도처에 숨어 있다고 보고 있었던 것이다. 이것은 뒤에 많은 외교관과 다른 사람들에게 그렇게 큰 괴로움을 끼쳤던 매카시즘이라는 태도를 내가 처음 대한 것이었다(헨더슨 문집, 상자 3호, "US and Korea Project: Interviews and Letters", 베닝호프 서한, 1979년 1월 31일자 진술록, 5~6쪽).

하지 장군이 자신의 정치고문 베닝호프가 국무부 출신이라고 하여 좌파라고 낙인을 찍었다는 이 말에서 당시 육군부와 국무부가 공산주의에 대처하는 사고방식이 얼마나 달랐는지 알 수 있다. 다시 말하면 국무부는 공산주의를 적대하면서도 유연한 정책으로 임했지만 육군부의 군인들은 공산주의를 적이자, 교섭의 파트너보다는 타도의 대상으로 여겼던 것이다. 이런 처지에 베닝호프는 하지의 정치고문 노릇을 제대로 할 수 없었을 것이다.

사실 하지 장군의 정보참모인 니스트(Cecil W. Nist) 대령이 내린 판단에 따라 하지는 초창기 접촉해야 할 정치 집단을 가리게 되었다. 이는 베닝호프가 미군 상륙 일주일 만인 1945년 9월 15일 워싱턴에 보고를 하지만 그것은 그의 판단이 아니라 니스트와 정보장교들이 반도호텔에서 이른바 김성수를 비롯한 '보성 그룹' 지도층을 면담한 결과였다. 베닝호프의 이름

으로 국무부에 상신된 보고서는 다음과 같이 하지 군정의 생각을 전하고 있다.[32]

남한은 불꽃을 가하면 금세 터질 것 같은 화약고라고 표현해야 옳을 것이다. 즉각 독립을 이루지 않고 일본인을 쓸어내지 않은 것에 대한 불만이 대단하다. 일본인 밑에서 고위직을 성취한 한국인들은 친일 분자로 여겨지고 그들 일본인과 마찬가지로 증오를 받고 있다. 모든 집단은 일본인 재산을 몰수하고 일본인을 쫓아내 즉각 독립을 성취해야 한다는 생각을 공통적으로 가진 듯하다. 그들은 그 이상 아무런 생각도 하지 않는다.

한국은 지금 선동가들의 활동무대로서 완전히 무르익었다. **이런 정치 상황에서 가장 고무적인 요인은 서울에 나이 들고 좀 더 좋은 교육을 받은 층 가운데 몇백 명의 보수주의자들이 있다는 점이다**(강조는 지은이). 이들 중 많은 이가 친일을 했는데, 그 낙인은 결국 사라져야 한다. 그들은 '임시정부'의 귀환을 바라고 있다. 그들은 다수는 되지 못하더라도 최대의 단일 그룹이다(베닝호프가 국무부에, 1945년 9월 15일, *FRUS 1945*, VI: 1049~1053쪽).

이 문서는 계속해서 남한 상류층의 태도야말로 남한 정치의 가장 고무적인 면이라고 규정하면서, 이 상류층이란 일제에 협력한 지주 계급과 보수 지식층이라고 말한다. 이어 이 전문은 남한 정치 세력 분포에 관해

---

[32] 베닝호프는 당시 국무부가 독자적인 통신 채널이 없었으며, 도쿄의 맥아더 사령부를 통해 전문을 보냈던 연고로 맥아더 정보 담당 G-2의 검열을 통과해야 했다. 베닝호프는 국무부와 직접 연락하려다 맥아더 사령부로부터 호된 질책을 받았다고 진술록에서 회고했다.

양극으로 대립된 정세라면서 하나는 '민주적 또는 보수적 집단'으로 그들 중 많은 이가 미국이나 국내 선교 기관에서 교육받은 지도자들로서 '서유럽식 민주주의를 추구하려' 하는 반면 다른 하나는 '급진적이거나 공산주의를 신봉하는' 집단이라고 규정한다. 이 문서는 전자를 대표하는 단체가 김성수가 이끄는 한국민주당(한민당)이며 후자는 여운형이 주도하는 '인민공화국'에 그 힘의 뿌리를 두고 있다고 설명한다. 이 문서를 보면 미 군정 시작과 함께 점령 정책을 책임진 미군 지도부는 남한 정치 세력 구도가 좌우로 대립하고 있다는 이분법적 생각에 빠져 있었다는 것을 알 수 있다.

따라서 하지의 미 군정은 '공평성'을 내걸었지만 그것은 대외용이고 처음부터 '몇백 명의 보수주의자'들만을 선호한 것을 알 수 있다. 이 문서가 워싱턴에 보내진 때와 거의 동시에 김성수와 그의 동생 김연수, 송진우, 조병옥, 윤보선, 장택상 등이 9월 16일 한민당을 결성한 것을 보면 군정 당국과 모종의 신호를 교감한 것 같다. 하지 미 군정은 처음부터 여운형의 인민공화국은 제쳐놓고 한민당을 선호하는 태도를 보인 것이다. 베닝호프는 위에서 인용한 진술록에서 그가 만난 여운형에 관해 평하면서, 하지가 여운형에게 어떤 태도를 보였는지 다음과 같이 회고한다.

그 당시 지도적 정치인의 한 사람은, 우리에게는 알려지지 않았지만, 여운형이었다. 여는 원래 공산주의자였고 모스크바까지 방문한 바 있었다. 그러나 1945년 이전 어느 시점에 그는 공산주의를 버리고 이승만에 의해 표현되는 극우파와 공산 좌파 간의 중간 입장을 취하고 있었다. 그는 또한 내가 오랫동안 대화를 나눈 몇 안 되는 지도자의 한 사람이다. 프레스콧(Prescott) 대령도 그와 두세 번 대화를 가졌다. 우리는 만일 미국이 어떤 사람을 지지해야 한다면 여가 바로 그 인물이 되어야 할 것이라는 의견을 갖게 되었다. 그러나 하지 장군은 공산주의에 물든 것은 무엇이든 싫어하는 병적인 성격 때문에 우리의 주장을 듣지 않고 여를 가볍게 제쳐두고 말았다(베닝호프가 국무부에, 1945년 9월 15일, FRUS 1945, VI: 24쪽).

베닝호프는 이어 하지 장군이 '외곬의 터널 시야(the single-minded tunnel vision)'를 가졌다고 혹평하면서, 그런 시야에서 여운형의 몰락은 예정되어 있었다고 결론짓는다.

여운형은 카리스마적인 지도자이며 모든 한국인에게 잘 알려진 인물이었다. 그러나 그가 1920년대에 얼마간 공산주의자였기 때문에, 그리고 그의 생각이 이승만과 같이 우익이 아니고 다소 좌익이기 때문에, 하지 장군은 그를 의심하고 '공산주의자'로 불렀다. 그러나 그는 당시 공산주의자가 아니었다. 이것은 하지 장군을 포함한 많은 미국인들이 공산주의적 또는 좌익 성향을 가졌다고 의심 받는 모든 사람들에 대해 가졌던 **외곬의 터널 시야** 강조는 지은이의 한 가지 예인 것이다. 프레스콧 대령과 나는 여와 많은 대화를 나눴으며 깊은 인상을 받았고 그것을 하지 장군에게 그대로 전했다. 그러나 아무 소용이 없었다. 그런 까닭으로 초기 상승하던 여운형 정치 세력의 정치적 전망은 후퇴했으며 여운형은 2년 뒤에 암살당하고 말았다(같은 글: 27~28쪽).

베닝호프가 관찰한 카리스마적 지도자 여운형이 하지 장군의 '외곬의 터널 시야'에는 공산주의자로밖에는 보이지 않았던 것이 당연했다. 이는 해방 정국의 소용돌이 속에서 활발하게 현실에 참여한 종교인 강원용이 여운형을 둘러싸고 교차하는 두 가지 '외눈박이' 시각을 지적한 것과 놀랍도록 일치한다. 1946년 10월 좌우 합작 운동에 참여했던 30대 청년 강원용은 당시 여운형을 보는 두 '외눈박이' 시각을 다음과 같이 묘사한다.

여운형은 열린 인간이었다. 당시 우리나라 사람들은 두 눈으로 세상을 보는 것이 아니라 외눈박이가 되어 사람과 세상을 보았다. 빨갱이의 눈 아니면 극우파의 눈으로밖에는 보지 못했던 것이다. …… 외눈박이 소인배들이 어지럽게 설쳐대는 그 시대에는 지도자가 될 수 없었다. 좌익의 외눈박이들도 그를 껄끄러워했고, 우익의 외눈박이들도 그를 불편해했으니까. 하지만 앞으로 우리나라가 남북통일을 하고 세계 속의 한국이 될 경우 과거 인물 속에서 지도자 모델을 굳이 찾으려고 한다면 나는 단연코 "여운형이 그 모델감이다"라고 말할 것이다(강원용, 2003, 제1권: 343쪽).

같은 맥락에서 강원용은 그가 가까이에서 본 민세 안재홍을 다음과 같이 평한다.

안재홍 역시 몽양 여운형처럼 열린 사람이었다. 우익이면서도 열린 우익이었다는 점이 좌익이면서도 열린 좌익이었던 몽양과 닮았다. 여운형, 조만식, 홍명희, 송진우 등과 함께 일제가 지목한 최후까지 '남아 있는 비협력 지도 인물'이었으며 해방 직전과 직후에는 여운형과 함께 건준 활동을 적극적으로 하면서 정치에 본격적으로 뛰어들게 되었다. …… 국민들은 도덕적이며 믿을 수 있는 지도자, 전 국민의 신뢰와 사랑을 받을 지도자를 안타깝게 찾고 있었다. 그런 지도자라면 민세가 가장 합당할 것이다(같은 책, 제2권: 105~106쪽).

문제는 극우파의 외눈박이로 세상을 본 하지 장군이 단순한 소인배가 아니라 미국이 점령한 남한을 지배하는 실질적인 총독이었다는 점이다. 그는 초기 해방 정국이라는 중대 국면에서 한국 정치 지형 형성에 결정적 영향을 끼칠 위치에 있었고 또 끼쳤던 것이다. 당시 한국 문제를 관장하던 육군부는 한반도에 거의 관심이 없었으며 현지 사령관을 지휘할 수 있었던 합동참모본부도 남한의 전략적 가치를 부정하고 있었다. 대한정책에 책임을 진 국무부마저 전후 한국 문제에 대한 준비가 전혀 없었으며 따라서 국무부는 초기 점령군 사령관에게 정책적 지침을 주지 못했다. 이런 대한정책의 사각지대에서 현지 미군 사령관은 한국의 정치 리더십을 형성하는 데 결정적 몫을 한 것이며, '반공 투사'를 자처하는 이승만은 하지와 같은 외눈박이 반공 군인의 자연스런 선택이었다.

매큔은 여운형이 암살당하기 전에 썼겠지만 그 뒤 발표된 논문에서 여운형의 중도적 리더십을 한국 문제의 해법으로 보았다. 그는 1947년 8월에 발표한 「한국의 전후 정부와 정치」라는 글에서 미소 양군이 분할 점령에서 오는 "한국 문제의 딜레마를 극복하는 유일한 해법은 양군의 보장 아래 과도정부로서 '중도적인 한국 정권'이 들어설 수 있는 어떤 실행 가능한 타협에 도달하는 길밖에 없다"고 지적한다. 그렇지 않다면 한국은 "두 식민 정권, 적어도 두 괴뢰 정권으로 계속 분할될 것"이라면서 "이는 한국인들에게는 가장 부당한 사태이며, 미소 관계는 가장 위험한 상황에 빠질 것이다"(McCune, 1947: 623쪽)라고 전망한다. 결국 매큔은 다음 해인 1948년 11월 5일 이른 나이에 숨을 거두기 전, 1950년 한국이 겪은 대재앙을 예언한 셈이 되었다.

이승만의 환국 공작

하지 군정은 여운형 그룹을 적대시하고 김성수의 보성 그룹에 희망을 걸었지만 김성수 그룹의 약점으로 드러난 '친일' 행적을 보상할 인물이 이승만임을 알게 되었다. 하지 군정은 이승만을 환국시키기 위한 내밀한 공작에 착수한다.

헨더슨은 1945년 10월 이승만이 귀국하게 된 사정이 당시 국무부의 대한정책이 표류하고 있음을 반증한다고 주장한다. 그 당시 국무부는 극우 반공을 앞세우는 이승만의 귀국에 반대하고 있었다. 국무부는 해방 후 한국 문제를 풀기 위해 소련과 협상을 하고자 하는 처지에 소련 공산주의를 극력 반대하는 이승만을 귀국시키는 것은 미국의 대한정책에 도움이 되지 않는다고 판단했던 것이다. 게다가 이승만의 행적을 알고 있는 국무부 고위 관리들은 이승만을 '고집스럽고 다루기 힘든' 노회한 망명객으로 평가하고 있었다. 따라서 국무부는 이승만과 관계를 맺는 것을 기피했다. 이런 상황에 국무부가 귀국을 허가할 리가 없었다.

국무부는 이승만의 여권상 신분이 중경 임시정부의 '고등판무관'이라는 점을 들어 귀국을 허용치 않고 있었다. 그러나 이때 OSS(CIA의 전신)의 부처장 굿펠로(M. Preston Goodfellow) 대령이 이승만의 귀국을 주선하는 공작 활동을 벌인다. 그는 전시에 지하 극동 작전을 폈던 관계로 이승만을 알게 되었고, 그를 남한 반공 정권에 가장 걸맞는 지도자로 보았던 것이다. 그는 하지와 맥아더를 설득하여 이승만 귀환 공작에 관해 내락을 얻은 것으로 보인다. 헨더슨은 이승만의 귀환 결정이 국무부의 대한정책과는 상관없이 이뤄졌다고 밝히고 있다. 굿펠로는 이승만의 귀국을 돕기 위해 국무부 극동 문제 담당관을 제치고 한국 문제와는 상관없는 여권과(旅券科) 과장을 참여시킨 '특별회의'를 주선하는 데 성공했다. 이 회의에서 이승만은 이 여권과장 시플리(Ruth B. Shipley)가 그를 '훌륭한 애국적 노신사(nice patriotic old gentleman)'라고 생각하게 하는 솜씨를 보였다. 이승만은 곧 여권을 받고 귀국길에 오른다. 헨더슨은 이를 두고 다음과 같이 평한다.

> 굿펠로와 그의 친구들은 여권과 과장을 국무부 대표로 하는 특별회의를 주선했는데, 한국의 복잡성과는 무관한 여권과의 여성 과장은 이 늙은 망명객을 '훌륭한 애국적 노신사'라고 생각했다. 극동 문제 부서를 대표하는 사람은 아무도 참여하지 않았다. 이 회의에서 이승만의 귀국은 재빨리 허용되었다. …… 전후 몇 달 동안 핵심적 외교 정책이 실제로는 국무부 여권과장에 의해 내려졌다. 이 순진한 과장은 자신의 인사 충원 방법이 민비(閔妃)가 사용한 방법과 닮았다는 사실을 알 리가 없었다(Henderson, 1968: 129쪽).

브루스 커밍스는 굿펠로를 음습하게 묘사하면서, 그의 활동을 '음모'라고 단정한다. 그에 의하면 당시 이승만의 귀국은 국무부 정책에 역행하는 이권이 개입된 음모다. 굿펠로는 이때 이승만의 귀국을 돕는 대가로 전후 한국에서 어떤 경제적 양여권(讓與權)과 무역권을 약속받았다고 한다. 실제로 맥아더는 이승만이 군 비행기를 타고 도쿄에 도착하자 육군부에 전문을 보내 "10월 11일 오전 11시 안착, 오늘은 쉬고 내일 접촉 예정"이라고 보고했다. 이때도 하지는 도쿄까지 가서 이승만을 만나 "준비가 될 때까지" 이승만의 서울 도착을 비밀로 하자고 약속했다. 커밍스는 이렇게 결론을 내린다. "솔직해보자. 하지, 맥아더, 굿펠로, 그리고 이승만은 확립된 국무부 정책에 역행하는 음모를 꾸민 것이다"(Cumings, 1981:

188~189쪽).

그렇다면 남한 현지 점령군 사령관 하지 장군과 맥아더 장군이 국무부를 제쳐가면서까지 굿펠로 공작에 동조해 이승만을 환국시킨 이유는 무엇일까? 그것은 소련군이 북한 지역에서 공산주의 모델을 따르는 정권을 세워가는 상황에서 미군 점령 아래 있는 남한에는 반공주의를 모토로 하는 친미 반공 정권을 세우자는 반공 군인들의 단순한 흑백 논리가 깔려 있다. 그들은 극우적 독립 투사 이승만이야말로 단정 반공 정권이라는 목표를 실현시키기 위한 최적의 적임자라고 판단했을 것이다.

맥아더와 하지가 굿펠로의 생각에 동조한 것은 분명해 보인다. 이승만은 군 비행기를 타고 도쿄에 도착하여 맥아더의 환대를 받는다. 이는 그가 맥아더의 개인 비행기를 타고 서울에 올 정도로 맥아더에게서 친절한 예우를 받는 데서도 잘 드러난다. 하지는 이승만을 맞으러 비밀리에 도쿄까지 가서 그와 회합한다. 이승만이 10월 16일 서울에 도착하자 하지의 환대는 극진했다. 그는 조선호텔의 스위트룸을 내주는가 하면, 다음날 기자 회견을 주선해주고 미군 경호원도 붙여주었다. 게다가 10월 20일 열린 미군 환영 대회에서 하지는 이승만을 5천여 명의 군중에게 소개하면서, "이분은 압제자들이 집으로부터 쫓아낸 사람으로 개인적 야심 없이 한국을 자유세계 가족의 품에 안기게 하기 위해 평생 일해왔으며, 이것이 이뤄진 것을 보았다"고 이승만 개인을 치켜 올렸다.

남한의 점령 통치권을 한손에 쥐고 있는 점령군 사령관이 경쟁적 위치에 있는 지도자들 가운데 이승만을 노골적으로 지지하는 것은 이승만에게는 천군만마와 같은 정치적 자산이었다. 이는 하지가 여운형에게 보인 적대적인 태도와는 천양지차였다. 또한 한 달 늦게 귀국을 허용받은 김구를 비롯한 임정 요인에게 보인 태도와도 극명한 차이를 보였다. 하지는 임정 요인들에게 여운형의 경우와 같이 적대적인 태도를 보이지는 않았지만 그렇다고 지지를 보낸 것도 아니었다.

김구 임정의 경우, 정부로서 귀환하지 않는다는 각서를 중경의 웨드마이어 장군에게 써준 뒤에야 귀국이 허용되었다. 김구를 비롯한 이들 임정 요인은 11월 23일 '날개 잘린 모습'으로 평범한 군용 비행기를 타고 귀국하지 않을 수 없었다. 그들이 귀국한다는 사전 뉴스도 없었고, 기자 회견도 국내 기자들에게는 금지된 채 외국 기자들에게만 허용되었다. 미 군정이 보인 이들에 대한 태도는 여운형의 경우처럼 적대적인 것은 아니었지만 한 달 전에 귀국한 이승만에게 보인 환대와는 너무 대조적이었다. 따라서 헨더슨은 미 군정이 여운형의 인민공화국에 이어 이들 임정의 정통성을 거부함으로써 남한 정치가 초창기 정치적 응집력을 구축할 수 있는 기회를 박탈하고 정치적 혼돈을 불러들인 것이라고 비판했다(Henderson, 1968: 130쪽).

한국인들에게는 누가 보아도 이승만이 점령군 사령관이 적극적으로 인정한 지도자로 보였다. 다시 말하면 하지 사령관은 새로 들어선 점령군 총독의 위치에서 이승만을 거의 노골적으로 지지함으로써 이승만이 국내 정치에서 경쟁자를 누르고 선두 주자의 위치를 굳히는 데 일등 공신의 몫을 한 셈이었다. 이는 국내 정치 기반이 없던 이승만에게는 점령 초기 혼돈된 해방 정국에서 더할 나위 없는 중요한 정치적 자산이 되었다.

이런 상황에서 이승만과 경쟁 관계에 있는 중도 좌파, 중도파, 우파를 대표하던 지도자로서 여운형, 김규식, 김구는 상대적 열위에 설 수밖에 없었다. 특히 공산당 세력은 물론 노골적으로 따돌림을 당한 여운형의 '인민공화국'의 경우 몰락의 길로 들어서게 되었다.

그러나 하지는 이승만과의 밀월 관계를 짧은 기간에 끝냈다. 그는 역설적으로 국무부가 그랬던 것처럼 이승만 지지에서 손을 떼고 중도 세력을 지지하게 되지만 이미 때를 놓치고 만다. 헨더슨이 설명하듯 이승만은 초창기 하지의 지지라는 정치적 자원을 이용하여 원자화된 정치 단위들을 결집시키고 결국 남한 회오리 정치에서 살아남아 무적의 1인자로서의 위치를 굳히게 되지만, 그의 라이벌인 여운형, 김구, 김규식은 암살당하거나 한국전쟁의 분진 속으로 사라지게 되었다.

4. 미국의 철군 정책: 다리 없는 괴물

헨더슨은 미국 합참이 1947년 미군을 남한에서 철수하기로 결정한 것은 미국의 대한정책 가운데서도 가장 무책임함을 보여준 '다리 없는 괴물(legless monster)'이라고 묘사한다. 이 결정에 따라 미군은 1949년 6월 말 철군을 완료하지만, 이는 미국 합참이 내린 결론, 즉 한국은 전략적 가치가 없다는 판단에 따른 것이다. 헨더슨은 이러한 결론이 미국 전략가들이 전통적으로 가진 한국에 대한 편견이 작용한 결과라고 주장한다. 그는 솔직히 이를 미국의 '연막(smokescreen)' 작전이라고 불렀다(Henderson, 1968: 149쪽). 1947년 국무부와 국방부는 1904~1905년 루스벨트가 그랬던 것처럼 미국이 여차하면 '나약하고, 복잡하며, 부수적인 한국(a fragile, complex, and tangential Korea)'을 버려도 문제가 없을 것으로 결론을 내렸다(같은 책: 같은 쪽). 그들은 미국의 대한 원조 계획이 값비싸고 무모한 돈의 전용이라고 간주했다. 합참도 "만일 전쟁이 발발하면…… 한국에 있는 우리 군은 군사적 부담이 될 것"으로 생각했다. 한국으로부터 나오는 믿을 만한 보고서에 의하면 "한국이 자유롭고 민주적인 발전을 계속 전혀 이루지 못한다면 미 점령군은 폭력적인 무질서를 포함해 더 이상 버텨갈 수 없는 지경에 이를 것"이 분명해 보였다. 따라서 육군장관 패터슨의 말대로 미국은 '품위 있게', 말하자면 '연막'을 치고 철수해야 한다는 것이었다.

헨더슨에 의하면 이 연막은 군사적인 것과 경제적인 것으로 구성되어 있다. 그러나 대한 경제 원조 계획은 무산되고 말았다. 1947년 3월 영국이 터키와 그리스의 방위 부담을 더 이상 질 수 없다고 통보해오자 미국은 서둘러 그리스-터키 원조 법안을 의회에 제출했다. 동시에 트루먼은 국무부에 조용히 통보하기를 두 개의 큰 원조 법안을 제출한다는 것은 무리라고 말했다. 따라서 3년간 5억 달러의 대한 원조 법안은 그리스-터키 원조 법안에 밀려 의회로 가지도 못하고 탈락되고 말았다. 그럼에도 한국에서의 철수는 결정되고 이행되었다.

한국 원조 법안이 그리스-터키 법안에 밀려 폐기되고 말았다는 것은 미국이 전통적으로 한국 문제를 정책 우선순위에서 열위에 두고 있음을 보여준다. 그것은 미국이 세계 전략에서 유럽과 일본을 항상 우선시하는 전통에서 유래한다. 이는 전후 대아시아 정책에서 일관된 맥으로 이어졌다. 이러한 맥락에서 미국의 전후 정책에 일본과 독일이 우선시되고 한국은 뒤처지게 되었다는 것이 헨더슨의 견해다. 이것이 가장 극명하게 나타난 것이 한국전 발발 불과 5개월 전인 1950년 1월 12일 국무장관 애치슨이 내셔널 프레스 클럽에서 행한 연설이다. 그는 잘 알려진 대로 한국이 미국의 방위선 밖에 있다고 선언했다. 놀랍게도 맥아더 장군은 일본 방위를 위한 한국의 전략적 중요성에 대해 무지함을 드러낸 애치슨 연설을 전폭적으로 지지했다. 그는 미국이 전면전에 대응해 한국군을 훈련시키고 무장시킬 능력이 없으며, 만약 심각한 위협이 발생하면 한국군에 대한 적극적인 지원을 포기해야 할 것이라고 믿었다. 그는 한국에 있는 잔류

미군 부대를 철수시켜야 한다고 권고했다.

다음으로 연막전술의 군사적인 부분을 좀 더 자세히 살펴보자. 이 부분이 주한미군의 철수 문제다. 이 문제는 트루먼 행정부가 결정해야 할 우선적 현안이었다. 왜냐하면 미군의 철수는 한국의 존망이 직접적으로 걸려 있는 문제라는 것을 미국의 전략가들도 잘 알고 있었기 때문이다. 그런데도 미국 합참은 한국의 전략적 가치를 부인하고 철군 방침을 결정해놓은 상태였다. 그러나 철군의 시기를 두고 당시 국무부와 육군부는 첨예하게 대립하고 있었다. 육군부는 '가급적 빨리' 철군해야 한다는 입장을 시종일관 내세웠으나 국무부는 한국이 준비를 갖추기 전의 조속한 철군은 한국을 소련의 팽창주의에 넘겨줄 것이며, 이는 미국의 신뢰와 명성에 치명적인 손상을 입히는 것이라며 맞섰다.

육군부의 입장은 기본적으로 1947년 9월 15일 한국이 미국 안보를 위해 별로 가치 있는 땅이 아니라고 내린 합참의 판단에 근거를 두고 있다. 합참은 지금은 유명해진 비망록에서 "군사적 안보의 입장에서 한국은 미국의 군대와 기지를 유지할 전략적 가치가 거의 없다"고 잘라 말하고 있다. 합참 비망록에 의하면, 한반도는 미국의 아시아 대륙 공세에서 제쳐놓을 수 있지만 한반도의 적은 공중 폭격에 약하다는 것이 그 이유였다. 따라서 미국은 한반도 점령군을 전략적 중요성이 좀 더 큰 지역으로 재배치함으로써 국가 안보에 효율적으로 공헌할 수 있다는 것이다[합동참모본부가(JCS)가 3부조종위원회(SWNCC)에, 1947년 9월 26일, *FRUS 1947*: 817~818쪽].

미국 합참은 한국의 경우 사회적·정치적·경제적 재건 프로그램이 결여되어 있어 무질서와 소요가 미국의 입장을 철저하게 망쳐놓을 것이라고 경고했다. 그럴 경우 자발적인 철수가 아니라 어쩔 수 없는 철군을 해야 하는데, 이는 "모욕적이며, 미국의 국제적 명성에 더욱 큰 손상을 입힐 것"이라고 그 이유를 설명했다(위 JCS to SWNCC 문서). 이러한 합참의 판단에 육군부는 정부 수립 후 90일 안에 점령군이 철수해야 한다는 유엔의 결의에 따라 1948년 11월 15일까지 철수를 끝내야 한다는 철군 시간표를 마련해놓고 있었다.

그러나 1948년에 들어 국무부는 철군 자체에는 동의했지만 철군 시기에 대해서는 육군부와 생각을 달리했다. 예컨대 국무부 동북아 문제 담당 국장 버터워스(Walton W. Butterworth)는 미국은 한국에 '도덕적 약속'을 했기 때문에 그것을 '저버리고 도망치려' 한다는 낌새를 조금도 주어서는 안 된다고 강조하면서, 철군 시기를 11월 15일로 잡더라도 융통성이 필수적이라고 지적한다. 국무부의 생각에는 한국이 충분한 군사력을 갖추기 전에 미군이 철수하면 한국의 존망이 위태롭다는 의심이 깔려 있다. 사실 마셜 국무부 장관도 육군부에 대해 개인적으로 실망감을 표하면서 육군부가 충분한 시간을 들여 강력하고 기강이 잡힌 남한 경비대를 훈련시키지 않으면 북한의 침공을 막을 수 없을 것이라고 했다고 한다(버터워스가 마셜에게, 1948년 3월 4일, *FRUS 1948*, *VI*: 1137~1139쪽).

한반도에서의 철군 문제를 둘러싼 이러한 부처 간 대립과 갈등에서 맥아더의 입장이 주목을 끈다. 그는 1948년 12월 한국에 1개 전투여단을 유지하겠지만 소련의 간섭이 없는 경우 한국은 안보에 대해 스스로 책임져야 한다고 주장했다. 결국 국무부는 1949년 1월 국가안전보장회의가 마련한 NSC-8의 틀에서 철군 문제를 포함한 대한정책 전반을 재조정해야 한다는 결론에 이르렀다. 이에 대응해 국무부는 무초 대사와 맥아더 사령관의 의견을 구했다.

맥아더 장군의 경우 이승만의 원군으로 여겨져 왔다. 그는 이승만이

1945년 10월 귀국할 때 자신의 개인 비행기를 내줄 만큼 적극적인 후원자였다. 앞서 본 대로 4개월 전인 1948년 8월 15일 정부 수립 기념식장에서는 도쿄로부터 날아와 이승만 대통령과 나란히 앉아 축하 연설을 해준 반공주의의 원군이었다. 그는 38선의 "장벽은 반드시 무너져야만 하며 무너질 것이다"라고 연설하면서 "당신들의 국민이 자유 국가의 자유민으로서 종국적인 통일을 이루는 데 아무것도 방해해서는 안 된다"고 선언했다.

그런데 맥아더는 철군 문제에서 더 이상 이승만의 원군이 아니었다. 그는 1949년 5월 10일, 즉 한국의 5·10 선거 1주년 기념일을 철군일로 정하자고 권고했다. 그는 "남한의 장기적 안정이 이뤄질 것 같지 않다"면서, 그 까닭으로 한국의 '독재 성향'과 경제적 사정을 개선할 수 있는 능력의 전적인 결여를 들었다. 그는 "한국의 안보에 심각한 위협이 생길 경우 전략적·군사적 고려를 감안할 때 적극적인 군사 지원을 할 수 있는 어떠한 구실도 없다"는 점을 강조하면서, 이승만이 내세운 미국의 군사적 보호 보장을 힘주어 반대했다.

마지막으로 그는 아시아 대륙에서 소련 팽창주의와 싸우는 나라들에 경제 및 군사 원조를 하는 것으로 족하다고 덧붙이면서, 미국의 중요 목적은 아시아 대륙을 둘러싸는 방위선을 구축하는 것이라고 강조했다. 맥아더는 1949년 3월 한 영국 기자와의 회견에서 한국과 대만을 제외한 미국의 태평양 '방위선'을 구축해야 한다고 주장했다. 이것은 애치슨이 1950년 1월 12일 프레스 클럽에서 남한을 제쳐놓은 태평양 방위선에 대한 유명한 연설을 하기 8개월 전의 일이었다. 즉 맥아더는 합참의 판단과 마찬가지로 공산주의의 한반도 석권을 받아들이면서, 그렇더라도 아시아에서 미국의 안보 이익은 지킬 수 있다고 자신한 것이다.

그러나 무초 대사의 이야기는 달랐다. 남한의 경우 미군이 조기 철군한 뒤 생존에 필요한 안정을 달성하지 못할 것이라고 하면서, 미국은 철군한 뒤 북의 침공이 뒤따르지 않도록 철수를 '수개월' 연기해야 할 것이라고 주장했다. 그는 미군이 계속 주둔함으로써만 한국이 정치 안정과 경제 회복을 위한 '숨 쉴 공간(breathing space)'을 얻을 것이라고 지적했다. 그는 미국이 남한이 산적한 많은 문제를 해결한 뒤에는 공산주의자들의 한반도 전역 지배를 걱정하지 않고 안전하게 철수할 수 있을 것이라고 내다봤다.

봉쇄 정책의 시험 무대

결국 트루먼 행정부는 철군 문제를 둘러싼 부처 간 갈등을 이른바 '봉쇄 정책(containment policy)'의 틀로서 타결지었다. 이것은 타협안이었다. 철군은 하되, 경제 및 군사 원조 계획으로 한국이 어느 정도 안정을 찾을 때까지 철군 시기를 유동적으로 둔다는 것이다. 이는 1948년 대선에서 트루먼(Harry S. Truman)이 예상을 뒤엎고 재선되고 1949년 취임 연설에서 내세운 외교 정책의 기조, 즉 '포인트 포(Point Four)'를 한국에 적용한다는 것이었다. 이 '트루먼 독트린(Truman Doctrine)'의 요점은 미국이 무조건적인 군사적 보호를 접는 대신 경제 원조와 군사 원조를 통해 수원국(受援國)의 방어 능력을 키워 소련의 팽창주의를 막는다는 전략이었다. 전략의 배경에는 당시 국무부 정책기획국을 이끌고 있었던 조지 케넌(George F. Kennan)의 발상으로 짜여진 이른바 '봉쇄 정책'의 논리가 깔려 있다.

이 봉쇄 정책은, 소련의 전략이 동유럽의 경우 직접 침공하여 소비에트 모델 정권을 세우지만 아시아의 경우는 간접 침투를 통해 내부 전복을 꾀하는 것임을 전제로 하면서, 이러한 소련의 팽창주의에 대처하기 위해서는 아시아 제국들이 자기 방어 능력을 키워야 하며, 미국은 이 자기 방어 능력을 키우기 위해 경제 및 군사 원조를 하겠다는 것이다. 트루먼 대통령과 그의 신임 국무장관 애치슨은 한국을 바로 봉쇄 정책의 시험 무대로 본 것이다.

이 봉쇄 정책이 현실적인 대한정책의 모습으로 나타난 것이 1949년 3월 23일 트루먼 대통령이 재가한 NSC-8/2이다. 이 정책은 기본적으로 그 전해인 1948년 4월 2일 트루먼 대통령이 국가안전보장회의에서 승인한 NSC-8에 근거한다. 이 NSC-8은 요컨대 양 부처 간의 타협안이었다. 미군의 철군은 몇 달 연기하되 소련의 팽창주의를 막는 방법으로 남한 단독정부를 세우고 그 자력 생존을 위해 경제 및 군사 원조를 하겠다는 것이다. 그 논리의 근거는 남한이 공산주의에 넘어가면 일본과 중국에 대한 소련의 전략적 위상이 높아진다는 것이었다. 그런데 이 정책에는 중요한 허점이 있는데, 그것은 미국이 공산주의자들의 내부 전복을 막기 위해 경비대 수준의 군사력 창설만을 도울 뿐, 외부 침공의 경우 미국의 군사 개입을 배제하고 있다는 점이다.

이 NSC-8을 부연해서 설명해보자. 이는 미국이 '분할되고 독립적인 남한'을 창설하기 위해 취해야 할 단계적 조치를 구체적으로 밝힌 정책이다. 먼저 이 정책 보고서는 미국 지역(남한)은 경제적으로 허약하고 소련이 후원하는 북쪽 정권의 위협에 노출되어 있음을 인정하면서, 남한을 공산 지배하에 넘기는 것은 중국과 일본에 대한 소련의 정치적 및 전략적인 위상을 높일 것이라고 지적한다. 따라서 이 보고서는 미국이 1949년 회계연도에 1억 8,500만 달러의 경제 원조를 제공해야 한다고 권고한다. 그런데 군사 원조의 경우, 자력 방어의 역량을 갖춘 경비대를 '실제적으로 가능한 한' 창설해야 한다고 권고하면서, 북한 또는 기타 외국에 의한 공공연한 침공 행위의 경우를 제외한 모든 침공을 막기 위해서라고 한다.

마지막으로 부처 간 중요한 논쟁거리였던 미군의 철군 시기에 대해 NSC-8은 1948년 12월 31일이라고 규정했다.[33]

이 대한정책이 추구하는 목표는 넓게 잡아 세 가지로 정리할 수 있는데, 그것은 (1) '외국 통제로부터 독립된' 남한 단독정부 수립, (2) 그 정부가 국민의 자유의사에 근거를 두어 설립될 것, (3) 독립적이고 민주적인 국가에 필수적 기반인 건전한 경제와 교육 시스템을 세우기 위해 원조할 것이다(FRUS 1948, VI: 1164쪽). 그러나 이런 목표는 보다 직접적인 목표인 주한미군의 철군을 실현하기 위한 장기적인 목표였다.

이러한 정책 목표 중 '외국 통제로부터 독립된' 단독정부 수립이란 남한에 친미 반공 정권을 수립하는 것을 의미하는데, 이는 앞에서 살펴보았지만(제6장 1절 "부산 정치파동이란?" 참조) 중도파를 배제하는 극우 정권으로 발전할 가능성을 열어놓은 셈이 되었다. 그러나 문제는 친미 반공 정권 수립이라는 목표가 중요하기는 하지만 그 정부 수립은 국민의 자유의사에 기초하는 민주 국가여야 한다는 목표가 여전히 남아 있다는 점이다. 바로 이 문제에서 미국의 대한정책은 혼란을 거듭하다 실패하고 만다. 즉 이 두 목표를 양립시키지 못하고 친미 반공 정권이 극우 반공 정권이 되어 민주주의를 몰아내는 양상으로 사태가 발전해간 것이다.

이 미군 철군 정책의 근간이 된 NSC-8은 철군 시기를 두고 국무부와 육군부 간의 절충 끝에 NSC-8/1, 다시 NSC-8/2로 최종 조정되어 1949년 3월 23일 트루먼의 재가를 받는다. NSC-8/2는 최종적으로 철군 시한을

---

[33] 미군이 1949년 12월 31일 철군을 완료한다는 시간표는 유엔이 1947년 11월 14일 채택한 결의안이 외군 철수 기한에 관해 정부 수립 후 '가능하면 90일 이내'로 규정한 것과 일치하지 않는다. 그런데 유엔 총회는 1948년 12월 12일 철군 시기 90일 이내라는 기한을 수정해 '가능한 한 조속히'로 바꾼 결의안을 채택했다.

다시 그해 6월 30일로 못박았다. 이렇게 철군 시기가 다시 연장된 것은 1948년 말 내지 1949년 초 중국에서 공산군의 승리가 점쳐지자 국무부가 이 문제를 따지고 들었기 때문이다. 예컨대 비숍(Max Bishop) 국무부 북아 문제 과장은 중국에서 공산주의가 승리했기 때문에 오히려 한국 철군을 무기한 연장해야 한다고 보았다. 그는 "중국의 상실과 함께 한국의 포기는 아시아 모든 나라의 자신감과 사기를 파괴할 것"이라면서, 게다가 공산당의 남한 정복은 '세계 공산주의의 가장 중요한 표적인 일본'을 지배하려는 소련의 책동을 크게 고무시킬 것이라고 내다봤다. 따라서 그는 한국에서의 조기 철군에 반대하면서, 이는 '동북아시아에서 적대적인 공산주의 정치 군사 체계의 팽창'을 도울 것이라고 주장했다(맥스 비숍이 버터워스에게, 1948년 12월 17일, *FRUS 1948*, VI: 1337~1340쪽).

NSC-8/2의 경우 철군 시기를 1949년 6월 30일로 못박으면서 철군 전에 남한의 방위에 필요한 군사 원조를 제공하겠다고 했다. 이 군사 원조는 육군 6만 5,000명, 해안경비대 4,000명, 경찰 3만 5,000명으로 제한하고 이들에게 경무기만을 공급하겠다는 것으로, 한국이 요구하는 공군과 해군 창설을 배제했다. 이는 이승만이 걸핏하면 큰소리치는 북진통일론을 잠재우겠다는 의도를 보인 것이라고 전문가들은 지적한다(Matray, 1985: 185쪽). 또한 여기에는 3년간의 경제 원조 프로그램을 마련해 의회의 승인을 얻겠다는 안이 포함되어 있다.

결론적으로 헨더슨은 1947년 마련된 미국의 한국 철군 정책을 '다리 없는 괴물'이라고 혹평한다. 그는 이렇게 말한다. "가장 잘못되고, 가장 모호하고, 게다가 가장 논쟁적인 결정이 내려졌다. 철수가 이행되었다. 그러나 '품위'라고는 찾아볼 수 없다. 필요한 원조와 방위도 없이 미국인들이 마련한 대한정책은 '다리 없는 괴물'로 태어난 것이다. 이 치명적인 판단의 실수, 연속적인 실수, 그리고 계속 예상되는 실수가 유럽에서 마셜 플랜이 성공을 알리는 시점과 거의 동시에 발생했다"(Henderson, 1968: 150~151쪽). 이 철군 정책은 1950년 한국전쟁을 끌어들인 초청장이 되고 말았다는 것이 그의 생각이다(제3장 3절 "헨더슨이 만난 한국전쟁" 참조).

5. 한국 분단과 과잉 군사화

헨더슨은 미국이 급조로 38선을 그어 한국의 비극이 시작되고, 그 이후 38선을 경계로 남북 분단이 고착된 것에 대한 미국의 책임을 준열하게 따지고 있다. 여기서는 한국 분단의 시작과 고착에 관한 그의 견해를 들어보기로 하자. 그가 1968년 『회오리의 한국 정치』를 발표한 뒤 가장 큰 관심을 보인 주제가 한국 분단 문제다. 그가 그해 11월 처음 학문 세계에 본격적으로 발표한 논문이 「한국의 분단: 전망과 위협(Korea's Division: Prospects and Dangers)」(1968)이다. 그는 이 논문을 비롯해 1969년 학계에 진입한 뒤 발표한 일련의 논문[34]에서 분단 문제를 다루고 있다.

헨더슨은 1970년대 미국의 3대 위험 지역, 즉 중동, 앙골라, 한반도 가운데 미국이 가장 무거운 책임을 지는 지역이 한국이라고 하면서 한국 분단의 역사적 책임이 미국에 있다고 주장한다. 구체적으로는 1945년 8월 11일 아침, 미국은 한국인들이 모르는 사이 협의도 없이 한반도에 분할선을 그었는데, 소련이 그것을 이용하리라고 예상하고 있었다는 것이

---

[34] 헨더슨이 한국 분단을 다룬 일련의 논문은 「한국 분단: 전망과 위협」 외, 「남북한(North and South Korea)」(1971), 「터무니없는 한국 분단(Korea: The Preposterous Division)」(1973), 「한국(Korea)」, 헨더슨·리보우·스튀싱거 편, 『분단 세계의 분단 국가(Divided Nations in a Divided World)』(1974) 등이다.

다. 따라서 미국은 남북한의 분쟁을 동북아로 끌어들인 주요 당사자다. 그는 이렇게 말한다.

우리는 그 결과로 생겨난 분단국의 비공산권 지역[한반도 남반부]에 주권 국가를 만들었다. 또한 1907년 8월 1일 이래 존재하지 않았던 군대를 창설하는가 하면 배타적인 지원자, 훈련자, 그리고 훈육자가 되었다. 중동이나 앙골라에서는 우리의 책임이 모든 면에서 그토록 깊지 않다. 독일에서조차 또는 어떤 중요 지역에서도 우리의 책임은 그토록 일방적이지 않다. 중대 분쟁의 심층 원인 가운데 한국에서 수행한 미국의 역할처럼 전 미국 역사를 통틀어 그렇게 독특한 것은 없다고 생각한다. 다만 쿠바의 사례를 생각할 수 있는데, 그것은 작은 규모다. 소련도 물론 책임을 지닌다. 그 책임은 미국 못지않으며, 아니 어떤 이는 더 무겁다고 주장한다. 한국인 자신들은 애당초 책임이 전혀 없는데, 그 까닭은 미국과 소련이 그들의 나라를 분할 점령하고, 군대를 창설했을 때 한국인들의 의견을 들은 바조차 없기 때문이다. 몇몇 한국 지도자들이 전쟁 말 협의를 제안했지만 거절당한 일도 있다 (Henderson, 1976c: 4~5쪽).

그는 한국 분단이 역사적·문화적·종족적·언어적 배경에서 볼 때 '터무니없는(preposterous)' 것이라고 설파한다(Henderson, 1973). 한국은 서기 7세기 이례적인 종족적 동질성, 언어의 통합, 종교적·정치적·사회적 경험의 공통성 위에서 출발했는데, 11세기에는 세계 역사상 가장 빠르고, 아마도 가장 응집력이 강하며, 문화적 동질성을 가진 민족 국가로 발전했다. 물론 조선조 시절 평안도와 함경도가 차별을 받기도 했고 서북 지역은 상업을 중시하는 경향도 있었지만 이것이 1945년 남북 분단과 상관 있다고 보이지는 않는다. 남쪽과 북쪽 사람들 간에 약간의 구별과 감정의 차이는 있지만 이러한 차이는 가령 통일 프랑스 안의 남쪽과 북쪽 사람들보다 큰 것이 아니며, 통일 독일 안의 바이에른 인과 프로이센 인들과의 차이보다 적다는 것은 분명하다. 남북한은 미국의 경우와 같이 내전을 치른 적도 없다. 따라서 비슷하거나 더 큰 나라와 견주어도, 1945년 이전에 한국이 분열되거나, 이데올로기적 또는 정치적 노선으로 갈라져야 할, 특히 38선으로 갈려야 할 이유는 전혀 없었다.

내부적인 이유가 없다면 외부적 이유는 있는가? 헨더슨은 여기에서도 분명한 이유를 찾기 어렵다고 말한다. 미국과 소련은 얄타 회담, 이어서 모스크바 외상 회의에서 하나의 단일 정부가 될 것이라는 전제 아래 4대국 신탁통치안에 비공식적으로 합의했다. 세부 합의가 없는데다가 일본이 예상 외로 빨리 항복하는 바람에 맥아더의 일반명령 제1호에 의해 38선을 기점으로 미국과 소련이 남북한을 분할해 일본군의 항복을 받기로 했다는 것이다. 이것은 일본군의 항복을 받기 위해 '개별 점령지역을 급조하여 임시로 만든 것'이지 한국의 분할을 의미하는 것은 아니었다(Henderson, 1973: 206쪽).

신탁통치안을 합의해놓고도 왜 연합국, 특히 미국과 소련은 1943년 카이로 회담과 1945년 일본 항복 사이에 한국 문제를 타결하지 못했는가? 미국 책임과 관련되는 요인으로는 전후 문제 처리의 우선순위가 일본과 독일 문제에 있었지 한국에 있지 않았다는 것, 국무부가 한국에 관해 무지했다는 것, 따라서 국무부는 한국 문제를 고유하게 그리고 효과적으로 다룰 수 있는 별도의 팀을 구성하지도, 구성할 능력도 없었다는 것이다. 그런데도 미국은 소련이 대일전을 선포하고 한반도에 진입하자 소련의 의도를 의심하여 한반도의 남반부를 서둘러 점령했다.

헨더슨이 제기한 미국의 대한책임은 한국 분단의 기원에 머물지 않고 분단의 고착화, 남북한의 적대화, 남한의 군사화에 대한 미국의 책임을 묻고 있다. 그는 한국 분단의 고착화와 남북한의 적대화가 남북한의 과잉 군사화와 깊은 상관관계가 있다는 점을 지적하는데, 이에 관해서는 다음 주제인 '남북한 관계'에서 다루기로 하고 여기서는 남한의 과잉 군사화에 대한 미국의 책임론을 살펴보기로 하자.

남한의 과잉 군사화

헨더슨이 남한의 과잉 군사화를 문제 삼는 것은 군사화 그 자체보다는 군사 기구의 압도적 우위가 문민화를 황폐화시키는 '제도적 왜곡'을 낳는다고 보기 때문이다(1983). 그는 한미 관계의 축은 군이며 미국은 군사적으로 한국군의 부모라고 말하면서, 한국군과 미국과의 관계를 다음과 같이 상징적으로 묘사한다.

군사적으로 우리는 그들의 아버지요, 심지어는 어머니다. 우리는 그들 군을 낳았고, 양육했고, 집에서 가르쳤고, 학교에 보냈으며(미국에 2만 2,000명, 다른 곳에 1만 명), 수업, 책, 무기를 주었다. 우리는 그들이 울 때마다 젖을 빨렸다. 아마도 미국인 부모의 1%도 30년 이상 그들 자녀와 그렇게 가깝고 배타적인 관계를 맺지 못했을 것이다. 오늘까지도 미국군은 한국군과 그렇게 가깝다. 그들은 우리 외에 다른 놀이 동무를 가질 수 없었다.
그들은 오랜 기간 사랑을 받았고 온순했다. 그러나 지금 그들은 성장하여 아빠를 가르치려 한다. 그런데 아빠는 약간 머리가 돌고 기억을 상실했다. 마치 문화적으로 훈련을 받지 않은 2년간의 군 근무로 한국에 온 수천 명의 미국 장교들이 그렇듯 아빠는 장난감 수선 방법을 제외한 모든 문제에 관해 쉽게 지시를 받는다(Henderson, 1976a: 5~6쪽).

마지막 문절에서 "아빠는 장난감 수선을 제외한 모든 문제에 관해 쉽게 지시를 받는다"는 무슨 의미인가? 이는 군사 기술적 분야를 제외하고 1961년 박정희 군사 쿠데타를 비롯한 정치 개입에 미국이 한국 군부에 끌려간다는 것을 암시하는 은유일 것이다. 미국이 적극적으로 남한에 군을 키운 결과 한국군은 남한에서 가장 압도적인 기구로 발전했으며, 1982년 현재 국민 개병(皆兵)제 아래 정규군 60만 명, 예비군 280만 명에, 연간 국방 예산은 약 50억 달러(국민총생산의 약 35%)에 이른다. 이는 전 세계에서 유례가 없는 군사화된 나라의 지표다.

그렇다면 미국은 압도적인 군 기구에 대해 균형 잡힌 문민 기구를 양성했는가? 그렇지 않은 데 문제의 심각성이 있다고 헨더슨은 지적한다. 미 군정은 3년 동안 최상의 권력자의 입장에서 정당과 같은 문민 기구의 제도화를 추구하지 않았다. 구체적으로는 해방 뒤 민정을 맡을 관리들의 훈련이 절실하게 필요했음에도 이를 등한히 했다. 미국이 지원하는 체계적인 훈련 사업이 시행된 적이 없다. 예컨대 가장 중요한 법 분야를 보면 한미법협회, 뒤에는 미국이 지원하는 한국법학원(Korean Legal Center)이 설립되었지만 주로 도서관 몫을 하는 데 지나지 않았다. 서울대학교가 민정 훈련 사업을 맡았지만 체계적인 계획 아래 민주적 제도 운영에 관한 철저한 훈련은 이뤄지지 않았다. 뒤에 채택된 정책은 약간의 학자와 행정관들을 미국에 단기 여행을 보내는 것이었다. 이렇게 보낸 민간인은 군과 비교하면 5%에도 못 미치는 숫자다(Henderson, 1982: 5쪽). 이런 정책이 민주적 문민 기구를 창설할 리가 없었다.

헨더슨은 미국이 전후 일본과 독일의 경우 '문민 기구(civilian institutions)'를 만들고 육성했지만 한국의 경우 이를 등한히 했다고 주장한다. 한국이 적국이 아닌 '해방된' 지역이라는 점에서 문민 기구의 창설과 훈련에 주의를 돌리지 않은 것이 그 배경이라고 그는 설명한다. 이는 얄타 회담 때 루스벨트 대통령이 한국의 자치 능력을 "훈련하고 준비하기 위해" 30년간 신탁 통치가 필요하다고 내세운 말과 정면으로 배치되는 정책이다. 하지 장군 밑에서 한국 군정 최고직을 맡았던 헬믹(Helmick) 장군은 헨더슨에게 "미국이 성취하지 못한 분야가 교육이다"라고 털어놓은 적이 있다(같은 글: 같은 쪽).

그 결과 남한의 경우 군사 기구가 문민화를 황폐화시킬 만큼 제도적 왜곡이 이뤄졌으며, 이는 군사 기구의 '제도적 패권(institutional hegemony)' 체제를 등장시켰다고 헨더슨은 주장한다. 군사 기구의 제도적 패권 체제를 등장시킨 요인으로 그는 (1) 군사 교육, (2) 군사 원조(1945~1982년간 90억 달러), (3) 유엔사령부의 정치적 위상을 들고 있다. 유엔사령부의 정치적 위상에 관해 그는 다음과 같이 지적한다.

이러한 군사화 경향은 유엔사령부의 상황으로 확대되었는데, 미국은 유엔사의 유엔기와 직위를 사용하여 30년 이상 세계에서 가장 큰 군대 중 하나인 한국군에 대해 전술 지휘권을 행사해왔다. 그러한 지휘권은 미국 군사(軍史)상 적어도 규모와 기간에서 유례없는 일이다. 그것이 어떤 영향을 끼쳤는지 정치학적 연구가 필요하지만 이뤄진 일은 없다. 분명한 것은 한 나라의 주요 군 기구에 대한 전술 지휘권은 그것이 어떻게 불려지든 의도가 어떻든, 또한 어떻게 행사되든 상관없이 중대한 정치적 지위를 차지한다는 점이다. 이 지휘권을 가졌던 맥아더와 싱글러브의 경우 문민 권한을 거부해서 해임됐고, 홀링스워드, 위컴, 매그루더의 경우 다른 사정으로 정치적 어려움을 당했고, 장군들이 정치적 농간을 부린 일련의 사건도 있었는데, 이는 우리 군사상 유례가 없는 일이지만 다른 한편 이 지위가 막강한 정치권력 및 유혹과 함께 위험성을 내포하고 있음을 보여준다. 그러한 권력이 확대되어온 상징은 거대한 유엔사의 진용이 보여준다. 유엔사는 사실상 한국의 작전통제권을 보유한 유일한 군사기구다. 유엔사령관의 권력은 적어도 미국 대사가 일일 업무 처리 정도로 대항하기 어려운 위상을 차지한다. 요컨대 미국의 4성 장군이 한국 정치에서 심판 기능과 함께 요직을 차지한다는 것은, 미국이 인정할 수도, 인정하려고도 않겠지만 한국 정치에 대해 책임을 지고 있음을 말해준다(Henderson, 1983b: 5쪽).

유엔사령관의 지위가 사실상 현지 미국 대사를 압도한다는 헨더슨의 관찰은 우리가 위에서 살펴본 대로 1952년 부산 정치파동 때, 미국이 어떻게 대응하느냐를 두고 현지 유엔군 사령관 클라크와 미국 대사 무초가 대결했던 사례가 잘 보여준다. 당시 클라크 장군은 부산 대사관의 대리대사에 지나지 않는 라이트너는 물론 무초 대사를 압도하는 위상을 누리고 있었다. 무초 대사가 국무부 훈령 아래 이승만 대통령의 재집권을 인정하는 선에서 직선제를 수용하되 약간의 견제 장치를 마련하려 해도 클라크 유엔사령관이 반대함으로써 실패로 끝났던 것이다. 우리는 1980년 전두환 신군부 체제에 위컴 유엔사령관이 손을 들어준 사례도 상기할 수 있다(제5장 4절 "광주 학살의 책임을 따지다" 참조).

군사화의 과잉과 문민화의 과소는 한국 정치에 어떤 영향을 끼쳤는가? 헨더슨은 먼저 1961년, 1972년, 1979~1980년에 일어난 3건의 군사 쿠데타를 예로 들면서, 이들 군사 쿠데타에서 미국은 작위든 부작위든 한국 정치에 개입해 기정사실로 만드는 데 결정적인 몫을 했다고 주장한다.

물론 이들 쿠데타 뒤에 정치가 실종되고 정당이 폐쇄되어 의회주의가 몰락했지만 더욱 중요한 것은 군이 만든 '제도적 지배(institutional dominance)'가 정치의 기형화를 가져왔다는 점이다. 여당의 핵심 당직은 전직 장교들이 차지하여 군대식 기강과 서열이 정치의 역동적 활력을 무너뜨렸다. 여기서 정치의 역학은 행정적 능률과 속도, 관료적 기강과 통제로 바뀌어 기형적 발전을 가져왔는데, 그것은 경제는 크게 발전한 반면 정치 발전과 사회 발전, 특히 노동 분야는 퇴행한 것으로 특징지을 수 있다. 헨더슨은 이런 기형적 발전이 끼칠 영향을 전망하면서 다음과 같이 결론을 내린다.

확실히 그런 변화는 결국 정치 시스템에 반영될 것이다. …… 나는 김대중 씨가 추구하는 류의 민주주의를 한두 가지 예외를 빼놓고는 공감한다. 그러나 내가 우려하는 것은 세뇌 주입, 공포, 너무 오랜 기간의 군사적 권위주의가 정치의 상부 지대를 너무 많이 차지했다는 점이다. 그 결과 너무 많은 사람들이 현 체제보다 조금만 진보된 방향과 질서가 경제 성장과 효율적인 반공주의를 유지하기 위해 필요하다는 믿음을 오랜 기간 주입받아왔다. 나는 이런 믿음에 공감하지 않는다. 나는 국내의 정치범 혐의자들을 고문하지 않고도 한국인들이 야구 글러브와 전자제품을 해외에 팔 수 있고 사우디아라비아에 고층 건물을 지을 수 있다고 믿는다. 나는 한국이 통제 아래 성공할 수 있다고 인정하면서, 그러나 재미 한국인들의 사례는 통제가 없다면 더욱 큰 성공을 거둘 수 있음을 보여주었다고 믿는다. 그러나 내가 아니라 한국인들이 믿는 것이 중요한 것이다. 오랜 군사적 지배는 남한에서 민주주의의 새싹보다는 권위주의에 대한 완화된 믿음을 심었을지도 모른다. 나는 반쯤 인위적인 권위주의의 유습이 과연 뿌리 뽑힐 수 있을지 확신할 수 없다(Henderson, 1983b: 8쪽).

결론적으로 헨더슨은 미국이 심어놓은 한국의 과잉된 군사화가 문민 문화를 황폐화시켜 한국 정치권에 군사적 권위주의를 불러들였다고 보았다. 그 결과 한국은 정치가 왜소화된 반면 경제가 과(過)성장하는 기형적인 발전을 이룩했다. 여기에 미국의 책임이 있다는 것이 헨더슨의 지론이다. 그러나 헨더슨은 박정희에 이어 전두환 체제가 무너진 뒤 민주주의 체제를 이룩하는 것은 한국인들의 몫임을 당연시한다. 문제는 한국인들이 군사 정권이 오랫동안 심어놓은 권위주의의 잔재로부터 벗어날 수 있을까 하는 것이다. 헨더슨은 이 점을 우려한다. 한국인들에게 세뇌 주입된 유습이 권위주의에 대한 완화된 신념으로 남아 있는 한 민주주의의 장래가 밝다고만 말할 수 없는 까닭이다.

6. 소결

이 책 제1권의 마지막 장인 제7장은 헨더슨이 추구했던 정치 담론을 다뤘으며, 미국의 개입이 한국 정치에 미친 영향을 정리했다. 헨더슨은 1950년 11월 쓴 장문의 정치비망록에서 이승만 정권이 주도한 정치 행태에 대해 그가 속했던 미국 대사관이 '무대응'으로 임한 것이 커다란 실책이라고 일깨웠다. 그는 미국이 지고 있는 역사적 책무의 이행을 위해 정치적 분야에 '간섭'해야 한다는 주장을 폈다. 그 요점은 한국 민주주의 수립이라는 대한정책의 목표를 위해 대사관이 국회를 중심으로 '정치적 기반'을 넓혀야 하며, 이승만 행정부와 국회가 권력을 균점해야 한다는 것이었다.

다음으로 헨더슨이 미국의 대한책임과 관련하여 눈을 돌린 곳은 하지 군정 3년간의 행적이다. 그는 하지 사령관이 좌파는 악, 우파는 선이라는 이분법적인 사고에 빠져 중도파 조직인 여운형의 '인민공화국'을 적대시하는 치명적인 실책을 범했다고 주장했다. 그가 주장한 논의의 배경에는, 만일 하지 군정이 여운형과 인민공화국을 군정의 파트너로 키웠더라면 한국 정치는 '회오리 정치'로 치닫는 사태를 막을 수 있었거나 적어도 완화할 수 있었다는 역사적 가정이 자리 잡고 있다.

그러나 하지 군정이 첫 단추를 잘못 채우는 바람에, 뒤를 이은 연속적인 정책 실패가 한국 정치를 '혼돈의 문' 앞에 서게 하고 한국 사회를 '폭력 사회'로 치닫게 했다. 미국이 주도해 세운 1948년 이승만 정부는 폭력 사회의 유습을 고스란히 이어받아 이제 그 자체가 폭력의 화신이 되었다. 이렇게 폭력의 화신이 된 정부가 국회에 테러를 가해 의회주의가 몰락의 길로 들어서게 되었다는 것이다. 그러나 헨더슨은 한국 정치가 혼란에 빠진 것에는 하지 군정의 책임이 크지만 또한 한국 사회의 원자성이 자리 잡고 있음을 지적했다. 이 점에 관해서는 제2권이 다루는 "헨더슨의 한국 정치 담론 II"가 좀 더 의미 있게 성찰할 것이다.

하지 군정이 남긴 나쁜 유산과 함께 이승만 정권의 극우 반공주의는 한국 사회에 좀 더 심각하고 치명적인 결과를 가져왔는데, 그것은 북한 극좌 공산주의와의 피할 수 없는 대결 정치였다. 결국 이승만의 극우 반공주의와 김일성의 극좌 공산주의는 마주보고 달리는 두 기관차처럼 굉음을 내고 부딪치리라는 것이 예고되어 있었다. 미국은 이 과정에서 또 한번 결정적인 실책을 범하는데, 그것은 1949년 6월 1개 전투여단도 남기지 않고 완전 철군을 하여 남북한 간의 대폭발에 결정적인 기여를 한 것이었다.

마지막으로 헨더슨은 한국전쟁 뒤 이승만 체제가 몰락하고 민선인 장면의 민주 헌정이 군사 쿠데타로 무너지는 과정에서 미국의 개입을 따진다. 우리는 이미 제5장 1~2절에서 박정희 유신 독재의 성립과 유지 과정에서의 미국의 책임을 따진 헨더슨의 주장을 되돌아보았기에, 여기서는 한반도의 분단과 관련해 남한의 군사 과잉화의 문제를 살펴보았다. 헨더슨은 군사 과잉화는 과소 문민화를 낳아 결국 정치 발전을 후퇴시킨다고 주장한다.

제1권을 마치며

우리는 지금까지 헨더슨이 1948년 7월 중순 서울에 도착한 뒤 겪은 격동의 한국 정치를 그의 관점에서 되돌아보았다. 그가 겪은 격동의 한국 정치는 그가 연구자로서 세운 한국 정치에 관한 이론적 가설, '회오리 정치'로 표현된다. 그가 한국 땅에 발을 디딘 뒤 가장 진지하게 관찰한 1949~1950년의 국회프락치사건은 회오리 정치의 출발점이다. 우리는 이 책 제1권에서 그 출발점을 제쳐두고 그 뒤 헨더슨이 겪은 40년간의 한국 여행을 함께했다. 제2권에서는 그 출발점으로 다시 돌아가 보겠다.

제1권에서 다룬 헨더슨의 한국 정치 담론 I은 그가 입론한 미국의 대한 책임론이다. 미국의 대한책임은 거의 무한하지만 여기서는 주로 하지 군정의 실패에 무게 중심을 두어 하지 사령관이 1945년 9월 8일 한국 땅을 밟은 뒤 초창기 한국 정치의 지형을 만드는 데 어떤 씨앗을 뿌렸는지 기술했다.

헨더슨이 보기에 하지 군정은 회오리 정치의 씨앗을 심었다. 이 독초의 씨앗은 수많은 회오리 사건을 발아(發芽)시킬 것을 예고하고 있었다. 1946년 10월 대구 폭동으로, 1947년 7월 여운형의 암살로, 1948년 제주 4·3 사건과 10월 여순 사건으로, 1949년 김구 암살을 비롯한 '6월 공세'로, 그리고 드디어 1950년 6월 한국전쟁에 이른 것이다. 전쟁 속에서도 그 씨앗의 발아는 좀처럼 죽지 않고 계속되어 1950년 헨더슨이 본 '서울의 비극'으로, 1953년 부산 정치파동으로 치달았다. 악마의 갖가지 얼굴처럼 재현되는 이 회오리 정치의 중심에 이 책의 주제로 다룬 1949년 5월 국회 프락치사건이 자리 잡고 있음은 물론이다. 헨더슨은 이 모든 회오리 정치가 하지 군정 3년의 실패가 책임질 일이라고 보지는 않는다. 그는 여기에 한국 사회의 원자성이 도사리고 있다고 주장하고 있다.

사라진 이승만의 동상

일본, 서독, 한국은 2차 대전 후 미국에 의한 점령 체제를 겪은 나라다. 이 세 나라는 모두 미국의 후원과 원조 아래서 강력한 반공 정권을 세웠으며 민주주의를 내걸었다. 또한 모두 강력한 반공 지도자 아래 국정을 운영했다. 특히 서독과 한국은 미소 간 냉전 대결의 굴레 아래 분단국이라는 유산을 물려받지 않을 수 없었다. 그러나 유독 한국의 이승만 대통령만이 후계자인 이기붕 일가가 자살하는 비극을 겪은 뒤 망명의 길을 떠나야 했다. 일본의 요시다(吉田茂) 수상은 부침은 있었지만 장장 5차 내각까지 국정을 이끌다가 1954년 그의 정적인 하토야마(鳩山一郞)에게 정권을 인계하여 정치 안정의 기틀을 마련했다(김정기, 2006).

서독의 경우 기독교민주당(CDU/CSU)의 아데나워 수상도 초창기 사회민주당(SPD)의 슈마허와 '중심이탈형 경쟁(centrifugal contest)'을 벌여 정치불안기를 거쳤지만 정치적 관용의 틀을 벗어난 일은 없다. 결국 두 라이벌 정당은 이념 투쟁을 지양하고 1960년대 후반 이후 각각 좌익 축에서 우선회, 우익 축에서 좌선회하여 정치적 중앙 지대에서 만났다(김정기, 1995: 73쪽).

왜 한국의 이승만 대통령, 또는 박정희 대통령만이 비극을 만나야 했던가? 그것은 미국의 대한정책의 잘못인가? 그렇지 않으면 헨더슨이 진단한 한국 사회의 원자성에 책임이 있는가? 대통령의 '교정 불가능한 독재자적 기질' 탓인가? 아니면 양자의 온당치 못한 결합의 결과인가? 이승만 대통령의 리더십을 연구한 정윤재(2003)는 "만일 그(이승만)가 초기부터 누려왔던 카리스마를 허비하지 않고 잘 활용해서 국민 통합과 과거 청산에 필요한 개혁 조치들을 과감하게 실천하고 부산 정치파동과 같은 폭력적이고 무리한 국회 운영을 자제했더라면, 서울 한복판에 세워졌던 그의 동상(銅像)은 아직 그대로 남아 있을 것"(209쪽)이라고 말한다.

역사의 가정

역사에는 가정이 없다는 말이 있다. 실제로 유명한 역사 드라마 작가인 신봉승은 "역사에는 '만약'이라는 가설이 성립되지 않는다. 따라서 이성계의 '위화도 회군'이 없었다면 조선 왕조가 시작되지 않았을 것이라는 가정처럼 무의미한 것은 없다"(신봉승, 〈인수대비〉)고 훈계한다. 지은이는 이 걸출한 작가가 지닌 『조선왕조실록』에 관한 풍요한 지식을 폄훼하는 것이 아니라(역사 드라마 부문에서 누가 더 그보다 나으랴!), 그가 결정론적 시각에서 역사를 바라본다는 느낌을 지적하려고 하는 것이다. 그는 "나는 '역사를 관장하는 신'이 있다고 믿는 사람이다. 다시 말하면 역사는 어떤 경우에도 바르게 흘러간다는 뜻이다"라고 말한다(신봉승, 『조선사 나들이』,

제1권). 더 나아가 그는 "그러므로 역사는 어떤 경우에도 삶을 가지런하게 하는 규범이다"라고 규정한다. 과연 그럴까?

역사 연구가 결정론적인 관점에서 이뤄진다면 자연과학의 법칙을 발견하는 연구는 될지 모르지만, 인문과학으로서의 생명은 잃어버리고 만다. 지은이는 미 군정 3년간(1945~1948), 그리고 이어지는 초기 이승만 정권 5년간(1948~1953)의 현대사를 헨더슨의 관점과 그가 남긴 자료를 통해 되돌아본 뒤 역사 연구에서 '올바른 합리성'에서 추론하는 가정이 얼마나 중요한지 새삼 깨닫게 되었다. 막스 베버가 말하듯 역사 연구가 연대기적인 사실의 기술을 넘어서야 한다면 '충분한 인과성'에서 나온 가정을 구상하는 데 인색해서는 안 된다.

따라서 만일 하지 군정이 1945~1947년간 여운형의 중도 세력을 군정의 파트너로 키울 수 있었다면, 만일 미국이 1949년 6월 말 완전 철군 대신 1개 전투여단만이라도 잔류시켰더라면, 만일 1949~1950년 미 대사관이 제헌국회 시절 소장파를 버리지 않았다면, 만일 1952년 여름 부산 정치파동 때 미국이 이승만을 견제했더라면…… 이 수많은 '만일'이 이 연구를 이끌었다는 점을 강조하고자 한다. 이 '만일'의 결과로 한국의 정치지형은 얼마나 달라질 수 있었을까? 한국전쟁은 격렬하게 폭발하는 것이 아니라 억지될 수 있지 않았을까? 한국의 의회주의는 부실하나마 잔존할 수 있지 않았을까? 이런 질문에 대한 대답이 우리가 역사에서 얻을 수 있는 교훈이라고 믿는다.

지은이는 이 책을 위한 연구 설계에서 1947년 7월 19일 오후 일어난 몽양(夢陽) 여운형(呂運亨)의 암살사건을 제외했지만〈〈표 I-1〉 "미국의 개입과 한국의 사건 배열" 참조), 그것은 1948년 5·10 총선을 기점으로 보자는 시계열적인 장치일 뿐이다. 미국의 개입이라는 중대 변인이 하지 군정 시절에 한국 정치 지형에 결정적인 영향을 미쳤다는 것은 엄연한 역사적 사실이며, 역사의 가정과 관련해 여운형의 암살은 한 가지 좋은 사례라 할 수 있다.

여운형의 암살은 여러 가지 복합적인 원인이 결합된 결과다. 이 사건이 좌우 합작 운동이 실패한 뒤 반공 공세가 강화되는 가운데 자행되었다는 점에서 경찰이 뒤에서 조종하는 우익 폭력 조직이 개입되었다는 것이 정설로 받아들여지고 있다. 실제로 미국의 정보기관 G-2 요원들은 회화동 로타리 암살 현장에서 "돌을 던지면 닿을 곳에 파출소가 있었는데도 경찰은 암살범을 체포하려는 움직임을 전혀 보이지 않았다"고 밝히고 있다. 게다가 커밍스(2005)는 1987년 11월 평양에서 여운형의 딸 여연구가 당시 "수도청장 장택상이 암살을 명령했다"고 자신에게 말했다는 증언을 전하면서, "경찰이 암살을 주선했든가 못 본 척했다"고 단정했다(209쪽).

그러나 2007년 7월 19일 몽양 추모 심포지엄에서 이정식은 "몽양을 박헌영 계열에서 암살했을 가능성이 있다"는 심증을 내놓고 있다. 박명림(1996)은 여운형이 "해방 직후 자주적인 국가 수립 움직임을 주도하였던 중심 인물이었다는 점에서 그의 암살은 …… 좌와 우 어느 쪽에 의해서였든지 …… 극단주의의 성공과 온건합리주의의 실패를 상징하는 비극이었다"(367쪽)고 의미를 부여했다.

여운형의 암살 사건에 대한 형사적 또는 범죄적인 책임론도 중요하지만, 당시 남한의 통치와 행정을 책임진 하지 군정 역시 정치적 책임으로부터 자유롭지 못하다. 오히려 하지 장군은 여운형의 '인민공화국'을 처음부터 적대시했다. 실질적으로 2,000만 국민의 총독으로 군림한 점령군 사령관으로부터 무시당한 정치 지도자가 리더십을 키울 정치적 토양은 척박하기 그지없었다. 그에 대한 홀대, 또는 적대시는 하지 군정이 베푼 이승만을 위한 극진한 환대와는 대조적이었다. 하지 군정은 여운형의 암살 그 자체와는 직접적으로 상관없지만 그의 정치적 리더십이 조락하고 드디어는 죽음과 함께 실종되어버린 사건과는 '충분한 인과성'을 상정할 수 있다.

초창기 건국준비위원회가 탈바꿈한 여운형의 '인민공화국'이 정치적 응집력을 모을 수 있는 온건 정치 세력인데도, 당시 하지 장군의 미 군정이 '좌익' 세력으로 몰아버리는 바람에 그의 리더십이 일본이 철수한 권력의 공백 상태에서 응집력을 모을 수 없었다. 하지는 여운형의 리더십이 정치적 응집력을 결집하려는 노력에 찬물을 끼얹었다. 따라서 이 사건은 미국의 정치적 책임이라는 관점에서 그 인과관계를 관찰할 수 있다.

헨더슨(Henderson, 1968)은 김규식이나 여운형과 같은 온건중도파가 좌절한 것은 "그들의 리더십에 문제가 있는 것이 아니라"면서, 그 원인이 "전후 세계 정치의 비타협성"과 한국 사회의 전통적인 "정치적 원자화"에 있다고 지적했다(135~137쪽). 만일 하지 군정이 여운형의 '인민공화국'을 적대적으로 보는 대신 군정의 파트너로서 여겼다면, 따라서 만일 그가 이승만의 극우 정권 대신 온건파 정권을 일궈낼 수 있었다면 우리나라 정치 지형은 어떻게 달라졌을까?

마지막으로 헨더슨이 한국 현대사의 중요 국면을 보는 눈과 마음이 같은 시대를 치열하게 살았던 한 종교인과 그렇게 같을 수가 없다는 것을 알고 경탄을 금할 수가 없었다. 그는 2006년 8월에 작고한 여해(如海) 강원용(姜元龍) 목사다. 강원용은 30대 젊은 시절부터 해방 공간에서 좌우합작 운동이나 중간 세력의 결집을 시도한 민족자주연맹(민련)에 참여했을 뿐만 아니라 한국전쟁 등 민족의 재앙을 겪은 현대사의 드문 증인이다. 그가 남긴 『역사의 언덕에서』(2003, 총 5권)는 신앙인으로서 그의 행적과 참회뿐만 아니라 한국 현대사에 대해 그가 진솔하게 엮은 증언이 수록되어 있다.

 지은이는 1960년대 초 대학 시절 강원용이 목회자로 있던 경동교회에서 2년여 동안 그의 설교를 들은 일이 있어 사회정의와 개혁 실현을 향한 그의 뜨거운 목소리를 아직 기억하고 있으나 그가 해방 후 현대사 곳곳에 그처럼 광범하게 관여했는지는 미처 몰랐다. 게다가 놀라운 것은 역사에 대한 그의 증언이 헨더슨이 관찰한 회오리 정치의 중요 국면을 그대로 뒷받침하고 있다는 사실이다. 예컨대 여운형이나 안재홍에 대한 인물관을 비롯해, 헨더슨이 진단한 '폭력 사회'의 원인도 친일 경찰이 폭력 청년 단체와 함께 저지른 민중 탄압에 있다고 보고 있는 점까지.

 헨더슨이 작성한 "박정희 공산주의 전력 보고서"에 나온 구체적인 사실도 강원용이 밝힌 상세한 사실들과 그렇게 일치할 수가 없었다. 더욱 놀라운 일은 박정희 유신 독재 시절 강원용 목사가 시작한 크리스천 아카데미 운동 중 '중간 집단 교육'은 헨더슨이 그의 저서에서 주장한 한국 사회의 원자성과 맞닿아 있었다. 헨더슨(Henderson, 1968)은 한국 사회는 '제왕과 촌락' 사이에 '중간매개집단(intermediaries)'이 결여된 원자 사회라고 진단하면서 회오리 정치를 치유하자면 중간 집단의 응집력을 키워야 한다고 주장했다. 강원용이 1970년대 중반부터 당시 우리 사회의 '양극화' 현상을 극복하고 인간화를 위해 중간 집단 육성 교육에 몰두한 것을 보면 '헨더슨 코드'와 어떤 영감으로 맞닿아 있던 것은 아닐까?

 이 일로 1979년 터진 크리스천 아카데미 사건은 국회프락치사건과 여러모로 닮았다. 이 사건으로 강원용은 중앙정보부에 감금되어 6일 동안 강압 수사를 받고 풀려나오는 곤욕을 치렀다. 더욱이 중간 교육을 위해 크리스천 아카데미 운동을 책임졌던 간사 6명이 "사회주의 국가 건설을 획책했다"는 혐의로 혹독한 고문 수사와 엉터리 재판을 받은 끝에 중형을 선고받았다. 이 사건의 수사와 재판은 바로 국회프락치사건의 복사판이었다. 1950년대의 치유되지 못한 상처가 30년 가까이 곪은 채 우리 사회를 아프게 하고 있었던 것이다. 이제 제2권에서 국회프락치사건을 좀 더 가까이서 들여다보도록 하자.

부록

그레고리 헨더슨(1922~1988) 연보

1922	• 6월 13일, 보스턴 철도회사 부사장인 아버지 헨더슨과 어머니 그레고리 사이에서 태어나다.
1938~1940	• Pillips Exeter Academy에서 교육받고 최우수학생 2명 중 한 명으로 졸업.
1940~1943	• 하버드대학 수학, 고전학(classics) 전공 최고우등생(magna cum laude)으로 졸업.
1943~1946	• 미 해병대 소위로 태평양전쟁 참전. 일본어 통역관으로 사이판, 티니안, 이워 전투에 참가.
1946	• 2~6월, 하버드 문리과대학원 수학.
1946~1947	• 하버드대 경영대학원 수학, M.B.A.학위 취득.
1947~1948	• 미 국무부의 외교직 취업, 캘리포니아대학에서 위탁교육 받다. 조지 매큔 교수의 지도로 한국어와 한국 역사를 익히다.
1948~1950	• 1948년 7월 중순부터 1950년 10월 주한 미국 대표부에 3등 서기관으로 근무.
1948	• 8월 15일, 구(舊)중앙청 광장에서 거행된 대한민국 정부 수립 기념식 참석. • 대표부 정치과 소속 국회연락관으로 정치 보고와 분석을 담당.
1949	• 5-8월, 국회프락치사건, 6·6 반민특위 습격 사건, 김구 암살 사건을 국무부에 보고. • 11월 17일~1950년 3월 9일, 프락치사건 재판 제1회~15회 공판 기록을

부록 | 479

1950	국무부에 보고.
	• 6월 11일, 부산 영사관으로 전속돼 한국전쟁을 만나다. 유엔군과의 연락 업무 담당.
	• 10월 17일~20일, 서울 방문. 10월 26일 '서울의 비극'을 기록.
	• 11월 30일, 고향 매사추세츠 케임브리지에서 한국 정치에 관한 장문의 비망록, "A Memorandum Concerning United States Political Objectives in Korea"을 작성해 주한 미 대사관에 제출.
1951~1953	• 1951년 1월 초부터 미국 고등위원회(U.S. High Commission) 베를린 분국에 근무(program and policy officer).
1953~1955	• 일본 교토 미국 문화원 원장.
1954	• 베를린 근무 중 만난 베를린 태생의 조각가 마이어 헨더슨(Maia Henderson)과 결혼.
1955~1957	• 국무부 소속 외교 연구원(Foreign Service Institute) 극동 연구 실장(Director of Far Eastern Studies).
	• 한국어 강의와 일본 및 중국 지역 강의를 맡음.
	• 극동지역 프로그램을 일본, 한국, 타이완에 마련하여 운영함.
1957	• 5월, 「정다산, 한국지성사 연구(Chong Ta-san, A Study in Korea's Intellectual History)」를 Journal of Asian Studies에 발표.
1957~1958	• 국무부 Korea Desk Officer로서 정치 분석과 정책 담당.
1958~1962	• 1958년 5월부터 주한 미 대사관 문정관(Cultural Attache).
1958	• 3~4월, "고려청자: 문제와 정보의 전거(Koryo Ceramics: Problems and Sources of Information)"를 학술지에 기고: *Far Eastern Ceramic Bulletin*, vol. X, No. 1~2, March~June 1958.
	• 9월, "한국 문화의 기대", 사상계 1959년 9월호에 기고.
	• 11월, 전남 강진의 다산 초당을 방문. 만덕사 근처 산자락의 한 둔덕에서 고려청자 조각들이 흩어져 있는 것을 보고 그 감상문 "검은 계곡의 이야기"(A Tale of the Black Valley)를 쓰다.
	• 11월~1959년 2월, 외교연구원 극동 연구 실장 시절부터 구상하던 한국 문화 관계 연구 논문을 미국 국회도서관의 양기백과 함께 학술지에 기고: 1958. 11, Key P. Yang and Gregory Henderson, 「한국 유교 약사(An Outline of History of Korean Confucianism)」 2편 중 제1편: 「초기 유교와 이왕조의 파당(The Early Period and Yi Factionalism)」, *The Journal of Asian Studies*, Vol. XVIII, No. 1, November 1958; 제2편: 「이 왕조의 유교 학파(The Schools of Yi Confucianism)」, Vol. XVIII, No. 2, February 1959, 같은 학술지.

1959	• 5월,「한미 간의 문화관계」.《국제평론》 2호, 1959년 5월호 기고.
• 6-9월,「낙랑 식민지 멸망과 한국(Korea through the Fall of the Lolang Colony)」을 학술지에 기고: Koreana Quarterly, vol. 1, no. 1, June and September 1959.
• 9월,「정동 지역과 미국 대사관 구역의 역사(A History of the Chongdong Area and the American Embassy Compound)」를 학술지에 기고: *Transactions, the Korea Branch of the Royal Asiatic Society*, vol. XXXV, September 1959.
• 12월,「시기명문이 있는 후기 고려청자(Dated Late Koryo Celadons)」를 학술지에 기고: *Far Eastern Ceramic Bulletin*, 1959년 12월호.
1962~1963	• 1962년 2월 6일부터 서울 미 대사관 정치국 소속 및 대사 특별보좌관.
1962	• 2월 6일, 주한 USIA 문정관으로부터 대사관 정치과에 배속.
1963	• 연초 새뮤얼 버거 대사의 특별 정치보좌관으로 임명.
• 3월 18~25일, 이른바 '이영희 사건'에 휘말려 기피 인물이 되어 서울로부터 추방당하다. 헨더슨은 이 추방사건에 관해 전후 사정을 기록한 "경력의 종말(End of a Career)"이라는 글을 남겼다.
• 12월, 국무부를 떠나다. 헨더슨이 국무부를 떠난 배경에 관해 케네디 대통령 시절 백악관 보조관을 지낸 슐레진저(Arthur M. Schlesinger, Jr.)는 저서 『1천 일(A Thousand Days: John F. Kennedy in the White House)』(Boston: Houghton Mifflin Company, 1965)에서 국무부의 관료주의가 한국 전문가를 키우지 못했다고 지적했다(413쪽).
1964~1969	• 하버드대학 국제 문제 연구소(Center for International Affairs, Harvard University) 연구 요원(Faculty Research Associate) 및 기타 연구원으로 한국을 비롯한 발전도상국 정치 발전 문제를 집중 연구.
1964~1965	• 하버드-MIT 공동 정치 발전 세미나에 정기적으로 참여.
1966	• 2월~1969년 9월, 유엔훈련연구소(United Nations Institute for Training and Research)의 선임연구원(Senior Research Officer).
1968	• 6월 28일, 주저 『회오리의 한국 정치(Korea: The Politics of the Vortex)』(Harvard University Press, 1968)를 출간.
• 11월,「한국의 분단: 전망과 위협(Korea's Division: Prospects and Dangers)」(1968)을 발표. 이 논문은 그가 학문적인 관심을 집중하여 한국 분단 문제를 본격적으로 다룬 최초의 논문이다.
1969~1978	• 1969년 9월부터 터프트대학 플레처 법외교대학원 교수로 임명되어 학계에 발을 들여놓다. 그의 직함은 Project Director and Associate Professor of Diplomacy, Fletcher School of Law and Diplomacy, Tufts University. 한국

	문제에 관한 연구 논문을 활발하게 발표하고 행동하는 지식인으로 활동.
1970	• 3월 24일, 한 세미나에서 「역사적 증언: 40년대의 한 친구가 한국의 70년대를 만나다(Historic Witness: A Friend of the Forties Faces Korea's Seventies)」를 발표.
	• "한국의 냉전 지대는 녹을 수 있을까?(Korea: Can Cold War Ground Thaw?)"를 기고: *War/Peace Report*, vol. 10, no. 7, August/September 1970.
	• "Emigration of Highly Skilled Manpower from the Developing Countries," UNITAR Monograph Series No. 3 (213쪽) 발표.
1971	• "남북한 갈등 상황(The North-South Korea Conflict Situation)"을 한 장으로 학술서에 기고: Stephen Spiegel, Kenneth Waltz 편저 *Conflict in World Politics* (Winthrop Publishers, 1971)를 발표.
1972	• 2월 14일, 뉴욕의 Social Science Research Council로부터 국회프락치사건 연구 지원 신청 승인 통보: 미화 2,550달러 지원.
	• 2월 26일, 해럴드 노블 저 『전쟁 중의 대사관(Embassy at War)』(1975)에 "그레고리 헨더슨 [전쟁 중] 부산을 말하다"를 서한 형식으로 기고.
	• 4월 21일, 컬럼비아대학 동아연구소에 열린 한국 세미나에서 「법제의 발전과 의회민주주의: 1949년 프락치사건(Legal Development and Parliamentary Democracy: The 'Fraktsia' Incident of 1949)」을 발표. 이 발표는 국회프락치사건의 예비 논문으로 작성된 보고서에 근거하고 있다.
	• 7월 중순, 국회프락치사건 연구 자료 수집 및 관계자들과의 인터뷰차 한국 방문. 7월 22일~8월 하순까지 오제도 변호사, 사광욱 대법관을 비롯해 김태선(프락치사건 당시 시경국장), 선우종원(프락치사건 재판 관여 검사), 신순원(프락치사건 재판 변호인), 서용길, 설국환(언론인: 소장파 의원들의 외국 철수 결의안 영문 번역) 등 여러 사람을 인터뷰.
1973	• 「터무니없는 한국 분단(Korea: The Preposterous Division)」(1973)을 학술지에 기고: *Journal of International Affairs*, vol. 27, no. 2, 1973.
	• 「일본의 조선: 이민, 잔인성, 발전의 충격(Japan's Chosen: Immigrants, Ruthlessness and Developmental Shock)」을 한 장으로 학술서에 기고: Andrew Nahm 편저 *Korea Under Japanese Rule* (1973).
	• 5월, "한국이 아직 위험하다(There's Danger in Korea Still)"라는 장문의 잡지 기사를 라이샤워 교수와 함께 기고: *New York Times Magazine*, May 23, 1973.
	• 9월, 미국정치학회(American Political Science Association) 1973 연차 총회(루이지애나 New Orleans, Jung Hotel, 9월 4~8일)에서 "미국 대외 정책에서 한국: 현 정책의 효과와 전망(Korea in United States Foreign Policy: The Effects

1974	and Prospects of Present Policies)"이라는 논제로 기조연설.
• Richard N. Lebow, John G. Stoessinger와 공동저작으로 『분단 세계의 분단국가(Divided Nations in a Divided World)』를 저술. 이 책에 분단국가로서 「한국(Korea)」 편을 기고.
• 하버드대학 제롬 코언 법학교수와 함께 ≪뉴욕 타임스≫ 5월 28일자에 게재한 서한에서 미국 의회가 한국 인권청문회를 열 것을 공개적으로 요청. 그 한 달 뒤 박정희 유신 정권은 이른바 '도자기 사건'으로 헨더슨을 음해한다. 6월 18일, 문공부 산하 기관인 문화재 보호협회 회장 이선근은 국내외 기자회견을 열고, 헨더슨이 소장한 한국 전통 도자기 등 143점의 문화재는 그가 외교 특권을 이용해 불법적으로 반출한 것이니 한국에 되돌려주어야 한다고 주장.
• 8월 5일 열린 미국 의회 남한 인권청문회[일명 '프레이저 청문회(Fraser Hearings)': 7월 30일, 8월 5일, 12월 20일 세 번 열림]에 출석 증언하다. 이 청문회에서 "남한의 정치탄압(Political Repression in South Korea)"이라는 논제 성명을 발표하고 의원들의 질문에 응하여 증언을 하다. 그의 성명과 증언은 미국 하원 외교위원회가 발간한 『남한의 인권: 미국정책에 대한 의미(Human Rights in South Korea: Implications for U.S. Policy, Hearings Before the Subcommittees on Asian and Pacific Affairs and on International Organizations and Movements)』라는 제목의 책자에 수록되어 있다. 여기서 헨더슨은 미국의 모든 대한 원조는 기본적 자유를 보장하는 헌정으로 즉시 복귀할 것을 조건으로 해야 한다고 역설한다.
1976	• 3월 17일 열린 프레이저 청문회에 출석하여 미국 내 한국 중앙정보부 요원들이 교포들의 인권을 유린하고 있다고 증언. 그가 준비한 "미국 내의 한국 중앙정보부 활동(The Activities of the Korean Central Intelligence Agency in the United States)"이란 문서가 청문회가 발간한 책자에 수록되어 있다.
• "한국 정책: 군사적인가 통일인가?(Korea: Militarist or Unification Policies?)"를 한 장으로 학술서에 기고: William J. Brands 편저 *The Two Koreas in East Asian Affairs*(Council for Foreign Relations), 1976.
• 「남한의 방위와 동북아 평화: 미국의 딜레마와 정책우선순위(South Korea's Defense and Northeast Asia's Peace: American Dilemmas and Priorities)」 컬럼비아대학 한국세미나 발표(같은 논문을 1977년 Harvard Forum Seminar에서도 발표).
• 9월 18일자 ≪뉴욕 타임스≫에 게재된 편집자 서한에서 1976년 3월 1일 '3·1 민주구국선언사건(세칭 '명동사건')'으로 체포된 한국의 저명한 민주 인사들이 대통령 긴급조치 위반으로 전원 유죄 판결을 받자, 이에 대해

	박정희 정권이 인권 유린을 자행하고 한국의 사법이 이에 놀아났다고 규탄했다. 여기에 서명한 인사들은 헨더슨을 비롯해 하버드대학의 라이샤워 교수와 코언 교수, 뉴턴 터버 목사, 그리고 한국 측 인사로는 김재준(金在俊) 목사(캐나다 지역 한국민주통일연합회 의장), 폴 유(유기천: 劉基天) 형법학 교수(전 서울법대 학장 및 서울대 총장) 등이다.
1977	• 「새로운 한국 정책의 우선순위(New Korean Policy Priorities)」 논문을 미국 대한정책 신방향위원회(Committee for a New Direction for US Korean Policy)에 제출 발표.
1978	• 아시아 연구학회(Association for Asian Studies) 제30년차 총회(1978년 4월 1일, 일리노이 주 시카고 팔마 하우스) 토론 논문 「한반도의 무력, 정보 그리고 불안의 가중(Arms, Information and the Rise of Insecurity in the Korean Peninsula)」을 발표.
1980~1984	• 이 기간 서독의 루르(Ruhr)대학, 보쿰(Bochum)대학, 자유베를린(Free Berlin)대학에서 한국학 담당 객원교수로 강의와 연구를 하다.
1980	• 6월 3일 쓴 서한에서 전두환 신군부 세력이 광주 만행을 저질렀는데, 이는 미군 사령관 위컴이 승인한 것이라고 주장(헨더슨 프락치사건 자료, 1980년 6월 3일 서한, 서독 보쿰).
	• 1980년대 초부터 헨더슨은 광범한 신문 기고 활동을 벌인다. 특히 ≪보스턴 글로브≫에는 정기 기고를 했으며, 미국의 3대 전국지 ≪뉴욕 타임스≫, ≪워싱턴 포스트≫, ≪LA 타임스≫에 그의 칼럼 기사가 단골로 실렸다. 그 밖에 ≪크리스천 사이언스 모니터≫, 홍콩에서 발간되는 ≪파 이스턴 이코노믹 리뷰≫, 한국의 ≪코리아 헤럴드≫에도 자주 기고했다.
1982	• 「미한 관계에서의 제도적 왜곡(The Institutional Distortion in American-Korean Relations)」을 기고: *Korea Scope*, vol. III, no. 5, June 1982.
1983	• 10월 6일자 기고 글에서 다시 미군 사령관 위컴 장군이 특전사 투입을 승인했다고 주장. 그러나 광주 만행 당시 주한 미국 대사직에 있었던 글레이스틴(William H. Gleysteen, Jr.)은 헨더슨에게 10월 6일자로 서한을 보내 "그런 주장은 진실이 아닐뿐더러 당시 위컴 장군의 역할을 왜곡했다"고 반박한다. 그 뒤 두 사람 사이에 반박과 재반박이 행해지지만(헨더슨 11월 11일 반박, 글레이스틴 11월 30일 재반박), 결국 그로부터 13년 뒤 한 탐사 보도에 의해 헨더슨의 주장이 사실임을 밝혀진다(제5장 4절 "광주 학살의 책임을 따지다"를 참조).
	• 「미국과 한국의 군사화: 정치 발전에 대한 효과(The United States and the Militarization of Korea: The Effects on Political Development)」를 기고: *Korea Scope*, vol. III, no. 2, October 1983.

1985~1991	• 다시 미국에 귀환하여 하버드대학 페어뱅크 동아연구소(Fairbank Center for East Asian Research) 연구원으로 한국 정치 분야 연구에 주력한다. 헨더슨은 1988년 10월 16일 세상을 떠나지만 그가 별세하기 직전까지 왕성하게 쓴 논문들이 1991년까지 출간된다.
1985	• 8월 12~13일, 한미 안보학술대회의 토론자로 참석해 문제의 위컴 장군의 특전사 투입 승인에 관해 스틸웰 장군과 논전을 벌이다. 이어 그는 리브시 주한미군 사령관 앞으로 편지를 보내 확실한 정보원을 근거로 다시 위컴 장군 승인을 주장한다.
1986	• 「한국의 전통적 군: 오랜 영역, 새로운 가설(Korea's Traditional Military: Old Territory, New Hypotheses)」을 학술지에 기고: ≪국제관계(The Korean Journal of International Studies)≫, vol. XVII, no. 3, Summer 1986.
1987	• 한국정치학회 제7차 공동 학술회의에 제출한 논문「주한미군 사령부: 정치적 위험(American Command in Korea: The Political Dangers)」이 동회의 회의록『전환기의 한국 정치(Korean Politics in the Period of Transition)』에 수록; 같은 제목의 기사가 ≪파 이스턴 이코노믹 리뷰≫(1987년 9월 24일자)의 a Fifth column으로 게재. • "한국 정치(The Politics of Korea)"를 학술서에 한 장으로 기고: John Sullivan, Roberta Foss 편저, 『두 개의 한국: 하나의 미래?(Two Koreas: One Future?)』(1987).
1987~1988	• 1987년 3월~1988년 6월, 『회오리의 한국 정치』제2판 원고를 작성해 김정기 한국외국어대학 교수에게 넘기는 등 저술 활동에 전념.
1988	• 8월, "한국 학생의 운동(Student Activism in Korea)" 아시아 소사이어티 미디어 브리핑. • "제1공화국에서 제6공화국까지 헌법 개정: 1948~1987"을 한 장으로 학술서에 기고: Ilpyong Kim, Young Whan Kihl 편저, 『남한의 정치 변화(Political Change in South Korea)』, A Professors World Peace Academy Book, October 1988.
1989(사후)	• "1950년의 한국(Korea, 1950)"을 한 장으로 학술지에 기고: James Cotton, Ian Neary 편저, 『역사 속의 한국전쟁(The Korean War in History)』, 맨체스터대학 출판부, 1989. • "Korea-History and Government of the Republic of Korea"를 기고, *Encyclopedia Americana* 1989년판.
1991(사후)	• "1945~1953년 남한의 인권(Human Rights in South Korea)"을 한 장으로 학술서에 기고: William Shaw 편저, 『한국의 인권: 역사적인 정책관점(Human Rights in Korea: Historical and Policy Perspectives)』, 하버드법대 동아시아

	법 연구 사업 출판, 1991. 이 논문은 국회프락치사건을 중요한 소재로 다루고 있다.
1988(현재)	• 헨더슨은 두 저서를 집필 중에 있었던 바, 하나는 *The United States and Korea*로 하버드대학 출판부 미국 대외정책도서관과의 출판 계약 아래 연구에 몰두하고 있었으며, 다른 하나는 *Korean Civilization, Past and Present*로 디킨스 출판사(Dickenson Publishing Co., Los Angeles)가 내기로 되어 있었다.
	• 10월 16일, 자기 집 지붕에 올라가 나무 가지치기를 하다가 떨어지는 바람에 부상을 입고 향년 66세로 돌연 세상을 떠나다.

찾아보기: 인명

ㄱ

강만길 255
강원용 153~157, 399, 413~414, 425, 429, 444, 476~477
고원섭 47
고은 124
곽상훈 267~269, 288, 431
곽소진 20, 44, 90
굿펠로(M. Preston Goodfellow) 447~449
권승렬 430
그라잔제프(Andrew J. Grajdanzev) 417
그렉(Donald J. Gregg) 240
그류(Joseph Grew) 81
그린(Marshal Green) 131, 133, 148, 152, 163, 280
김구 42, 92, 94, 400, 413, 431, 449~451
김규식 92, 109, 112, 118~121, 399~400, 439, 450~451, 476
김대중 181
김두환 431
김백일 127~129
김병로 430
김상덕 431
김상돈 430
김성수 114, 270, 297, 374, 382, 404, 441, 443, 447
김승훈 181
김시현 380
김약수 6, 9, 63~64
김영선 267, 288, 375
김영재 8
김용무 112
김용성 20, 134
김우식 15, 19, 33
김윤근 289~290

김의준 268, 288
김일성 70, 107~109, 125, 175, 205, 375, 408, 431, 469
김재규 222~223
김재준 178
김재춘 136
김정기 39~40, 46, 67, 69, 87, 148~149, 151, 183, 213, 222, 472~473
김종심 40
김종원 289~290, 298
김준연 374, 381, 431
김태선 6
김환수 20, 48, 146

ㄴ

니스트(Cecil W. Nist) 441

ㄷ

드라이언(Pat Derian) 239
드럼라이트(Everett Drumright) 30, 95, 264, 282, 391
탈레랑(Talleyrand-Perigord) 390

ㄹ

라이트너(Allan Lightner) 62, 66, 259, 262~266, 271~274, 278~281, 286, 289~344, 347, 355, 357, 361~362, 367~368, 377~378, 385, 466
라티모어(Owen Lattimore) 261
레너드(Donald Renard) 185
레드야드(Gari Ledyard) 17, 254
루스벨트, 시어도어(Theodore Roosevelt) 383, 415, 417~418, 451
루스벨트, 프랭클린(Franklin D. Roosevelt) 278
리브시(William Livsey) 151, 227, 237~238
리영희 134~136, 255

ㅁ

매그루더(Carter Bowie Magruder) 131, 133, 148, 150, 228, 280, 466
매카나기(Walter Patrick McConaughy) 133, 149, 163
매카시(Joseph Raymond McCarthy) 261~262, 272
매튜스(Francis P. Mattews) 351
매켄지(Richard McKenzie) 272, 302, 322, 342
매큔(George McAfee McCune) 27, 35, 46, 82~88, 412, 420~421, 431, 438, 446, 479
맥아더(Douglas MacArthur) 73~74, 82, 91, 126~127, 227, 284, 407, 420~421, 442, 447~449, 452~455, 462, 465
메릴(John Merrill) 103, 107
무초, 존(John J. Muccio) 62, 64, 66, 103
   내정 간여(남한) 282~298
   대한정치공작대 290
   인물 282
   이승만과의 관계 286~287, 289~292, 294~299, 383~384, 397
   이기붕 체제 공작 365~366
   이한(離韓) 363
   장면 추대 운동 285~283, 292~294
   초대 대사 282
   한국전쟁 283
   헨더슨과의 교감 274~278
   클라크 장군과의 갈등 340~342
문동환 181
문익환 181
문정현 181
미드(E. Grant Meade) 426~427, 436
민기식 128

ㅂ

박명림 18, 107, 391, 422, 475
박상희 156, 176
박용구 124
박정희 8, 17, 27, 36, 38, 40, 89, 102, 133, 136~137, 140, 145~149, 152~163, 167~168, 171~179, 182~188, 193, 195, 197~201, 206~207, 212, 214, 221~224, 233, 253~255, 259, 280, 324, 390, 394, 468, 477
박찬현 102
박해극 100
박홍식 114
백민태 430~431
백상규 112, 116, 432
백선엽 237, 291
백성욱 290, 370, 373, 378~379
밴플리트(James A. Van Fleet) 275, 304~305, 307, 309~310, 313~314, 324, 333~334, 337~338, 340, 355, 357, 361~363, 382
버거(Samuel D. Berger) 54, 133, 136~137, 140, 142~146, 148~149, 159, 161, 163, 193
버터워스(W. Walton Butterworth) 454
베닝호프(Merrell H. Benninghoff) 93, 412, 420, 440, 441, 443~444
베버(Max Weber) 57, 60, 65, 265, 474
베이커(Edward Baker) 16, 17, 199~200, 229
본드(Niles Bond) 368
볼드윈(Frank Baldwin) 16~17, 104
비숍(Max Bishop) 459
빈센트(John Carter Vincent) 261, 273, 412

ㅅ

서남동 181
서민호 268, 288, 308, 379
서범석 268, 288, 362
서성달 431
서순영 431
서용길 7, 18, 51, 167, 431
서중석 18, 99, 101, 381, 399, 430, 434
선우종원 8, 268, 288, 323~324, 370, 372~375, 380, 382, 386
셔록(Tim Shorrock) 232~234, 236, 239~240
손세일 42, 44
송요찬 128~129
송진우 440, 443, 445
쉴(Karl Sheele) 68

슐레진저(Arthur M. Schlesinger, Jr.) 162, 481
스툭(William Stueck) 334
스틸웰(Joseph H. Stilwell) 237~238, 421
시미즈(清水英夫) 132
신봉승 473
신성모 123~124, 275~276, 283~284, 297
신익희 270, 293, 297, 309, 337, 361~362, 404, 430
신현확 224

ㅇ

아데나워(Konrad Adenauer) 472
아베(阿部 信行) 151, 420, 433
아키라 사카모토 436
안병무 181
안재홍 92, 109, 112, 116~122, 399, 426, 433~434, 445, 477
안충석 181
안호상 364, 424
알렌(Richard C. Allen) 380
알브루샤트(Hartmut Albruschat) 255, 257
애치슨(Dean G. Acheson) 109, 321, 325, 334~335, 452, 455, 457
야나기 무네요시(柳宗悅) 33, 77
양병일 267
엄상섭 112, 267, 288
엔도(遠藤) 420, 433
엘리엇(T. S. Elliot) 122, 387
여운형 87, 411, 413, 429, 431~434, 437~440, 444~446, 449~451, 469, 472, 474~477
영(Kenneth T. Young) 309, 344, 346~347, 350
오글(George E. Ogle) 183, 198, 205
오위영 267
오재호 20, 96
오제도 7, 18, 50~51, 96, 374
오택관 431
오쿠노 마사히로(奧野昌宏) 19
올리버(Robert T. Oliver) 123, 294, 296
요시다(吉田茂) 472

워너(Landon Warner) 77
워커(Richard Walker) 244
원세훈 112, 399
웨드마이어(A. C. Wedemyer) 413, 450
위컴(John Wickham) 225, 228~232, 234, 237~238, 241, 243, 245, 280, 466
유기천[폴 유] 178
유병진 132
유시태 380
유진산 431
윤기섭 112, 116~117
윤보선 179, 181, 443
이기붕 275~276, 351, 363, 366, 472
이문원 6, 63, 408
이범석 5, 99, 263, 290, 293, 299, 337, 344, 349~352, 364~366, 370, 373, 378~379, 424
이병준 20
이병철 213
이석기 267, 288
이선근 111, 206~207, 209, 214, 398
이승만 260, 348~352, 355, 360, 363
  정부 수립 선포식 91~92
  국제공산당 사건 369, 376~378
  대한정치공작대 사건 289~290
  리더십 396~387, 472~473
  부산 정치파동 66, 263, 266, 269~270, 278~279, 282, 299~368
  이승만 대안 346~352
  이승만 제거 쿠데타 321~325
  이원국가 통치 93, 97~102, 423~424
  인물 평가 105, 297, 383, 396~397, 413
  자유당 30, 265, 365~367
  저격 사건 379~383
  하지 군정 444, 446~451, 469, 475~476
  한국전쟁 125~127, 227, 266, 283~285, 287, 291~292
  환국 447~451
이시영 5, 370, 373, 378~379
이용설 268
이용택 205~206

찾아보기 | 489

이우정　180~181
이을호　217
이인수　109~110, 122~124, 130, 387
이종원　286, 293, 301, 309~310, 325, 344, 352, 357, 365~366
이종찬　279, 305, 321, 323~324, 333, 355, 361, 363
이중업　154
이철승　431
이태영　179
이해동　181
임창영　168~169
임홍순　268

ㅈ

장건상　116~117
장덕필　181
장면　36, 64~65, 73, 131, 150, 280, 286~287, 292~297, 309, 325, 370, 375, 379, 382, 470
장석윤(몬타나 장)　289~290, 298
장윤석　290
장이욱　219~220
장제스(蔣介石)　108, 421
장태화　153, 156
장택상　330, 335, 350, 359, 370, 373, 378~379, 443, 475
장홍염　267
장후영　380
전광용　209
전두환　12, 40, 89, 136, 167, 223~224, 227, 232~235, 238~243, 245, 248, 255, 257, 259, 411, 466, 468
정경모　19, 168~170
정윤재　473
정일권　274~276
정일형　179, 181
정종근　128
정진석　117
정헌주　267, 288
제섭(Phillip Jessup)　261

조병옥　294~298, 361~363, 374, 381, 393, 429, 443
조소앙　92, 109, 112, 399, 404
조승혁　255
조치기[조칠기]　153, 156
조헌영　112, 431
존슨(U. Alexis Johnson)　319~320, 354, 363
지청천　98, 293

ㅊ

차지철　223
천관우　118
최국현　431
최규하　224, 242~243
최난수　430~431
최종길　173, 195, 202, 221
최태규　53, 63, 118~120
치스차코프(Ivan M. Chistiakov)　422~423

ㅋ

카(E. H. Carr)　30, 69
커밍스(Bruce Cumings)　17, 29, 83~84, 103, 107~109, 204~205, 239, 248, 417, 448, 475
케넌(George F. Kennan)　108, 456
케넌(George Kennan)　415~417
코난트(James B. Conant)　81
코언(Jerome A. Cohen)　169, 171, 174, 178, 184, 187, 199, 200, 207, 214, 229
크리스토퍼(Warren Christopher)　233~236, 238
클라크(Mark Wayne Clark)　62, 66, 280, 299, 308~310, 312, 314~316, 321, 326, 333~334, 337~341, 343, 349, 352, 355~358, 360~363, 367, 382, 384, 466
키니(Robert Kinney)　155, 157
키퍼(E. C. Keefer)　60, 325, 368, 382, 395

ㅌ

터버(Newton Thurber)　178
테이어(Joseph Hellyer Thayer)　77

트루먼(Harry S. Truman) 60, 219~220, 278, 284, 291, 302~304, 326~327, 336, 345, 348, 351, 367, 377, 379, 395, 452~453, 456~459

ㅍ

패신(Herbert Passin) 31
펠레(James Palais) 16~17
폰드(Elizabeth Pond) 176
푸코(Michel Foucault) 69~70
풋(Rosemary Foot) 336
프랭켈(Ernst Fraenkel) 15, 29~30, 50~51, 63, 94~95, 97~98, 100, 111, 253, 274, 425
프레이저(Donald Fraser) 184
플림솔(James Plimsoll) 313, 316~317, 319, 322, 330~332, 337, 339

ㅎ

하경덕 112, 114, 117~118, 120~123, 130
하비브(Phillip Habib) 141, 144~145, 149, 155, 157
하지(John Reed Hodge) 81, 85, 87, 244, 259, 357, 389, 410~414, 419~423, 428, 432~435, 438~444, 446~451, 469, 471~472, 474~476
하토야마(鳩山一郎) 472
한대선[그레고리 헨더슨] 31, 32
한현우 440
함석헌 96, 178, 181
함세웅 181
허정 148, 293
험멜(Arthur Hummel) 189, 190, 192, 200
헨더슨, 그레고리(Gregory Henderson)
  5·16 쿠데타 150~151
  강진(康津) 32~33, 75, 88, 215~220
  공산주의 전력 보고서 152~159, 176
  광주 학살 222~248
  국무부 35~36, 75~76, 82, 87, 89, 95, 134, 136, 161~164, 251
  기피 인물 73, 89
  김대중 168~170
  김정기와의 관계 37~50
  대한정책 53~54, 85~87, 149~150, 159~162, 166, 177~178, 191~193, 389~470
  대한책임론 387~468
  도자기 사건 206~212
  도자기 연구 217~219
  매큔 교수 사사 35, 82~88
  별세 12, 36, 44, 46
  부산 정치파동 263
  북한 방문 119~120
  세미나 발표 7, 9, 11, 17, 36, 50~51, 253~254
  사회과학연구협의회(SSRC) 36, 167, 252, 254
  서울 방문(1950년 10월) 111~126
  어린 시절 28, 77~78
  유신 체제 규탄 172~182
  이영희 사건 134~145
  이인수 122~124
  인권청문회 184~206
  인물 31~37
  전두환 쿠데타 228
  정치비망록 388~410
  조선인 포로 78~81
  중간 지대의 상실 109~118
  프락치사건 연구 167, 204, 249~258
  프락치사건 예비 논문 7, 17, 20, 253
  하경덕 112, 114, 117~118, 120~123, 130
  하지 군정 410~440, 447~451
  한국분단 460~470
  한국전쟁 102~122, 126~129
  한국학 논문 87~88
헨더슨, 마이어(Maia Henderson) 18, 40~41, 52, 55, 146, 210, 221
홀부르크(Richard C. Holbrooke) 233, 235~236, 238~239, 241~242
홍순옥 431
히커슨(John D. Hickerson) 351
힐스먼(Roger Hillsman) 152

찾아보기: 주제

12·12 쿠데타 151, 224, 228, 234, 241, 410
4·19 학생혁명 36, 72~74, 76, 131, 223, 280
5·16 군사 쿠데타 40, 73~74, 76, 131, 150~153, 156~157, 159, 163, 228
5·18 광주 민주항쟁 223~238
5·26 버스 사건 267~268
6월 공세 18, 472
NSC-8 454, 457~458
NSC-8/1 458
NSC-8/2 457~458
UNCURK 279, 289, 295, 303, 307, 310, 313~317, 319~320, 327, 330~331, 337, 339~340, 342, 348~349, 351, 353~354, 370, 378

ㄱ

간섭의 정치 189, 191, 266, 271, 274, 277, 279, 299, 303, 385, 389, 390, 391, 394
강진(康津) 33, 75, 88, 215~220
거창 학살 사건 277, 285~290
건국준비위원회 33, 434, 445, 476
검은 계곡의 이야기 33, 215~217
'고난의 길'(예수 14계단) 40
고문 38, 101, 116, 132, 154~155, 166, 173~177, 184, 188, 193~196, 202, 205, 221, 250, 256, 381, 401, 406~407, 425, 467
고문 수사 67, 94, 254, 477
공산주의 전력 보고서 150, 163, 194, 201, 477
괌 독트린 185
광주 학살 223~230, 236, 240, 244, 247~248, 411
국가 안의 국가 97~99, 158, 201~202, 423
국가보안법 7, 29~30, 63, 67, 70, 93~94, 257
국가안전보장회의(NSC) 185, 235, 238, 454, 457
국민방위군 사건 277, 285, 289

국민회 99~100
국제공산당 음모 사건 15, 63, 256, 266~269, 278, 324, 328, 330, 350, 362, 369~375, 376, 379, 382, 384, 386
국제법률가위원회(ICJ) 255~257
국회프락치사건
　공안 당국 발표 6
　국회의원 체포 6, 9
　담론 시대 66~70
　소장파 탄압 8~9, 29
　역사적 복원 55~56
　연구 방법 56~66
　의회주의 몰락 8, 12~14, 61~66, 249, 259
　제2의 국회프락치사건 14, 57, 263
　쿠데타론 7, 18, 53, 94, 393
　프랭켈 법률보고서 50, 51
　헨더슨 공판 기록 50, 51
　헨더슨 소회 7, 9~11
　헨더슨 연구 167, 204, 249~258
　헨더슨 프락치사건 자료 46~53
군사 개입 303, 311, 321, 326, 338, 345, 353~364, 386, 457
군정 연장 136~137, 140~142, 146, 148, 150, 160
기피 인물 145, 172, 256, 280
(대통령) 긴급조치 174~178, 180, 183, 188, 195, 200~204, 207, 224
김구 암살 18, 35, 61, 63, 72, 74, 76, 92, 94, 387, 391, 472
김규식-안재홍 그룹 120, 404
김대중 납치 사건 170~173
『꺼삐딴 리』 209

ㄴ

남로당(남조선노동당) 5~9, 29, 58~59, 63, 107,

154~156, 371, 375, 378
내각책임제 269, 288, 290, 335, 405
내정 간섭 278, 287, 298, 327, 337

ㄷ

다산초당 88, 215, 217
담론 시대 66
담론적 기조 70
대구 폭동 107, 153, 156, 176, 413, 428, 472
대동청년단 98, 99
대통령 직선제 335, 361
대한독립청년단 98, 99
대한정책(미국)
    간섭 278~279, 389~396
    간섭의 정치 299~312
    남한 점령 13, 81, 83, 394, 410~413, 418~438, 462
    과소 문민화 467, 470
    광주 학살 236, 238, 240, 248
    군사화 151, 460, 463~465
    무대응 389
    봉쇄 정책 108, 456~458
    부산 정치파동 65, 278, 301~326, 334~368
    소장파 65, 474
    신탁통치 462
    5·16 군사 쿠데타 151, 157, 160, 198
    우유부단 414~418
    전두환 쿠데타 241~249
    철군 정책 451~460
    하지 군정 244, 410~450, 469
    한국전쟁 105~106, 108
대한정치공작대 사건 63, 288~290, 371, 374, 378, 381~382
도자기 사건 111, 172, 187, 206~214, 221, 398
독재 이론 97~98

ㅁ

만덕사 33, 215~218
「만인보」 124
매카시 선풍 261~262, 272~273, 388, 441

명동사건 178, 180~182
미군 철수 65, 175, 245, 278
「민세 안재홍 연보」 118
민족청년단(족청) 99, 424
민주공화당 30, 138, 159
민주구국선언 178, 180
민주국민당(민국당) 18, 285, 290, 293, 305, 370, 372, 374, 380
민주정의당 30
민주주의의 강간 177
민청학련사건 183, 201

ㅂ

반정당제 182
『반민자죄상기』 47
반민족행위처벌법(반민법) 47
반민특위 47, 58, 61, 63, 74, 92, 387, 391, 430~431
반사실적 사유 60, 62~63
반정당제 183
발췌개헌안 263, 265, 335, 350, 356, 364, 370
방법론 56~61
법조프락치사건 8
보성 그룹 404, 441, 447
보스턴 티 파티 246~247
보편적 화용론 21
봉쇄 정책 456~457
부마사태(부마 민주항쟁) 222~223
부산 정치파동 13, 15, 267, 271, 474
    계엄령 선포 263, 269
    5·26 버스 사건 267~268
    국무부-합참 정책 대응 334~337
    국제공산당 음모 사건 368~378, 384~386
    국회 계엄 해제 결의 269
    군사 개입 352~360
    라이트너 대리대사 65, 262, 264~266, 272~274, 278~282, 299~334, 347, 359, 368, 377~378
    무초 대사 299, 362~368
    발췌개헌안 263, 265, 335, 350, 356, 364

이승만 대체안 343~354
이승만 제거 쿠데타 323~324
영 동북아국장(국무부) 344~350
클라크 장군 360, 382, 385

ㅅ

사법살인 132
사회과학연구협의회(SSRC) 17, 36, 56, 167, 204, 252, 254
새 유엔한위 95, 393, 400
서북청년단 98
서울의 비극 103, 109, 111~112, 130, 387~388, 472
『소용돌이의 한국 정치』 21, 27, 46
소장파 8~9, 29, 47, 57, 63, 65, 94, 249, 252, 387
소장파 의원 공작 58~59
스미스 특임부대 105~106
≪신동아≫ 40, 46, 160
신한 공사 427

ㅇ

≪아웃룩(Outlook)≫ 415~416
양곡 공출 사업 425~428
에버레디 계획 265~266
여순 사건 8, 35, 61, 63, 72, 76, 92~93, 176, 199, 387, 472
여운형 암살 439, 474~476
『여유당전서』 75, 88
역사의 가정 473, 475
역사적 무명인간 7, 11, 122
『오늘의 한국』 85, 431
외군 철군 58, 63, 458
우유부단의 정치 414, 423
원자 사회 428, 477
유신(체제) 37~38, 166~167, 172, 182~188, 197~198, 200, 207, 221~222, 256
유신헌법 17, 176, 181~182, 188, 253
의회 사법원 405~406
의회주의 8, 12~13, 53, 57, 61~66, 249, 259, 264~266, 280, 282, 286, 301, 303, 319, 326, 345, 360, 366~367, 386, 410, 467, 469, 474
이념형 57, 59, 60, 64~65, 265, 360, 386
이승만 저격 사건 379, 384
ECA 105
이영희 사건 36, 53~54, 76, 89, 134~143, 149, 160, 256
이원국가 89, 92~93, 97~98, 100, 102, 158, 423~425
인권 48, 53, 75, 167, 186, 189, 190, 193, 195, 199~200, 248, 250, 254, 279, 301, 328
인권 유린 166, 174~175, 183~184, 187~188, 192~194, 200~201, 279, 394, 410~411
인민공화국 86, 412, 420, 432, 433~435, 437~439, 443, 450, 469, 475~476
인민위원회 98, 120, 434~435

ㅈ

자유당 30, 223, 263, 267, 365~366, 373, 375
장면 추대 운동 65, 285, 293, 299, 337
정치 담론 9, 11~16, 20~21, 31, 37, 49, 52, 55, 57, 68~72, 74, 87, 387, 389, 410, 471
조봉암 사건 251, 256
조선 도자기 32, 42, 77, 215
조선인 포로 79, 80
조용한 외교 143, 189~193
중간 지대 16, 32, 71, 93, 103, 109, 112, 130, 387
중간 지대의 정치 합작 16, 70, 87
중도 438
중도적인 한국 85, 87, 446
중도파(온건파) 65, 71, 92, 99, 109, 111~112, 116~122, 130, 387, 399~400, 404, 410~411, 414, 431, 433, 439~440, 450, 458, 476
중앙정보부 102, 153, 156~159, 173, 180, 184, 188, 193~195, 201~206, 221, 253, 477
지배정당제 183, 366
진보당 사건 12

ㅊ
철군 정책 389, 451, 458~459
청년단체 92, 97~100, 102, 263
체로키 전문 236, 240~241
최후통첩 64, 303, 308, 326
충분한 인과성 59, 265~266, 345, 360, 386, 474, 476

ㅋ
카이로 선언 79, 81, 418
코리아 게이트 177, 186
크리스천 아카데미 477
크리스천 아카데미 사건 477

ㅌ
트루먼 독트린 456
『특별수사본부』 20, 96
특전사 부대 227, 231~235, 237~240

ㅍ
폭력 사회 412, 428~429, 469, 477
프락치 8
프랭켈 법률보고서 50~51
플로지스톤 68

ㅎ
하지 군정 86, 357, 410~414, 428, 433, 435, 438, 440, 447, 469, 471~472, 474~476
한국 분단 83, 394, 460, 463
한국 유교 39, 88, 172
한국 인권청문회 182, 184~191, 194~195, 200~201, 205, 207, 214, 221, 390, 394, 398
한국전쟁 6~8, 10, 35, 50, 62, 64~65, 72, 74, 83, 89, 93, 98, 102~109, 111, 113, 118, 122, 125~127, 129~130, 273, 282, 285, 287, 304, 383, 392, 397, 404, 410, 460, 474
『한미관계론』 413
한민당 110, 297, 431, 443
합동참모회의(미국) 235, 321
헨더슨 공판 기록 50, 96
헨더슨 문집 11, 19, 47, 49, 52~54, 83, 95, 138, 149, 151, 163, 222, 227, 231~232, 237~238, 247, 276, 388, 412~413, 441
헨더슨 정치비망록 53, 120, 274, 277, 279, 388~390, 403, 410, 468
헨더슨 컬렉션 19, 111, 206~212, 214, 221~222
헨더슨 프락치사건 자료 50, 56, 95, 110, 119, 201, 217, 225, 252, 255~257, 388
〈화려한 휴가〉 247
「황무지」 122, 387
회오리 정치 13, 16, 21, 27, 61, 71, 73, 89, 100, 102, 130, 165, 259, 264, 280, 385, 386, 389, 425, 435, 451, 469, 471~472
『회오리의 한국 정치』 16, 27, 36, 39, 42~43, 76, 81, 83, 86, 120, 158, 165, 171, 249, 410, 460

지은이 김정기(金政起)

서울대학교 법과대학 행정학과(1963), 행정대학원 졸업(행정학 석사, 1966)
미국 컬럼비아대학 정치학과 대학원 정치학 박사학위 취득(1992)
현 한국외국어대학교 사회과학대학 언론정보학부 명예교수
한국외국어대 서울캠퍼스 부총장(1998. 9~1999. 9)
한국언론학회 회장(1996~1997)
방송위원회 위원장(1999. 9~2002. 1)
민주화운동 관련자 명예회복 및 보상심의위원회 위원(2000. 8~2002. 8)
한국 정치커뮤니케이션학회 회장(2003~2005)
주요 저서: 『분단국가의 언론정책』, 『우리 언론의 숨겨진 신화 깨기』, 『전환기의 방송정책』,
　　　　　『전후 일본정치와 매스미디어』 외 다수
E-mail: jkkim63@hotmail.com

한울아카데미 1067
국회프락치사건의 재발견 I
그레고리 헨더슨의 한국 정치 담론 I: 회오리 정치와 미국의 대한책임론

ⓒ 김정기, 2008

지은이 | 김정기
펴낸이 | 김종수
펴낸곳 | 도서출판 한울
편집책임 | 김경아
편　집 | 박록희

초판 1쇄 인쇄 | 2008년 9월 9일
초판 1쇄 발행 | 2008년 9월 19일

주소 | 413-832 파주시 교하읍 문발리 507-2(본사)
　　　121-801 서울시 마포구 공덕동 105-90 서울빌딩 3층(서울 사무소)
전화 | 영업 02-326-0095, 편집 02-336-6183
팩스 | 02-333-7543
홈페이지 | www.hanulbooks.co.kr
등록 | 1980년 3월 13일, 제406-2003-051호

Printed in Korea.
ISBN　978-89-460-5067-9　94340
　　　　978-89-460-3962-9　(전 3권)

* 가격은 겉표지에 표시되어 있습니다.